KB175838

임동석중국사상100

명심보감

明心寶鑑

范立本 編 / 林東錫 譯註

(淸州版 初刊本)

마음을 밝혀주는 보배로운 거울

象犀珠玉珍怪之物有悦於人之耳目而不適於用用之則弊取之則竭適於用而用之弊取之竭悅於人之耳目而適於用用之而不弊取之而不竭賢不肖之所得各因其才仁智之所見各隨其分才分不同而求無不獲者惟書乎

丁亥菊秋録东坡李氏山房藏書记 丘堂 呂元九

"상아, 물소 뿔, 진주, 옥. 진괴한 이런 물건들은 사람의 이목은 즐겁게 하지만 쓰임에는 적절하지 않다. 그런가 하면 금석이나 초목, 실, 삼베, 오곡, 육재는 쓰임에는 적절하나 이를 사용하면 닳아지고 취하면 고갈된다. 그렇다면 사람의 이목을 즐겁게 하면서 이를 사용하기에도 적절하며, 써도 닳지 아니하고 취하여도 고갈되지 않고, 똑똑한 자나 불초한 자라도 그를 통해 얻는 바가 각기 그 자신의 재능에 따라주고, 어진 사람이나 지혜로운 사람이나 그를 통해 보는 바가 각기 그 자신의 분수에 따라주되 무엇이든지 구하여 얻지 못할 것이 없는 것은 오직 책뿐이로다!"

《소동파전집》(34) 〈이씨산방장서기〉에서 구당(丘堂) 여원구(呂元九) 선생의 글씨

《명심보감》 통계일람표

구분	차례	편명	장수	누계	일련번호	비고
卷上	1	계선편繼善篇	47	47	001 - 047	
	2	천명편天命篇	19	66	048 - 066	
	3	순명편順命篇	16	82	067 - 082	
	4	효행편孝行篇	19	101	083 - 101	
	5	정기편正己篇	117	218	102 - 218	
	6	안분편安分篇	18	236	219 - 236	
	7	존심편存心篇	82	318	237 - 318	
	8	계성편戒性篇	15	333	319 - 333	
	9	근학편勤學篇	22	355	334 - 355	
	10	훈자편訓子篇	17	372	356 - 372	
卷下	11	성심편省心篇	256	628	373 - 628	
	12	입교편立敎篇	17	645	629 - 645	
	13	치정편治政篇	23	668	646 - 668	
	14	치가편治家篇	16	684	669 - 684	
	15	안의편安義篇	5	689	685 - 689	
	16	준례편遵禮篇	21	710	690 - 710	
	17	존신편存信篇	7	717	711 - 717	
	18	언어편言語篇	25	742	718 - 742	
	19	교우편交友篇	24	766	743 - 766	
	20	부행편婦行篇	9	775	767 - 775	
增補	1	증보편增補篇	2	777	776 - 777	
	2	팔반가八反歌	8	785	778 - 785	
	3	효행편孝行篇	3	788	786 - 788	
	4	염의편廉義篇	3	791	789 - 791	
	5	권학편勸學篇	4	795	792 - 795	
總計					795	

책머리에

이순耳順의 나이에 가만히 생각해 보았다.

그 동안 살아오면서 뜻대로 안 된 일도 많았고 뜻밖에 잘된 일도 많았다. 그러나 잘된 일은 곰곰 생각해 보면 남의 도움으로 말미암지 않음이 없었고, 뜻대로 안 된 일은 결국 나 자신으로 말미암지 않은 일이 없었다. 바로 그릇된 욕심이 그 뜻대로 일이 되지 않았던 일의 원인이요, 남의 탓으로 돌린 것이 괴로움을 당했던 그 때의 이유였던 것이다.

우리는 얼굴을 비추어보는 거울을 몇 개씩은 가지고 있다. 그러나 내 마음을 비추어보는 정신의 거울은 제대로 가지고 있는지 잊고 산다. 몸과 정신은 균형을 이루고 있어야 한다. 또 스스로 균형을 이루도록 몸은 음식과 운동으로 보양하고, 정신은 명상과 독서로 항상 수양해야 한다. 얼굴을 비춰보는 거울이 자신의 용모나 옷차림이 남에게 실례가 되지 않도록 단정하게 하고자 점검하기 위한 것이라면 정신의 거울은 내 자신을 수양하고 지족과 안분, 남을 배려하는 마음, 교양의 정도와 행복감을 스스로 점검하고 느끼며 다짐하는 거울이다. 그러한 거울로서 우리나라 조선시대부터 누구나 읽고 감탄하며 일상생활의 언어 속에 녹여온 책이 바로 이《명심보감明心寶鑑》이라는 훌륭한 교양서이며, 이름 그대로 '마음을 밝혀주는 보배로운 거울'이라는 뜻을 가지고 있다.

이 책은 우리에게 수백 년 동안 영향을 주었고 그것이 우리 심성에 커다란 영양분으로 자리잡고 있는 마당에 이 책을 다시 완역하여 마음의 거울로 삼게 된 것 자체가 나에게 큰 행복감을 주고 있다. 매일 읽기가 어렵다면 항상 곁에 두고 손에 잡히는 대로 어느 쪽이나 넘겨 보이는 대로 읽어보아도 마음의 평정을 찾을 수 있고, 감사하며 고개 끄덕임으로 하루의 시작과 마무리를 삼아도 될 정도의 참가치를 지닌 책이라고 자부하고 싶다. 우리는 육신을 비추어보는 거울은 얼마든지 가지고 있으니 이제 마음을 비추어보는 거울도 하나 준비해 놓고 수시로 나를 비추어보자. 어디 세상에 악을 지을 시간이 있겠는가? 《명심보감》은 바로 그러한 이치를 일러주는 반성의 거울이요, 앞으로 살아가면서 남을 원망하지 않아도 되는 수양의 지침서이다. 이러한 거울이 때묻지 않도록 닦고 또 닦아 깨끗한 거울로 간직하여 참된 삶을 살아가기로 노력해 보기로 했다. 그리고 원문이 주로 대구나 연구聯句로 되어 있어 이를 원문대로 외워 대화에 이용해 보면 훨씬 그 참맛이 드러나기에 지금부터라도 차근히 입에 외우고 다니리라 다짐해 본다.

우리나라 사람이라면 누구나 《명심보감》에 나오는 한두 구절쯤 외우지 못하는 이가 없을 것이다. 흔히 어느 집이나 '가화만사성家和萬事成' 같은 구절은 예쁘게 써서 가정의 화목을 위한 가훈으로 삼기도 하고, 우리가 어릴 때만 해도 서당이나 학교에서 이를 외우고 쓰며 그 구절구절마다 그것이 세상 살아가는 하나의 방편임을 확신하기도 하였다. 유대인에게 《탈무드》가 있었다면 우리에게는 이 《명심보감》이 있었다. 온갖 지혜를 일러주었으며, 어린이에게는 훌륭한 교육 교재로, 나이 들어서는 안분安分과 지족知足의 안정감을 주는 그러한 책이었다.

그런데 이 《명심보감》은 본디 중국 명明나라 때 무림武林 사람 범립본 范立本이라는 이가 홍무洪武 26년(1393)에 편집한 통속적인 명언집이었다. 고전의 훌륭한 구절이나 격언, 속담, 이언俚諺은 물론 그 무렵까지 민간에 흔히 쓰이던 구어체 대구對句나 경구警句들을 모아 20가지 편장으로 나누어 편찬한 것이다. 이것이 우리나라에 들어와 단종 2년(1454)에 이미 청주에서 〈복각본〉이 나왔으나 내용이 불교, 도교의 것이 많고 문장도 순수 고문체가 아닌 이유로 즉시 잊혀졌다가 1550년에 〈초략본〉이 나타났고(담양본), 그 뒤 중국에서조차 정보를 얻을 수 없게 되자 엉뚱한 노당 추적이 저술한 한국 책으로 잘못 알려지는 촌극을 빚고 만 것이다.

이 책은 조선시대에 복간되어 아동들의 입학 입문서로서 《천자문》, 《계몽편》, 《동몽선습》을 떼고 나면 책거리를 거쳐 바로 이 《명심보감》으로 들어갔으며 지금까지 500년을 넘어 지금도 우리 심성에 깊이 자리잡고 있다. 그리하여 이 책의 한 두 구절쯤 입에 달고 다니지 않으면 제대로 사람 대접을 받지 못하는 인간됨의 척도를 일러주는 수신서였다.

그런가 하면 일본에 우리 판본이 건너갔고, 일본 지식인이라면 이 책을 금과옥조처럼 여겨 자신들의 저술과 문장에 즐겨 인용하였으며, 이를 연구하여 근세 일본의 정신적 밑바탕을 이룬 엄청난 양식이 되어주었다. 게다가 베트남에 전수되어 지금도 출판과 번역이 이어지고 있으며, 한문으로 씌어진 그 많은 중국 서적 중에 최초로 서구어(스페인어)로 번역되어 소개된 기이한 기록도 가지고 있다. 그리하여 서구의 이름난 철학가와 종교학자들은 이 책을 읽고, "서양에 성경에 있듯이 동양에는 명심보감이 있다"라 여겨 성경에 상응하는 구절들을 정리하여 선교의 기본 교재로 먼저 학습해야 하는 책으로 소중히 여겼다.

이처럼 《명심보감》하면 우리 한국이 가장 먼저, 그리고 널리 읽었고, 가장 영향력이 컸던 책임에도 오히려 우리가 그저 상식적으로 그저 '조선시대부터 흔하게 읽었던 책'쯤으로 여기고 있는 동안 해외에서는 그 가치가

찬연히 빛나고 있었던 것이다. 그럼에도 실제 우리나라에서는 이제껏 완정한 정리가 제대로 되지 못한 채 지금까지 이어온 것이다.

더구나 책의 애초 편찬 작업이 중국에서 중국인에 의해 시작된 것임에도 실제 중국에서는 기대만큼 성황이나 보급을 이루지 못하다가 참으로 신기하게도 한류 바람으로 〈대장금〉 연속극에 이 《명심보감》을 읽는 모습이 방영되자 지금 중국에서도 이 책 찾기와 새로운 조명에 열기가 고조되고 있다니 심히 아이러니가 아닐 수 없다.

이 《명심보감》은 상하 20편으로 구성되어 있다. 초간본 청주판은 모두 775장의 격언, 속담, 이언, 어록, 속어, 금언과 옛 문헌 속 문장이 절록되어 있다. 그리고 중국에서 원나라가 물러가고 한족이 세운 명나라가 들어선 지 26년만인 1393년 무림(武林, 지금의 절강 杭州) 사람 범립본의 손에 의해 편찬되었다. 바로 이 해는 우리 조선이 건국한 이듬해였다. 이 책이 전래되자 조선의 건국이념과 유가사상의 절대적 가치를 인정하여 즉시 복간覆刊을 서둘러 단종 2년(1454)에 청주에서 '큰 글자로 교정하여 간행한다'는 뜻의 「新刊校正大字《明心寶鑑》」이라는 책이름으로 간행하게 된 것이다. 중국에서 편찬된 지 62년만이다. 여기서 '신간대자'라 함은 좀더 널리 보급하기 위하여 큰 글자로 교정을 거친 다음 새롭게 간행하였다는 뜻일 터이니 중국 원전이 아마 소자 小字였을 가능성이 있으며, 우리는 이 책을 중국 못지 않게 중시하여 그보다 더 큰 글자로 간행함으로써 보급에 대한 의욕과 눈에 쉽게 익힐 수 있는 교재로서의 제몫을 다할 수 있는 가치를 부가한 것이리라. 그리고 친절하게 매 조(條, 章)마다 ○로써 구분하여 분장分章까지 세심하게 나누어주는 친절함도 보였다. 이는 월남판이나 다른 나라 판본이 분장 구분이 없는 것과는 커다란 대조를 이루고 있다. 따라서 이는 우리에게 전래된 다음 우리가 독자적으로 추가한 작업이 아닌가 한다.

그런데 이상하게도 그 뒤 이 초간본은 희미해지고 도리어 3분의 1 분량의 초략본이 나타났으며, 그로부터 초간본은 완전히 잊혀진 채 작업자도 알 수 없는 초간본이 지방별, 시대별로 출간되어 온 조선에 성행하게 되었다. 나아가 범립본이라는 중국인 편찬자의 이름은 물론, 이 책이 중국에서 나왔다는 것조차 까맣게 모른 채 미궁을 헤매더니 급기야 고려말 노당露堂 추적(秋適, 1246~1317)이 이 책을 저술하였다고 여겨, "한국인에 의해 한국에서 저술된 책"인 양 잘못 알려지게 되었다. 그래서 지금도 많은 사람들은《명심보감》이 우리나라에서 만들어졌고, 혹 추적이라는 사람이 지은 것으로 오해해 왔으며, 지금도 더러는 추적이 지은 것으로 명기하여 출간된 도서가 버젓이 세상에 나돌고 있다. 그런가 하면 조선 후기부터 구한말, 일제 강점기를 거치면서 증보되었으며 거기에 청淸 서정徐珽의《계궁지桂宮志》에 실려 있는 〈팔반가八反歌〉를 실었고, 나아가 삼국시대 인물들과 조선 후기 인물의 효행, 애국, 청렴 등의 우리나라 자료를 더 보태어 민족의식 고양에 한 몫을 하는 책으로 후미를 장식하기에 이른다.

그러다가 현대에 이르러 일부 학자들이 이 책에 관심을 가지고 학술적 연구와 분석, 고증을 시작하게 되었다. 이에 1974년 이우성 교수에 의해 초간본 청주판이 발견되어 원점이 어디였었는지가 마침내 소상하게 밝혀지게 되었다. 특히 이 청주판 초간본에는 범립본의 서문과 유득화庾得和의 발문, 그리고 간기刊記까지 있어 움직일 수 없는 확증적 자료를 제공해 주고

있다. 그러나 이 판본은 안타깝게도 8쪽이 낙질된 상태였다. 그 무렵 필자는
이 판본을 근거로 미흡하나마 역주를 서둘렀으나 그 미진함과 안타까움에
수소문 끝에 중국 장위동張衛東 교수가 근세 중국 어휘 전공으로 한국
역학서譯學書와 고서에 대한 관심이 깊어 체류 중 자주 만나 이야기를 나누게
되었다. 이야기 끝에 명심보감이 화제가 되었으나 그저 지나가는 정도였는데
그가 심천대학深圳大學으로 적을 옮겨 귀국하고 나서 얼마 뒤 월남판《명심
보감》을 구했다며 편지와 함께 복사본을 보내온 것이었다. 그리고 그곳에서
《명심보감》 연구에 박차를 가하였으며 국제 학술회의에서 논문도 발표하고
대학원 석사반 학생으로 하여금 학위논문도 작성하도록 하고 있다며 나의
자료도 부탁하였다.

그리하여 흥분을 감추지 못한 채 이 월남판《명심보감》(Minh Tam Bao
Giam)을 얻어 청주본에서 누락 낙장된 〈교우편交友篇〉과 〈존신편存信篇〉,
그리고 〈부행편婦行篇〉 등 8쪽 내용을 찾아 복원하고자 하여 출판할 준비를
서두르고 있었다. 그러나 이 또한 분장이 전혀 달라 청주판 목록에 제시된
장수章數와의 대조에 확신을 가질 수 없었다.

그런데 둘 모두 일본 사정에 어둡기는 마찬가지였다. 그러던 차, 금년 6월
더운 날 한창 다른 책 역주작업에 정신이 없었는데 연구실로 부산 동명대
성해준成海俊 교수가 전화를 주었다. 그는 일본에서 근대 한일사상사를 연구
주제로 하였으며 그 중《명심보감》이 일본에 미친 영향을 주로 하고 있었다.
그리고 아울러 청주판《명심보감》 완정본完整本이 쓰쿠바(筑波)대학 도서관에
고스란히 소장되어 있으며, 일본은 물론 한국, 중국, 스페인, 월남의 이
《명심보감》 판본과 연구 과정에 대하여 너무나 소상히 알고 있다고 알려

주었다. 그로부터 흥분 속에 잠도 이루지 못하고 며칠이 지나 한 보따리 소포가 도착하였다. 성 교수의 박사학위논문 《日本における『明心寶鑑』受容の思想史的研究》(東北大學, 1999)와 청주판 초간본 복사묶음, 그리고 《명심보감》에 관한 소논문 16편이었으며 나아가 북경 친지로부터 구했다는 도광본 《명심보감》(내용은 《현문》)의 특이한 자료까지 들어 있었다. 하늘의 도움이었다. 그리고 내가 일본 학계에 대해 문외한이었던 것이 못내 안타까웠다. 성교수의 논문을 찬찬히 읽어보았더니 가위可謂 지구상 《명심보감》에 대한 모든 자료는 다 모으고 동서양 사정까지 훤하게 알 수 있는 귀한 보물로서 본 책의 역주에 소중하게 참고로 삼을 수 있었다.

좌우간 이렇게 우여곡절을 겪으며 다시 한국 사람에게 얼굴을 보여준 청주본은 임진왜란 때 약탈당하여 일본에서 살아 숨쉬고 있었으며 나아가 멀리 스페인과 서구에 영향을 주었다니 책 하나가 이토록 눈물겨운 유전流轉의 과정을 거쳤구나 하는 감회를 지금도 접을 수가 없다.

이제 명실공히 《명심보감》은 한층 높고 세밀하며 어느 정도의 수준을 기하는 역주본으로 독자와 학계에 제공할 수 있게 되었음을 큰 자부심으로 삼으며, 아울러 그 바탕에 성해준 교수의 도움이 절대적이었음을 이 지면으로나마 밝히며 동시에 지극한 감사를 표한다.

莎浦 林東錫이 負郭齋에서 적음.

일러두기

1. 이 책은 청주판《초간본初刊本 명심보감明心寶鑑》(1454. 단종 2년, 淸州版, 1977년 東邦文化社 영인) 전체를 역주한 것이다. 이 청주판은 제 119, 120, 125, 126, 127, 128, 129, 130 등 모두 8쪽이 결락되어 있다.

2. 이에 일본 쓰쿠바(筑波)대학 소장 청주판은 결손이 없어 한국에서 발견된 청주판과 대조하여 결락된 부분을 모두 완정하게 보전補塡하여 넣고 이 또한 모두 역주하였다.

3. 그 외에 〈초략본(통속본)〉(增補吐解 無雙明心寶鑑, 世昌書館, 1966)과 관련 자료를 대조하여 완역에 참고하였다.

4. 해석문을 앞에 넣고 원문을 넣되 원문은 구문을 정리하여 대구의 형식 등을 맞추어 제시함으로써 시각적으로 쉽게 이해할 수 있도록 하였다.

5. 원문 다음에 주석을 제시하되 인명, 지명, 용어 및 풀이를 더하여야 할 개념들을 정리하여 실었다.

6. 이이서 '참고 및 관련자료' 난을 마련하여 원전, 출전, 인용된 고전은 물론 기타 관련 자료를 충분히 싣고 다른 판본(초략본, 월남본)과의 차이가 있을 경우, 이 또한 자세히 밝혀 학술적 검증과 학문적 연구에 노움이 되도록 하였다.

7. 월남판《명심보감》(Minh Tam Bao Giam)과 일일이 대조하여 문자 차이, 분장 차이, 착간과 탈락 등에 대해서는 참고 및 관련자료 난에 자세히 싣고 설명하였다.

8. 청주판 원전에 근거하여 총 775번까지의 일련번호를 제시하고 아울러 괄호 안에 편별 번호를 실어 검색에 편리하도록 하였다.

9. 각 장(조)마다 역자가 임의로 제목을 부여하였으며 이는 전체의 뜻을 임시로 제시한 것이며 절대적인 것은 아니다.

10. 현재 시중에 출간된 번역본을 충분히 참고하였다.

11. 《석시현문昔時賢文》, 《증광현문增廣賢文》, 《격언련벽格言聯璧》 및 경사자집
    經史子集 등 중국 여러 경서나 통속서는 물론, 원명대 희곡 작품, 이학가
    어록, 불교와 도교 어록집 등에 인용된 용례의 구절도 가능한 한 모두
    찾아 이를 해당란의 주와 참고란에 언급하여 대조할 수 있도록 하였다.

12. 해석문은 직역을 위주로 하되 일부 의미의 전달을 순통하게 하기 위하여
    의역한 것도 있다.

13. 원본과 〈초략본〉을 대조하여 〈초략본〉에 실린 문장은 일런번호 끝에
    *로 표시하여 쉽게 구분할 수 있도록 하였다.

14. 〈초략본(통속본)〉에만 있는 문장들도 빠짐없이 해당 부분에 참고로
    실었다.

15. 통속본의 〈증보편〉, 〈팔반가〉, 〈효행편〉, 〈염의편〉, 〈권학편〉은 원전에
    이어 일런번호를 연결하여 791항까지 이 또한 모두 싣고 역주하여
    참고로 삼을 수 있도록 하였다.

16. 책 뒤에 청주판 원본을 축소하여 실었으며 결락된 부분은 일본 쓰쿠바
    대학 소장본을 보충하여 넣었다.

17. 이 책의 역주에 참고한 문헌과 논문 등은 다음과 같다.

❋ 참고문헌
1. 《明心寶鑑》(初刊本, 淸州版) 東邦文化社印本 1977.
2. 《明心寶鑑》(初刊本, 淸州版) 日本 筑波大學 所藏本.

3. 《原本明心寶鑑講義》金星元 明文堂 1982.

4. 《明心寶鑑》(Minh Tam Bao Giam) Vietnam Khanh Hoi. 1998.

5. 《無雙明心寶鑑》世昌書館 1966.

6. 《明心寶鑑新釋》李民樹(역) 乙酉文化社 1973.

7. 《懸吐完譯 明心寶鑑》成百曉 역주 傳統文化研究會 1993.

8. 《日本における『明心寶鑑』受容の思想史的研究》成海俊 박사학위논문. 日本 東北大學 1999, 日本

9. 《菜根譚》林東錫(역주) 建國大出版部 서울 2003.

10. 《賢文》林東錫(譯註) 김영사 서울 2004.

11. 《幼學瓊林》(上下) 林東錫(譯註) 고즈윈 서울 2005.

12. 《東國新續三綱行實圖》大提閣(印本) 1974.

13. 《朝鮮朝初學教材研究》金世漢 啓明大漢文研究會 1981.

14. 《朝鮮譯學考》林東錫, 亞細亞文化社印本 1983.

15. 《太上感應篇》(上下) 宋, 李昌齡(著) 淸, 黃正元(注), 淸, 毛金蘭(增補) 學林 出版社 上海. 2004.

16. 《中國傳統蒙學全書》李少林(主編) 中國書店. 北京, 2007

17. 《禪家龜鑑》正音社(法頂역)

18. 《禪家龜鑑·儒家龜鑑·道家龜鑑》(西山大師集) 良友堂. 1994.

19. 《國學基本讀物》世一書局(臺灣) 1982.

20. 《敦煌兒童文學研究》雷僑雲, 中國文化大學 中國文學研究所 碩士論文 (臺灣).

21. 《韓國教育史資料集》文教部.

22. 《增補文獻備考》印本.

23. 《通文館志》印本.

24. 《漢語成語考釋詞典》劉潔修 常務印書館, 北京, 1989.

25. 《御定小學集註》宋, 朱熹. 明, 陳選(集註) 〈四庫全書〉(文淵閣) 子部⑴
儒家類 臺灣商務印書館(印本).

26. 《小學》(上下) 原本集註 世昌書館. 明文堂(覆印本) 1973 서울.

27. 《小學纂註》漢文大系本 明治 43년(1910), 大正 11년(1922) 13쇄본 富山房
東京. 臺灣 新文豐出版社(印本) 1978 臺北.

28. 《小學》先哲遺著 漢籍國字解全書 明治 43년(1910) 早稻田大學出版部
東京.

29. 《小學》林東錫 譯註. 東西文化社. 2009 서울.

30. 《伊川擊壤集》四部叢刊本 書同文 電子版 北京.

31. 《童蒙訓》宋, 呂本中(撰) 〈四庫全書〉子部⑴ 儒家類 臺灣商務印書館(印本).

32. 《家範》宋, 司馬光(撰) 〈四庫全書〉子部⑴ 儒家類 臺灣商務印書館(印本).

33. 《近思錄》宋, 朱熹·呂祖謙(同編) 〈四庫全書〉子部⑴ 儒家類 臺灣商務
印書館(印本).

34. 《近思錄集註》清, 茅星來(撰) 〈四庫全書〉子部⑴ 儒家類 臺灣商務印書館
(印本).

35. 《近思錄集註》清, 江永(撰) 〈四庫全書〉子部⑴ 儒家類 臺灣商務印書館
(印本).

36. 《揚子法言》漢, 揚雄(撰) 〈四庫全書〉子部⑴ 儒家類 臺灣商務印書館(印本).

37. 《中論》漢, 荀悅(撰) 〈四庫全書〉子部⑴ 儒家類 臺灣商務印書館(印本).

38. 《文中子中說》隋, 王通(撰) 〈四庫全書〉子部⑴ 儒家類 臺灣商務印書館
(印本).

39. 《二程遺書》宋, 朱熹(撰) 〈四庫全書〉 子部(1) 儒家類 臺灣商務印書館(印本).

40. 《二程外書》宋, 朱熹(撰) 〈四庫全書〉 子部(1) 儒家類 臺灣商務印書館(印本).

41. 《二程粹言》宋, 楊時(撰) 〈四庫全書〉 子部(1) 儒家類 臺灣商務印書館(印本).

42. 《節孝語錄》宋, 徐積(撰). 宋, 江端禮(編) 〈四庫全書〉 子部(1) 儒家類 臺灣商務印書館(印本).

43. 《儒言》宋, 晁說之(撰) 〈四庫全書〉 子部(1) 儒家類 臺灣商務印書館(印本).

44. 《上蔡語錄》宋, 謝良佐(撰). 朱熹(刪定) 〈四庫全書〉 子部(1) 儒家類 臺灣商務印書館(印本).

45. 《延平問答》宋, 朱熹(撰) 〈四庫全書〉 子部(1) 儒家類 臺灣商務印書館(印本).

46. 《二程集》宋, 程顥·程頤(纂) 〈四部刊要〉 子部 儒家類 漢京文化事業公司 (活字本) 1983 臺北.

47. 《顏氏家訓》林東錫(譯註) 고즈윈, 서울 2004.

48. 《弟子職》漢文大系本.

49. 《太極圖說》周敦頤 諸子百家叢書本.

50. 《通書》周敦頤 諸子百家叢書本.

51. 《觀物篇》邵雍 諸子百家叢書本.

52. 《中國儒學百科全書》中國大百科全書出版社 1997 北京.

53. 《朝鮮圖書解題》朝鮮總督府 大正 8년(1919).

54. 《韓國圖書解題》高麗大學校 民族文化研究所 1971 서울.

55. 林東錫, 〈初刊本明心寶鑑 및 그 編者에 대한 一考〉 林東錫. 朴鵬培교수 회갑기념논문집. 1986.

56. 林東錫, 〈古文眞寶·十八史略·明心寶鑑在韓流傳之情況〉(中文) 林東錫. 中國第十三屆國際蘇軾學術研討會論文集. 2002. 9. 中國 四川 眉山.

57. 林東錫, 〈明心寶鑑과 昔時賢文의 同一句節 比較考〉 林東錫. 中國語文學 論集 31집. 2005.

58. 林東錫, 〈明代 三種 格言集의 比較 研究〉 林東錫. 中國語文學論集 32집. 2005.

59. 張衛東, 〈『明心寶鑑』及其所記漢越音〉 漢字傳播暨中越文化交流國際學術 研討會 발표 논문, 中國 深圳. 2003.

60. 成海俊, 〈『太上感應篇』と『明心寶鑑』〉 文藝研究 144집 1997. 일본.

61. __ , 〈日本『明心寶鑑』 전파와 수용 양상에 관한 연구〉《日本文化研究》 9집, 2003.

62. __ , 〈中國『明心寶鑑』의 受容과 傳播〉《東北亞文化研究》 5집, 2003.

63. __ , 〈에도 유학관 林羅山의 사상〉(『明心寶鑑』 인용을 중심으로)《日本語 文學》 24집, 2004.

64. __ , 〈小瀨甫庵의 사상〉(『明心寶鑑』 인용을 중심으로)《韓國日本近代學會》 2004.

65. __ , 〈동아시아의 『明心寶鑑』 연구〉《退溪學과 韓國文化》 36호, 2005.

66. __ , 〈『명심보감』 스페인어 번역의 정신문화적인 의의〉《東北亞文化研究》 9집, 2005.

67. __ , 〈일본『명심보감』 수용에 나타난 특징〉《日本文化研究》 19집 2006.

68. __ , 〈한국『명심보감』의 전파와 수용 양상에 관하여〉《退溪學과 韓國 文化》 39호, 2006.

69. __ , 〈『명심보감』의 저자 및 서문에 관하여〉《日語日文學》 33집, 2007.

70. __ , 〈『명심보감』 본문 각 편의 내용 고찰〉《南冥學研究》 23집, 2007.

71. __ , 〈각국『명심보감』 판본 연구〉《東北亞文化研究》 13집, 2007.

72. __ , 〈증보편『명심보감』의 내용 및 사상 고찰〉《日語日文學》 40집, 2008.
73. __ , 〈野間三竹의『北溪含豪』와『明心寶鑑』〉《日語日文學》 41집, 2009.
74. 《孔子家語》《荀子》《新語》《新書》《新序》《說苑》《潛夫論》《中論》《文中子》
    《管子》《韓非子》《呂氏春秋》《淮南子》《論衡》《老子》《莊子》《列子》
    《搜神記》《博物志》《抱朴子》《韓詩外傳》《世說新語》《史記》《漢書》
    《後漢書》《三國志》《晉書》《宋書》《南齊書》《梁書》《晉書》《魏書》《北齊書》
    《周書》《南史》《北史》《隋書》《舊唐書》《新唐書》《舊五代史》《新五代史》
    《宋史》《國語》《戰國策》《十八史略》《貞觀政要》《中國史》《四書集註》
    《十三經注疏》《新編諸子集成》《百子全書》《藝文類聚》《太平廣記》《文選》
    《太平御覽》《中國大百科全書》《辭海》《中文大辭典》《三才圖會》《三禮
    辭典》《中國歷代人名大辭典》
※ 기타 공구서 등은 기록 생략함.

해제

I. 《명심보감明心寶鑑》개황

지금 시중에는 수십 종의 《명심보감》이 소개되어 있다. 그중에는 해석본, 원문영인본, 주석본, 심지어 어린이용이란 이름까지 붙여진 것 등 헤아릴 수 없이 많다. 체제나 분량도 저마다 달라 그 진가를 가리기 어려울 만큼 난간 상태를 이루고 있다. 이는 그만큼 한문 공부의 초입 단계뿐 아니라, 그 내용이 교훈적이며, 익히 들어 알고 있으니 꼭 갖추고 있어야겠다는 생각 때문이리라. 따라서 평범한 독서인이라 할지라도 그 책 속에 한 두 구절쯤은 외우지 못하는 사람이 없을 정도이다.

우리나라에 한자가 전래된 뒤 교육의 도구는 한자로 표기된 책이었음은 부인할 수 없다. 그러나 교육은 사회, 정치의 변동에 따라 공교육과 사교육으로 이원적 발전 과정을 겪게 된다. 다만 공교육은 국가 기관의 설립으로 국가적 사업이요, 나아가 규모나 명맥이 분명하므로 비교적 그 기록이 그나마 존재할 수 있지만, 사교육은 명맥의 간단間斷으로 인해 기록이 희미한 경우가 허다하다. 그러나 공교육과 사교육은 모두 인재를 길러내고 국민의 지식 수준을 높여준 공헌은 같다. 사교육 가운데 민간 교육의 서당, 학당, 정사 등 향리별로 세워졌던 교육시설에서는 기초적 자학교재나 인륜 교재를 중심으로 교육과정이 짜여질 수밖에 없었다. 그 대표적인 교재가 바로 《천자문》, 《계몽편》, 《동몽선습》, 《동몽요결》 등과 바로 이 《명심보감》, 《소학》 등이었다. 이들은 그 내용과 과정이 어린이, 즉 배우기 전에는 몽매하다는 뜻의 동몽童蒙 교재로 불렸다. 이러한 동몽 교재들은 분량도 적고 체제도 간단하며, 종류도 많지 않으나 그 내용이 대체로 문자습득과 유교적 인륜도덕, 예법과 충효를 다루고 있어 생활에 많은 영향을 끼쳐왔다.

그중 《명심보감》은 이 동몽 교재의 가치를 넘어 개인의 수양서 역할도 하였다. 이러한 《명심보감》은 본디 중국인이 편찬하여 이웃 나라로 전파되었다. 우리나라는 조선 초 이 책이 들어오자 곧바로 청주에서 큰 글자로 복간하여 보급하였다. 그리고 일본으로 전래되었으며 서양 선교사들에 의해 멀리 스페인에 '동양 한문 기록 책으로서 최초의 번역'이라는 기록을 가진 채 전해졌으며 그 내용이 서구 종교학자나 철학자들에게 읽혀져 동양을 이해하는 중요한 창구인 동시에 선교를 위한 기초 선습교재로서의 역할을 다하였다. 그러나 정작 중국에서는 그 존재가 그리 활발하지 못하였고, 〈초간본〉(청주판)을 냈던 우리나라에서는 원본보다는 〈초략본〉이 통행되면서 〈초간본〉은 잊혀지고 말았다. 그러다가 1974년 낙장된 〈초간본〉이 국내에서 이우성 교수에 의해 처음 발견되어 연구가 진행되었으나 사실 귀중한 이 책은 임진왜란 때 일본에게 약탈되어 일본 쓰쿠바(筑波)대학에 세계 유일 완정본完整本으로 고스란히 전하고 있었다. 그 동안 우리나라에서 통행되던 〈초략본〉은 원본의 3분에 1에 지나지 않았고, 뒤편의 증보도 원본과는 전혀 다른 것이었다. 게다가 저자가 고려 말 노당露堂 추적秋適이라 알려졌던 것도 이제는 바로잡아야 한다. 우선 동해안에서 발견되었다는 청주판은 8쪽이 낙장되어 있다. 즉 119, 120, 125, 126, 127, 128, 129, 130(空頁)쪽이며 구체적으로는 「존신편」 전체(7장), 「언어편」 8장, 「교우편」 18장, 「부행편」 전체(9장) 등 42장이다.

　　이에 쓰쿠바대학 소장의 완정본(養安院書)을 근거로 초략본, 월남본 등과 대조하여 작성된 통계표를 보이면 다음과 같다.

〈명심보감〉 章(條) 통계표

No	편명	목록	각편	실제수	초략본	월남본	No	편명	목록	각편	실제수	초략본	월남본
1	繼善	47	47	47	11	32	11	省心	255	355	256	85	115
2	天命	19	19	19	7	10	12	立敎	17	17	17	10(1)	14
3	順命	16	16	16	5	7	13	治政	23	23	23	8	16
4	孝行	19	19	19	5(1)	13	14	治家	16	16	16	8	7
5	正己	117	117	117	16(1)	59	15	安義	5	5	5	3	5
6	安分	16	82	18	5(2)	9	16	遵禮	21	21	21	6(1)	19
7	存心	83	83	82	21	43	17	存信	7	7	7	0	5
8	戒性	15	15	15	9	6	18	言語	25	25	25	7	17
9	勤學	22	22	22	8	15	19	交友	24	24	24	8	14
10	訓子	17	17	17	10(1)	15	20	婦行	8	8	9	5	7
計									772	938	775	237	428

표에서 '목록'은 《명심보감》 앞쪽에 실려 있는 전체목록에 제시된 숫자이며 '각편'은 각 편마다 주기注記한 숫자로서 목록표 숫자와 일치하지 않는다. 그리고 '실제수'는 ○로 표시된 숫자를 말한다. 여거서 「안분편」각 편의 숫자 82는 18의 오기이다. 그리고 「존심편」의 경우 제 37, 38번을 분리하지 않았으며 이를 감안하더라도 전체가 82장이다. 아울러 「성심편」의 255, 355는 모두 오류이며 실제 256장이다. 맨 끝 「부행편」은 8장이라 하였으나 실제 9장이다.

이로써 실제 청주판 〈초간본〉은 모두 755장이다. 다음으로 〈초략본〉의 ( ) 안의 숫자는 원 청주본에 없는 구절이 더해져 있는 숫자이며, 이는 〈초략본〉 통계에 넣지 않은 수이다.

한편 〈월남본〉의 숫자는 단순 비교가 될 수 없다. 분장이 청주본과 전혀 다르며 많은 곳에서 장을 합치거나 분리하였기 때문이다.

좌우간 여기에서 보듯이 〈초략본〉은 총 19편 237장으로 〈초간본〉 전체의 31%에 지나지 않는다. 특히 「존신편」에서는 단 한 구절도 취하지 않아 편명 자체가 사라지고 말아 뒤에 〈초략본〉 여러 서문이나 발문에는 "明心寶鑑十九篇"이라 하기도 하여 「존신편」의 존재를 모르고 있었다.

한편 「천명편天命篇」은 다른 판본(〈월남본〉 등)에는 「천리편天理篇」으로, 「근학편勤學篇」은 「권학편勸學篇」으로 이름이 달리 기재되어 있다.

Ⅱ. 편찬자 범립본范立本

청주판 《명심보감》 초간본에는 서문과 발문 및 간기刊記가 실려 있어 이 책의 편찬과 조선에서의 출간 과정을 자세히 알 수 있다. 우선 이 《명심 보감》의 편자는 물론 중국인 범립본이다. 그의 서문을 보면 "그는 선배와 이미 알고 있는 통속적인 여러 책의 요긴한 말을 모아 계보서를 만들어 《명심보감》이라 이름 지었으며(是故集其先輩, 已知通俗諸書之要語, 慈尊訓誨之善言, 以爲一諸, 謂之明心寶鑑), 남이 다행히 이 책을 보아주면 역시 유학幼學의 자제를 가르칠 수 있고, 풍속과 교화를 돈후히 함에 보탬이 되어 악을 멀리하고 선을 받들 수 있다"(賢者, 幸甚覽之, 亦可以訓其幼學之子弟, 有補於風化敦厚, 諸惡莫作, 衆善奉行)라 하여 편집의도를 밝혔다. 그러면서 자신이 서문에 밝힌 《태상 감응편》의 구절과 절효선생의 〈훈자문訓子文〉 구절 정작 전문을 모두 인용 하지 않고 뒤쪽은 생략하되 대신 서문에만 언급하였다. 이는 어린아이들의 학습부담을 덜어 주기 위해 줄인 것이 아닌가 한다.

그러나 안타깝게도 편자 범립본은 서문 말미의 무림인이라는 것 외에는 그다지 알려져 있지 않다. 다만 원말 송초의 독서인, 지식인, 교육자 정도 였을 것으로 추측된다. '무림'은 지금의 절강성 항주杭州를 가리키며, 남송 (1127~1279) 때 임안부臨安府라 불리던 수도였고, 학문의 긍지를 그대로 지닌 채 지식인이 모여 살던 번화한 고도이다. 그리고 '홍무 26년'은 한족이 몽고족이 세운 원나라를 북쪽으로 몰아내고 남쪽을 근거지로 하여 지금의 남경을 수도로 정한 명明의 첫 황제 주원장(朱元璋. 1368~1398년 재위)의 첫 연호인 동시에 건국 후 26년째이다. 우리나라에서는 고려를 이어 조선이 건국한 이듬해(太祖 2년)이기도 하다.

Ⅲ. 우리나라에서의 ≪명심보감≫

1. 청주판 〈초간본〉

우리나라 조선에서 이 책을 복간하게 된 경위는 청주판에 실려 있는 유득화廣得和의 발문을 근거로 자세히 알 수 있다. 발문에 의하면 이 책은 본디 중국본(唐本) 밖에 없던 것을 충청감사 민상국(閔相國, 閔騫)이 널리 보급 시키려고 판각을 시켜 한 달이 안 되어 그 사업을 마쳤으며(此書, 但有唐本, 監司 閔相國, 思欲廣布, 鳩工鋟梓, 不有而功訖) 이 발문이 유득화廣得和에 의해 쓰여진 것이 경태(景泰, 明 代宗) 5년(1454, 단종 2년) 11월 초하루임을 알 수 있다. 이처럼 시간이 급하다고 여겨 한 달이 채 안 되어 작업을 마쳤다는 것은 보급에 대한 화급한 가치부여 때문이었을 것임은 자명한 일이다.

그리고 그 발문 다음에는 출판 작업에 참여한 인명이 나열되어 있다.

즉, 청주목사淸州牧使 황보공皇甫恭, 도사都使 김효급金孝給, 목판관牧判官 구인문具人文, 그리고 충청도 도관찰출척사都觀察黜陟使 민건閔騫 등이다.

이에 위의 서문序文과 발문跋文을 중심으로 살펴보면 원책은 중국에서 홍무 연간에 나왔으며(구체적으로 26년 1939. 조선 태조 2년) 조선에서는 그로부터 62년 뒤인 1454년(端宗 2년, 景泰 5년)에 이미 복각본이 나왔음을 알 수 있다. 나아가 이 책은 그로부터 140년 뒤 임란 때 일본에 의해 약탈당하여 지금 쓰쿠바 대학에 살아 있으며 그 무렵 조선에서는 전혀 모르고 있는 사이 코보에 의해 멀리 스페인어로 번역되었으니 그 책 한 권의 운명은 이처럼 기구했던 것이다.(자세한 내용은 다음 스페인 부분을 참고할 것)

그리고 현재 유행하는 〈초략본〉 가운데 간기가 있는 것으로서 현존 가장 오래된 담양본潭陽本의 율곡栗谷 서문이 가정嘉靖 경술(庚戌, 1550)년인 점으로 보면 복간본(청주판) 다음 〈초략본〉이 나오기까지 96년이 걸린 셈이다.

2. 초략본(通行本, 通俗本)

다음엔 이 《명심보감》이 원본 복간본보다 〈초략본〉(通行本, 通俗本)이 더 널리 유행한 이유에 대해서 살펴보기로 한다. 우선 원본의 복간(1454)이 중국에서 출판된 지 62년 뒤이고 국내 복간 뒤 〈초략본〉(담양본, 1550년 이이의 서문)이 그로부터 다시 96년 뒤의 일이다. 그리고 원본에서 〈초략본〉으로 이행되는 과정에서 문장의 조항 면에서 이미 약 3분의 1로 줄었다. 원책의 특징은 우선 편집의도가 "초학자를 가르쳐(亦可以訓其幼學之子弟), 풍교가 돈후해지고(風化敦厚), 선善을 받들어 행하기(衆善奉行)"를 바라는 데에 있었던 만큼, 여러 전적에서 교훈이 될 만한 명구는 물론 미언여구까지 두루 뽑아 편집했다. 거기에다가 친구들의 요어要語는 물론 이미 널리 알고 있는 통속적인 여러 책의 요어까지도 모았다.(集其先輩已知通俗諸書之要語) 따라서 유가의 말과 불가, 도가(仙家 포함)는 물론 널리 주·진·한 제자서에서도 채록했고, 송·명대에 흥했던 이학가 어록이 대부분을 차지하고 있으며, 그 무렵 유행하던 속언(속담, 격언, 성어)까지 채집되어 있다. 문체로 보아서는 물론 문언문인 고문체古文體 위주의 정형, 격식문이 많으나 송대 이학가들의 어록은 그 자체가 백화어인 구어체口語體이므로 그대로 실려 있을 수밖에 없고, 속언은 완진 구어제인 채로 실려 있다. 여기서 '요어'란 일상 생활 중에 친구들과의 대화에 언뜻언뜻 인용되는 격언들을 말하며 이는 주로 백화어로 듣고 말해야 서로 통한다. 이러한 상황 속에서 우리에게 전해진 뒤 〈초략본〉으로 유행할 수밖에 없었던 이유를 세 가지 쯤으로 상정해 볼 수 있다.

우선 조선시대 건국이념이 주자학朱子學이었던 만큼 배불숭유排佛崇儒에 의해 불가의 어록이 삭제되었다. 유명종 교수는 〈노당 추적의 명심보감초 총언〉(1995)에서 "명심보감의 유교화"에 대해 심도있게 다루고 있다.

다음으로 내용이 확실치 않은 문장이 일부 제거되었다. 이를테면 원본에 "○○曰(云)"이라 한 것은 실제 그 책이나 사람의 어록에 지금은 찾을 수 없는 구절들이 너무 많다. 학문적 신빙성을 갖지 못한 구절을 자꾸 그 출전이라 되뇔 수 없었을 것이다.

이어서 백화체 문장이 삭제되었을 것으로 보인다. 백화체(구어체) 문장은 성리학자의 어록이나 그 무렵 유행하던 속언俗諺에 나타나기 마련인데, 이 백화어는 중국어를 따로 배우지 않고 한학 문장만 익히던 조선시대 한학자들에게는 오히려 어려운 점이 많았다. 지금 중국어를 기초만 배운 사람이라면 금방 알 수 있는 표현도 조선시대 문언문文言文만 익힌 학자로서는 쉽게 다가오지 않고 해석이 매끄럽지 못하여 한계와 미진함을 느낄 수밖에 없었을 것이다. 이 때문에 조선시대 성리학자들이 중국의 어록체(朱子語類 등) 문장에 쓰인 백화어 허사虛辭를 익히기 위해 따로 《어록해》라는 책을 만들었던 상황에 비춰보면 그럴 수밖에 없었다고 긍정하게 될 것이다. 따라서 백화어가 많이 채록된 원본에 손질이 가해진 판본이 유행할 수밖에 없어서 같은 〈초략본〉이면서도 〈담양본〉, 〈갑진본〉, 〈정축본〉 등에 출입이 보이는 것이다. 더구나 원본 「존신편存信篇」의 경우 겨우 7장밖에 되지 않는 구절이 모두 탈락됨으로써 뒤에는 이 편이 있는 줄도 모르고 주로 "명심보감 19편"이라 거론하는 지경에 이르고 말았다.

그런데 이렇게 초략한 인물에 대해서는 거의 알려져 있지 않다. 이는 임의로 자기 판단에 의해 이룩된 것이고 이 또한 세상에 밝힐 연구업적이라 볼 수도 없으므로 기록으로 남기지 않았을 것이리라. 다만 혹자는

'초략의 편집은 추적이 했을 것'이라고 비쳤으나 이 또한 신빙성은 없다. 1900년대 이후 판본에는 지송욱池松旭, 양진태梁珍泰, 윤태성尹泰晟, 장이만張二萬, 이상훈李相焄 등의 이름이 보이나 이는 근세의 일로서 본디 초략한 인물의 업적과는 다른 경우이다.

지금까지 전하는 많은 〈초략본〉에는 거의가 청주판 초간본을 보지 못한 채 서문들을 남기고 있다. 즉 율곡 이이(1536~1584)의 서문과 발문, 신좌모申佐模의 발문, 이휘재(李彙載. 1795~1875)의 발문, 김해부사를 지낸 성재性齋 허부(許傅, 1797~1886)의 서문, 응와凝窩 이원조(李源祚, 1792~1871)의 서문, 가림嘉林 조기승趙基升의 서문, 계당溪堂 류주목柳疇睦의 서문, 그리고 추적의 20대 후손 추세문秋世文의 발문, 심규택沈奎澤의 발문 등이 있다. 그런가 하면 손진수孫晉琇, 서찬규(徐贊奎. 1825~1905) 등도 명심보감에 대하여 극찬한 글들이 전하고 있다.(이상 성해준, 〈한국 명심보감의 전파와 수용양상에 관하여〉(2006)를 참고할 것)

한편 이렇게 초략된 책에 다시 우리의 기호나 실정에 맞게 편목編目이 늘어나거나 우리 역사에 관계된 문장을 삽입시킨 것은 비로 주체성의 발로로 우리나라 초학, 유학, 몽학의 수요와 필요에 의해 적절히 보강한 것이라 여겨진다. 즉 원본 20편에는 없는 「증보편增補篇」, 「팔반가편八反歌篇」(《桂宮誌》), 「효행편속孝行篇續」(원본 있으나 증보된 것), 「염의편廉義篇」, 「권학편勸學篇」 등이 그것이다.

특히 「효행속편孝行續編」에는 신라 때의 손순득종孫順得鐘이야기, 향덕向德 고사, 그리고 조선 철종哲宗 때의 예천인醴泉人 도씨都氏의 이야기를 싣고 있으며, 「팔반가」에는 《계궁지》에 수록되어 있는 것을 전재 첨록하였으며,

「염의편」에는 인관印觀과 서조署調의 설화와 헌종憲宗 때의 홍기섭洪耆燮의 고사, 고구려 온달溫達의 이야기까지 실어 어린 아이들의 민족 의식 고양과 읽을 거리로 첨가했다. 이는 철종 때 이야기까지 나오는 것으로 보아 한말에야 이루어진 것이 아닌가 여겨지며 매우 세심한 배려로 보여진다. 더구나 「권학편」의 경우 주희朱熹의 〈권학문〉은 초간본에는 있으나 이를 알지 못한 채 다시 채록하는 경우를 빚고 말았다.

다음으로 《고서목록古書目錄》(李相殷, 保京文化社, 1987)에 의하면 지금 국내에 전하는 《명심보감》 판본들은 대체로 다음과 같다.

1. 《明心寶鑑抄》仁祖 15년(1637) 1책 26장. 寫本, 奎章閣.
2. 《明心寶鑑抄》顯宗 5년(1664) 1책 28장. 木板本, 奎章閣.
3. 《明心寶鑑抄》高麗 秋適(編?) 池松旭(編) 木板本, 京城 新舊書林, 1913, 國立圖書館.
4. 《明心寶鑑抄》高麗 秋適(編?) 梁珍泰(抄) 木板本, 全州 多佳書舖(抄) 1916, 國立圖書館.
5. 訂本 《明心寶鑑抄》高麗 秋適(編?) 木板本, 京城 東一書館, 1917, 國立圖書館.
6. 《明心寶鑑抄》高麗 秋適(編?) 尹泰晟(編) 木板本, 京城 天一書館, 1919, 國立圖書館.
7. 具諺吐解 《明心寶鑑》高麗 秋適(編?) 木板本, 京城 天一書館, 1919, 國立圖書館.

8. 《明心寶鑑後》高麗 秋適(編?) 張二萬(編) 木板本, 京城 新安書林, 1923, 國立圖書館.

9. 《明心寶鑑》高麗 秋適(編?) 古活字本(木板本), 潭陽 秋酉九方, 1926, 嘉靖 庚戌(1550) 李珥 서문. 國立圖書館.

10. 懸吐《明心寶鑑》高麗 秋適(編?) 李相焄(校) 石板本, 水原 三成書林, 1935, 國立圖書館.

11. 懸吐《明心寶鑑》高麗 秋適(編?) 石板本, 京城 三文社, 1935, 國立圖書館.

12. 增補具解《明心寶鑑》高麗 秋適(撰) 新活字本, 서울 大志社, 1958, 國立 圖書館.

13. 한글註解《明心寶鑑》高麗 秋適(撰) 新活字本, 大邱 鄕民社, 1963, 國立 圖書館.

14. 《明心寶鑑抄》1책 23장. 木板本. 藏書閣.

이로 보면 인조, 현종 때 사본과 목판본 외에는 모두 1900년대 뒤에 나온 것들이다.

3. 추적秋適 편찬설

《명심보감》은 명明나라 때 무림인武林人 범립본范立本이 편찬한 것임에 이의가 있을 수 없다. 다만 중국에서는 널리 유전되지 못하여 지금은 거의 잊혀진 책이다. 우리나라에는 일찍이 복각본覆刻本·초간본抄刊本이 성행하여 지금껏 널리 읽히고 있다. 게다가 편자인 범립본에 대해서도 기록이 없어 자세히 알 길이 없으며 다만 우리나라에서 발견된 복각본(1454)에 있는 범씨 자신의 서문에 의해 초학자를 가르치기 위해(亦可以訓其幼學之子弟) 도움이 되도록 편집한 것이라는 것만 알 수 있을 뿐이다.

초간본이 발견되기 전까지는 편자에 대한 추측이 난무하여 한 때는 고려 말 문인 추적(1246~1317)으로 여겨지기도 했다. 물론 갑진본(서울대 소장, 목판본, 1664년 현종 5년 태인泰仁에서 출간된 지방판으로 권말에 "숭정후崇禎後 갑진甲辰 태인泰仁 손기조 孫基祖 개간開刊"이라는 간기가 있음)과 정축본(어떤 간본은 필사한 것으로 숭덕崇德 원년 정축丁丑 계하季夏 개간開刊의 간기까지 베껴 썼으며 이해는 인조 15년(1637)에 해당한다. 그런데 모두 《명심보감초明心寶鑑抄》라 하여 분명히 〈초략본〉으로서 원본과는 다르며 따로 원본이 있음을 밝히고 있음에 주의해야 한다. 그러다가 19세기 말엽에 '초抄'자가 사라지고, 1860년대에 대구 지방에 살던 추씨 후손 추세문 秋世文이란 사람이 세보가전世譜家傳 서적을 이 책과 함께 그 무렵 김포부사 金浦府使 허부許傅에게 서문을 고집스럽게 청하면서 자신 가문의 20대 선조인 고려 말 명신 노당露堂 추적秋適의 작으로 추인하는 일이 생겼다. 이 서문 序文은 고종高宗 6년(1869)의 일이며 그 무렵 허부도 사양했으나,

"고집스럽게 청하기에 그 조상을 추념追念하는 정성을 가상히 여겨 가승 家乘을 근거로 썼다"(固辭而固請, 嘉其追遠邀誠 謹按其家乘而序之)

라 하였다. 게다가 담양 판본엔 율곡栗谷 이이李珥의 서문이라 하여,

"《명심보감》은 무엇을 위하여 지은 것인가? 옛사람은 인仁에 바탕을 두었으나 후학들은 이익을 좇고 의를 잊고 있음에 이를 (경계하고자) 지은 것이다. 대체로 사람이 나서 천명지성과 기질지성이 있으니……"(《明心寶鑑》者, 何爲而作也? 古之仁, 後學之徇利忘義而作也. 蓋人之生, 有天命之性, 有氣質之性……)

라는 문구를 남기기도 하였고, 또 어떤 판본의 범례凡例에는

"노당선생이 후학에게 일러주기 위하여 지은 책으로 오직 이 책이 남아 있을 뿐인데, 그조차 세대가 오래되었고 판각이 많아 오류가 있다. 그 때문에 바로잡는다."(露堂先生茸詔後學之書, 獨賴此編之存, 而世遠板多有訛誤, 故攷正.)

라 하여 오랜 세월에 판각의 오류가 있어 고쳤다는 말 앞에 노당(露堂, 秋適)을 명기하였다. 추세무의 서문에는 "澗賴此篇之尙存, 故遇信料式, 久愈深高. 凡此十九篇, 片言隻字, 無非正修齊治之提綱聚維, 而公之所罵修燈根者, 千教不打, 非是書而何?"라 하여 19편이 전체인 줄 알았으며, 같은 고향인 달성 서찬규(徐贊奎, 1825~1905)는 아예 《천선제명록闡先題名錄》에서 "余嘗愛露堂秋文獻公明心寶鑑, 其爲書蓋蒐輯前修格言, 而蓋公平生眷眷服行之餘"라 하여 추적의 편찬에 전혀 의심을 갖지 않았다.

이처럼 여러 학자들의 서문과 발문, 곧 율곡栗谷 이이李珥, 공암孔巖 허부許傳, 웅와凝窩 이원조李源祚, 가림嘉林 조기승趙基升, 류주목柳疇睦의 서문과

덕수德水 이이, 영천靈川 신좌모申佐模, 진성眞城 이휘재李彙載, 20대 후손 추세문 등의 발문이 나오자 그 뒤로는 아예 의심없이 「추적의 작」이라고 기정 사실화하여 《동현호록東賢號錄》, 《조선역대명신록朝鮮歷代名臣錄》, 《동국문헌비고東國文獻備考》, 《담양읍지潭陽邑誌》 등에도 《명심보감》은 추적이 지은 것으로 기록되기에 이르렀다.

1971년 12월에 경북 달성군 서면 본리동의 인흥서원仁興書院의 대들보 위에서 이 책이 목판본으로 발견되면서 세상에는 추씨설로 완전히 굳어져서 그 뒤 번역본마다 모두 추적의 편찬이라고 못을 박았고, 어떤 본에는 초상까지 싣기도 했으며, 또한 고등학교 한문 교과서에서조차 추적의 작으로 알려져 있다고 설명해 놓기도 했다. 한편 근자에 김성원金星元 등은 〈초략본〉의 초략자는 추적이 아닌가 여겨진다고 주장하기도 하였으나 이 또한 오류이다. 그 외 1983년 8월에는 신법인申法印 스님에 의해 서산대사가 《명심보감》의 작자라는 설이 나오기도 하였다. "휴정休靜 서산대사가 《명심보감》의 참 저자이다. 서산대사의 대표작 《선가귀감》, 《유가귀감》, 《도가귀감》등 세 권의 귀감과 《선교석》, 《심법요초心法要抄》, 《선교결禪敎訣》 등 3권의 법어집은 짧은 단문형식으로 이루어졌는데 《명심보감》 또한 짧은 단장문 형식이다. 특히 《유가귀감》에서는 거의 3분의 1의 분량에 해당하는 14군데의 장절이 《명심보감》과 거의 똑 같고, 고스란히 옮겨 적은 것 같은 구절을 도처에서 볼 수 있어 명심보감은 서산대사가 지은 것"이라 주장한 것이다. 그러나 이는 신빙성이 매우 희박하다. 이는 시대의 선후를 생각하지 않은 연구 착오에서 비롯된 것이다. 시대상으로 휴정 서산대사(1520~1604)보다 앞선 서문(1393)과 간기(1454)로 반론의 근거는 확실하며 내용상으로도 현존 여타 〈초략본〉보다 많고 광범위하며 문체상으로도 중국인에 의해 편집될 수밖에 없는 이유의 여지가 충분히 있다. 이에 대해서는 인산학연구원仁山學研究院 김윤수金侖壽 선생의 〈『명심보감』에 인용된 『경행록』에 대하여〉(1989)에서 자세히 반론을 펴고 있어 더 이상의 언급은 피한다.

Ⅳ. 해외에서의 《명심보감》

1. 중국

중국 왕중민王重民은 『명심보감』에 대해 《중국선본서제요中國善本書提要》 (上海古籍出版社, 1983)에서 "원저는 누가 지었는지 나타나 있지 않으며"(原著 不著撰人姓氏) "한편으로는 송대 유학자의 어록 위주이며, 한편으로는 도가의 권선문"(一爲宋儒語錄, 一爲道家勸善文)이라 하여 명대 범립본의 존재를 알지 못하였으며, 나아가 송대 이학가 및 도가의 어록과 권선문, 즉 《음즐록 陰騭錄》, 《공과격功果格》, 《태상감응편太上感應篇》 따위의 통속서와 같은 것 으로 여겼다.

그런가 하면 정지명鄭志明은 《중국선서여종교中國善書與宗教》(臺灣學生書局, 1988)에서 "민간 선서로서 보존되어 왔으며, 그 통속성 때문에 문인이나 선비들에게는 읽히지 않았으며"(民間善書的保存, 因其爲通俗性讀物, 致使文人雅士 不觀) 나아가 "사지에나 문인들 기록에는 실리지 않았던"(史志載籍不錄) 책이라 하였다. 여기에서 정씨의 논리는 어느 정도 근거가 있으나 왕씨의 주장은 정확성이 결여되어 있다. 그러나 진경호陳慶浩의 〈번역성서방문자적중국서 飜譯成西方文字的中國書, 명심보감明心寶鑑〉《《中外文學》, 프랑스과학연구센터)에서는 정확히 범립본과 서문의 작성 연대를 밝혔고, 내용도 처세, 교양, 훈육, 동몽 등을 중심으로 한 유불선 종합의 격언서임을 밝히고 있다.

이 《명심보감》이 중국 명초에 나온 이래 같은 명대 조율晁瑮은 《보문당서목 寶文堂書目》에서 그 책의 이름을 저록하였고, 뒤를 이어 교정校訂한 사람 왕형(王衡, 1564~1607)과 중정重訂한 인물 장문계張文啓의 이름이 보인다. 왕형은 가정 연간의 태창(강소성) 사람으로 《명사明史》(218)에 전이 실려 있고, 《태창 주지太倉州志》에도 전이 실려 있을 만큼 그 무렵 이름이 높았던 인물이다.

그런가 하면 장문계의 경우 《항주부지杭州府志》(31)에 의하면 의사의 신분이었으며 지식인으로서 고서와 학문에 상당히 관심을 가지고 있었다. 이들에 의해 중간된 《명심보감》은 석원石園 전학제全學第 심첩沈捷의 서문이 있다. 그 서문에 "명심보감은 마치 하늘에 삼신이 영원을 두고 우주에 매달려 있는 것과 같은 그러한 홍서"(寶鑑一書, 如三辰在上, 恒古嘗懸宇宙之鴻書)라 극찬을 아끼지 않고 있다.

그 외에도 《명실록明實錄》(1587, 10, 辛酉)의 기록에 의하면 복건도어사福建道御史 임문영林文英의 〈소진오사疎陳五事〉라는 상소문에 "나이를 갖춘 유학자로 하여금 『대고大誥』와 『명심보감』을 암송하고 가르치도록 하면 사람들의 마음이 밝아지고 사설邪說이 사라질 것"(副以老儒, 責令誦習大誥及明心寶鑑等書, 則人心明而邪說破矣)이라 하여 그 무렵 천하를 떠들썩하게 하여, 홍무, 영락 연간에 엄격히 금지하던 백련교白蓮教의 사교邪敎에 대항할 수 있는 책이라 건의함으로써 이에 따라 《신제두음석관판대자명심보감新提頭音釋官版大字明心寶鑑》(2책, 1596)이 발간되기도 하였다. 한편 그 무렵 유행하던 공희 및 치세교훈, 수신도덕의 책들이었던 《문사교림文詞教林》, 《태공가교太公家敎》, 《잡초雜抄》, 《익지문益智文》, 《수신록隨身錄》, 《진언요결眞言要訣》, 《신집문사구경초新集文詞九經抄》 등에는 이 『명심보감』의 구절이 100여 개 이상 인용되고 있다고도 한다.(鄭阿財) 이렇게 민간에 널리 퍼진 명심보감은 이민을 떠나면서도 이 책을 소지하여 동남아 각지 화교 사회로 자연스럽게 전래되었으며 다시 서양 선교사들에 의해 멀리 서구에 소개되는 계기가 되었던 것이다. 그리하여 청말인 광서 31년(1905) 역시 이 《명심보감》이 상주常州에서 간행되어 오늘에 이르고 있다.

그런가 하면 최근 성해준 교수로부터 얻은 중국 소장본 『명심보감』이 있다. 이 책은 『명심보감』보다 훨씬 뒤에 나온 무명씨의 『현문賢文』 계열의 격언서가 중국에서는 지금까지 널리 보급되어 일반인들에게는 도리어 『명심보감』은 잊혀지다시피 한 상황이며, 이에 따라 이름만 들어본 『명심보감』이 『현문』인 줄 착각, 겉 표지는 《명심보감》이지만 속 내용은 상권은 『석시현문』, 하권은 『증광현문』으로 되어 있는 책이 청 도광道光 19년(1839) 욱문당郁文堂에서 펴낸 것이다. 『현문』의 구절은 『명심보감』과 겹치는 것이 너무 많다. 『현문』에 대해서는 본인 역주의 《현문》 및 〈명심보감과 석시현문의 동일구절 비교고〉(『中國語文學論集』 31집. 2005), 그리고 〈명대 삼종 격언집의 비교 연구〉(中國語文學論集 32집. 2005) 등을 참고하기 바란다.

이제껏 학자들의 조사에 의한 중국 소장 현존 『명심보감』 판본은 다음과 같다.(成海俊, 〈중국 『명심보감』의 수용과 전파〉, 2003 참조)

1. 新鼎官版證諞大字育夢《明心》正文(2권) 明, 范立本(輯) 明刻本, 1책, 10行 27字, 白口四周單邊無直格. 中國北京圖書館 所藏.《北京圖書館古籍善本書目》에 의함.
2. 重刊《明心寶鑑》(2권) 明, 嘉靖 32년(1553), 曹玄刻本, 2책, 9行 18자, 黑口四周雙邊. 中國北京圖書館 所藏.
3. 新刻音釋《明心寶鑑》正文(2권) 明, 范立本(輯), 明末刻本, 1책, 10行 24자, 白口四周單邊. 中國北京圖書館所藏.

4. 新刻校正刪補《明心寶鑑》(2권) 明, 范立本(輯), 鄭振鐸《書目》(北京圖書館編)
   (1936년)에 의함.
5. 新刊大字《明心寶鑑》(2권) 明刻本, 王重民《中國善本書提要》에 의함.

그런가 하면 중국 판본이면서 일본에 소장된 명심보감 판본 목록은
다음과 같다.

1. 《明心寶鑑》正文. 日本 內閣文庫 所藏.
2. 《明心寶鑑》定本. 日本 尊經閣文庫 所藏.
3. 新提頭音釋官版大字《明心寶鑑》(2권) 明, 范立本(集) 萬曆 29년(1596) 書林
   鄭繼華刊行.《日本書肆目錄》(山本書店新集書報)(44) 1959년 10월에 의함.
4. 官版無訛《明心寶鑑》. 勉耘堂梓行. 日本 肥前島原松平文庫 所藏.
5. 重訂《明心寶鑑》. 內題:《新校明心寶鑑正文》. 日本 日比谷圖書館加賀文庫
   所藏.
6. 新刻全本《明心寶鑑》正文. 日本 國會圖書館 所藏.
7. 新刊《明心寶鑑》正文. 日本 伊達文庫本 所藏.

다음으로 대만에서는 대만국립도서관에 월남판 『명심보감』이 소장되어
있으며, 그 외 초략된 『명심보감』이 《태상감응편》과 불교 내용을 섞어
『명심보감』(附 三聖經)이라는 이름으로 유통되고 있어 마치 불교 서적인 것으로
알려져 있기도 하다. 그리고 앞서 밝혔듯이 방호 교수의 《방호육십자정고
方豪六十自定稿》(臺灣 學生書局 1969)에 의해 멀리 스페인에 《명심보감》 존재가
널리 알려져 있기도 하다.(이상 成海俊, 〈동아시아의 『명심보감』 연구〉, 2005 참조)

2. 일본

명심보감은 일본에 두 경로로 전래되었다. 하나는 무로마치(室町) 시대 오산승五山僧이 홍무 연간 지금의 강소 태창에 들어갔을 때 입수한 것이다. 이것이 바로 일본에서 말하는 〈명각본〉이며, 그 무렵 명나라는 남방 위주로 발전을 시작한 시기이며 바로 이 때에 일본은 무로마치 시대로 중국 강소 지역과 가장 활발한 교류와 교역을 시작한 시대이기도 하다.

다음으로 임진왜란 때 조선을 통해 청주본을 강제 약탈해간 판본이다. 이는 우리나라 동해안에서 1974년 이우성 교수에 의해 발견된 판본과 같은 것이다. 조선으로부터 건너간 청주본 명심보감은 도요토미 히데요시(豊臣 秀吉. 1536~1598) 군대의 무력에 의해 도자기, 활자 등과 함께 건너가 그가 죽은 뒤 도쿠가와(德川家康, 1542~1616)에게 넘어가 이것이 어삼가(御三家, 尾張, 紀伊, 水戶) 세 집안에 분산 소장되었다가 그중 미토(水戶) 집안에 내려 오던 것이 지금 쓰쿠바(筑波) 대학 도서관에 '양안원서養安院書'라는 소장인이 찍힌 채 전해져 오고 있다.(성해준, 〈한국 명심보감의 전파와 수용 양상에 관하어〉, 2006)

특히 일본은 그 뒤 에도(江戶) 시대에는 여러 차례 이 책을 출간하였고, 그 무렵 유명 지식인이라면 누구나 빠짐없이 이 책을 애지중지하였으며, 더없이 귀중한 자료로 여겨 이를 자신들의 글에 인용하였다. 《선림구집禪林 句集》이 그 대표적이며, 그 외 소뢰보암小瀨甫庵, 임라산林羅山, 천정료의淺井了意, 패원익헌貝原益軒 등이 있다.(성해준, 일본 명심보감 수용에 나타난 특징, 2006)

이에 따라 일본은 자체 간행한 화각본(和刻本, 寬永 8년, 1631)을 비롯해 〈명각본明刊本〉, 〈청주본淸州本〉, 〈청간본淸刊本〉, 〈초략본抄略本〉, 〈증보본增補本〉 등 다양한 판본이 존재하게 되었고, 그에 대한 연구와 활용 및 영향력은 중국이나 우리나라보다 더한 정도였다.

우선 〈명간본〉은 범립본의 서문(1393) 이후일 것이나 실제 간행 연도는 알 수 없고, 오산승이 가져온 판본은 아닐 것으로 보고 있다. 이 내각문고 內閣文庫 소장본은 책이름이 "신경판정와음석제두대자명심보감정문新京板正譌音釋提頭大字明心寶鑑正文"이라 하였고, 권두에 "태창구산왕형교太倉縱山王衡校, 림필생林弼廷, 진씨재陳氏梓"라 하였을 뿐이다. 그 교정자 구산縱山 사람 왕형 (1564~1606)의 생졸 연대로 보아 적어도 16세기 말에 나온 것으로 보이며 이는 범립본 서문이 쓰여진 1392년 보다 적어도 200여년 뒤의 일이다. 그러나 이 판본을 근거로 한 〈화각본〉(1631)은 그보다 앞선 조선 간행의 〈청주본〉(1454)에 비해 장수가 적고 내용의 양도 〈청주본〉보다 적다. 그런가 하면 〈청주본〉에는 없는 구절이 있어 두 판본 사이의 상관관계는 아직도 자세히 알 수 없다.

또다른 〈명간본〉으로 여겨지는 존경각문고尊經閣文庫 소장의 《명심보감 정본明心寶鑑定本》은 권두에 "石園全學第沈捷頓首撰, 武林張文啓開之重訂" (上下卷)이라 하여 역시 출간 연대는 뚜렷하지 않으나 내각문고 소장본에 비해 양이 곱절이나 된다.

다음으로 〈청간본〉은 일본 도원도서관 소장으로 "관판무와명심보감官版無譌明心寶鑑"으로 되어 있다. 이는 상권에 "明心寶鑑正文卷之上", 하권에는 "新鑴明心寶鑑正文下卷"으로 되어 있으며 끝에는 "명심보감정문종"이라 표시되어 있다. 그리고 이 책은 왕형 교정본 및 〈화각본〉과 거의 같다.

한편 〈화각본〉은 이미 관영寬永 3년(1626)에 출간되었었다는 기록이 있고, 이어 8년(1631) 뒤에 나온 많은 판본이 일본에 존재하고 있다. 뒤를 이어 교토, 오사카 및 에도 시대까지 80여년간 끊임없이 출간되었으며 에도 시대에는 이 《명심보감》이 정치 사회에 중요한 책으로 널리 퍼져나갔다.

이들을 〈청주본〉과 비교해 보면, 20 편목 가운데 「천명편天命篇」은 「천리편
天理篇」으로 〈월남본〉과 같다. 따라서 애초 범립본 당시 편명이 「천리편天理
篇」이었으나 조선에서 복간(1454)될 때 「천명편」으로 바뀐 것이 아닌가 한다.
다음으로 청주본 「정기편正己篇」은 117조(장)이지만 〈명간본〉과 〈화각본〉은
86조(장)로 31조(장)나 적다. 특히 〈청주본〉은 ○로 분장 표시를 뚜렷이
하여 이 또한 조선 복간 때 독자적으로 분장 표시를 가한 것이 아닌가 한
다. 이 청주본의 유일한 완정본完整本은 쓰쿠바대학 소장본 하나밖에 없다.

좌우간 일본에서의 『명심보감』은 일본 지식인에게는 절대적인 필독서
로의 그 지위를 한껏 누렸음을 여러 기록에서 찾을 수 있다. 게다가 이처럼
일본의 『명심보감』에 대한 학문풍토는 멀리 스페인으로 뻗어나가는 다리
역할까지 함으로써 중국에서 출발한 『명심보감』이 한국(조선)에서 다듬어져
완정본이 된 다음, 일본으로 건너가 꽃을 피웠고, 서구로 향하여 동양사상
의 창구가 되는 역할을 톡톡히 해낸 셈이며, 다시 돌아와서 이제 한중일
삼국에서 열매를 맺을 차례에 접어든 것이다.

(이상, 성해준 〈에도 유학관 林羅山의 사상〉(2004), 〈堪忍記の思想〉(2001), 〈太上感應篇と
明心寶鑑〉(1997), 〈小瀬甫庵의 사상〉(1997), 〈野間三竹의 北溪含豪와 明心寶鑑〉(2009), 〈貝原
益軒の勸善思想〉, 〈일본 明心寶鑑 전파와 수용 양상에 관한 연구〉(2003) 등을 참고하기 바란다.)

3. 월남

월남에도 일찍이 《명심보감》이 전래되었다. 명明 만력萬曆 2년(1574) 엄종간嚴從簡의 《수역주자록殊域周咨錄》이라는 책에 이미 월남의 《명심보감》에 대한 언급이 들어 있으며, 월남 한문소설 《자허유천조록子虛游天曹錄》이라는 책에 《명심보감》 구절을 인용한 것이 보인다. 지금 남아 있는 판본으로는 《Minh Tam Buu Giam(明心寶鑑)》(越南新德出版社)이 대만 중앙도서관에 소장되어 있으며, 그 외 《명심보감석의明心寶鑑釋義》(1957)가 파리 국립도서관에 소장되어 있으며 이 책은 특히 이듬해(1958) 우리나라 이승만李承晚 대통령이 월남을 방문했을 때 기증되기도 했다 한다.(성해준, 〈각국 명심보감 판본 연구〉, 2007)

본인이 입수한 Ta Thanh Bach의 《명심보감(Minh Tam Bao Giam)》은 월남 한월음漢越音과 월남음越南音을 매 한자마다 표기하고 간단한 해석을 덧붙인 것으로서 1998년에 나온 것이다. 이 책은 청주본의 「천명」이 「천리」로, 「근학」이 「권학」으로 편명 차이가 있고 분장은 청주본과 전혀 다르며, 일부 청주본에 있으나 없는 것, 〈청주본〉에 없으나 더 있는 것 등 치이기 많다. 이에 본인은 본 《명심보감》 역주에 분장과 글자 이동 등을 매절마다 일일이 부기하여 밝혔다. 그리고 중국 장위동 교수는 〈明心寶鑑及其所記漢越音〉(漢字傳播暨中越文化交流國際學術硏討會, 2003, 12)이라는 논문을 발표하였다. 그의 조사에 의하면 월남에는 왕소순王小盾이 엮은 《월남한남문헌목록제요越南漢喃文獻目錄提要》를 통해 월남에는 8종의 《명심보감》이 있는 것을 확인하였고, 그중 하노이에는 동경同慶 3년(1888), 성태成泰 19년(1907), 계정啓定 9년(1924) 등 3권이 있고, 파리에는 명명明命 17년(1836), 동경同慶 3년(1888), 중국 근문당近文堂에서 간행한 판본 등 3권이라 소개하고 있다.

한편 이 월남판본은 모두 428조가 실려 있으나(명심보감 판본 수 도표 참조) 이 숫자는 청주본『명심보감』과 단순 비교할 수는 없다. 연속되는 여러 문장을 하나의 장으로 처리하기도 하고 혹은 분리하기도 하여 일일이 맞추어 보아야 알 수 있다. 게다가 〈청주본〉에는 없는 문장도 있어 수치로 대비하는 것은 별 의미가 없어 보인다.

4. 스페인 및 서유럽

《명심보감》은 한문으로 기록된 서적 가운데 최초로 서구에 번역 소개된 책이라는 진기한 기록을 가지고 있다. 바로 스페인 선교사를 통해서였다. 그것도 두 차례에 걸쳐 다른 경로로 번역되었으니 참으로 신기한 일이다.

즉 1592(혹, 1595)년 임란 중에 번역된 것과 1767년 두 차례에 걸쳐 각기 다른 선교사에 의해 이루어졌다.

우선 《명심보감》 최초의 번역은 스페인 선교사 코보(Cobo)의 작업이다. 그는 에스파냐 트레드 출신으로 첫 선교지인 멕시코로 파견되었으나 그곳 총독과의 알력으로 1565년 같은 스페인 식민지였던 필리핀으로 선교지를 옮기게 된다. 그런데 그곳에서 다수의 중국인 화교들과 접촉하면서 중국어를 익히게 되었고, 한자와 한문에 대한 기초적 지식도 학습할 수 있었다 한다. 그는 다시 1592년 일본 사츠마(薩摩)에 상륙하였는데 마침 도요토미 히데요시의 조선 침략 1개월 뒤였으며 조선침략의 본부가 있던 나고야에서 환대를 받으며 필리핀과의 인연을 바탕으로 일본과 필리핀의 우호협정 임무를 부여받았다고 한다. 그는 이 때에 〈청주본〉을 근거로 번역을 서둘러 스페인어의 "맑고 정결한 마음의 보배로운 거울이 되는 책" (Libro del Espejo Preco Clarory Limpio Corazon)이라는 이름으로 번역을 완성, 이를 선교에 활용하고자 하였다. 그러면서 "이교도가 편찬한 책이지만 우리들의 성서와 같은 중요한 내용이 들어있다"는 논지를 펴며 동양인의 높은 도덕관, 윤리관부터 이해해야 선교에 성공할 수 있다고 확신하였다. 그는 이 일을 마치자 1595년 12월 23일 중국 선교의 동행자이며 코보 자신의 친구 베나비데스(Benavides) 신부에 의해 스페인에 전달되어 당시 황태자에게 헌상되었다. 그 번역본은 중국 남방福建 발음에 의해 《Beng Sim Po

Cam》이라 하였다. 이것이 335년 동안 세상에 알려지지 않다가 1929년 프랑스 학자 폴 펠리오(Paul Pellot. 1878~1945)에 의해 알려지게 된 것이다. 특히 코보의 원고는 우리나라 '청주본淸州本'이 엮은이의 이름인 줄 잘못 알았다 하니 참으로 신기한 일이기도 하다.

다음으로 또 다른 경로로는 도미니크 수도회 선교사 드 나바레떼 (Domingo Fernandez Navarrete. 1616~1689)에 의한 번역이다. 그는 역시 에스 파냐 카스티라라에서 태어나 코보처럼 1648년 멕시코로 갔지만 중국 선교에 대한 미련을 버리지 못하고 마침내 중국으로 건너가 복안福安이라는 곳에 교회를 설립하였으며 1676년 《명심보감》 번역에 착수하였다. 그는 서문에서 "중국에서 만난 최초의 서적으로 간결명료하여 번역에 착수하게 되었으며, 이 책은 이교도 중국인에게 가톨릭 신자의 성스러운 켐피스(Kempis)와 같은 것"이라 하였고, "고귀한 정신을 갖춘 마음의 거울"이라는 뜻이라면서 중국 원음을 그대로 써서 《Ming Sin Pao Kien》이라 이름을 정하였다. 그리하여 "성 토마스 아퀴나스가 그의 「카테나 아우레아」(Catena Aurea)를 이해하기 위하여 성스러운 학자들의 어록을 많이 인용했듯이 이 책 지은이도 덕의 길을 제시하는 데에 가장 적절하다고 여긴 중국 자신들 현인들의 말을 모은 것"이라고 정확하게 그 의미를 파악하고 있었다.

이 나바레떼의 《명심보감》은 독일 철학자 라이프니츠(1646~1716), 프랑스의 케네(1694~1774), 프랑스 볼테르(1694~1778) 등 유럽 사상가들에게 읽혀져 널리 퍼졌으며 1704년 영어로 번역 출판되었다. 그리고 1863년 뮌헨대 요한 하인리히 플래트(Johann Heinrich Plath. 1800~1874)에 의해 독일어로 번역 되었다.

한편 대만 정치대학 교수이며 신부인 방호方豪 교수가 1952년 이를 확인하고 드디어 1958년 12월에 유네스코의 후원으로 마드리드 도서관에서 "동방과 서방"이라는 주제로 학술회의를 개최, 2종류의 《명심보감》이 전시되었으며, 아울러 코보의 고향에 기념비가 세워지는 등 대대적 행사를 갖기도 하였다. 이 내용은 《방호류십자정고》(臺灣 學生書局, 1969)에 그대로 담겨 있다.

이처럼 우리나라 청주본을 근거로 한 《명심보감》이 이역만리 유럽을 뒤흔든 불씨가 되고 동양을 이해하는 창구가 되었다니 그 유전流轉 과정에 감회가 깊지 않을 수 없다.(이상 成海俊, 〈明心寶鑑 스페인어 번역의 정신문화적인 의의〉(2005) 참조.)

V. 결언

《명심보감》은 우리나라에 들어온 뒤로 끊임없이 판각, 유포되어 지금껏 계속 널리 읽히는 수양서이며 동몽 교재로서 무엇보다 그것을 엮은이는 분명히 중국인 범립본이다. 따라서 종래 추적 설은 이제 모두 고쳐져야 하며 더구나 서산대사 저작설은 전혀 신빙성이 없다. 특히 서문과 발문을 검토해 보면 초간본은 복간 형식으로 전체를 모두 판각한 것으로 보여지며, 그 뒤 〈초략본〉으로 변질되면서 백화체 문장이 제거되었고, 이어서 불가와 도가의 어록을 삭제하였으며, 조선 후기에 이르러서는 다시 우리 실정에 맞게 우리 것이 첨가되어 출판된 것으로 보여진다.

그 뒤 초간본 유포가 적었고 〈초략본〉이 세상에 널리 퍼지면서 엮은이에 대한 구구한 이론이 분분하게 되었다. 특히 지금 초간본을 중심으로 살펴 보면 상당량의 백화체 문장이 있었으며 이들은 대부분 고문위주의 국내 학문 풍토 때문에 초략본을 만들 때 사라져 버렸음을 알 수 있고, 오히려 뒷부분에 우리 실정에 맞는 신라, 조선시대 효행 등 고사를 삽입했다. 이제 《명심보감》은 지금도 널리 읽히는 수양과 교양을 위한 책에 비추어 새로운 관점에서 정리되고 연구되어야 할 것으로 생각된다.

한편 이 《명심보감》이 임란 때 일본으로 건너가 고스란히 소장되어 있고 나아가 멀리 서구까지 갔으니 이에 대한 새로운 조명도 심도 있게 짚어 볼 필요가 있다. 그리고 한중일 및 월남 등 동양 4국 모두 이 《명심보감》의 영향을 받았으며 지금 새롭게 열기가 고조되고 있다. 그중 실제 우리나라가 거의 주도적 연구에 앞장 설 때가 된 것 같다. 이때에 《명심보감》에 대한 종합적인 연구서(성해준)가 출현한 것은 학계의 커다란 수확이라 할 수 있으며,

아울러 이제는 종합적인 주석과 보급이 있어야 할 것이다. 나아가 그간 논란이 되어 왔던 엮은이의 문제, 원본인 청주본의 문제, 초략본 편찬 과정 등은 깨끗이 일단락되어야 할 것이다.

《明心寶鑑》范立本 서문

〈明心寶鑑序〉

夫爲人在世, 生居中國, 稟三才之德, 爲萬物之靈, 感天地覆載, 日月照臨, 皇上水土, 父母生身, 聖賢垂教, 而從教者, 達道爲先.

非博學無以廣知, 不明心無以見性, 雖有生而知之者, 近世奇稀. 昔夏禹王, 聞善言, 猶然下拜, 何況凡世人乎? 曩古聖賢遺誌, 經書千言萬語, 只欲教人爲善, 所以立仁義禮智信之法, 分君子小人之品, 別賢愚之階, 辨善惡之異.

盖爲經書, 嘉言善行甚多, 所以今人懶觀, 習行者少, 況今學者, 不過學其文藝爲先, 未有先學德行爲本!

及近勸世, 多勸脩物外之善, 因少勸爲當行之善, 事其昔賢文等書, 亦迺於世流傳. 今之好聽善言君子, 觀而爲奇, 罔之古今之要語. 是以使人迷惑其心, 少欲聞聖賢, 日用常行之要道, 以致不肯存心守分, 强爲亂作胡行.

夫爲善惡禍福, 報應照然, 富貴貧窮, 成敗興衰似夢, 時刻須防不測朝夕, 如履薄氷. 常存一念, 中平飛橫, 自然永息.

伏覩,《太上感應篇》曰:「故吉人語善視善行善, 一日有三善, 三年, 天必降之福; 凶人語惡視惡行惡, 一日有三惡, 三年, 天必降之禍」節孝徐先生曰:「言其所善, 行其所善, 思其所善, 如此而不爲君子, 未之有也; 言其

不善, 行其不善, 思其不善, 如此而不爲小人, 未之有也.」所謂言善者, 可以
感發人之善心; 言惡者, 可以懲創人之逸志.

是故, 集其先輩已知通俗諸書之要語, 慈尊訓誨之善言, 以爲一譜, 謂之
《明心寶鑑》. 賢者, 幸甚覽之, 亦可以訓其幼學之子弟, 有補於風化敦厚.
諸惡莫作, 衆善奉行, 留於其意, 存於其心, 自然言行相顧, 貫串無疑所爲,
焉從差誤矣?

洪武二十六年, 歲在癸酉二月旣望, 武林後學 范立本序.

무릇 사람으로 세상에 살면서 중국에 태어나 살고 있지만 삼재(天地人)의
덕을 받아 만물의 영장이 되었다. 천지가 감응하여 일월로 비춰주고, 황상의
수토水土에 부모가 나를 낳아주시고 성현이 가르침을 내려주셨으니 그
가르침을 따름에는 도를 통달함을 우선으로 삼는다.

널리 배우지 않으면 널리 알 수 없고, 마음을 밝게 하지 않으면 본성을 드러
낼 수 없으니, 비록 나면서 아는 자가 있다고 하나 근세에는 그런 경우를 보기
어렵다. '옛날 하나라 우왕은 좋은 말을 들으면 기꺼이 절을 하였다'(5-69)라
하였는데, 하물며 평범한 세상 사람임에랴? 옛날 성현이 남긴 기록으로 경서
의 수천 만 마디의 말은 단지 사람을 선하게 가르치고자 하는 것일 뿐이었다.
그 때문에 인의예지신仁義禮智信의 법을 세우고, 군자와 소인으로 품덕을 구분
하였으며, 현우賢愚의 단계를 나누고, 선악의 차이를 변별해준 것이다.

대체로 경서에 가언선행이 심히 많은 것은 그 무렵 사람이 보기를 게을리 하고 익히고 실천하는 자가 적었기 때문일 것이다. 하물며 지금 배우는 자는 그저 문예文藝를 우선으로 삼는 데 지나지 않을 뿐, 옛사람의 덕행을 본으로 삼지 아니하고 있음에랴!

가까운 데에 미쳐서 세상에 선을 권하되 주로 사물 밖의 선을 닦기를 권할 뿐, 마땅히 행해야 할 선은 적게 권하므로 옛 선현의 글을 높다고만 여기고 있으며 또한 그 때문에 그러한 책이 세상에 전하고 있는 것이리라. 지금 좋은 말 듣기를 좋아하는 군자가 있다 해도 그런 경우를 보면 그저 기이하다고 여길 뿐 고금의 중요한 말은 놓치고 있으며, 이 까닭으로 사람의 마음을 미혹하게 하고 성현의 말을 듣기에는 욕심을 적게 부리도록 하여, 일상에 떳떳이 행할 중요한 도에 대하여는 마음과 분수에 맞게 지켜내지 못한 채 마구 허튼 짓과 그릇된 행동을 하게 된다.

무릇 선악과 화복은 보답과 응험이 아주 뚜렷하며, 부귀나 빈궁, 성패와 흥쇠는 꿈과 같은 것일 뿐이니 시시각각 조석지간의 헤아릴 수 없는 일을 예방하기를 마치 살얼음 밟듯 해야 한다. 늘 이러한 일념을 가지고 있으면 평지에 날아덮치는 횡액도 저절로 영원히 없어지게 될 것이다.

엎드려 살펴건대 《태상감응편》에 "그러므로 길인은 말이 선하고 보는 것이 선하며 행동이 선하니, 하루에 이 세 가지 선을 가지고 있기를 3년을 하고 나면 하늘이 틀림없이 복을 내려줄 것이다. 흉인은 말이 악하고 보는 것이 악하며 행동이 악하니, 하루라도 이러한 세 가지 악한 것을 가지고 있기를 3년을 하고 나면 하늘이 틀림없이 화를 내릴 것이다"(현존《명심보감》에는 없음. 041 '화복의 문은 따로 없으니' 참고란을 볼 것)라 하였고, 절효 서선생은 "그 선한 바를 말하고 선한 바를 행하고 선한 바를 생각하라. 이렇게 하고도 군자가 되지 않은 자는 없느니라. 그 불선을 말하고 불선을 행하며 불선을 생각하면서 이렇게 하고도 소인이 되지 않은 자는 없도다"(현존본에는 없음. 171 '군자가 되고자 하느냐' 참고란을 볼 것)라 하였다. 이른바 착한 말이란 사람의 선심을 감발시킬 수 있는 것이요, 악한 말이란 사람의 훌륭한 뜻을 징계하도록 하는 것이다.

이 까닭으로 선배들의 이미 알려진 통속적인 여러 책의 요긴한 말과 자애와 존경의 가르침에 대한 훌륭한 말을 모아, 하나의 책을 만들어 이름을 《명심보감》이라 하였다. 어진 자가 다행스럽게 이를 살펴보아준다면 또한 어린 자제의 가르침으로 삼을 수 있고 풍속과 교화의 돈후함에 보탬이 될 것이다. 그리하여 여러 악을 짓지 않으며, 많은 선을 받들고 실행하며 자신의 뜻에 이를 머물게 하고, 그 마음에 이를 존속시킨다면 자연히 말과 행동이 서로 돌아보아, 일관되게 그 하는 바의 의혹이 사라지게 될 것이니 어디로부터 차질이나 오류가 생겨나겠는가?

홍무 26년(1393) 계유년 2월 기망(16일) 무림후학 범립본이 서문을 쓰다.

【中國】 문명화된 지역임을 내세운 것.
【三才】 天地人. 사람이 가장 영묘함을 타고 났음을 말함.
【天地覆載】 天覆地載와 같음. 하늘은 덮고 있고 땅은 만물을 싣고 있음.
【博學】 博學과 같음.

【見性】 본성을 드러냄. 본성은 性善을 뜻함.
【生而知之】 태어나면서부터 모든 것을 앎.《論語》述而篇에 "子曰:「我非
　生而知之者, 好古, 敏以求之者也.」"라 하였고, 〈季氏篇〉에는 "孔子曰:
　「生而知之者上也, 學而知之者次也; 困而學之, 又其次也; 困而不學, 民斯
　爲下矣.」"라 함.
【奇稀】 기이하고 드묾.
【聞善言下拜】 훌륭한 말을 들으면 수레에서 내려와 절을 함.《孟子》公孫
　丑(上)에 "孟子曰:「子路, 人告之以有過則喜. 禹聞善言則拜. 大舜有大焉:
　善與人同. 舍己從人, 樂取於人以爲善. 自耕稼陶漁, 以至爲帝, 無非取於
　人者. 取諸人以爲善, 是與人爲善者也. 故君子莫大乎與人爲善.」"이라
　하였고, 公孫丑(下)에도 "子路, 人告之以有過則喜. 禹聞善言則拜"라 함.
　본《明心寶鑑》169, 170을 볼 것.
【曩古】 지난 옛날.
【仁義禮智信】 五常. 사람으로서 지켜야 할 다섯 가지 떳떳한 倫理, 倫常.
【所以今人懶觀, 習行者少】 '所以'는 까닭, 이유. 述語에 해당함. '今人'은
　經書가 씌어지던 무렵을 가리킴. 경서에 가언선행이 많았던 까닭은 그
　무렵에도 보기를 게을리 하고 익히고 실행하는 자가 적었기 때문이었음.
【文藝】 문장만을 잘 짓고 수식에만 뛰어남.
【物外之善】 뒤의 '當行之善'에 상대하여 仁義道德이 아닌 사물 밖의 잘
　하는 것만을 권함.
【迺】 '乃'와 같음.
【流傳】 流布되어 傳해 오고 있음.
【罔之】 '罔'은 '無, 亡'과 雙聲으로 같으며, '喪'과 疊韻으로 같음. '失'의 뜻.

【胡行】마구하는 행동. 정제되지 않은 행위. 蠻行과 같음.

【不測朝夕】저녁에는 아침을, 아침에는 저녁의 일을 예측할 수 없음. 〈元曲〉에 "天有不測風雲, 人有旦夕禍福"이라 함. 393을 볼 것.

【如履薄氷】살얼음 걷듯이 조심함.《詩經》小雅 小旻에 "不敢暴虎, 不敢馮河. 人知其一, 莫知其它. 戰戰兢兢, 如臨深淵, 如履薄冰"라 함.

【中平飛橫】'中平'은 평지. 아무 위험이 없는 중간의 안전한 곳. '飛橫'은 날아서 덮치는 橫厄, 橫災.

【太上感應篇】道敎 經典의 하나. 勸善懲惡을 주제로 하고 있으며 본디 晉 葛洪의《抱朴子》를 근원으로 하여 北宋 末에 李昌齡에 의해 이루어졌으며《宋史》藝文志에는 "李昌齡《感應篇》一卷"이 저록되어 있으며 《淸史稿》에도 "《太上感應篇注》二卷. 惠棟撰"과 "《感應篇贊義》一卷. 兪樾撰"이 저록되어 있음. 지금 널리 전하는 것은 淸 黃正元 注와 淸 毛金蘭의 增補本임. 본문에 인용된 구절은《太上感應篇》결론으로 실려 있으며 "胡不勉而行之?"로 끝을 맺고 있음.

《太上感應篇》

《太上感應篇》

【節孝先生】徐積(1028~1103). 자는 仲車. 節孝는 시호. 宋 楚州 山陽 사람. 胡瑗에게 학문을 배웠으며 英宗 때 進士에 올랐으나 중년에 귀가 먹어 고통을 겪음. 哲宗 때 楚州教授가 되어 教學에 힘썼으며 監中岳廟의 직위를 맡음. 徽宗 때 節孝處士라는 시호를 받았으며 저술로《節孝語錄》, 《節孝集》등이 있음.《宋史》(459) 卓行傳에 전이 있음. 〈四庫全書〉子部(1) 儒家類에 “《節孝語錄》宋, 徐積(撰). 宋, 江端禮(編)”이 들어 있음.

【懲創人之逸志】‘懲創’은 뜻을 징계하고 제재를 가함. 일지는 높은 뜻. 빼어난 心志. 남의 악한 말을 보게 되면 자신은 이를 反面教師로 삼아 반성하고 다짐하여 높은 뜻을 더욱 계발할 수 있음.

【先輩】동시대의 앞선 사람. 본디 나이에 관계없이 科擧에 먼저 급제한 이를 높여 부르는 칭호였음.

【諸惡莫作, 衆善奉行】이 두 구절은《太上感應篇》에 실려 있음.

【洪武】明 太祖 朱元璋의 연호. 1368~1398년까지 31년간이며, 26년은 1393년(朝鮮 太祖 2)에 해당함.

【旣望】음력으로 16일.

【武林】지금의 浙江 杭州의 옛 지명. 范立本의 貫鄕. 唐나라 때 錢塘, 南宋 때 臨安으로 도읍이었으며, 뒤에 杭州라 부름.

《明心寶鑑》(淸州版) 庾得和 발문

跋

《寶鑑》之爲書, 博考經傳, 采摭要語, 分爲二十篇. 是皆切於人倫日用,
而其要不過先明諸心而已. 若將此鑑, 常接乎目, 每警于心, 善可法惡
可戒, 則天之所佑, 奚可罄紀? 此書, 但有唐本, 監司閔相國, 思欲廣布,
鳩工鋟梓, 不月而功訖. 人人易印, 無人不學善敎, 興民風淳, 傳之後世,
而無窮矣, 豈曰小補之哉!
　　景泰五年甲戌十一月初吉, 奉直郎, 淸州儒學, 敎授官, 庾得和謹跋.

牧判官 奉直郎 具人文
通政大夫, 淸州牧使兼勸農兵馬團鍊使, 皇甫恭
都事奉直郎 金孝給
嘉善大夫忠淸道都觀察黜陟使兼監倉安集轉輸勸農管學事提調刑獄
兵馬公事 閔騫

발跋 :
《명심보감》이란 책은 경전經傳을 널리 살피고 요어要語를 채집하고 주워
모아 20편으로 나눈 것이다. 이는 모두가 인륜과 일상생활에 절실한 것으로
그 요체는 먼저 여러 사람의 마음을 밝게 하도록 하는 데에 있을 뿐이다.
만약 앞으로 이 거울로써 늘 눈에 접하고 매번 마음에 경계를 삼아 선은
가히 법으로 여기고 악은 경계로 삼는다면 하늘의 도움이 어찌 책에 기록된
것에만 그치겠는가?

이 책은 다만 당본(중국본)만 있어 충청감사 민상국閔相國이 널리 보급하고자, 공인을 모아 인쇄에 붙여 한 달이 채 못 되어 작업을 마친 것이다. 사람마다 쉽게 인쇄하여 누구에게나 선한 가르침을 배우지 않는 이가 없도록 하여 백성을 흥발시키면 풍속이 순박해져서 이를 후세에 전함이 무궁할 것이니, 어찌 그저 조그만 도움이라고 말할 수 있겠는가!

경태 5년(1454) 갑술 11월 초길(초하루) 봉직랑 청주유학교수관 유득화가 삼가 발문을 쓰다.

목판관牧判官 구인문具人文, 청주목사淸州牧使 황보공皇甫恭, 도사都使 김효급金孝給, 충청도 도관찰출척사都觀察黜陟使 민건閔騫 등이다.

【經傳】 經은 성인이 쓴 五經, 六經 등. 傳은 賢人이 經을 풀이한 책. 《博物志》文籍考에 "聖人制作曰經, 賢者著述曰傳·曰章句·曰解·曰論· 曰讀, 鄭玄注《毛詩》曰箋, 不解此意. 或云毛公嘗爲北海郡守, 玄是此郡人, 故以爲敬"라 함.
【采撫】 '采'는 '探'와 같음. '撫'은 '줍다'의 뜻.
【明諸心】 마음을 밝도록 함. '諸'는 '저'로 읽으며 '之於', '之乎'의 합음자.
【罄紀】 기록 그 자체로 그치는 것. 罄은 '텅 비다'의 뜻이며 '紀'는 '記'와 같음.
【唐本】 중국본. 국내에는 판각되지 않았음을 말함.

【閔相國】그 무렵 忠淸監司였던 閔騫. 忠淸道都觀察黜陟使, 嘉善大夫, 監倉, 安集轉輸勸農管學事, 提調刑獄兵馬公事 등을 지냈으며 相國은 지내지 않았음.

【鳩工】'鳩'는 '모으다'의 뜻.

【鋟梓】'鋟'은 '판목에 새기다'의 뜻이며, '梓'는 가래나무. 고대에는 가래나무를 인쇄용 목재로 써서 '梓'를 흔히 인쇄의 뜻으로 썼음.

【訖】'작업을 끝내다'의 뜻.

【景泰】明 代宗(朱祁鈺)의 연호. 1450~1456년까지 7년간이었으며 5년은 1454년 甲戌해였음. 이 해는 朝鮮 端宗 2년이었음.

【初吉】초하루.

【奉直郎】직급 이름. 조선시대 文官 從五品.

【庾得和】淸州儒學敎授官이었던 인물.

【牧判官】민생 판결을 맡던 지방 관리.

【具人文】자는 章叔(1409~1462). 호는 睡翁, 본관은 綾城. 청주판관, 집현전 교리를 거쳤으며 世祖 즉위에 반대하여 고향 海美로 낙향, 세상과 두절하며 지냈음. 그 때문에 그가 살던 곳을 '杜門洞'이라 불릴 만큼 충절을 지켰으며, 端宗을 추모하여 寧越을 자주 다녀오기도 하였음. 시호는 忠莊, 吏曹判書에 추증됨.

【皇甫恭】당시 淸州牧使兼勸農兵馬團練使를 지냈던 인물. 皇甫는 複姓.

【金孝給】당시 都事奉直郎을 지냈던 인물. 구체적인 사적은 알 수 없음.

萬語只欲教人為善所以立　　仁義禮智信

下拜何況凡世人乎最古聖賢遺誌経書千言

生而知之者近世奇稱昔夏禹為王聞善言猶然

為先非博學無以廣知不明心無以見性雖有

皇上水土父母生身聖賢教而後教老達道

靈感天地覆載日月照臨

夫為人在世生居中國禀三才之德為萬物之

明心寶鑑序

到頭終有報高飛遠走也難藏○行藏虛實自家

積惡○平生作善天加福若是頑愚受禍殃善惡

書云作善自福生作惡自灾生○福在積善禍在

○善有善報惡有惡報若還不報時晨未到○尚

神翁曰積善逢善積惡逢惡仔細思量天地不錯

○尚書云作善降之百祥作不善降之百殃○徐

子曰為善者天報之以福為不善者天報之以禍

繼善篇第一　凡四十七條

新刊大字明心寶鑑上

초간본(청주판, 1454)《명심보감》서문일부와 본문

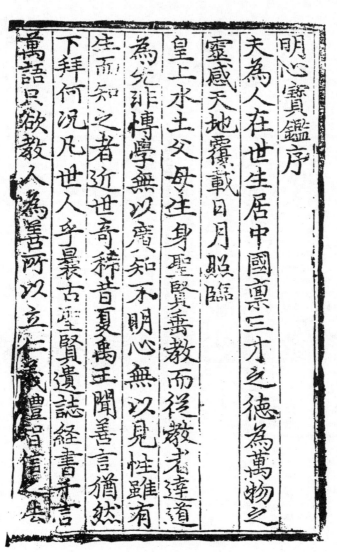

明心寶鑑序
夫為人在世生居中國禀三才之德為萬物之
靈感天地覆載日月照臨
皇上水土父母生身聖賢垂教而後教老達道
為先非博學無以廣知不明心無以見性雖有
生而知之者近世奇稱昔夏禹王聞善言猶然
下拜何況凡世人乎暴古聖賢遺誌經書庁言
萬語只欲教人為善所以立仁義禮智信子言

초간본《명심보감》서문 일부

明心寶鑑序

養安院藏書

夫為人在世生居中國禀三才之德為萬物之
靈感天地覆載日月照臨
皇上水土父母生身聖賢垂教而從教者達道
為先非博學無以廣知不明心無以見性雖有
生而知之者近世奇稀昔夏禹聞善言猶然
下拜何況凡世人乎最古聖賢遺誌經書千言
萬語只欲教人為善所以立仁義禮智信之法

分君子小人之品別賢愚之階辨善惡之異蓋
為経書嘉言善行甚多所以今人懶觀習行者
少況今學者不過學其文藝為先末有先學德
行為本及近世多勸侑物外之善因少勸為
當行之善專真昔賢文筆書亦延於世流傳今
之好聽善言君子觀以為奇罔知古今之要語
是以使人迷惑其心少欲聞聖賢日用常行之
要道以致不肯存心守分強為亂作胡行夫為

일본 쓰쿠바(筑波)대학 소장《명심보감》

쓰쿠바대학 소장본. 우리나라 발견본에 낙질되어 없는 부분(일부).
부록 및 해제를 참조할 것.

明心寶鑑序

明心寶鑑者何為而作也
古之人憂後學之徇利忘
義而作也盖人之生有天
命之性有氣質之性天命

明心寶鑑凡例

一露堂先生袞其詔後學之書擷頼此篇之存
而世遠板剜多有訛誤故改正鋟梓
一篇內所引只就賢聖格言短章取義故以隨
錄先後不以世代次序
一命篇次第似有異於八條先後而此非循序
用工之書只是隨處示戒之言故仍舊編錄
一異家子流列於篇中者雖無害於聖人擇言
之道而至於衛正之義不可不嚴故復加校
正者先聖訓

《명심보감》조선시대〈초략본〉서문 일부와 범례

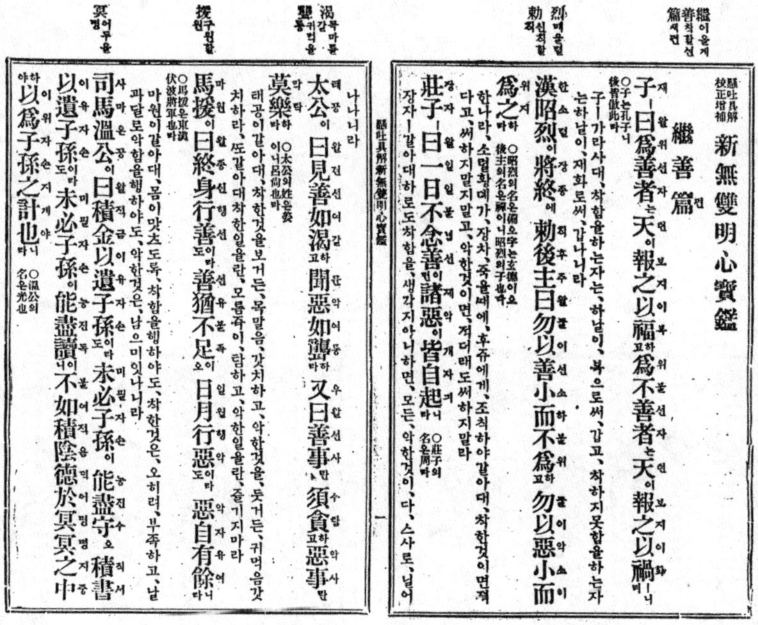

新無雙明心寶鑑

繼善篇

子ㅣ曰爲善者는天이報之以福하고爲不善者는天이報之以禍하니라

漢昭烈이將終에勅後主曰勿以善小而不爲하고勿以惡小而爲之하라

莊子ㅣ曰一日不念善이면諸惡이皆自起니라

太公이曰見善如渴하고聞惡如聾하라又曰善事란須貪하고惡事란莫樂하라

馬援이曰終身行善이라도善猶不足이오日月行惡이라도惡自有餘니라

司馬溫公이曰積金以遺子孫이라도未必子孫이能盡守오積書以遺子孫이라도未必子孫이能盡讀이니不如積陰德於冥冥之中하야以爲子孫之計也니라

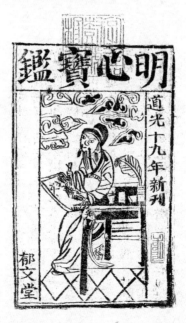

明心寶鑑

道光十九年新刊

郁文堂

昔時賢文　誨汝諄諄　集韻增廣　多見多聞　觀今宜鑑古　無古不成今　知己知彼　將心比心　酒逢知己飲　詩向會人吟　相識滿天下　知心能幾人　相逢好似初相識　到老終無怨恨心　近水知魚性　近山識鳥音　易漲易退山溪水　易反易覆小人心　運去金成鐵　時來鐵似金　讀書須用意　一字值千金　逢人且說三分話　未可全抛一片心　有意栽花花不發　無心插柳柳成陰　畫虎畫皮難畫骨　知人知面不知心　義直

增廣下卷

前人俗語　言淺理深　補遺增廣　集成書文　世上無難事　只因不專心　成人不自在　自在不成人　金憑火煉方知色　與人交財便見心　乞丐無種　懶惰自成　勤為無價之寶　慎是護身之門　省事僥倖　用免得求人　量大福也大　機深禍亦深　善為至寶　一生生用之　心作良田　世世耕犁居　防口獨坐　防心無漏　成体　瘦身安莫怨貧　敗家子弟　用金如糞　成家子弟　積糞如金　貧富非關　天地禍福

清 道光 19년(1839)《明心寶鑑》. 표지와 상하권 도입부분. 내용은《昔時賢文》과《增廣賢文》을 싣고 있어《명심보감》과 전혀 다름. 해제 참조.

TẠ THANH BẠCH
dịch chủ

明 心 寶 鑑
MINH TÂM BẢO GIÁM

DỊCH VÀ CHÚ THÍCH RÕ RÀNG

NHÀ XUẤT BẢN VĂN HỌC

繼 善 理 命 行 己 分 心 性 學
天 順 孝 正 安 存 戒 勤

MINH TÂM BẢO GIÁM

THIÊN THỨ NHẤT

繼 善
KẾ THIỆN

(Kế tiếp, làm thiện để giữ bản tính của trời cho)

子 曰：爲 善 者 天 報 之
Tử viết: vi thiện giả thiên báo chi
Đức Khổng nói rằng: làm thiện, lành kỷ trời báo chứng, lấy

以 福；爲 不 善 者，天 報
dĩ phúc; vi bất thiện giả, thiên báo
lấy phúc; làm chẳng thiện ấy, trời báo

之 以 禍.
chi dĩ họa.
đấy lấy họa.

Khổng Tử nói: "Người làm điều thiện (ở lành) thì trời sẽ ban lợi phúc cho; kẻ làm điều bất thiện (ở ác) thì trời sẽ bắt gặp tai vạ".

尙 書 云：作 善 降 之 百
Thượng Thư vân: Tác thiện giáng chi bách
Sách Thượng Thư rằng: Làm thiện xuống đấy trăm

祥；作 不 善 降 之 百 殃.
tường; tác bất thiện giáng chi bách ương.
điềm lành; làm chẳng thiện xuống đấy trăm vạ.

Sách Thượng Thư nói: "Người làm điều thiện, trời sẽ ban cho trăm phúc, kẻ làm điều bất thiện, trời sẽ giáng cho trăm họa".

徐 神 翁 曰 積 善 逢 善，
Từ Thần Ông viết: Tích thiện phùng thiện,
Từ Thần Ông rằng: Chứa thiện, lành gặp thiện, lành,

積 惡 逢 惡，仔 細 思 量，
tích ác phùng ác, tử tế tư lương,
chứa ác, dữ gặp ác, dữ kỹ lưỡng nghĩ lường,

天 地 不 錯.
thiên địa bất thác.
trời đất chẳng sai, lầm.

Ông Từ Thần Ông nói: "Chứa thiện gặp thiện, chứa ác gặp ác. Phải suy nghĩ kỹ càng, chớ làm điều gì trái với trời đất".

善 有 善 報，惡 有 惡 報；
Thiện hữu thiện báo, ác hữu ác báo;
Thiện, lành có thiện, lành báo, ác, dữ có ác, dữ báo;

若 還 不 報，時 辰 未 到.
nhược hoàn bất báo, thì thần vị đáo.
nếu hoàn chẳng báo, thì, thời giờ chưa đến.

Ở thiện có thiện báo, ở ác có ác báo, hiện thời chưa thấy báo là chưa đến lúc vậy.

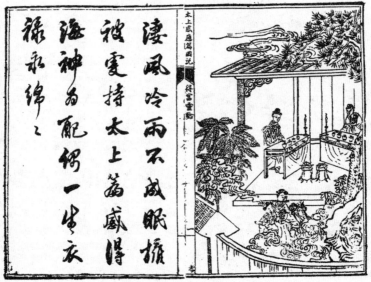

《太上感應篇》표지와 그림

自贊
八十年前渠是我
渠今八十年
清教屈身

西山大師 상과 墨跡

菜根譚

備省

洪應明著

欲做精金美玉的人品定從烈火中煅來思立掀
天揭地的事功須向薄氷上履過
一念錯便覺百行皆非防之當如渡海浮囊勿容
一針之漏萬善全始得一生無愧怍之當如凌
雲寶樹須假衆木以撐持

菜根章 一

○注信民이 嘗言人이 常咬得菜根則百事를 可做ㅣ라고 胡康
侯ㅣ 聞之하고 擊節嘆賞하니라

○注信民이 嘗言人이 常咬得菜根則百事를 可做ㅣ라ᄒᆞᆫ대 胡康
侯ㅣ 聞之하고 擊節嘆賞하니라

○注 信民은 名革이오 臨川人이오 康侯는 文定公이오 字也이라 人能甘淡泊하야 不以外物로
動心이면 則可以有爲矣니 擊節은 一段을 擊手相擊이오 ──物이니 嘆賞은 嘆하야 美하야 稱賞
이라 ○注 朱子曰學者는 須以忠士로 不忘溝壑으로 爲念하니 則道義를 重하야 計較死生之
念이 輕矣오 況衣食外物ㅣ리오 至微末事를 不得이라 必死하면 亦何用鬱泣窘步이요 役役於
營營以求之耶아 某觀今人은 因不能咬菜根하야 而至於違其心者ㅣ衆矣니 可不戒哉아

ㅇ이우ᄅᆞᆯ 委曲ᄒᆞ며 工夫ᄅᆞᆯ 篤實히 ᄒᆞ며 우리라

右는 實敬身이라

原本小學集註卷之六終

차례

《明心寶鑑》補遺篇

✹ 부록: 《明心寶鑑》(淸州版 初刊本)

《原本明心寶鑑》卷上

《명심보감》세부목차

11. 성심편省心篇 第十一

12. 입교편 立教篇 第十二

13. 치정편治政篇 第十三

14. 치가편治家篇 第十四

15. 안의편 安義篇 第十五

16. 준례편 遵禮篇 第十六

17. 존신편 存信篇 第十七

18. 언어편言語篇 第十八

19. 교우편 交友篇 第十九

20. 부행편 婦行篇 第二十

《明心寶鑑》補遺篇

1. 증보편 增補篇 第一

2. 팔반가 八反歌 第二

3. 효행편 孝行篇 第三

4. 염의편 廉義篇 第四

5. 권학편 勸學篇 第五

《原本明心寶鑑》卷下

1. 계선편繼善篇 第一

2. 천명편 天命篇 第二

3. 순명편順命篇 第三

4. 효행편 孝行篇 第四

5. 정기편 正己篇 第五

6. 안분편安分篇 第六

7. 존심편存心篇 第七

8. 계성편 戒性篇 第八

9. 근학편勤學篇 第九

10. 훈자편訓子篇 第十

《原本明心寶鑑》卷下

新刊明心寶鑑卷下

省心篇第十一 凡三百五十五條

資世通訓陰隲遲而不漏陽憲速而有逃○陽綱
踈而易漏陰網密以難逃○景行錄云無瑕之玉
可以為國稅孝弟之子可以為家寶○景行錄云
寶貨用之有盡忠孝享之無窮○家和貧也好不羨
富如何但存一子孝何用子孫多○父不憂心因
子孝夫無煩惱是妻賢言多語失皆因酒義斷親
踈只為錢○景行錄云既取非常樂須防不測憂

《명심보감》 하권 첫부분

11. 성심편 省心篇 第十一

"凡三百五十五條"
모두 355장이다.
이는 목록에 '凡二百五十五條'(225)라 하였으나,
이 역시 오류이며 실제 256장이다.

"자신의 마음을 살펴 이에 맞게 행동할 것을 권한 글들"

〈溪山漁隱圖〉(明, 唐寅)

373(11-1)
남모르는 법

《자세통훈資世通訓》에 말하였다.

"남모르는 법은 효과는 늦지만 빠뜨림이 없고,
 알려진 법은 효과는 빠르나 빠져나갈 구멍이 있다."

《資世通訓》:「陰法遲而不漏, 陽憲速而有逃.」

【資世通訓】책 이름. 구체적으로는 알 수 없음.
【陰法】남모르게 숨겨진 법. '陽憲'은 그에 상대되는 법.
【速而有逃】〈越南本〉에는 '近而有逃'로 되어 있음.

　참고 및 관련 자료

1. 〈越南本〉에는 다음 장과 묶어 "《資世通訓》:「陰法遲而不漏, 陽憲近而有逃.
陽網密而易漏, 陰網疎而難逃.」"라 하였으며 일부 글자가 다름.

374(11-2)
드러난 법망

"드러난 법망은 성기어 쉽게 빠져나갈 수 있으나,
 남모르는 법망은 조밀하여 도망칠 수 없다."

「陽網疎而易漏, 陰網密以難逃.」

참고 및 관련 자료

1. 〈越南本〉에는 "陽網密而易漏, 陰網疎而難逃"라 하여 뜻이 반대로 되어 있음.

375(11-3)
흠이 없는 옥

《경행록》에 말하였다.

"흠이 없는 옥은,
나라의 세금이 될 수 있고,
효도와 공경을 잘하는 아들은
집안을 빛내는 보배가 될 수 있다."

《景行錄》云:「無瑕之玉, 可以爲國稅;
　　　　　　孝弟之子, 可以爲家寶.」

376(11-4)*
다함이 없는 충효

《경행록》에 말하였다.
"보물이나 재화는 이를 사용하면 다함이 있지만,
 충과 효는 이를 누려도 다함이 없다."

《景行錄》云:「寶貨用之有盡, 忠孝享之無窮.」

【景行錄云】〈越南本〉에는 이 네 글자가 없으며 앞 구절과 연결되어 있음.
【寶貨】〈越南本〉에는 '寶貝'로 되어 있음.

377(11-5)*
집안이 화목하면

"집안이 화목하면 가난해도 좋으니,
 의롭지 못한 부유함이 무슨 소용이 있겠는가?
 한 명의 효성스런 아들만 있으면 되니,
 자손이 많다고 어디에 쓰겠는가?"

「家和貧也好, 不義富如何?
 但存一子孝, 何用子孫多?」

【不義富】《論語》述而篇에 "子曰: 「飯疏食飮水, 曲肱而枕之, 樂亦在其中矣. 不義
而富且貴, 於我如浮雲.」"라 함.
【何用子孫多】〈越南本〉에는 '不用子孫多'로 되어 있음.

378(11-6)*
실수의 근원은 술

"아버지가 근심하지 않음은 자식이 효성스럽기 때문이요,
 지아비가 번뇌 없음은 아내가 어질기 때문이다.
 말이 많아 실수함은 모두가 술 때문이요,
 의가 끊어지고 친척이 멀어지는 것은 단지 돈 때문이다."

「父不憂心因子孝, 夫無煩惱是妻賢.
 言多語失皆因酒, 義斷親疎只爲錢.」

379(11-7)*
근심을 방비하라

《경행록》에 말하였다.
"이미 평시와 다른 즐거움을 얻었거든
 모름지기 헤아릴 수 없는 근심이 있음을 방비하라."

《景行錄》云 : 「旣取非常樂, 須防不測憂.」

【非常】 평상과 다름. '대단한, 큰' 등의 뜻.

380(11-8)
즐거움이 극에 달하면

"즐거움이 극에 달하면 슬픔이 생긴다."

「樂極悲生.」

381(11-9)*
삶이 편안하거든

"총애를 입었거든 욕됨을 생각하고,
삶이 편안하거든 위험을 염려하라."

「得寵思辱, 居安慮危.」

참고 및 관련 자료

1.《老子》13장

寵辱若驚.

2.《左傳》襄公 11년

書曰: 居安思危. 思則有備, 有備無患.

3.《昔時賢文》

得寵思辱, 居安思危.

4.《增廣賢文》

得寵思辱, 居安思危. 念念有如臨敵日, 心心常似過橋時.

382(11-10)*
이익이 중하면

《경행록》에 말하였다.

"영화가 가벼우면 욕됨도 그만큼 얕고,
이익이 중하면 손해도 그만큼 깊다."

《景行錄》云:「榮輕辱淺, 利重害深.」

【榮輕辱淺】〈越南本〉에는 '榮盛辱大'로 되어 있으며 '景行錄云' 네 글자가 없이
앞에 연결되어 있음.

383(11-11)
훌륭한 이름

《경행록》에 말하였다.
"대단한 명예에는 반드시 중한 책임이 따르고,
 큰 공교함은 틀림없이 궁해지고 말 때가 있다."

《景行錄》云:「盛名必有重責, 大巧必有奇窮.」

【景行錄云】〈越南本〉에는 이 네 글자가 없이 앞 구절과 연결되어 있음.
【盛名】공을 이루어 풍성히 알려진 명예. '令名'과 같음.
【大巧】〈越南本〉에는 '大功'으로 되어 있음.

384(11-12)*
심한 재물 축적

《경행록》에 말하였다.
"심한 아낌에는 반드시 심한 소비가 있게 되고,
 심한 명예에는 반드시 심한 훼손이 따르며,
 심한 기쁨에는 틀림없이 심한 근심이 따르고,
 심한 재물 축적에는 틀림없이 심한 망함이 따른다."

《景行錄》云:「甚愛必甚費, 甚譽必甚毀.
　　　　　　甚喜必甚憂, 甚贓必甚亡.」

【景行錄云】〈越南本〉에는 이 네 글자가 없이 앞 구절과 연결되어 있음.
【甚A甚B】'甚'은 백화어 '甚麼', '什麼'의 줄인 표현으로 보아 "어떤 아낌이든
반드시 그만큼의 소비가 있고, 어떤 명예든 반드시 그만큼의 훼손이 있으며,
어떤 기쁨이든 반드시 그만큼의 근심이 있고, 어떤 장물이든 반드시 그만큼의
망함이 있게 마련"이라는 뜻으로도 볼 수 있음.

　참고 및 관련 자료

1. 〈越南本〉에는 '甚贓必甚亡'이 '甚取必甚亡'으로 되어 있음.
2. 〈通俗本〉에는 본 장이 들어 있지 않음.

385(11-13)
은혜와 사랑

"은혜와 사랑은 번뇌를 낳으니
　이것은 대장부의 뒤를 따라다닌다.
　뜰 앞에 상서로운 풀이 난다고 해도,
　좋은 일도 아무 일이 없느니만 못하니라."

「恩愛生煩惱, 追隨大丈夫.
　亭前生瑞草, 好事不如無.」

【追隨】 뒤를 따라다니게 마련임.

【大丈夫】 의를 행하여 떳떳함을 근본삼는 사나이.《孟子》滕文公(下)에
"居天下之廣居; 立天下之正位; 行天下之大道. 得志, 與民由之; 不得志,
獨行其道, 富貴不能淫; 貧賤不能移, 威武不能屈. 此之謂大丈夫"라 함.

【亭前】〈越南本〉에는 '庭前'으로 되어 있음. '庭前瑞草'는 집안 뜰에 서초가 나서
그 집안 자손이 크게 성공할 것임을 예견하는 吉運을 뜻함.

참고 및 관련 자료

1.《晚淸文學叢鈔》(4)
堂前生瑞草, 好事不如無.

2.〈越南本〉에는 375부터 본장까지 모두 11장을 하나로 묶고 있음.

386(11-14)*
높은 벼랑에 올라

공자가 말하였다.
"높은 벼랑에 올라 구경하지 않고서,
어찌 떨어질 근심이라는 것을 알겠는가?
깊은 샘에 다가서 보지 않고서,
어찌 물에 빠질 근심이라는 것을 알겠는가?
큰 바다를 보지 않고서,
어찌 풍파의 걱정이라는 것을 알겠는가?"

子曰:「不觀高崖, 何以知顚墜之患?

不臨深泉, 何以知沒溺之患?

不觀巨海, 何以知風波之患?」

【顚墜】 넘어짐. 기울어 떨어짐.
【深泉】《說苑》에는 '深淵'으로 되어 있음.
【沒溺】 물에 빠져 죽음.

参고 및 관련 자료

1.《孔子家語》困誓篇
孔子曰:「不觀高崖, 何以知顚墜之患; 不臨深泉, 何以知沒溺之患; 不觀巨海,
何以知風波之患. 失之者其在此乎? 士愼此三者, 則無累於身矣.」

2.《說苑》雜言篇
孔子曰:「不觀於高岸, 何以知顚墜之患; 不臨深淵, 何以知沒溺之患; 不觀於
海上, 何以知風波之患? 失之者, 其不在此乎? 士愼三者, 無累於人.」

387(11-15)
선왕이 남긴 말

《순자》에 말하였다.
"높은 산에 올라 보지 아니하면,
 하늘이 얼마나 높은지 알지 못하며,
 깊은 골짜기에 가 보지 않으면,
 땅이 얼마나 두터운지를 알지 못한다.
 선왕이 남긴 말을 들어보지 않으면,
 학문이 얼마나 큰 것인지 알지 못한다."

《荀子》云:「不登高山, 不知天之高也,
　　　　不臨深谿, 不知地之厚也.
　　　不聞先王之遺言, 不知學問之大也.」

【先王之遺言】先王은 儒家에서 말하는 堯·舜·禹·湯과 文王·武王 등. 이들의
덕행과 가르침이 자신들을 계도하였다고 여겼음.
【天之高也】〈越南本〉에는 이하 '也'자가 모두 없음.

참고 및 관련 자료

1. 《荀子》勸學篇
不登高山, 不知天之高也; 不臨深溪, 不知地之厚也; 不聞先王之遺言, 不知
學問之大也.
2. 宋 克勤《圓悟佛果禪師語錄》(7)
不登泰山, 不知天之高; 不涉滄海, 不之海之闊.
3. 〈越南本〉에는 "荀子曰:「不登山, 不知天之高. 不臨谿, 不知地之厚. 不聞
先王之道, 不知學問之大.」"라 함.

388(11-16)
옛날을 미루어

《소서》에 말하였다.
"옛날을 미루어 지금을 증험하기에,
　그로써 미혹함이 없게 되는 것이다."

《素書》云:「推古驗今, 所以不惑.」

【素書】원래 兵法書의 하나. 고대 黃石公이 지었다 하며, 宋나라 때 張商英이 注를 한 것이 전함. 《黃石公書》라고도 함.

389(11-17)*
미래를 알고 싶거든

"미래를 알고 싶거든
먼저 이미 지나간 과거를 살펴보라."

「欲知未來, 先察已往.」

참고 및 관련 자료

1. 〈越南本〉에는 앞장과 묶어 하나의 장으로 처리하였음.

2. 〈抄略本〉에는 '已往'이 '已然'으로 되어 있음.

3. 《昔時賢文》

觀今宜鑑古, 無古不成今.

390(11-18)*
깨끗한 거울은

공자가 말하였다.

"깨끗한 거울은 형체를 살펴보는 것이요,
지나간 옛날은 지금을 알게 해 주는 것이다."

子曰:「明鏡所以察形, 往古所以知今.」

참고 및 관련 자료

1.《說苑》尊賢篇

故無常安之國, 無恒治之民; 得賢者則安昌, 失之者則危亡, 自古及今, 未有不
然者也. 明鏡所以照形也, 往古所以知今也, 夫知惡往古之所以危亡, 而不務
襲迹於其所以安昌, 則未有異乎却走而求逮前人也.

2.《韓詩外傳》(5)

夫明鏡者, 所以照形也; 往古者, 所以知今也. 夫知惡往古之所以危亡, 而不襲
蹈其所以安存者, 則無以異乎却行而求逮於前人.

3.《大戴禮記》保傳篇

明鏡者, 所以察形也. 往古者, 所以知今也. 今知惡古之危亡, 不務襲迹於其所
以安存, 則未有異於卻走而求及於前人也.

4.《孔子家語》觀周篇

夫明鏡所以察形, 往古者所以知今, 人主不務襲跡於其所以安, 而忽怠所以
危亡, 是猶未有以異於卻走而欲求及前人也, 豈不惑哉!

5.《新書》(賈誼) 胎教篇

明鏡所以察形也; 往古所以知今也. 夫知惡古之所以危亡, 不務襲迹於其所安存,
則未有異於卻走而求及前人也.

6.《韓非子》觀行篇

古之人, 目短於自見, 故以鏡觀面; 智短於自知, 故以道正己. 鏡無見疵之罪,
道無明過之惡. 目失鏡, 則無以正鬚眉; 身失道, 則無以知迷惑.

7. 唐, 吳兢《貞觀政要》求諫篇

以銅爲鏡, 可以正衣冠; 以古爲鏡, 可以知興替; 以人爲鏡, 可以明得失.

391(11-19)*
밝기가 거울 같으나

"과거의 일은 밝기가 거울 같으나,
미래의 일은 어둡기가 옻칠 같도다."

「過去事明如鏡, 未來事暗似漆.」

참고 및 관련 자료

1.《昔時賢文》

世事明如鏡, 前程暗似漆.

내일 아침의 일을

《경행록》에 말하였다.
"내일 아침의 일을,
 오늘 저녁 어두워질 때쯤에 반드시 그렇게 된다고 단정할 수 없고,
 어두워질 때쯤의 일을,
 저녁 서너 시에 꼭 그렇게 된다고 단정할 수 없다."

《景行錄》云:「明旦之事, 薄暮不可必;
　　　　　　 薄暮之事, 晡時不可必.」

【明旦之事】〈抄略本〉에는 '明朝之事'로 되어 있음.
【薄暮】어두워질 때쯤의 저녁 무렵. 〈越南本〉에는 '落暮'로 되어 있음.
【晡時】申時. 곧 오후 3~5시 사이.

참고 및 관련 자료

1. 宋 邵伯溫《邵氏見聞錄》
今日不知明日事, 人情反覆似車輪.
2. 〈越南本〉에는 "《景行錄》云:「自信者人落暮不必, 薄暮之事, 晡時不可必.」"
이라 하여 401의 구절이 삽입되는 등 착간이 심함.

393(11-21)*
예측할 수 없는 화와 복

"하늘에는 헤아릴 수 없는 바람과 구름이 있고,
사람에게는 아침저녁의 예측할 수 없는 화와 복이 있다."

「天有不測風雲, 人有旦夕禍福.」

【風雲】〈抄略本〉에는 '風雨'로 되어 있음.
【旦夕】〈抄略本〉에는 '朝夕'으로 되어 있음.

```
참고 및 관련 자료
```

1. 元曲《降桑椹》(2)
天有不測風雲, 人有旦夕禍福.
2.《西遊記》(10)
天有不測風雲, 人有暫時禍福.
3. 〈越南本〉에는 "天有不測之風雲, 人有旦夕之禍福"이라 함.

394(11-22)*
석 자 무덤

"석 자 무덤으로 돌아가기 전에는,
백 년의 몸을 보전하기 어렵다.
이미 석 자 무덤으로 돌아가고 나서는,
백 년 무덤을 지키기 어렵다."

「未歸三尺土, 難保百年身.
　已歸三尺土, 難保百年墳.」

【百年身】〈越南本〉에는 '一生身'이라 하여 아래의 '百年墳'과 대를 이루도록
　하였음.
【已歸】〈越南本〉에는 '旣歸'로 되어 있음.

참고 및 관련 자료

1. 明, 葉盛《水東日記》(33)
　未歸三尺土, 難保百年身. 已歸三尺土, 難保百年墳」
2. 〈越南本〉에는 392부터 본장을 하나로 묶어《景行錄》의 어록으로 보았음.

395(11-23)
사람 되기 어렵도다

"재주 있는 자는 수고로움을 싫어하고 졸렬한 자는 한정함을 싫어하며,
선한 것은 나약한 것을 싫어하고 악한 것은 완고한 것을 싫어한다.
부유함은 질시를 만나고 가난은 욕됨을 만나며,
부지런한 자를 두고 도모하려 탐을 낸다고 말하고
검소함을 두고 아낀다고 말한다.
눈에 닿아도 분간을 못하면 모두가 어리석다고 비웃고
기틀을 보고도 그런 짓을 하면 역시 간악하다고 의심하며,
그러한 일을 생각하여 의당 가르쳐 만들어야 하나
사람 되도록 하기도 어렵고 사람 되기도 어렵도다."

「巧厭多勞拙厭閑, 善嫌懦弱惡嫌頑.
　富遭嫉妬貧遭辱, 勤曰貪圖儉曰慳.
　觸目不分皆笑蠢, 見機而作又疑奸.
　思量那件當敎做, 爲人難做做人難.」

【蠢】꿈틀거리는 벌레.
【機】일을 쉽게 하기 위한 기틀이나 기계 따위.
【那件】'那一件'의 줄인 말. 白話語로 '그 한 건'이라는 뜻.
【做】古文의 '作'과 같음. '되다, 짓다, 만들다' 등의 뜻.

〔 참고 및 관련 자료 〕

1. 〈越南本〉에는 "巧厭多勞拙厭閒, 善嫌懦弱惡嫌頑. 富遭嫉妬貧遭賤, 勤曰

貪婪懶曰慳. 觸目不分皆笑蠢, 見機而作又言奸. 思量那件當教做, 做人難做做
人難. 爲人難爲爲人難, 寫得紙盡筆頭乾, 更寫幾箇爲人難."이라 하여 아래 장과
묶었으며 글자의 착간이 있음.

396(11-24)
글씨 쓰느라

"글씨 쓰느라 종이를 모두 쓰고 붓이 말랐는데도,
다시 얼마나 더 써야 하니 사람 되기도 어렵도다."

「寫得紙盡筆頭乾, 更寫幾箇爲人難.」

【寫得】 '寫'는 '글씨를 쓰다, 베끼다'의 뜻이며, '得'은 白話語로 '～하기에'의
표현법.
【更】 '게다가, 더욱더, 다시' 등을 의미하는 부사.
【幾箇】 '몇 개의'의 뜻. 백화어 표현.

397(11-25)
높은 선비

노자가 말하였다.
"높은 선비는 도를 들으면, 부지런히 이를 실행하고,

중간 선비는 도를 들으면, 그런 도는 있을 수도 없을 수도 있다고 여긴다.
낮은 선비는 도를 들으면, 크게 비웃는다.
비웃지 않는 것은 족히 도가 될 수 없다."

老子曰:「上士聞道, 謹而行之.
　　　　中士聞道, 若存若亡.
　　　　下士聞道, 大笑之.
　　　　不笑(不足以爲道).」

〈太上老君〉(老子)《三才圖會》

【謹而行之】'謹'은 '勤'의 오류임.
【若存若亡】'亡'는 '無'와 같으며 '무'로 읽음.
【不笑】원전에는 '不笑'로만 되어 있으나 (　)안의 구절은《노자》에 원문에 의해
　補入해 넣음.

> 참고 및 관련 자료

1.《老子》41장
上士聞道, 勤而行之; 中士聞道, 若存若亡; 下士聞道, 大笑之. 不笑不足以爲道.

398(11-26)
아침에 도를 들으면

공자가 말하였다.
"아침에 도를 들으면, 저녁에 죽어도 좋다."

子曰:「朝聞道, 夕死可矣.」

【朝】晨과 같음. 아침.
【聞道】道를 듣고 깨달음, 깨우침. 悟道와도 상통함.

참고 및 관련 자료

1.《論語》里仁篇
子曰:「朝聞道, 夕死可矣.」
2.〈集註〉
道者, 事物當然之理. 苟得聞之, 則生順死安, 無復遺恨矣. 朝夕, 所以甚言其時
之近. 程子曰:「言人不可以不知道, 苟得聞道, 雖死可也.」又曰:「皆實理也,
人知而信者爲難. 死生亦大矣! 非誠有所得, 豈以夕死爲可乎?」

399(11-27)*
물을 잘 다스리면

《경행록》에 말하였다.
"나무는 길러주면 뿌리와 줄기가 튼튼해지고,
가지와 잎이 무성해져서 동량의 재목이 된다.
물은 잘 다스려지면 샘의 원천이 펑펑 솟으며,
그 흐름도 길어 관개의 이익이 넓어진다.
사람도 길러지면 뜻과 기운이 커지고,
식견이 밝아져 충의의 선비로 나서게 된다.
그러니 어찌 기르지 않을 수 있겠는가!"

《景行錄》云:

「木有所養, 則根本固而枝葉茂, 棟梁之材成.

水有所養, 則泉源壯而流派長, 灌漑之利博.

人有所養, 則志氣大而識見明, 忠義之士出.

可不養哉!」

【棟梁】〈抄略本〉에는 '棟梁'으로 되어 있음.
【泉源】〈越南本〉에는 '源泉'으로 되어 있음.
【博】'博'과 같음. 〈越南本〉에는 '溥'로 되어 있음.
【識見】〈越南本〉에는 '見識'으로 되어 있음.

> 참고 및 관련 자료

1. 〈越南本〉에는 "《景行錄》云:「木有所養, 則根本固, 而枝葉茂, 棟梁之材成.
水有所養, 則源泉長而灌漑之利溥. 人有所養, 則志氣大, 而見識明, 忠義之士出."
이라 하여 일부 구절이 누락되어 있음.

400(11-28)
거울은 얼굴을 비추는 것

《직언결》에 말하였다.
"거울은 얼굴을 비추는 것이요,
지혜는 마음을 비추는 것이다.
거울이 맑으면 티끌이 다가갈 수 없고,

지혜가 밝으면 사악함이 생겨나지 않는다.
사람으로서 도가 없으면 마치 수레에 바퀴가 없는 것과 같아서,
운행할 수가 없다.
사람으로서 도가 없으면 어떤 행동도 할 수가 없다."

《直言訣》曰:「鏡以照面, 智以照心;

　　　鏡明則塵埃不徃, 智明則邪惡不生;

　　人之無道也, 如車無輪, 不可駕也.

　　　　人而無道, 不可行也.」

【塵埃不徃】〈越南本〉에는 '塵埃不染'으로 되어 있어 뜻이 명확함.

(참고 및 관련 자료)

1. 〈越南本〉에는 "《直言訣》曰:「鏡以照面, 智以照心; 鏡明則塵埃不往, 智明
則邪惡不生.」"까지만 실려 있음.

2. 《韓非子》觀行篇
古之人, 目短於自見, 故以鏡觀面; 智短於自知, 故以道正己. 鏡無見疵之罪,
道無明過之惡. 目失鏡, 則無以正鬚眉; 身失道, 則無以知迷惑.

401(11-29)*
스스로 믿는 자

《경행록》에 말하였다.

"스스로 믿는 자는 남도 역시 믿어 주어,

오吳·월越 같은 원수라도 모두가 형제처럼 지내지만,

스스로 의심하는 자는 남도 역시 이를 의심하여,

자신 이외에는 모두가 적국이 되고 만다."

《景行錄》云:「自信者人亦信之, 吳越皆兄弟;

自疑者人亦疑之, 身外皆敵國.」

【吳越】春秋 말기 長江을 중심으로 강성했던 두 나라. 吳나라는 지금의 江蘇 蘇
　　州(姑蘇城)를 근거로 발전했으며, 越나라는 지금의 浙江 紹興(고대 會稽)을 중심
　　으로 하여 두 나라의 쟁패는 중국 역사상 매우 치열하였음. '吳越同舟', '臥薪
　　嘗膽' 등의 고사를 남길 정도로 서로 원수지간으로 여겼음.

402(11-30)
오·월 같은 원수도

《좌전左傳》에 말하였다.

"뜻이 합치면 오·월 같은 원수도 서로 친하게 되지만,

뜻이 합치지 못하면 골육지간도 원수나 적이 되고 만다."

《左傳》曰:「意合則吳越相親, 意不合則骨肉爲讐敵.」

【左傳】공자의 《春秋》를 풀어쓴 책으로 十三經 중의 하나. 左丘明이 썼다 하며, 《公羊傳》·《穀梁傳》과 함께 '春秋三傳'이라 불림.
【吳越】앞장의 주를 참조할 것.
【讐敵】〈越南本〉에는 '仇敵'으로 되어 있음.

> ### 참고 및 관련 자료

1. 지금의 《左傳》에는 이 말이 실려 있지 않음.
2. 〈越南本〉에는 404장과 묶어 하나의 문장으로 처리하고 있음.

403(11-31)
스스로 의심이 가거든

《소서》에 말하였다.
"스스로 의심하면 남을 믿을 수 없게 되며,
스스로를 믿으면 남을 의심하지 않게 된다."

《素書》云:「自疑, 不信人;

　　　　　自信, 不疑人」

【素書】원래 兵法書의 하나. 고대 黃石公이 지었다 하며, 宋나라 때 張商英이 注를 한 것이 전함. 《黃石公書》라고도 함.

404(11-32)*
사람을 썼거든 의심하지 말라

"사람이 의심스러우면 쓰지를 말고,
 사람을 썼거든 의심하지 말라."

「疑人莫用. 用人莫疑.」

【莫用】〈抄略本〉에는 '勿用'으로 되어 있음.

참고 및 관련 자료

1.《西洋記》(48),《兒女英雄傳》(33)
疑人莫用, 用人莫疑.
2.《素書》遵義章
所疑不可任, 所任不可疑.
3.《舊唐書》陸贄傳,《資治通鑑》(234)
疑者不使, 使者不疑.
4.《陳亮集》(2)
疑則勿用, 用則勿疑.
5.《舊唐書》文宗本紀(上)
任則不疑, 疑則不任.

405(11-33)
쾌락이 극에 달하면

속담에 말하였다.

"물건은 극에 달하면 되돌아오며,
쾌락이 극에 달하면 근심이 생기며,
천지 사방이 합한다 해도 반드시 괴리가 있을 수 있고,
세력이 성하다 해도 반드시 쇠하게 마련이다."

語云:「物極則反, 樂極則憂,
　　　六合必離, 勢盛必衰.」

【六合】天地와 四方. 온 우주를 뜻함.

참고 및 관련 자료

1.《鶡冠子》環流篇
物極則反, 名曰環流.
2.《荀子》宥坐篇
孔子觀於魯桓公之廟, 有欹器焉. 孔子問於守廟者曰:「此爲何器?」守廟者曰:
「此蓋爲宥坐之器.」孔子曰:「吾聞宥坐之器者, 虛則欹, 中則正, 滿則覆.」孔子
顧謂弟子曰:「注水焉.」弟子挹水而注之, 中而正, 滿而覆, 虛而欹. 孔子喟然
而歎曰:「吁, 惡有滿而不覆者哉?」子路曰:「敢問持滿有道乎?」孔子曰:「聰明
聖知, 守之以愚; 功被天下, 守之以讓, 勇力撫世, 守之以怯; 富有四海, 守之以謙.
此所謂挹而損之之道也.」

3. 이 '欹器'(座右銘)의 고사는 《孔子家語》三恕篇, 《說苑》 敬愼篇, 《韓詩外傳》(3), 《淮南子》 道應訓, 《文子》 九守篇, 《孔子集語》 事譜(上) 등에 널리 실려 있음. 본 《明心寶鑑》 247을 볼 것.

4. 《昔時賢文》

語云:「物極必反, 器滿則傾.」

5. 《近思錄》 道體篇

物極必返, 其理須如此.

406(11-34)
막힘이 다하면

"만물은 극에 달하면 되돌아오게 되어 있고,
막힘이 다하면 태평함이 오게 되어 있다."

「物極則反, 否極泰來.」

【否極泰來】 비(否)는 비색(否塞) 즉 '막히다'의 뜻이며, 《周易》 12번째 卦. 泰는 제 11번째 卦. '否'는 막혀 어쩔 수 없는 상황을 상징하며, '泰'는 모든 것이 태평하여 아주 안정되고 형통함을 뜻함.

참고 및 관련 자료

1. 《周易》 비괘(否卦) 단사(彖辭)

「否之匪人, 不利, 君子貞; 大往小來」則是天地不交而萬物不通也, 上下不交而天下无邦也. 內陰而外陽, 內柔而外剛, 內小人而外君子: 小人道長, 君子道消也.

2. 《周易》泰卦 彖辭

「泰: 小往大來, 吉, 亨」則是天地交而萬物通也, 上下交而其志同也. 內陽而外陰,
內健而外順, 內君子而外小人. 君子道長. 小人道消也.

407(11-35)
평안한 시기에는

《가어家語》에 말하였다.
"평안한 시기에는 위험할 때를 잊지 말고,
　다스려지는 시대에는 어지러울 때를 잊지 말라."

《家語》云:「安不可忘危, 治不可忘亂.」

【家語】 三國 魏나라 王肅(195~256)이 지은《孔子家語》. 공자의 일화와 언행 및
제자들의 사적을 모아 편찬한 책. 10권 44편.

참고 및 관련 자료

1. 본 구절은 지금의《孔子家語》에 실려
있지 않음.
2. 兵書《司馬法》人本篇
國家雖大, 好戰必亡; 天下雖安, 忘戰必危.

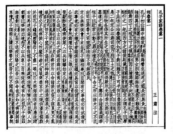

魏 王肅《孔子家語》四部備要

408(11-36)
아직 혼란이 일어나지 않았을 때

《서書》에 "아직 혼란이 일어나지 않았을 때 제압하여 다스리고,
아직 위험이 나타나지 않을 때에 나라를 보위하라"라 하였으니,
그 환난은 미리 방비해야 한다는 뜻이다.

《書》云:「制治於未亂, 保邦於未危.」預防其患也.

┌─────────────────┐
│ 참고 및 관련 자료 │
└─────────────────┘

1.《尙書》周官篇
王曰:「若昔大猷, 制治于未亂, 保邦于未危.」
2.〈越南本〉에는 "《書》云:「制治於未亂, 保邦於未危.」"이라 하여 뒤의 구절을
생략하였음.

409(11-37)*
물 밑의 물고기와 하늘 가의 기러기

《풍간諷諫》에 말하였다.
"물 밑의 물고기와 하늘 가의 기러기는,
높이 날아도 쏠 수 있고 낮게 숨어도 낚을 수 있다.

오직 사람 마음은 지척 사이지만,
그 지척의 사람 마음은 헤아릴 길이 없다."

《諷諫》云:

「水底魚天邊鴈, 高可射兮低可釣.

惟有人心咫尺間, 咫尺人心不可料.」

【諷諫】 책이름. 구체적인 것을 알 수 없음. 〈越南本〉에는 '諷諫云' 세 글자가 없어
출처를 밝히지 않았음.
【鴈】 '雁'과 같음. 기러기.

410(11-38)
하늘도 재어볼 수 있고

"하늘도 재어볼 수 있고 땅도 측량할 수 있지만,
오직 사람 마음만은 막을 길이 없다."

「天可度而地可量, 惟有人心不可防.」

【度】 '탁'으로 읽으며 '忖度하다'의 뜻.

411(11-39)*
호랑이를 그리되

"호랑이를 그리되 가죽은 그릴 수 있어도 뼈는 그릴 수 없듯이,
　사람을 앎에 있어 그 얼굴은 알 수 있어도 그 마음은 알 길이 없다."

「畫虎畫皮難畫骨, 知人知面不知心.」

참고 및 관련 자료

1. 元 孟漢卿《張孔目智勘魔合羅雜劇》(제1절)에 나오는 말임.
2. 明 施耐庵《水滸志》(제45회),《古今小說》(1),《警世通言》(2),《金瓶梅詞話》(76),《單鞭奪槊》(2),《魔合羅》(1) 등에도 실려 있음.
3.《昔時賢文》
畫虎畫皮難畫骨, 知人知面不知心.

412(11-40)*
얼굴을 맞대고

"얼굴을 맞대고 함께 말을 나누어도,
　마음은 천 개의 산을 격해 있구나."

「對面共語, 心隔千山.」

【對面共語】〈越南本〉에는 '對面與語'로 되어 있음.

참고 및 관련 자료

1.《金瓶梅詞話》(81)
人面咫尺, 心隔千里.
2. 〈越南本〉에는 409장부터 본 장까지를 하나로 묶어 "水底魚, 天邊雁, 高可射兮低可釣. 惟有人心咫尺間, 咫尺人心不可料. 天可度, 地可量, 惟有人心不可防. 畫虎畫皮難畫骨, 知人知面不知心. 對面與語, 心隔千山."이라 함.

413(11-41)*
바다가 마르면

"바다가 마르면 끝내 바닥이 드러날 테지만,
사람은 죽어도 그 마음을 알 수 없다."

「海枯終見底, 人死不知心.」

참고 및 관련 자료

1.《全唐詩》(693) 杜荀鶴 〈感寓〉詩,《封神演義》(21),《西遊記》(84)
海枯終見底, 人死不知心.

414(11-42)*
타고난 관상을 거역할 수 없고

태공이 말하였다.
"무릇 사람은 관상을 거꾸로 볼 수 없고,
바닷물은 말斗로 퍼서 재어볼 수가 없다."

太公曰:「凡人不可逆相, 海水不可斗量.」

【逆相】'逆'은 '迎'과 같음. '미리, 거꾸로' 등의 뜻. '相'은 '관상을 보다, 살펴
보다'의 뜻.
【斗量】 말로 그 양을 재어봄.

참고 및 관련 자료

1.《元曲選》(2),《荊釵記》(21),《古今小說》(27)
凡人不可貌相, 海水不可斗量.
2.《醒世恒言》(3),《西遊記》(62)
人不可貌相, 海水不可斗量.
3.《淮南子》泰族訓
太山不可丈尺也, 江海不可斗斛也.

415(11-43)
끓는 물에 눈을 뿌린 듯이

"그대에게 권하노니 원한을 맺지 말지니,
원한이 깊으면 그 맺힘을 풀기 어렵다.
하루만 원한을 맺었다 해도,
천 일을 풀어도 다 풀 수 없느니라.
만약 은혜로써 원한을 갚는다면,
이는 끓는 물을 눈에 뿌린 것과 같다.
그러나 만약 원한으로써 원한을 갚는다면,
이는 이리에 다시 전갈을 만난 것과 같다.
내 보기에 원한을 맺은 사람은,
누구나 그 원한에 닳고 꺾이는 고통을 당하더라."

「勸君莫結寃, 寃深難解結.
　一日結成寃, 千日解不徹
　若將恩報寃, 如湯去潑雪.
　若將寃報寃, 如狼重見蝎.
　我見結寃人, 盡被寃磨折.」

416(11-44)*
화를 심는 일

《경행록》에 말하였다.

"남에게 원망을 맺는 것을 일러 화를 심는다라 하고,
    선을 버리고 행하지 않는 것을 일러 스스로 해친다라고 한다."

《景行錄》云:「結怨於人, 謂之種禍;
                捨善不爲, 謂之自賊.」

【怨】〈越南本〉에는 '冤'자로 쓰고 있음.
【賊】자기 자신에게 賊害함.《孟子》公孫丑(上)에 "無惻隱之心, 非人也; 無羞惡
之心, 非人也; 無辭讓之心, 非人也; 無是非之心, 非人也. 惻隱之心, 仁之端也;
羞惡之心, 義之端也; 辭讓之心, 禮之端也; 是非之心, 智之端也. 人之有是四
端也, 猶其有四體也. 有是四端而自謂不能者, 自賊者也; 謂其君不能者, 賊其君
者也"라 하였으며, 〈梁惠王〉(下)에는 "賊仁者謂之賊, 賊義者謂之殘"이라 함.

417(11-45)
곧은 것 중에 곧은 것

"곧은 것 중에 곧다고 강조하는 말도 믿지 말며,
    어지니 어질지 않으니 하는 것도 둑을 쌓아 막아라."

「莫信直中直, 隄防仁不仁.」

【隄防】堤防과 같음.〈越南本〉에는 '須防'으로 되어 있어《事林廣記》원문과 같음.

참고 및 관련 자료

1.《西遊記》(37)
不信直中直, 須防仁不仁.
2.《事林廣記》(9)
莫信直中直, 須防仁不仁.

418(11-46)
남의 물건을 훔치지 말라

"항상 적해賊害하는 마음을 방비하고,
남의 물건을 훔치지 말라."

「常防賊心, 莫偷他物.」

【賊】자기 자신에게 賊害함.《孟子》公孫丑(上)에 "無惻隱之心, 非人也; 無羞惡
之心, 非人也; 無辭讓之心, 非人也; 無是非之心, 非人也. 惻隱之心, 仁之端也;
羞惡之心, 義之端也; 辭讓之心, 禮之端也; 是非之心, 智之端也. 人之有是四
端也, 猶其有四體也. 有是四端而自謂不能者, 自賊者也; 謂其君不能者, 賊其君
者也"라 하였으며, 〈梁惠王〉(下)에는 "賊仁者謂之賊, 賊義者謂之殘"이라 함.

419(11-47)*
한쪽 말만 들었다가는

"만약 한쪽 말만 들었다가는,
곧바로 서로 갈라섬을 당할 것이다."

「若聽一面說, 便見相離別.」

（참고 및 관련 자료）

1. 〈越南本〉에는 "若聽二面說, 便見相離別"라 하였고 438 뒤에 실려 있음.

2.《儒家龜鑑》(休靜)
愛之言, 亦不可偏聽. 若聽一面說, 便見相離別.

3.《史記》鄒陽傳
偏聽生奸, 獨任成亂.

420(11-48)
도적질

"예禮와 의義는 부유하고 풍족함에서 생겨나고,
도적질은 배고픔과 추위에서 생겨난다."

「禮義生於富足, 盜賊起於饑寒.」

（참고 및 관련 자료）

1. 東漢 王符《潛夫論》愛日篇
禮儀生於富足, 盜竊起於貧窮.
2.《管子》牧民篇
倉廩實則知禮節, 衣食足則知榮辱.
3.《昔時賢文》
禮義興於富足, 盜賊出於貧窮.
飽暖思淫逸, 飢寒起盜心.

421(11-49)
기약하지 않아도

"가난과 궁함은 낮고 천함과 함께하지 않아도,
낮고 천함이 스스로 생겨나고,
부귀는 교만·사치와 함께 하지 않아도,
교만과 사치가 스스로 찾아온다."

「貧窮不與下賤, 下賤而自生;
　富貴不與驕奢, 驕奢而自至.」

1. 〈越南本〉에는 "貧窮不與下賤, 而下賤自生; 富貴不與驕奢, 而驕奢自至"
라 하여 '而'자의 위치가 다름.

2. 《戰國策》趙策

夫貴不與富期而富至, 富不與梁肉期而梁肉至, 梁肉不與驕奢期而驕奢至, 驕奢
不與死亡期而死亡至. 累世以前, 坐此者多矣.

3. 《說苑》敬愼篇

魏公子牟曰:「微君言之, 牟幾忘語君, 君知夫官不與勢期, 而勢自至乎? 勢不
與富期, 而富自至乎? 富不與貴期, 而貴自至乎? 貴不與驕期, 而驕自至乎? 驕不
與罪期, 而罪自至乎? 罪不與死期, 而死自至乎?」

4. 《說苑》談叢篇

貴不與驕, 期驕自來; 驕不與亡, 期亡自至.

422(11-50)*
음욕과 도심

"배부르고 따뜻하면 음욕이 생기고,
춥고 배고파야 도심道心이 발동한다."

「飽煖思淫慾, 飢寒發道心.」

【飽煖】 배부르고 따뜻함. 〈越南本〉에는 '飽暖'으로 되어 있음.
【道心】 〈越南本〉에는 '盜心'으로 되어 있음.

1. 明 凌濛初《二刻拍案驚奇》(권21)

自古道:「飽暖思淫欲.」

2.《事林廣記》(道家警語),《元曲選》(對玉梳 3).

飽暖生淫欲, 飢寒發善心.

3.《金瓶梅詞話》(25)

飽暖生閑事, 飢寒發盜心.

4.《賢文》(142)

禮義興於富足, 盜賊出於貧窮.

5.《昔時賢文》에는 "飽暖思淫逸, 飢寒起盜心"라 하여 '道心'이 '盜心'으로 되어 있어 뜻이 전혀 다름.

6.〈越南本〉에는 "飽暖思淫慾, 饑寒起盜心"으로 되어 있음.

423(11-51)
오관의 병

"가난과 위곤危困을 한참 생각해 보고 나니,
자연히 교만하지 않을 수 있게 되었고,
매번 오관五官의 병으로 지지고 볶음을 생각하고 나니,
근심과 고민이 아울러 없어지네."

「長思貧難危困, 自然不驕;
　每想官病熬煎, 並無愁悶.」

【危困】危險과 困厄.

【官病】五官의 병. 몸속의 모든 장기와 기능의 병.〈越南本〉에는 '疾病'으로 되어 있음.

【熬煎】태우고 지지고 볶음. 병으로 고통을 당함을 뜻함.

참고 및 관련 자료

1.〈越南本〉에는 앞장을 모두 묶어 《景行錄》云:「結寃於人, 謂之種禍; 捨善不爲, 謂之自賊. 莫信直中直, 須防仁不仁. 禮義生於富足, 盜賊起於饑寒. 貧窮不與下賤而下賤自生; 富貴不與驕奢而驕奢自至. 飽暖思淫慾, 饑寒起盜心. 長思貧難危困, 自然不驕; 每思疾病熬煎, 並無愁悶.」이라 함.

424(11-52)
법과 예

태공이 말하였다.
"군자에게는 법法으로 덮어씌워 괴롭힐 수 없고,
소인에게는 예禮로 책임을 물을 수 없다."

太公曰:「法不加於君子, 禮不責於小人」

425(11-53)
오랏줄의 형벌

환범桓範이 말하였다.
"헌면軒冕의 관직은 군자를 중하게 하는 것이요,
오랏줄의 형벌은 소인을 벌하는 것이다."

桓範曰:「軒冕以重君子, 縲絏以罰小人.」

【桓範】 三國 魏나라 인물. 자는 元則(?~249). 魏 明帝 때 令軍尙書가 되었
으며 征虜將軍에 오름. 司馬懿의 起兵에 맞섰다가 그에게 죽임을 당함.《三國志》
(9) 魏志 曹眞傳에 전이 함께 들어 있음. 〈越南本〉에는 '楷範'으로 잘못 기재
되어 있음.
【軒冕】 軒은 수레의 덮개, 冕은 관리의 모자. 관직에 나가 현달한 사람을 뜻함.
【縲絏】 죄인을 묶는 오랏줄.《論語》公冶長篇에 "子謂公冶長,「可妻也. 雖在縲
絏之中, 非其罪也.」"라 함.

426(11-54)
군자의 예와 소인의 법

《역易》에 말하였다.
"예는 군자의 잘못을 막아 주는 것이요,
법은 소인의 잘못을 막아 주는 것이다."

《易》曰:「禮防君子, 律防小人」

참고 및 관련 자료

1. 이 구절은《周易》에 실려 있지 않음.

427(11-55)
기품

《경행록》에 말하였다.
"먹는 것·미색·재물과 이익을 좋아하는 자는,
 틀림없이 그 기품이 인색하게 마련이며,
 공명·일·업적을 좋아하는 자는,
 틀림없이 그 기품이 교만하게 마련이다."

《景行錄》云:「好食色貨利者, 氣必吝;
　　　　　好功名事業者, 氣必驕.」

428(11-56)
의와 이익

공자가 말하였다.
"군자는 의義로써 설명하면 금방 알아듣고,
소인은 이익으로써 설명하면 금방 알아듣는다."

子曰:「君子喩於義, 小人喩於利.」

【喩】 '잘 깨닫다(曉)'의 뜻. 혹은 '君子는 義에 비유하면 잘 알아듣지만, 小人은 이해관계를 비유해야 잘 알아듣다'의 뜻으로도 풀이됨. 그러나 '樂'의 뜻으로 보아 '군자는 義에서 즐거워하고 소인은 利에 즐거워한다'라고 풀이하기도 함.

참고 및 관련 자료

1. 《論語》 里仁篇
子曰:「君子喩於義, 小人喩於利.」
2. 〈集註〉
喩, 猶曉也. 義者, 天理之所宜. 利者, 人情之所欲. 程子曰:「君子之於義, 猶小人之於利也. 惟其深喩, 是以篤好.」 楊氏曰:「君子有舍生而取義者, 以利言之, 則人之所欲無甚於生, 所惡無甚於死, 孰肯舍生而取義哉? 其所喩者義而已, 不知利之爲利故也, 小人反是.」

429(11-57)
재물과 죽음

《설원說苑》에 말하였다.
"재물이란, 군자가 가볍게 여기는 바요,
 죽음이란, 소인이 두려워하는 바이다."

《說苑》云:「財者, 君子之所輕;
　　　　　　　死者, 小人之所畏.」

【所畏】〈越南本〉에는 '所長'으로 되어 있으며, 이는 글자의 판각이 잘못된 것
　으로 여겨짐.

참고 및 관련 자료

1.《說苑》尊賢篇
夫財者, 君之所輕也; 死者士之所重也, 君不能用所輕之財, 而欲使士致所重
之死, 豈不難乎哉?"

2.《韓詩外傳》(7)
夫財者, 君之所輕也; 死者, 士之所重也. 君不能行君之所輕, 而欲使士致其所重.
猶譬鉛刀畜之, 而干將用之, 不亦難乎?"

3.《戰國策》齊策(4)
財者君之所輕, 死者士之所重, 君不肯以所輕與士, 而責士以所重事君, 非士易得
而難用也.

4.《新序》雜事(2)
財者, 君之所輕; 死者, 士之所重也. 君不能施君之所輕, 而求得士之所重, 不亦難乎?

430(11-58)*
어진 사람에게 재물이 많으면

소무蘇武가 말하였다.
"어진 사람에게 재물이 많으면,
그 뜻을 손상하게 되고,
어리석은 사람에게 재물이 많으면,
그 허물이 자꾸 불어나게 된다."

蘇武曰:「賢人多財, 損其志;

　　　　愚人多財, 益其過.」

【蘇武】 이는 疏廣(疎廣, 疏廣)의 말임. 한편 蘇武는 漢나라 杜陵人. 字는 子卿.
平陵侯 蘇建의 아들. 武帝 때 匈奴에 사신으로 가서 19년을 견디고 돌아옴.
《漢書》蘇武傳 참조.《古文苑》에 실린 蘇武의 〈別李陵詩〉에 「雙鳧俱北飛, 一鳧
獨南翔」이라는 구절이 있음. 〈越南本〉에도 '蘇武'로 잘못 표기되어 있음.
【損其志】 〈越南本〉에는 '損其智'로 되어 있음.

　　참고 및 관련 자료

1. 〈抄略本〉에는 '蘇武'가 '疏廣'으로 되어 있으며 이 구절은 '疏廣'의 말이
맞음. '疏廣'으로 잘못 표기한 것임. 疏廣(疎廣)은 西漢 宣帝 때 疏修(疎受)와
함께 삼촌과 조카 사이로 太子太傅와 太子少傅를 동시에 하였으며, 뒤에 낙향
하여 재물을 모두 나누어 주면서 이 말을 한 것으로 유명함.
《漢書》疏廣傳에 "疏廣字仲翁, 東海蘭陵人也. 少好學, 明《春秋》, 家居教授,
學者自遠方至. 徵爲博士太中大夫. 地節三年, 立皇太子, 選丙吉爲太傅, 廣爲

少傅. 數月, 吉遷御史大夫, 廣徙爲太傅, 廣兄子受字公子, 亦以賢良擧爲太子家令. 受好禮恭謹, 敏而有辭. 宣帝幸太子宮, 受迎謁應對, 及置酒宴, 奉觴上壽, 辭禮閑雅, 上甚讙說. 頃之, 拜受爲少傅. 太子外祖父特進平恩侯許伯以爲太子少, 白使其弟中郞將舜監護太子家. 上以問廣, 廣對曰:「太子國儲副君, 師友必於天下英俊, 不宜獨親外家許氏. 且太子自有太傅少傅, 官屬已備, 今復使舜護太子家, 視陋, 非所以廣太子德於天下也.」上善其言, 以語丞相魏相, 相免冠謝曰:「此非臣等所能及.」廣繇是見器重, 數受賞賜. 太子每朝, 因進見, 太傅在前, 少傅在後. 父子並爲師傅, 朝廷以爲榮. 在位五歲, 皇太子年十二, 通《論語》·《孝經》. 廣謂受曰:「吾聞『知足不辱, 知止不殆』, 『功遂身退, 天之道』也. 今仕(宦)[官]至二千石, 宦成名立, 如此不去, 懼有後悔, 豈如父子相隨出關, 歸老故鄉, 以壽命終, 不亦善乎?」受叩頭曰:「從大人議.」卽日父子俱移病. 滿三月賜告, 廣遂稱篤, 上疏乞骸骨. 上以其年篤老, 皆許之, 加賜黃金二十斤, 皇太子贈以五十斤. 公卿大夫故人邑子設祖道, 供張東都門外, 送者車數百兩, 辭決而去. 及道路觀者皆曰:「賢哉二大夫!」或歎息爲之下泣. 廣旣歸鄕里, 日令家共具設酒食, 請族人故舊賓客, 與相娛樂. 數問其家金餘尚有幾所, 趣賣以共具. 居歲餘, 廣子孫竊謂其昆弟老人廣所愛信者曰:「子孫幾及君頗立產業基阯, 今日飲食(廢)[費]且盡. 宜從丈人所, 勸說君買田宅.」老人卽以閒暇時爲廣言此計, 廣曰:「吾豈老誖不念子孫哉? 顧自有舊田廬, 令子孫勤力其中, 足以共衣食, 與凡人齊. 今復增益之以爲贏餘, 但敎子孫怠惰耳. 賢而多財, 則損其志; 愚而多財, 則益其過. 且夫富者, 衆人之怨也; 吾旣亡以敎化子孫, 不欲益其過而生怨. 又此金者, 聖主所以惠養老臣也, 故樂與鄕黨宗族共饗其賜, 以盡吾餘日, 不亦可乎!」於是族人說服. 皆以壽終"이라 하였음.

2. 《陶淵明集》集聖賢羣輔錄(上)

太子太傅疏廣字重翁. 太子少傅疏受字公子. 右二疏, 東海人. 宣帝時並爲太子師傅; 每朝, 太傅在前, 少傅在後. 朝廷以爲榮. 授太子論語·孝經, 各以老疾告退. 時人謂之二疏. 見《漢書》.

陶淵明(陶潛)《陶靖節集》

3. 《小學》善行篇「實明倫」

疏廣爲太子太傅, 上疏乞骸骨, 加賜黃金二千斤, 太子贈五十斤. 歸鄕里, 日令家供具設酒食, 請族人故舊賓客, 相與娛樂, 數問其家, 金餘, 尚有幾斤, 趣賣以供具. 居歲餘, 廣子孫, 竊謂其昆弟老人, 廣所信愛者, 曰:「子孫冀及君時, 頗立

産業基址, 今日飲食費且盡, 宜從丈人所, 勸說君, 置田宅.」老人卽以閑暇時,
爲廣言此計. 廣曰:「吾豈老悖, 不念子孫哉! 顧自有舊田廬, 令子孫勤力其中,
足以共衣食, 與凡人齊. 今復增益之, 以爲贏餘, 但敎子孫怠惰耳. 賢而多財則
損其志, 愚而多財則益其過. 且夫富者, 衆之怨也. 吾旣無以敎化子孫, 不欲益其
過而生怨. 又此金者, 聖主所以惠養老臣也. 故樂與鄕黨宗親, 共享其賜, 以盡
吾餘日, 不亦可乎?」

4.《十八史略》(2)

三年, 太子太傅疏廣, 與兄子太子少傅疏受, 上疏乞骸骨. 許之, 加賜黃金. 公卿
故人, 設祖道, 供張東門外. 送者車數百兩, 道路觀者皆曰:「賢哉! 二大夫.」
旣歸, 日賣金共具, 請族人故舊賓客, 相與娛樂, 不爲子孫立産業, 曰:「賢而多財,
則損其志; 愚而多財, 則益其過. 且夫富者, 衆之怨也. 吾不欲益其過而生怨.」

5.

〈抄略本〉에는 "疎廣曰:「賢而多財, 則損其志; 愚而多財, 則益其過"로 되어
있고, 〈通俗本〉에는 "疎廣曰:「賢人多財, 則損其志; 愚人多財, 則益其過"라
하여 일부 글자가 다름.

431(11-59)
재물과 학문

노자가 말하였다.
"많은 재물은 그 진솔함을 지킬 수 없게 하고,
많은 학문은 그 들은 바에 의혹을 갖게 한다."

老子曰:「多財失其守眞, 多學惑於所聞.」

【守眞】〈越南本〉에는 '眞守'로 되어 있음.

참고 및 관련 자료

1. 지금의 《老子》에는 이 구절이 실려 있지 않음.

432(11-60)
요순이 아닐진대

"사람이 요순이 아닐진대,
 어찌 능히 매사에 모두 선할 수 있으랴?"

「人非堯舜, 焉能每事盡善?」

【堯舜】 고대 五帝의 하나로 능력과 지혜, 덕과 인을 모두 갖추었다고 여겨 儒
家에서 칭송하는 임금들.

참고 및 관련 자료

1. 《資治通鑑》(95) 晉成帝咸康元年
人非堯舜, 焉得每事盡善?
2. 《世說新語》方正篇
人非堯舜, 何能無過?
3. 《三國志》(20) 趙王幹傳
自非聖人, 孰能無過?

433(11-61)
사람이 생겨난 이래로

자공이 말하였다.
"사람이 생겨난 이래로 공자보다 훌륭한 분이 없었다."

子貢曰:「自生民以來, 未有盛於孔子也.」

【子貢】孔子의 제자인 端木賜.
【生民以來】사람이 이 세상에 태어난 이래. 인류가 생겨난 이래.

참고 및 관련 자료

1.《孟子》公孫丑(上)
子貢曰:「見其禮而知其政, 聞其樂而知其德. 由百世之後, 等百世之王, 莫之
能違也. 自生民以來, 未有夫子也.」
2.〈集註〉
言:「大凡見人之禮, 則可以知其政; 聞人之樂, 則可以知其德. 是以我從百世
之後, 差等百世之王, 無有能遁其情者, 而見其皆莫若夫子之盛也.」
3. 苕溪漁隱叢話(前集 45)
天不生仲尼, 萬古如長夜.

434(11-62)*
사람이 빈한하면

"사람이 빈한하면 지혜가 짧아지고,
복이 이르고 나면 마음이 신령스러워진다."

「人貧智短, 福至心靈.」

【智短】〈越南本〉에는 '志短'으로 되어 있음.

참고 및 관련 자료

1.《고금소설》(2),《평요전》(20)
人貧志短.

435(11-63)*
경험과 지혜

"한 가지 일을 경험해 보지 않으면,
한 가지 지혜가 자라지 못한다."

「不經一事, 不長一智.」

참고 및 관련 자료

1. 《紅樓夢》 제69회 및 《鏡花緣》(22)
不經一事, 不長一智.
2. 古尊宿語錄(18) 雲門匡眞禪師語錄
不因一事, 難長一智.
3. 《全宋詞》 趙長卿 〈賀新郎〉, 《警世通言》(3)
經一事, 長一智.

436(11-64)
성공과 실패

"성공하고 나면 묘한 활용이라 하고, 실패하면 능력이 없다 한다."

「成則妙用, 敗則不能.」

437(11-65)*
시비

"옳고 그름을 두고 종일 떠들어도,
들지 않으면 저절로 없어진다."

「是非終日有, 不聽自然無.」

참고 및 관련 자료

1. 蘭陵笑笑生《金瓶梅詞話》(제85회)
娘, 你老人家也少要憂心. ……是非來入耳, 不聽自然無.
2.《琵琶記》(11),《林蘭香》(24) 등에는 "是非終日有, 不聽自然無"로 되어 있음.
3.《昔時賢文》
是非朝朝有, 不聽自然無.
4.《儒家龜鑑》(休靜)
是非終日有, 不聽自然無.

438(11-66)*
시빗거리

"시비를 가지고 말을 걸어오는 자,
이가 곧 시빗거리인 사람이다."

「來說是非者, 便是是非人.」

참고 및 관련 자료

1. 南宋 釋 普濟《五燈會元》에 실려 있음.
2.《三寶大監西洋記》
老爺道:「來說是非者, 就是是非人.」就在侯公公身上, 要個圓夢先生.
3.《昔時賢文》
來說是非者, 便是是非人.
4.《儒家龜鑑》(休靜)
來說是非者, 便是是非人.
5.〈越南本〉에는 431장부터 본장까지 하나로 묶었으며, 문자의 출입과
탈락이 많음.

439(11-67)*
눈살 찌푸리는 일

《격양시》에 말하였다.
"평소 눈살 찌푸릴 일을 짓지 않았다면,
 응당 세상에 이를 가는 사람이 없을 것이다."

《擊壤詩》云:
「平生不作皺眉事, 世上應無切齒人.」

【擊壤詩】 태평성대를 노래한 글.《伊川擊壤集》을 말함.
【平生】 평소, 일상생활.

참고 및 관련 자료

1. 원래 北宋 理學家 邵雍(堯夫, 康節)의 《伊川擊壤集》(7)에 실려 있음.

2. 南宋 吳曾《能改齋漫錄》逸文

邵堯夫居洛四十年, 安貧樂道, 自云未嘗皺眉, 故語云:「平生不作皺眉事, 世上
應無切齒人.」

3. 明 馮夢龍《警世通言》崔待詔生死冤歌에도 실려 있으며,《永樂大全》(42),
《京本通俗小說》(10)에도 실려 있음.

4.《增廣賢文》

"平生莫做皺眉事, 世上應無切齒人"이라 하여 '不作'이 '莫做'로 되어 있음.

5.《儒家龜鑑》(休靜)

平生不作皺眉事, 世上應無切齒人.

440(11-68)
사람을 해치고 나서도

"네가 다른 사람을 해치고 나서 그래도 괜찮다고 한다면,
다른 사람이 너를 해칠 때는 도리어 어찌하겠는가?"

「你害別人猶自可, 別人害你却如何?」

【你】백화어로 인칭대명사 '너'의 뜻. 〈越南本〉에는 '爾'로 되어 있음.
【別人】남, 타인.

441(11-69)
여린 싹은 서리를 두려워하고

"여린 싹은 서리를 두려워하고 서리는 해를 두려워한다.
악인은 스스로 악인에게 마멸당한다."

「嫩草怕霜霜怕日, 惡人自有惡人磨.」

【嫩草】어리고 여린 풀. '嫩'은 '눈'으로 읽음.

참고 및 관련 자료

1.《永樂大典》(8)
惡人自有惡人磨.

2.《昔時賢文》
强中更有强中手, 惡人自有惡人磨.

3. 元 無名氏의《賺蒯通》(제3절)에 "那裡也惡人自有惡人磨, 這的是强中更遇强中手"라 하였고, 같은 元 無名氏의 雜劇《桃花女》(2절)에는 "我想有這桃花女, 怎顯我的陰陽, 只等問成了親事時, 不怕不斷送在我手裡. 正是: 强中更有强中手, 惡人終被惡人磨"라 하였음.《西遊記》(제14회)에는 "劉太保前日打的斑斕虎, 還與打鬪了半日; 今日孫悟空不用爭持, 把這虎一棒打得稀爛,

正是「强中更有强中手」라 하였으며, 그 외에 《謝金吾》(2), 《金甁梅詞話》(43),
《西湖二集》(33) 등에도 실려 있음. 《增廣賢文》에는 "强中更有强中手, 惡人終
受惡人磨"라 하여 표현이 다름.

442(11-70)
비석과 입소문

"이름이 나기 위해 어찌 굳은 돌에 이름을 새기겠는가?
길 가는 사람의 입이 비석보다 나은데."

「有名豈在鐫頑石? 路上行人口勝碑.」

【鐫頑石】 '鐫'은 '글씨를 파서 새겨넣다'의 뜻이며, '頑石'은 딱딱한 돌, 혹 잡석.
또는 '아무것도 모르는 무생명체의 돌'이라는 뜻.

참고 및 관련 자료

1. 《事林廣記》(9)
有名豈在鐫頑石, 路上行人口是碑.
2. 《續傳燈錄》(13), 《琵琶記》(19)
路上行人口似碑.
3. 《儒家龜鑑》(休靜)
有名不用鐫頑石, 路上行人口是碑.
4. 본 구절은 〈抄略本〉과 〈通俗本〉에는 앞의 439의 문장과 연결되어 하나의
장으로 처리하고 있으며, 문장도 "大名豈有鐫頑石? 路上行人口勝碑"로 되어 있음.

443(11-71)*
사향노루의 향내

"사향을 가지고 있으면 저절로 향내가 나는 법이니,
 어찌 반드시 바람 부는 쪽을 향해 서야만 하겠는가?"

「有麝自然香, 何必當風立.」

【麝】麝香노루의 향주머니. 원전에는 '射'로 잘못 표기되어 있으나 〈越南本〉과
〈抄略本〉, 〈通俗本〉에는 모두 '麝'로 되어 있어 수정함.

참고 및 관련 자료

1. 元曲《連環計》(1)와 淸 周亮工의《書影》(6)에 인용되어 있음.
2.《昔時賢文》
有麝自然香, 何必當風立?
3. 〈越南本〉에는 439장부터 본장까지를 하나로 묶고 있음.

444(11-72)
바람이 없어도

"자신의 뜻에 그 세력을 얻으면,
바람이 없어도 가히 움직일 수 있다."

「自意得其勢, 無風可動搖.」

445(11-73)
도를 터득하면

"도를 터득하면 경전의 기록을 훌륭하다 여기게 되고,
때 맞게 곡식이 익으면 농사를 잘 지었다고 여기게 된다."

「得道誇經紀, 時熟好種田.」

【種田】 '밭에 씨를 뿌리다'의 뜻이나 '농사짓다'의 의미로 넓혀짐.

446(11-74)
도를 얻은 자는

《맹자》에 말하였다.
"도를 얻은 자는 도움도 많아지고,
　도를 잃게 되면 도움도 줄어든다."

《孟子》云:「得道者多助, 失道者寡助.」

⬭ 참고 및 관련 자료 ⬭

1.《孟子》公孫丑(下)

孟子曰:「天時不如地利, 地利不如人和. 三里之城, 七里之郭, 環而攻之而不勝;
夫環而攻之, 必有得天時者矣; 然而不勝者, 是天時不如地利也. 城非不高也,
池非不深也, 兵革非不堅利也, 米粟非不多也; 委而去之: 是地利不如人和也.
故曰: 域民不以封疆之界, 固國不以山谿之險, 威天下不以兵革之利. 得道者多助,
失道者寡助. 寡助之至, 親戚畔之; 多助之至, 天下順之. 以天下之所順, 攻親戚
之所畔; 故君子有不戰, 戰必勝矣.」

447(11-75)
복은 끝까지 누리지 말라

장무진張無盡이 말하였다.

"일이란 끝까지 다하도록 해서는 안 되며,
세력이란 끝까지 의지해서도 안 된다.
말은 끝까지 다 해서도 안 되며,
복이란 끝까지 누리려 해서는 안 된다."

張無盡曰:「事不可使盡, 勢不可倚盡.
　　　　言不可道盡, 福不可享盡.」

【張無盡】인명. 구체적으로는 알 수 없음.

448(11-76)*
항상 아껴야 할 복

"복이 있다고 끝까지 누리려 하지 말라.
복이 다하면 몸이 빈궁해진다.
세력이 있다고 끝까지 다 하려 하지 말라.
세력이 다하면 원한과 서로 만난다.
복이여, 항상 스스로 아껴야 하고,
세력이여, 항상 스스로 공손해야 한다.
사람으로 태어나 교만과 사치를 부리면
시작은 있으나 흔히 그 끝은 제대로 맺지 못한다."

「有福莫享盡, 福盡身貧窮.
　有勢莫使盡, 勢盡冤相逢.
　福兮常自惜, 勢兮常自恭.
　人生驕與侈, 有始多無終.」

【使盡】〈越南本〉에는 '倚盡'으로 되어 있음.
【冤】'冤'과 같음.

⬤ 참고 및 관련 자료 ⬤

1. 〈越南本〉에는 앞장과 본 장을 하나로 하여 張無盡의 〈語錄〉으로 여겼음.

449(11-77)
가난은 속이려 해도

태공이 말하였다.
"가난하다고 해서 남을 속여서는 안 되며,
　부유하다고 해서 권세를 부려서도 안 된다.
　음양이 서로 밀고 밀며,
　돌고 돌아 다시 처음으로 온다."

太公曰:「貧不可欺, 富不可勢.
　　　　陰陽相推, 周而復始.」

【富不可勢】〈越南本〉에는 '富不可恃'로 되어 있음.
【周而復始】〈越南本〉에는 '週而復始'로 되어 있음.

450(11-78)*
왕단의 〈사류명〉

왕참정王參政의 〈사류명四留銘〉에 말하였다.
"다 쓰지 않은 공교함을 여유로 남겨두어, 이를 조물주에게 돌려주고,
다 쓰지 않은 녹祿을 여유로 남겨두어, 이를 조정에게 돌려주고,
다 쓰지 않은 재물을 여유로 남겨두어, 이를 백성에게 돌려주며,
다 쓰지 않은 복을 여유로 남겨두어, 이를 자손에게 돌려주라."

王參政〈四留銘〉:
「留有餘不盡之巧, 以還造化;
　留有餘不盡之祿, 以還朝廷;
　留有餘不盡之財, 以還百姓;
　留有餘不盡之福, 以還子孫.」

〈擊鼓說唱陶俑〉(東漢,
1954 陝西출토)

【王參政】北宋의 정치가 王旦(957~1017). 자는 子明, 大名府 莘縣 사람으로
王祐의 아들. 眞宗 때 參知政事를 역임하였으며《文苑英華》편찬에 참여함.
거란의 침입 때 開封에 남아 지켰으며 뒤에 재상에 오름. 太師로 생을 마침.
시호는 文正. 문집을 남겼으며《歐陽文忠公集》(22)에 神道碑가 실려 있음.
《宋史》(282)에 전이 있음.

【四留銘】 세상에 남겨 주어야 할 네 가지를 좌우명으로 표현한 것.
【不盡之巧】〈越南本〉에는 '不盡之功'으로 되어 있음.
【造化】 造化翁, 造化公, 造物主.

451(11-79)
권세로써 사귀는 자는

《한서漢書》에 말하였다.
"권세로써 사귀는 자는 서로 가까워졌다 해도,
　권세가 다하면 사라지게 되고,
　재물로써 사귀는 자는 서로 친밀해졌다 해도,
　재물이 다하면 소원해지며,
　색으로써 사귀는 자는 서로 친해졌다 해도,
　색이 쇠하면 의가 끊어지고 만다."

《漢書》云:「勢交者近, 勢竭而亡;
　　　　　財交者密, 財盡而疎;
　　　　　色交者親, 色衰義絶」

【疎】 '疏', '踈', '疎' 등 모두 같음. 각본마다 이를 섞어 표기하고 있음.

참고 및 관련 자료

1.《文中子》禮樂篇
　以勢交者, 勢傾則絶; 以利交者, 利窮則散.

452(11-80)
간언이 잦으면

자유子游가 말하였다.
"임금을 섬김에 간언이 잦으면, 욕을 보게 되고,
친구를 사귐에 허물을 자주 지적하면, 소원해지고 만다."

子游曰:「事君數, 斯辱矣.
　　　　朋友數, 斯踈矣.」

【子游】言偃. 字는 子游.
【數】잦음. 빈번함. 음은 '삭.' '따지다, 책임을 묻다'의 뜻으로도 쓰임.《廣雅》釋
詁에 「數, 責也」라 하여 指面責言의 뜻으로 보았음. 이에 대하여 劉寶楠의《經
義說略》에는 「數, 當訓爲數君友之過. 漢書項籍傳·陳餘傳·司馬相如傳下·主
父偃傳注並云: 數, 責也. 國策秦策注: 數讓, 責讓, 皆數其過之義. 儒行: 其過
失可微辨而不可面數也; 謂不可面相責讓也」라 함.
【踈】'疏', '疎', '疎' 등 모두 같음. 각본마다 이를 섞어 표기하고 있음.

> **참고 및 관련 자료**

1.《論語》里仁篇
子游曰:「事君數, 斯辱矣; 朋友數, 斯疏矣.」
2.〈集註〉
程子曰:「數, 煩數也.」胡氏曰:「事君諫不行,
則當去; 導友善不納, 則當止. 至於煩瀆, 則言
者輕, 聽者厭矣. 是以求榮而反辱, 求親而反疏也.」
范氏曰:「君臣朋友, 皆以義合, 故其事同也.」

〈子游〉《三才圖會》

453(11-81)*
황금 천 냥

"황금 천 냥이 귀한 것이 아니요,
 사람의 말 한 마디 얻는 것이 천금보다 낫다."

「黃金千兩未爲貴.
 得人一語勝千金.」

【勝】 '~보다 낫다'의 뜻.

참고 및 관련 자료

1. 《儒家龜鑑》(休靜)
黃金萬兩未爲貴, 得人一語勝千金.

454(11-82)
천금은 쉽게 얻을 수 있으나

"천금은 쉽게 얻을 수 있으나,
 좋은 말은 찾기가 어렵다."

「千金易得, 好語難求.」

455(11-83)
좋은 말은 얻기 어려우나

"좋은 말은 얻기 어려우나, 나쁜 말은 쉽게 퍼져 나간다."

「好言難得, 惡語易施.」

456(11-84)
남에게 구함이

"남에게 구함이 자신에게 구함만 같지 못하고,
관리를 잘하는 것은 추천을 잘하느니만 못하다."

「求人不如求己, 能管不如能推.」

【管】〈越南本〉에는 '受'로 되어 있음.
【推】추천 혹은 남을 밀어주어 더 큰 일을 하도록 유도함.

참고 및 관련 자료

1.《淮南子》繆稱訓

怨人不如自怨, 求諸人不如求諸己

2. 그 외《紅樓夢》(72) 등에도 실려 있음.

457(11-85)
한가한 일에

"한가한 일에 마음을 쓰게 되면 시비가 많아진다."

「用心閑管是非多」

【用心】 마음을 그곳에 집중함.
【閑管】 한가한 일에 관여함. 쓸데없는 일에 참견함.

참고 및 관련 자료

1.《幽閨記》(32)

熱心閑管是非多, 冷眼覷人煩惱少.

2.《墨憨齋定本傳奇》(12)

熱心招是非, 冷眼無煩惱.

458(11-86)*
능한 것

"능한 것은 졸렬한 것의 노예이다."

「能者, 拙之奴」

참고 및 관련 자료

1. 〈抄略本〉과 〈通俗本〉에는 다음과 같이 되어 있음.
○「巧者, 拙之奴; 苦者, 樂之母.」
　"공교한 것은 졸렬한 것의 노예이며, 고통은 즐거움의 어머니이다."

459(11-87)
적은 일에 적은 번뇌

"일을 알아서 적게 할 때에는 번뇌가 적으나,
아는 사람이 많은 곳에는 시빗거리도 많아진다."

「知事少時煩惱少, 識人多處是非多.」

1.《昔時賢文》

知事少時煩惱少, 識人多處是非多.」

2.《幽閨記》(32)에는 "熱心閑管是非多, 冷眼覷人煩惱少"라 하였고, 《墨憨齋定本傳奇》(12)에는 "熱心招是非, 冷眼無煩惱"라 하였음

3. 〈越南本〉에는 453장부터 본장까지 연결하되 "黃金千兩, 未爲貴. 得人一語, 勝千金. 千金易得, 好語難求. 求人不如求己, 能受不如能推. 知事少時煩惱少, 識人多處是非多"라 함.

460(11-88)*
작은 배는

"작은 배는 큰 짐을 감당해내기 어렵고,
 으슥한 오솔길은 홀로 가기에 마땅치 않다."

「小船不堪重載, 深逕不宜獨行.」

461(11-89)
실질을 밝아보면

"실질을 직접 밝아보면 번뇌가 없어진다."

「踏實地, 無煩惱.」

462(11-90)*
황금이 귀한 것이 아니요

"황금이 귀한 것이 아니요, 안락함이 곧 많은 돈의 가치와 같다."

「黃金未是貴, 安樂直錢多.」

【直】'値'와 같음. 그 값에 해당함.

참고 및 관련 자료

1. 원래 北宋 邵雍(康節)의 詩에서 나온 것임.
2. 元 關漢卿 《裴度還帶》(제2절)
花有重開日, 人無再少年. 休道黃金貴, 安樂最值錢.
3. 《宋詩抄》張詠 〈勸酒惜別〉
人生年少不再來, 莫把靑春枉拋擲.
4. 《昔時賢文》
黃金未爲貴, 安樂値錢多.

463(11-91)
이런 병에 이런 괴로움

"이런 병이 이런 괴로움이요, 이런 편안함이 이런 즐거움이다."

「是病是苦, 是安是樂.」

464(11-92)
그릇된 재물

"그릇된 재물은 자신에게 해가 되고, 악한 말은 사람을 다치게 한다."

「非財害己, 惡語傷人.」

465(11-93)
새는 먹이 때문에 죽는다

"사람은 재물 때문에 죽고,
새는 먹이 때문에 죽는다."

「人爲財死, 鳥爲食亡.」

참고 및 관련 자료

1.《官場維新記》(13)
人爲財死, 鳥爲食亡.
2.〈越南本〉에는 앞장과 본장을 하나로 묶고 있음.

466(11-94)
이익을 독차지하면

《경행록》에 말하였다.
"이익은 함께 공유할 수는 있어도 홀로 차지할 수 없고,
모책은 몇 사람이 할 수 있어도 여럿이 함께 짤 수 없다.
홀로 이익을 차지하면 실패하고,
여럿이 모책을 짜면 누설되고 만다."

《景行錄》云:「利可共而不可獨,
　　　　　　謀可寡而不可衆.
　　　　　　獨利則敗, 衆謀則泄.」

【謀可寡】〈越南本〉에는 '謀可獨'으로 되어 있음.
【泄】〈越南本〉에는 '洩'로 되어 있음.《韓非子》說難에 "事以密成, 語以泄敗"라 함.

467(11-95)
기밀

"기밀은 몰래 지키지 않으면, 화가 먼저 나선다."

「機不密, 禍先發.」

468(11-96)
부모 원망

"불효하는 자는 부모를 원망하고,
　가난과 고통을 겪는 자는 재물의 주인을 원망한다."

「不孝怨父母, 貧苦恨財主.」

【貧苦恨財主】〈越南本〉에는 '負債怨財主'라 하였음.

469(11-97)
음식에 욕심부리는 자는

"음식에 욕심부리는 자는 잘게 씹을 겨를이 없고,
 집이 가난하면 이웃의 가진 것에 원망을 두게 된다."

「貪多嚼不細, 家貧怨隣有.」

> 참고 및 관련 자료

1. 〈越南本〉에는 앞장과 본장을 하나로 묶고 있음.

470(11-98)*
집안에 손님을 초대해 보지 않으면

"집안에 손님을 초대할 기회를 갖지 않으면,
 외출하여 비로소 초대해 주는 자가 적음을 알게 된다."

「在家不會邀賓客, 出外方知少主人.」

【主人】 남의 주인이 되어 자신을 빈객으로 맞아줌.

참고 및 관련 자료

1.《事林廣記》(9)
在家不會迎賓客, 出路方知少主人.
2.《昔時賢文》
在家不會迎賓客, 出路方知少主人.

471(11-99)
다만 돈 좀 있어서

"다만 돈좀 있어서 손님 머물러 취하게 해 주었으면 하는 것이,
말을 타고 뽐내며 남의 대문 곁을 지나는 것보다 낫다."

「但願有錢留客醉, 勝如騎馬傍人門.」

472(11-100)*
깊은 산속에 살아도

"가난하면 시중에 나가 떠들어도 아는 자가 없으나,
부유하면 깊은 산속에 살아도 먼 친척이 찾아온다."

「貧居鬧市無相識, 富住深山有遠親.」

【鬧市】 시끄럽고 왁자지껄한 저잣거리. 번화한 곳을 뜻함.
【無相識】〈越南本〉에는 '無人問'이라 함.
【富住深山】〈越南本〉에는 '富在深山'으로 되어 있음.
【有遠親】〈越南本〉에는 '有客尋'으로 되어 있음.

참고 및 관련 자료

1.《愼子》內篇
家富則疎族聚, 家貧則兄弟離.
2. 羅貫中《平妖傳》(18회)
自古道:「貧居鬧市無人問, 富在深山有遠親.」就是說舊時相識總以爲他有錢
有鈔, 才相扳來往的, 那裡有個管鮑心腹之交?
3.《事林廣記》(9),《永樂大全》(6) 등에도 실려 있음.
4.《昔時賢文》
貧居鬧市無人問, 富在深山有遠親.
5.《儒家龜鑑》(休靜)
貧居鬧市無相識, 富在深山有遠親.

473(11-101)
세상 물정

"세상의 물정은 차고 따뜻함에 따라 눈을 돌리게 되고,
  사람의 얼굴은 지위의 고하를 따라가게 된다."

「世情看冷煖, 人面逐高低.」

【冷煖】〈越南本〉에는 '冷暖'으로 되어 있음.

474(11-102)*
세상 인정

"사람의 의리란 가난한 곳에서 끊어지고,
  세상 인정이란 돈 있는 집으로 편향된다."

「人義盡從貧處斷, 世情偏向有錢家.」

【偏向】 그쪽을 향에 기울어감. 그쪽만을 향함. 〈越南本〉에는 '偏看'으로, 〈抄略本〉
과 〈通俗本〉에는 '便向'으로 되어 있음.

1. 〈越南本〉에는 앞 472, 473장과 본장을 하나로 묶고 있음.

475(11-103)
옷차림이 남루하니

"천 가지 온갖 고생 다 맛보도록 알아주는 사람이 없고,
옷차림이 남루하니 남에게 속임만 당하는구나."

「喫盡千般, 無人知;
衣衫籃縷, 被人欺」

【喫】 온갖 고통을 모두 맛봄. 白話語 표현으로 '고통을 맛보다'(吃苦, 喫苦)의 뜻.
【籃縷】 襤褸와 같음. 雙聲連綿語. 옷차림이 남루함.

476(11-104)*
코 아래 옆으로 째진 입

"차라리 밑 없는 구덩이는 막을 수 있어도,
코 아래 옆으로 째진 입은 막기 어렵다."

「寧塞無底缸, 難塞鼻下橫.」

【鼻下橫】 코 밑에 옆으로 째진 입. 먹고살기가 힘듦을 말함. 혹은 말조심
하거나 남으로 하여금 말을 하지 못하게 한다는 것이 매우 어렵다는 뜻.

477(11-105)
말의 걸음이 느린 것은

"말이 걸음이 느린 것은 모두가 여위었기 때문이요,
사람이 총명하지 못한 것은 단지 곤궁하기 때문이다."

「馬行步慢皆因瘦, 人不聰明只爲窮.」

【聰明】 원래는 귀로 듣고 잘 알아차리는 똑똑함을 '聰'이라 하고, 눈으로 보아
민첩하게 깨닫는 것을 '明'이라 하였으나, 이를 묶어 사리에 밝고 영민(靈敏)함을
뜻하는 말로 쓰임.《尙書》堯典에 「昔在帝堯, 聰明文思, 光宅天下」라 하였고,
孔穎達의 疏에 「言聰明者, 據人近驗, 則聽遠爲聰, 見微爲明. ……以耳目之聞見,
喩聖人之智慧, 兼知天下之事」라 함.

참고 및 관련 자료

1. 〈越南本〉에는 "馬行步慢只因瘦, 人不風流只爲貧"이라 하여 표현이 다름.
2.《增廣賢文》
馬行無力皆因瘦, 人不風流只爲貧.

478(11-106)*
군색한 가운데에

"사람 사이의 정이란 모두가 군색한 가운데에 소원해진다."

「人情皆爲窘中疎.」

【窘】 막히고 궁해짐, 窘塞해짐.

479(11-107)
술 때문에 생기는 화환

〈악기樂記〉에 말하였다.
"돼지를 길러 안줏거리로 하고 술자리를 마련하는 것,
　이것이 화환禍患이 되는 일은 아니지만,
　이런 술자리로 인하여 소송이 자꾸 불어난다면
　이는 술 때문에 생기는 화환이다.
　이 까닭으로 선왕은 술에 대한 예禮를 정하되,
　한 잔 바치는 정도의 예를 만들어,
　주인과 손님이 백 번 절하며 종일 술을 마셔도 취하지 않았다.
　이는 선왕이 술 때문에 생기는 화환을 대비하기 위함이었다."

〈樂記〉曰:

「夫豢豕爲酒, 非以爲禍也,

而獄訟益繁, 則酒之流生禍也.

是故先王因爲酒禮, 一獻之禮,

主賓百拜, 終日飲酒, 而不得醉焉.

此先王之所以備酒禍也.」

【樂記】《禮記》의 편명. 음악에 관한 것을 기록한 것.
【備酒禍】〈越南本〉에는 '避酒禍'로 되어 있음.

참고 및 관련 자료

1. 《禮記》 樂記篇

天地之道, 寒暑不時則疾, 風雨不節則饑. 教者, 民之寒暑也; 教不時則傷世.
世事者, 民之風雨也; 事不節則無功. 然則先王之爲樂也, 以法治也, 善則行象
德矣. 夫豢豕爲酒, 非以爲禍也, 而獄訟益繁, 則酒之流生禍也. 是故先生因爲
酒禮, 壹獻之禮, 賓主百拜, 終日飲酒而不得醉焉; 此先王之所以備酒禍也. 故酒
食者所以合歡也; 樂者所以象德也; 禮者所以綴淫也. 是故先王有大事, 必有
禮以哀之; 有大福, 必有禮以樂之. 哀樂之分, 皆以禮終. 樂也者, 聖人之所樂也,
而可以善民心, 其感人深, 其移風易俗, 故先王著其教焉.

480(11-108)
술의 양은 끝이 없되

《논어》에 말하였다.
"(공자는) 오직 술의 양은 끝이 없으되,
어지러운 데에는 미치지 않았다."

《論語》云:「惟酒無量, 不及亂.」

참고 및 관련 자료

1.《論語》鄕黨篇
肉雖多, 不使勝食氣. 唯酒無量, 不及亂. 沽酒市脯不食. 不撤薑食, 不多食.
2.〈集註〉
食以穀爲主, 故不使肉勝食氣. 酒以爲人合懽, 故不爲量, 但以醉爲節而不及亂耳.
程子曰:「不及亂者, 非唯不使亂志, 雖血氣亦不可使亂, 但浹洽而已可也.」

481(11-109)*
술이란 성패를 결정짓는 것

《사기史記》에 말하였다.
"하늘에 교제郊祭를 지내고 사당에 예를 올림에,
술이 아니면 흠향하지 않는다.

임금과 신하 그리고 친구 사이에도,
술이 없으면 의를 행할 수 없다.
싸움과 화해에도,
술이 없으면 서로 권면할 수가 없다.
그러므로 술이란 성패를 결정짓는 것이니,
마구 마실 수가 없는 것이다."

《史記》曰:「郊天禮廟, 非酒不享.
　　君臣朋友, 非酒不義.
　　鬪爭相和, 非酒不勸.
　　故酒有成敗, 而不可泛飮之.」

【史記】 漢나라 때 司馬遷이 지은 첫 紀傳體의 역사책. 正史로 25사의 하나.
〈通俗本〉에는 '史紀'로 잘못 표기되어 있음.
【非酒不義】〈通俗本〉에는 '非酒不美'로 되어 있음.

司馬遷《史記》

482(11-110)
귀신을 공경하되

공자가 말하였다.
"귀신을 공경하되 이를 멀리까지 한다면,
가히 지혜롭다 하리라."

子曰:「敬鬼神而遠之, 可謂智矣.」

【遠之】접근하지 않음. 매달리지 않음. '알맞은 거리를 두어 미혹되지 않도록 멀리하다'의 뜻.
【智】〈越南本〉에는 '知'로 되어 있음.

참고 및 관련 자료

1.《論語》雍也篇
樊遲問知. 子曰:「務民之義, 敬鬼神而遠之, 可謂知矣.」問仁. 曰:「仁者先難而後獲, 可謂仁矣.」
2.〈集註〉
程子曰:「人多信鬼神, 惑也. 而不信者又不能敬, 能敬能遠, 可謂知矣.」又曰:「先難, 克己也. 以所難爲先, 而不計所獲, 仁也.」呂氏曰:「當務爲急, 不求所難知; 力行所知, 不憚所難爲.」

483(11-111)
모실 귀신이 아닌데

공자가 말하였다.
"그 모실 귀신이 아닌데
제사지내는 것은, 아첨이요,
의를 보고서 나서지 않는 것은,
용기가 없는 것이다."

子曰:「非其鬼而祭之, 諂也;
　　　　　見義不爲, 無勇也.」

【鬼】 자신이 받드는 神.
【諂】 아부. 예쁘게 보이려 애씀.

참고 및 관련 자료

1.《論語》爲政篇
子曰:「非其鬼而祭之, 諂也. 見義不爲, 無勇也.」
2. 鄭玄 注
人神曰鬼, 非其祖考而祭之者, 是諂求福.
3.〈越南本〉에는 앞장과 본장을 하나로 묶고 있음.

484(11-112)
예불을 드리는 것은

"예불을 드리는 것은, 부처의 덕을 공경하는 것이요,
염불을 하는 것은, 부처의 은혜를 감사히 여기는 것이며,
불경을 보는 것은, 부처의 이치를 밝히는 것이요,
좌선을 하는 것은, 부처의 경지를 밟아보는 것이며,
깨달음을 얻는 것은, 부처의 도를 바르게 하는 것이다."

「禮佛者, 敬佛之德. 念佛者, 感佛之恩.
看經者, 明佛之理. 坐禪者, 踏佛之境.
得悟者, 正佛之道」

【踏佛之境】〈越南本〉에는 '登佛之境'이라 함.
【正佛之道】〈越南本〉에는 '證佛之道'로 되어 있음.

485(11-113)
불경을 보는 것이

"불경을 보는 것이 곧 선한 것이 아니요,
복을 짓는 것이 곧 원을 이루는 것이 아니다.

권력을 가지고 있을 때라면
그에게 남을 편하게 해주는 것 만한 것이 없다."

「看經未爲善, 作福未爲願.
 莫若當權時, 與人行方便.」

1. 〈越南本〉에는 앞장과 본장을 하나로 묶고 있음.

486(11-114)
제전화상의 〈경세시〉

제전화상濟顚和尙의 〈경세警世〉에 말하였다.
"《미타경彌陀經》을 다 보았고,
〈대비大悲〉 주문을 다 외웠도다.
참외 심으면 참외를 얻고,
콩 심으면 콩을 얻는다.
경문과 주문은 본래 자비를 뜻하는 것인데,
원한을 맺는다면 어찌 구원을 받을 수 있겠는가?
본래의 마음에 비추어 보라,
지은 것이 도리어 다른 것을 받는가를."

濟顛和尙〈警世詩〉:

「看盡彌陀經, 念徹大悲呪.

種瓜還得瓜, 種豆還得豆.

經呪本慈悲, 冤結如何救?

照見本來心, 做者還他受.」

【濟顛和尙】 宋나라 때의 高僧 李道濟. 자는 湖隱.

【警世】〈越南本〉에는 '警世文'으로 되어 있음.

【彌陀經】 '阿彌陀經.' 阿彌陀는 十方三世의 첫 번째 부처 이름. '無量壽, 無量光'
의 뜻이라 함.

【呪】 佛經의 呪文.〈越南本〉에는 '咒'로 되어 있음.

참고 및 관련 자료

1. 翟灝 《通俗編》 草木에 인용된 《涅槃經》

種瓜得瓜, 種李得李.

2. 淸 紀昀 《閱微草堂筆記》 灤陽消夏錄(4)

夫種瓜得瓜, 種豆得豆, 因果之相償也.

3. 《京本通俗小說》(15), 《醒世恒言》(33), 元曲 《冤家債主》(2) 등에 널리 인용
되어 있으며, 일반적인 속어로 "種瓜得瓜, 種豆得豆" 등 여러 가지 표현이 있음.

4. 《昔時賢文》

種麻得麻, 種豆得豆; 天網恢恢, 疎而不漏. 043 참조.

487(11-115)
스스로 지은 것

"스스로 지은 것은 스스로 받는다."

「自作還自受.」

488(11-116)
살신성인

공자가 말하였다.
"지사志士와 어진 이는,
살겠다고 인仁을 해치는 법이 없으며,
제 몸을 죽여서라도 인을 이루어 낸다."

子曰:「志士仁人, 無求生以害仁,
　　　　　　　有殺身以成仁.」

【志士】志節之士.
【殺身成仁】몸을 죽여서라도 仁을 성취함.

참고 및 관련 자료

1.《論語》衛靈公篇

子曰:「志士仁人, 無求生以害仁, 有殺身以成仁.」

2.〈集註〉

志士, 有志之士. 仁人, 則成德之人也. 理當死而求生,
則於其心有不安矣, 是害其心之德也. 當死而死,
則心安而德全矣. 程子曰:「實理得之於心自別. 實理
者, 實見得是, 實見得非也. 古人有捐軀隕命者, 若不
實見得, 惡能如此? 須是實見得生不重於義, 生不
安於死也. 故有殺身而成仁者, 只是成就一箇是而已.」

"無求生以害仁, 有殺身以成仁"
전각 작품

489(11-117)*
도에 뜻을 두었다면서

공자가 말하였다.

"선비가 도에 뜻을 두었다면서, 거친 옷과 거친 밥을 부끄러워한다면,
족히 더불어 의논할 만한 상대가 되지 못한다."

子曰:「士志於道, 而耻惡衣惡食者, 未足與議也.」

【士】 선비. 혹 '事'의 뜻. 引伸하여 任事者의 뜻으로도 봄.
【與議】 더불어 事物의 이치를 논의함.

참고 및 관련 자료

1.《論語》里仁篇

子曰:「士志於道, 而恥惡衣惡食者, 未足與議也.」

2.〈集註〉

心欲求道, 而以口體之奉不若人爲恥, 其識趣之卑陋甚矣, 何足與議於道哉?

程子曰:「志於道而心役乎外, 何足與議也?」

490(11-118)
치우침은 어두움을 낳는다

《순자》에 말하였다.

"공정함은 밝음을 낳고,

치우침은 어두움을 낳는다.

바른 행동과 진실한 마음은 통달함을 낳고,

속임과 거짓은 막힘을 낳는다.

성실과 믿음은 신령함을 낳고,

자랑과 방탄은 의혹을 낳는다."

《荀子》云:「公生明, 偏生闇,

　　　　端殼生通, 作僞生塞,

　　　　誠信生神, 誇誕生惑.」

【端殼生通】〈越南本〉에는 '作德生通'으로 되어 있음.

【作僞生塞】 '作僞'는 '詐僞'의 오류임.
【誇誕生惑】〈越南本〉에는 '誕誇生惑'으로 되어 있음.

참고 및 관련 자료

1.《荀子》不苟篇
公生明, 偏生暗, 端愨生通, 詐僞生塞, 誠信生神, 夸誕生惑. 此六生者, 君子愼之,
而禹·桀所以分也.
2.《說苑》至公篇
夫公生明, 偏生暗, 端愨生達, 詐僞生塞, 誠信生神, 夸誕生惑, 此六者, 君子之
所愼也, 而禹桀之所以分也.

491(11-119)
업신여기고 거만히 굴며

《서書》에 말하였다.
"업신여기고 거만히 구는 사람으로서 자신이 어질다고 하는 것은
도에 반하고 덕을 그르치는 것"이라 하였으니,
그런 행동은 소인이나 하는 짓이다.

《書》云:「侮慢人賢, 反道敗德.」其小人之爲也.

【侮慢人賢】 '侮慢自賢'의 오류.〈越南本〉에는 '侮慢仁賢'으로 되어 있음.

1. 《尙書》大禹謨篇

帝曰:「咨禹, 惟時有苗弗率, 汝徂征.」禹乃會群后, 誓于師曰:「濟濟有衆, 咸聽
朕命. 蠢玆有苗, 昏迷不恭, 侮慢自賢, 反道敗德. 君子在野, 小人在位, 民棄不保,
天降之咎, 肆予以爾衆士, 奉辭罰罪. 爾尙一乃心力, 其克有勳.」

2. 〈越南本〉에는 "《書》云:「侮慢仁賢, 反道敗德」小人之爲也."라 함.

3. 그러나 이 구절은 일반적으로 《尙書》의 원문에 따라 "侮慢自賢, 反道敗德.
君子在野, 小人在位"(업신여기고 거만히 굴며 자신만이 어질다고 하는 것은
도에 반하고 덕을 그르치는 것이다. 그렇게 되면 군자는 초야에 묻혀 있고
소인배들이 지위에 있게 된다)로 널리 인용되고 있음.

492(11-120)*
질투하는 친구

《순자》에 말하였다.
"선비에게 질투하는 친구가 있으면,
어진 벗이 가까이 하려 하지 아니하고,
임금 곁에 질투하는 신하가 있으면,
어진 이가 다가오지 않는다."

《荀子》云:「士有妬友, 則賢交不親;
　　　　　君有妬臣, 則賢人不至.」

【荀子】戰國시대 趙나라 출신의 사상가. 이름은 순황(荀況). 뒤에 漢나라 宣帝(劉詢)의 이름 '詢'자를 피하여 흔히 '孫卿'으로도 부름. 《荀子》를 남김. 《史記》孟荀列傳 참조.
【妬】'妒'와 같음. 질투.

참고 및 관련 자료

1. 《荀子》大略篇
士有妒友, 則賢交不親; 君有妒臣, 則賢人不至. 蔽公者謂之昧, 隱良者謂之妒, 奉妒昧者謂之交譎. 交譎之人, 妒昧之臣, 國之穢孽也.
2. 〈越南本〉에는 "《荀子》云:「士有妬友, 則賢友不親; 君有妬臣, 則賢臣不至.」"라 함.

493(11-121)
말재간으로 아첨하는 신하

태공이 말하였다.
"나라를 다스림에 말재간으로 아첨하는 신하를 써서는 안 될 것이며, 집을 다스림에 말재간 있는 부인을 써서는 안 될 것이다.
좋은 신하는 나라의 보배요,
좋은 부인은 집안의 보물이다."

太公曰:「治國不用佞臣, 治家不用佞婦.
　　　好臣是一國之寶, 好婦是一家之珍.」

【佞】口辯이 뛰어남.《論語》公冶長篇에 "或曰:「雍也仁而不佞.」子曰:「焉用佞?
禦人以口給, 屢憎於人. 不知其仁, 焉用佞?」"이라 하였고,《禮記》曲禮 釋文에
"口才曰佞"이라 함. 혹은 임금이나 윗사람으로부터 뜻밖의 사랑을 받아 권력을
누리거나 총애를 받는 사람.《史記》佞幸列傳 참조.

──[참고 및 관련 자료]──

1. 〈越南本〉에는 "太公曰:「治國不用佞臣, 治家不用佞婦. 纔(讒)臣亂國, 讒婦
亂家.」"라 하여 다음 장의 구절을 연결시켰음.

494(11-122)
질투하는 부인

"참훼하는 신하는 나라를 어지럽히고,
  질투하는 부인은 집안을 어지럽힌다."

「讒臣亂國, 妬婦亂家.」

【妬婦】〈越南本〉에는 '讒婦'로 되어 있음.

495(11-123)
삐딱하게 밭갈이하면

태공이 말하였다.
"삐딱하게 밭갈이하면 좋은 농토를 버리게 되듯이,
참훼하는 말은 어진 이를 망가지게 한다."

太公曰:「斜耕敗於良田,
　　　　讒言敗於善人.」

496(11-124)
구들을 구불구불하게 하고

《한서》에 말하였다.
"구들을 구불구불하게 하고 아궁이 옆의 땔나무를 옮겨
불이 나지 않도록 일러 준 이에게는 고맙다는 말 한 마디 없으나,
불이 나 이마를 데면서까지 불을 꺼 준 이는 상객으로 대접받는다."

《漢書》云:「曲突徙薪無恩澤, 焦頭爛額爲上客.」

【曲突】 ‘曲堗’로도 표기함. 구들을 구불구불하게 하여 불길이 바로 새나가지
않도록 함. 화재를 예방하고자 하는 것.
【徙薪】 아궁이 곁에 쌓아둔 땔감을 멀리 치워 놓음. 〈越南本〉에는 ‘徒薪’으로
잘못 표기되어 있음.
【焦頭爛額】 불을 끄느라 머리를 태우고 이마를 뎀.

참고 및 관련 자료

1. 이는 《漢書》 霍光傳 및 《說苑》 權謀篇, 《十八史略》(1) 등에 널리 실려 있는
고사임. 곽광이 난을 꾸미자 이를 徐福이 임금에게 예비하도록 알렸으나, 임금은

도리어 곽광을 총애하여 결국 난이 일어나고 말았음.
이를 진압한 董忠 등은 큰 벼슬을 받았지만, 예방하
도록 일러 준 서복은 아무런 칭찬 한 마디 듣지 못
하자, 어떤 이가 이에 위 구절의 비유를 들어 말한
것임. 한편 安重根 의사가 옥중에서 이 구절을 글씨
로 써서 당시의 상황을 경계한 것이 전하고 있음.

〈霍光〉 《三才圖會》

2. 《說苑》 權謀篇

孝宣皇帝之時, 霍氏奢靡, 茂陵徐先生曰:「霍氏必亡. 夫在人之右而奢, 亡之
道也. 孔子曰: 『奢則不遜』 夫不遜者, 必侮上, 侮上者, 逆之道也. 在人之右.
人必害之. 今霍氏秉權, 天下之人疾害之者, 多矣. 夫天下害之, 而又以逆道行之,
不亡何待?」 乃上書言;「霍氏奢靡, 陛下卽愛之, 宜以時抑制, 無使至於亡.」
書三上, 輒報:「聞.」 其後霍氏果滅. 董忠等以其功封. 人有爲徐先生上書者,
曰:「臣聞客有過主人者, 見竈直堗, 傍有積薪. 客謂主人曰: 『曲其堗, 遠其積薪,
不者, 將有火患.』 主人黙然不應, 居無幾何, 家果失火. 鄉聚里中人, 哀而救之,
火幸息. 於是殺牛置酒, 燔髮灼爛者在上行, 餘各用功次坐, 而反不錄言曲堗者.
向使主人聽客之言, 不費牛酒, 終無火患. 今茂陵徐福數上書言霍氏且有變, 宜防
絶之. 向使福說得行, 則無裂地出爵之費, 而國安平自如. 今往事旣已, 而福獨
不得與其功, 惟陛下察客徙薪曲堗之策, 而使居燔髮灼爛之右.」 書奏, 上使人
賜徐福帛十匹, 拜爲郞.

3. 《漢書》 霍光傳

客有過主人者, 見其竈直突, 傍有積薪. 客謂:「主人更爲曲突, 遠其積薪, 不者,

且有火患」主人嘿然不應, 俄而家果失火. 鄰里共救之, 幸而得息, 於是殺牛置酒, 謝其鄰人. 灼爛者在於上行, 餘各以功次坐. 而不錄言曲突者. 人謂主人曰: 「鄉使聽客之言, 不費牛酒, 終亡火患. 今論功而請賓, 曲突徙薪無恩澤, 焦頭爛額爲上客耶?」主人迺寤而請之.

4.《十八史略》(2)

四年, 霍氏謀反, 伏誅, 夷其族. 告者皆封列侯. 初霍氏奢縱, 茂陵徐福上疏言: 「宜以時抑制, 無使至亡」書三上, 不聽. 至是人爲徐生上書曰:「客有過主人, 見其竈直突, 傍有積薪. 謂主人:『更爲曲突, 速徙其薪.』主人不應, 俄失火. 鄉里共救之, 幸而得息. 殺牛置酒, 謝其鄰人. 人謂主人曰:『鄉使聽客之言, 不費牛酒, 終無火患. 今論功而賞, 曲突徙薪無恩澤, 焦頭爛額爲上客邪!』」上乃賜福帛, 以爲郎. 帝初立謁高廟, 霍光驂乘. 上嚴憚之, 若有芒刺在背. 後張安世代光參乘, 上從容肆體甚安近焉. 故俗傳, 霍氏之禍萌於驂乘.

5.《淮南子》說山訓 '淳于髡之告失火'의 注

髡告其鄰突將失火, 言者不爲功, 救火者焦頭爛額爲上客. 刺不豫備.

6. 淸 李光庭《鄕言解頤》開口七事

窮竈門, 富水缸, 曲突徙薪, 免致焦頭爛額矣.

497(11-125)
종일 빗질하고 화장하여

"종일 빗질하고 화장하여 얼굴을 꾸며놓고는 잠을 자고 있다."

「整日梳粧合面睡.」

【整日】백화어의 종일. '整天'이라고도 함.

498(11-126)
단청이 아직 마르지도 않았는데

"대들보와 공두拱斗의 단청이 아직 마르지도 않았는데,
그 집 앞에 와서도 이를 보지 못하는 멍청한 손님이 있다."

「畫梁拱斗猶未乾, 堂前不見癡心客.」

【拱斗】 서까래가 함께하고 있는 부분.

499(11-127)
세 치밖에 안 되는 기

"사람의 세 치밖에 안 되는 기氣는 천 가지 작용을 하지만,
하루라도 떳떳이 하지 아니하면 만사가 끝난 것이다."

「三寸氣在千般用,
一日無常萬事休.」

【萬事休】 모든 것이 끝이 남을 뜻함. 원래는 모든 일이 釋然히 해결됨을 뜻함.

참고 및 관련 자료

1. 白居易〈老熱〉시
一飽百情足, 一酣萬事休.

2.《琵琶記》
你快把粮來還了我, 我萬事全休.

500(11-128)
변하지 않는 것은 없다

"만물은 모두 무상함을 가지고 있다."

「萬物有無常.」

501(11-129)
상수에서 도망칠 수 없다

"만물은 상수象數에서 도망칠 수가 없다."

「萬物莫逃乎數.」

【數】象數. 정해진 운명.

502(11-130)
만 가지 상서로움

"만 가지 상서로움이라 해도 아무 것도 없는 것만 못하다."

「万般祥瑞不如無.」

【万般】 '万'은 '萬'과 같음.

503(11-131)
사람에게 구비해 준 만물

"하늘은 만물을 사람에게 구비해 주었건만,
  사람은 하늘에 한 가지 물건도 준 것이 없다."

「天有萬物於人, 人無一物於天.」

504(11-132)*
녹 없는 사람을 내리지 않았고

"하늘은 녹 없는 사람을 내리지 않았고,
땅은 이름 없는 풀을 키우지 않는다."

「天不生無祿之人, 地不長無名之草.」

【地不長無名之草】〈越南本〉에는 '地不生無根之草'라 하여 훨씬 현실적 표현을
쓰고 있음.

505(11-133)*
큰 부자

"큰 부자는 하늘로 말미암고,
작은 부자는 부지런함으로 말미암는다."

「大富由天, 小富由勤.」

참고 및 관련 자료

1.《昔時賢文》
大富由命, 小富由勤.

506(11-134)
지나치게 가난하면

《시》에 말하였다.
"지나치게 부유하면 교만해지고,
 지나치게 가난하면 근심이 찾아든다.
 근심하면 도적이 되고,
 교만하면 포악해진다."

《詩》云:「大富則驕, 大貧則憂.
　　　　　 憂則爲盜, 驕則爲暴.」

【詩】《詩經》. 지금 전하는 것은《毛詩》이며, 311편의 고대 詩와 頌 등을 모은 것
　으로 六經의 하나.

참고 및 관련 자료

1. 이 구절은《詩經》에 전하지 않음.
2. 〈越南本〉에는 '詩云' 두 글자가 없음.

507(11-135)
집안을 일으킬 자식

"아직 집안을 일으키지 못했다고 말하지 말라,
집안을 일으킬 자식이 아직 태어나지 않았을 뿐이다.
아직 집안이 파산되지 않았다고 말하지 말라,
파산할 자식이 아직 자라지 않았을 뿐이다."

「莫道家未成, 成家子未生.
　莫道家未破, 破家子未大.」

508(11-136)*
거름똥 아끼기를

"집안을 일으킬 아들은, 거름똥 아끼기를 금같이 하고,
집안을 망칠 아들은, 금 쓰기를 거름똥처럼 여긴다."

「成家之兒, 惜糞如金;
　敗家之兒, 用金如糞.」

【惜糞】 옛날에는 인분을 농작물의 비료로 사용하여 이러한 말이 생겨난 것임.

> 참고 및 관련 자료

1. 〈越南本〉에는 505~507과 본장을 하나로 묶고 있음.

509(11-137)
항상 가르침이 있어야 한다

호문정공胡文定公이 말하였다.
"대체로 사람의 집이라면 모름지기 항상 가르침이 있어야 하며,
부족한 것이 있어, 만약 십분 즐거운 마음으로 이를 방지한다면,
생각지 않았던 좋은 일이 나타날 수도 있다."

胡文定公曰:

「大抵人家須常敎.

有不足處, 若十分快意隄防, 有不恰好事出.」

【胡文定公】 宋나라 이학자 胡安國(1074~1138). 자는 康侯이며 호는 武夷先生
혹은 草庵居士. 시호는 文定.《上蔡語錄》·《通鑑擧要補遺》 등의 저술을 남김.
《宋史》(435) 儒林傳에 전이 있음.
【十分】 '매우, 아주'의 뜻.

510(11-138)*
미리 방비하라

강절 소선생이 말하였다.

"한가히 살고 있으니 방해할 것이 없다고 말하지 말라,
방해될 것이 없다고 하자마자 곧 방해될 일이 있게 된다.
입 안에 상쾌한 맛난 음식이 가득하면 병이 생기고,
마음에 유쾌한 일이 지나치면 틀림없이 재앙이 있게 된다.
오솔길에서 앞서기를 다투면 그곳에 설치한 틀에 걸려 넘어지고,
가까운 사람이라도 자기 말을 나중에 하면 서로 이해하는 맛이 오래간다.
발단이 생긴 후에 능히 약을 먹는 것은,
병이 있기 전에 스스로 예방함만 못하니라."

康節邵先生曰:

「閑居愼勿說無妨, 纔說無妨便有妨.
　爽口物多終作疾. 快心事過必爲殃
　爭先徑路機關惡, 近後語言滋味長.
　端其病後能服藥, 不若病前能自防」

【康節邵先生】 邵雍(1011~1077). 자는 堯夫. 시호는 康節. 北宋 理學 百源學派의
대표적 인물이며, 지금의 河南 輝縣 蘇門山 百源에 살아 百源先生이라 불렸음.
당시 李三才가 鞏城令을 돕고 있다가 穆修에게 전해 오던 先天象數圖를 소옹
에게 주어 이를 통해 체득하였다 하며, 저술로는《先天圖》·《皇極經世》·《觀
物篇》등이 있음.《宋史》(427) 道學傳에 전이 있음.
【纔說】 '纔'는 '才'와 같으며 '~자마자 곧'의 뜻.

【便有妨】〈越南本〉에는 '便自妨'이라 함.

【終作疾】〈越南本〉에는 '終作病'으로, 〈抄略本〉에는 '能作疾'로 되어 있음.

【快心事過必爲殃】〈越南本〉에는 '快心之事多爲殃'으로, 〈抄略本〉에는 '必爲殃'이 '必有殃'으로 되어 있음.

【近後】〈越南本〉에는 '過後'로 되어 있음.

【機關惡】'機關'은 틀이나 시설물. '惡'은 그러한 것에 걸려 넘어지는 橫惡.

【端其病後能服藥】〈越南本〉과 〈抄略本〉에는 '與其病後方求藥'이라 하여 '與其~不若~'의 文型을 이루어 훨씬 문장의 맛이 있음.

참고 및 관련 자료

1. 〈越南本〉

邵康節詩云:「閒居愼勿說無妨, 纔說無妨便自妨. 爽口物多終作疾. 快心之事多爲殃. 爭先徑路機關惡, 過後語言滋味長. 與其病後方求藥, 不若病前能自防.」

2. 〈抄略本〉과 〈通俗本〉에는 "康節邵先生曰:「閑居愼勿說無妨, 纔說無妨便有妨. 爽口物多能作疾. 快心事過必有殃. 與其病後能服藥, 不若病前能自防.」이라 하여 일부 구절이 생략되어 있음.

511(11-139)
사람을 용서함이

"사람을 용서함이 어리석은 것이 아니니,
그 일이 지나고 나면 서로 편한 관계를 얻게 되리라."

「饒人不是癡, 過後得便宜.」

【饒】'용서하다, 너그럽게 이해해 주다'의 뜻.

【癡】바보. 멍청한 사람.

【便宜】편리하고 마땅함. 아주 적절함을 표현하는 백화어. 뒤에는 '물건값이 싸다'는 뜻으로 轉義되기도 하였음.

참고 및 관련 자료

1. 원래 민간 속언임.

2. 明 顧其元《客坐贅語》諺語

饒人不是痴, 過後得便宜. 此語雖俚, 然於人情世事, 有至理存焉.

3.《增廣賢文》

"饒人不是癡漢, 癡漢不會饒人"이라 하여 표현이 약간 다름.

512(11-140)
도둑을 잡는 것은

"남을 뒤쫓되 그를 뒤쫓아가지 말라.
도둑을 잡는 것은 도둑을 쫓아버림만 못하다."

「趕人不要趕上, 捉賊不如趕賊.」

참고 및 관련 자료

1.《水滸志》(2)

趕人不要趕上.

2. 淸, 無名氏《定情人》(9)

趕人不可趕上.

513(11-141)*
자동제군의 〈수훈〉

자동제군梓潼帝君의 〈수훈垂訓〉에 말하였다.

"아무리 묘약일지라도 원채병寃債病은 고칠 수 없고,

아무리 잘못 굴러들어오는 횡재라도

명이 궁한 사람을 부유하게 해 줄 수는 없다.

마음을 그릇되게 가지면 평소의 복까지 다 꺾어 없애 버려,

행복이 짧아 하늘이 일생을 가난하게 살도록 한다.

일을 만들면 일이 생기니 그대는 원망하지 말라,

남을 해치면 남도 해치니 너의 성냄을 그칠지니라.

천지와 자연은 모두가 응보가 있어,

멀리는 자손에게 가고 가까이는 네 몸에 나타난다."

梓潼帝君〈垂訓〉:

　　「妙藥難醫寃債病, 橫財不富命窮人.

　　　虧心折盡平生福, 幸短天敎一世貧.

　　　生事事生君莫怨, 害人人害汝休嗔.

　　　天地自然皆有報, 遠在兒孫近在身.」

【梓潼帝君】道敎의 神 이름. 〈通俗本〉에는 '梓童帝君'으로 되어 있음. 晉나라
때 蜀의 張亞子의 後身이라 함. 지금 四川 梓潼縣의 梓潼廟에 봉안되어 있음.
【冤債病】冤恨으로 빚을 져서 생긴 병. 業報의 일종.
【虧心】〈越南本〉에는 '心虧'로 되어 있음.
【幸短】〈越南本〉에는 '行短'으로 되어 있음.

참고 및 관련 자료

1. 明 馮夢龍 《醒世通言》 施潤澤灘闕遇友

自古道:「橫財不富命窮人.」倘然命裡沒有時, 得了他反生災作難, 倒未可知.

2. 《昔時賢文》

雨露不滋無本草, 混財不富命窮人.

3. 〈抄略本〉과 〈通俗本〉에는 "虧心折盡平生福, 幸短天敎一世貧."이 누락되어
있음.

4. "生事事生君莫怨, 害人人害汝休嗔"의 구절은 317을 참조할 것. 한편 〈訓子
篇〉 말미의 〈越南本〉에도 "生事事生何日了? 害人人害幾時休?"라 한 구절이 보임.

514(11-142)
죽는 사람이 없다면

"약으로 고쳐 어떤 병에서도 죽지 않는다면,
부처님은 인연을 둔 사람부터 구제할 것이다."

「藥醫不死病, 佛度有緣人.」

【度】‘濟度하다, 救濟하다’의 뜻.

참고 및 관련 자료

1. 〈越南本〉에는 이 구절이 "藥醫不死病, 佛化有緣人"으로 되어 있음.

515(11-143)
멀리는 자손에게까지

오진인吳眞人이 말하였다.
"행운이 짧다고 마음을 허물어뜨리는 것은 단지 가난하기 때문이니,
교묘한 계책을 내어 정신을 움직이려 하지 말라.
편안함과 마땅함을 얻어도 즐거워하지 말라,
멀리는 자손에게까지 미치고 가까이는 네 몸에 미친다."

吳眞人曰:「幸短虧心只是貧, 莫生巧計弄精神.
　　　　　得便宜處休歡喜, 遠在兒孫近在身.」

【吳眞人】 吳氏 성의 道敎 高士. 眞人은 도교 수행자의 칭호임.
【幸短虧心】 〈越南本〉에는 ‘行短心虧’로 되어 있음.
【弄精神】 〈越南本〉에는 ‘損精神’으로 되어 있음.
【便宜】 편리하고 마땅함. 아주 적절함을 표현하는 백화어. 뒤에는 ‘물건값이
　싸다’는 뜻으로 轉義되기도 하였음.

516(11-144)
열 푼어치 깨달았으면

"열 푼어치 영리함은 오 푼어치만 사용하고,
오 푼어치는 남겨두었다가 자손에게 물려주라.
열 푼어치 영리함을 모두 다 사용하면,
후대 자손은 남만도 못해진다."

「十分惺惺使五分, 留取五分與兒孫.
十分惺惺都使盡, 後代兒孫不如人」

【不如人】〈越南本〉에는 '不若人'으로 되어 있음.

517(11-145)
간교하게 굴수록

"간교하게 굴수록 더욱 빈궁해지고 만다.
간교함은 원래 하늘이 용납하지 못하는 것이다.
부귀를 만약 간사함으로 얻을 수 있다면
세상 멍청한 자라도 서풍西風을 들이마실 것이다."

「越奸越狡越教窮, 奸狡原來天不容.
　富貴若從奸狡得, 世間呆漢吸西風.」

【越~越~】 '~할수록 ~해지다'의 백화어 용법. '愈~愈~'와 같음.
【教窮】 〈越南本〉에는 '貧窮'으로 되어 있음.
【若從】 〈越南本〉에는 '若由'로 되어 있음.
【呆漢】 바보, 멍청이.
【吸西風】 구체적으로 어떤 의미인지 알 수 없음.

518(11-146)*
꽃이 피고 지고

"꽃이 지고 꽃이 피었다가는 다시 지듯이,
비단 옷도 베옷으로 다시 갈아입게 되는 법.
부호의 집안도 반드시 항상 부귀한 것이 아니요,
가난한 집안이라고 반드시 언제나 적막한 것은 아니다.
사람을 들어 올린다고 푸른 하늘 위까지 올릴 수 있는 것이 아니며,
사람을 밀친다고 반드시 구렁텅이에 빠뜨릴 수 있는 것도 아니다.
그대에게 권하노니 모든 일에 하늘을 원망하지 말라.
하늘의 뜻은 사람에게 후하게 함도 박하게 함도 없다."

「花落花開開又落, 錦衣布衣更換着.
　豪家未必常富貴, 貧家未必常寂寞.

扶人未必上靑霄, 推人未必塡溝壑.
勸君凡事莫怨天, 天意於人無厚薄.」

【更換着】 '着'은 '著'과 같음. '옷을 입다'의 뜻. 〈월남본〉에는 '著'으로 되어 있음.
【靑霄】 푸른 하늘.
【溝壑】 구렁텅이나 깊은 골짜기. 〈通俗本〉에는 '邱壑'으로 잘못 표기되어 있음.
【厚薄】 差別과 같은 뜻임. 누구에게는 후하게 해 주고, 누구에게는 박하게 해줌.

참고 및 관련 자료

1. 〈越南本〉에는 전반부 '花落花開開又落, 錦衣布衣更換著. 豪家未必常富貴,
貧家未必常寂寞'까지만 실려 있음.

519(11-147)
뽕나무 산뽕나무를 심고

"주아州衙나 현아縣衙에 들어가지 말라,
그대에게 권하노니 삼가 평소의 일을 부지런히 하라.
못에 물을 담아 모름지기 방비하고,
농토를 부지런히 갈아 가족을 보양하기에 족하게 하라.
자손을 교육시키며 기술을 가르치고,
뽕나무 산뽕나무를 심고 꽃은 적게 심어라.
시비 따위는 한가히 버려두고 관여하지도 말라.
갈증에는 맑은 물을 마시고 답답하면 차를 끓여 마셔라."

「莫入州衙與縣衙, 勸君勤謹作生涯.
　池塘積水須防旱, 田地勤耕足養家.
　敎子敎孫幷敎藝, 栽桑栽柘少栽花.
　閒非閑是俱休管, 渴飮清泉悶煮茶.」

【州衙, 縣衙】 州와 縣과 같은 큰 관청. 관청에 부탁하거나 소송으로 드나드는 일
이 없도록 하라는 뜻임.
【柘】 산뽕나무. 음은 '자.' 누에를 쳐서 옷감을 마련하기 위한 대책임.

520(11-148)*
독하기가 뱀과 같다고

"사람의 마음이 독하기가 뱀과 같다고 하는 탄식을 견뎌내어라.
누가 하늘의 눈이 수레바퀴처럼 돌고 있음을 알겠는가?
지난해에 동쪽 이웃집에서 마구 취한 물건이,
오늘에는 도리어 북쪽 다른 집으로 돌아간다.
의롭지 못한 돈과 재물은 끓는 물에 눈을 뿌리는 것처럼 사라지고,
혹시 굴러들어온 전답이라 해도 이는 물살이 밀고 있는 모래로다.
만약 교활함과 속임으로 삶의 계책을 삼는다면,
이는 마치 아침에 구름이나 저녁에 지는 꽃과 같으니라."

「堪歎人心毒似蛇, 誰知天眼轉如車?
　去年妄取東隣物, 今日還歸北舍家.

無義錢財湯潑雪, 倘來田地水推沙.
若將狡譎爲生計, 恰似朝雲暮落花.」

【堪歎】한탄이나 탄식을 견뎌냄.
【倘來】〈抄略本〉에는 '儻來'로 되어 있음. 〈通俗本〉注에 "儻來, 如官冕在身即
　儻來. 物也, 玄奇也. 謂石萬而復也"라 함.
【推沙】물이 밀고 있는 모래처럼 흘러 다닐 뿐임. 그러나 〈越南本〉에는 '堆沙'
　로 되어 있어 '모래가 쌓여서 된 것'이라는 뜻.
【今日還歸北舍家】〈越南本〉에는 '今日還居北舍家'로 되어 있음.
【狡譎】狡猾함과 詭譎. 속임수 등 못된 짓.
【朝雲】〈越南本〉과 〈抄略本〉에는 '朝開'로 되어 있어 '아침에 피었다가 저녁에
　지는 꽃'의 뜻으로 보았음.

521(11-149)*
사마귀가 매미를 잡아먹겠다고

"득실과 영고榮枯는 모두가 하늘의 일이요,
온갖 기계를 다 써 보아도 역시 그저 그럴 뿐이다.
사람의 마음에 족함을 모르기란 뱀이 코끼리를 삼키고자 함과 같으며,
세상일이란 사마귀가 매미를 잡아먹겠다고
그 뒤의 재앙을 모르는 것과 같다.
약이 있다고 해서 높은 벼슬아치의 목숨을 고칠 수 없고,
돈이 있어도 자손의 어짊을 사기는 어렵다.
집에서 항상 분수를 지켜 인연 따라 지내는 것이,
바로 선계에 소요하며 자재하는 것이로다."

「得失榮枯總是天, 機關用盡也徒然.
人心不足蛇吞象, 世事到頭螳捕蟬.
無藥可醫卿相壽, 有錢難買子孫賢.
家常守分隨緣過, 便是逍遙自在仙.」

【機關】생활을 이롭게 하기 위한 틀이나 시설물. 機械.
【蛇吞象】뱀이 코끼리를 삼킴. 탐욕이 끝이 없음을 뜻함. 원래《山海經》海內
　南經에 "巴蛇食象, 三歲而其骨, 君子服之, 無心腹之疾. 其爲蛇靑黃赤黑. 一曰
　黑蛇靑首, 在犀牛西"라 하였고, 郭璞 注에 "今南方蚺蛇吞鹿, 鹿已爛, 自絞於樹,
　腹中骨皆穿鱗甲間出, 此其類也."라 하였으며,《圖讚》에는 "象實巨兽, 有蛇吞之.
　越出其骨, 三年为期. 厥大何如, 屈生是疑"라 함. 〈海內經〉에도 역시 "有巴遂山,
　澠水出焉. 又有朱卷之國. 有黑蛇, 靑首, 食象." 卽此"라 하였음. 그리고《楚辭》
　天問에는 "一蛇吞象, 厥大何如?"라 함.
【螳捕蟬】'螳螂捕蟬'의 줄인 말. 당랑(사마귀)이 매미를 잡아먹으려 열중하는
　그 뒤에서는 꾀꼬리가 당랑을 잡아먹으려 노리고 있음. 참고란을 볼 것.

参고 및 관련 자료

1.《說苑》正諫篇
吳王欲伐荊, 告其左右曰:「敢有諫者死.」舍人有少孺子者, 欲諫不敢, 則懷丸
操彈, 遊於後園, 露沾其衣, 如是者三旦, 吳王曰:「子來何苦, 沾衣如此?」對曰:
「園中有樹, 其上有蟬, 蟬高居悲鳴飲露, 不知螳螂在其後也! 螳螂委身曲附,
欲取蟬, 而不知黃雀在其傍也! 黃雀延頸欲啄螳螂, 而不知彈丸在其下也! 此三者,
皆務欲得其前利, 而不顧其後之有患也.」吳王曰:「善哉!」乃罷其兵.

2.《韓詩外傳》(10)
「臣園中有榆, 其上有蟬, 蟬方奮翼悲鳴, 欲飲淸露, 不知螳蜋之在後, 曲其頸,
欲攫而食之也. 螳蜋方欲食蟬, 而不知黃雀在後, 擧其頸, 欲啄而食之也. 黃雀方
欲食螳蜋, 不知童挾彈丸在下, 迎而欲彈之. 童子方欲彈黃雀, 不知前有深坑,
後有窟也. 此皆言前之利, 而不顧後害者也. 非獨昆蟲衆庶若此也, 人主亦然.

君今知貪彼之土, 而樂其士卒.」"

3.《吳越春秋》(5)

十四年, 夫差旣殺子胥, 連年不熟, 民多怨恨. 吳王復伐齊, 闕爲闌溝於商, 魯之間, 北屬蘄, 西屬濟. 欲與魯, 晉合攻於黃池之上. 恐群臣復諫, 乃令國中曰:「寡人伐齊, 有敢諫者死」太子友知子胥忠而不用, 太宰嚭佞而專政, 欲切言之, 恐罹尤也. 乃以諷諫激於王. 淸旦, 懷丸之彈, 從後園而來, 衣袽履濡, 王怪而問之曰:「子何爲袽衣濡履, 體如斯也?」太子友曰:「適游後園, 聞秋蜩之聲, 往而觀之. 夫秋蟬登高樹, 飮淸露, 隨風撝撓, 長吟悲鳴, 自以爲安, 不知螳螂超枝緣條, 曳腰聳距, 欲援其形. 夫螳螂, 翕心而進, 志在有利, 不知黃雀緣茂林, 徘徊枝陰, 踴躓微進, 欲啄螳螂. 夫黃雀但知伺螳螂之有味, 不知臣狹彈危擲, 蹭蹬飛丸而集其背. 今臣但虛心, 志在黃雀, 不知空垮其旁, 閽忽垮中, 陷於深井. 臣故袽體濡履, 幾爲大王取笑.」王曰:「天下之愚, 莫過於斯. 但貪前利, 不睹後患.」太子曰:「天下之愚, 復有甚者. 魯承周公之末, 有孔子之敎, 守仁抱德, 無欲於鄰國, 而齊擧兵伐之, 不愛民命, 惟有所獲. 夫齊, 徒擧而伐魯, 不知吳悉境內之士, 盡府庫之財, 暴師千里而攻之. 夫吳, 徒知踰境征伐非吾之國, 不知越王將選死士, 出三江之口, 入五湖之中, 屠我吳國, 滅我吳宮. 天下之危, 莫過於斯也.」吳王不聽太子之諫, 遂北伐齊.

4. 이상 '螳螂捕蟬' 고사는《戰國策》楚策(4),《藝文類聚》(60, 86) 등에도 널리 전재되어 있음.

5.《元曲選》(25, 寃家債主)

人心不足蛇吞象.

6. 羅洪先 詩

人心不足蛇吞象, 世事到頭螳捕蟬.

7. 〈抄略本〉에는 "無藥可醫卿相壽, 有錢難買子孫賢"의 구절만 있음.

522(11-150)*
죽고 태어남이

"성품과 품은 뜻을 너그럽게 하면서 몇 년을 살았는가?
사람이 죽고 태어남이 눈앞에 펼쳐지고 있다.
높은 데나 낮은 데에 가는 것은 인연 따라 지나는 것이요,
길기도 하고 짧기도 하니 원한을 묻어두지 말라.
스스로 있기도 하고 없기도 함에 탄식을 그만두어라,
집이 가난하고 부유한 것은 모두가 하늘로 말미암는다.
평소 의복과 녹禄은 인연에 따라 살아갈 뿐,
하루 청한淸閑하면 하루 신선이라."

「寬性寬懷過幾年? 人死人生在眼前.
　隨高隨下隨緣過, 或長或短莫埋冤.
　自有自無休嘆息, 家貧家富總由天.
　平生衣祿隨緣度, 一日淸閑一日仙.」

【度】살아감. 이 세상을 건너감.
【淸閑】맑고 깨끗하며 閑靜함.

──────────
　참고 및 관련 자료
──────────

1. 〈抄略本〉에는 "一日淸閑一日仙"의 구절만 있음.

523(11-151)
꽃이 피되

"꽃이 피되 가난한 집 땅이라 선택하는 것이 아니요,
달이 비춤에 산하 도처를 밝히도다.
세간에는 다만 사람 마음만이 악한 것이니,
범사는 모름지기 하늘이 사람을 길러주는대로 돌려주면 될 뿐인데."

「花開不擇貧家地, 月照山河到處明.
 世間只有人心惡, 凡事須還天養人」

【花開不擇貧家地】 꽃은 貧富의 집 땅을 가리지 않고 핌. 差別이 없음.

524(11-152)*
진종황제의 〈어제〉

진종황제眞宗皇帝의 〈어제御製〉에 말하였다.
"위험을 알고 나면, 끝내 법망에 걸리는 문이 사라질 것이다.
선한 이와 어진 이를 추천하여 등용하면,
저절로 몸을 안전하게 하는 길을 가지게 될 것이다.
은혜를 베풀고 덕을 펴면, 대대로 영화와 창성을 누릴 것이다.

질투를 품고 원한을 갚으면,

자손에게 재앙이 될 것을 물려주는 것이다.

남을 손해나게 하여 자신의 이익을 구하면,

끝내 현달한 벼슬길이란 없을 것이요,

남들을 해치고 집을 일으키고서,

어찌 부귀를 장구히 누릴 수 있겠는가?

이름을 고치고 태도를 달리하는 것은,

모두가 교묘한 말솜씨에서 생기는 것이요,

재앙이 일어나 몸이 상하게 되는 것은,

대개가 어질지 못함이 불러들이는 것이다.”

眞宗皇帝〈御製〉:

「知危識險, 終無羅網之門.

擧善薦賢, 自有安身之路.

施恩布德, 乃世代之榮昌.

懷妬報寃, 與子孫之爲患.

損人利己, 終無顯達雲仍.

害衆成家, 豈有久長富貴?

改名異體, 皆因巧語而生.

禍起傷身, 蓋是不仁之召.」

〈宋 眞宗皇帝〉《三才圖會》

【眞宗皇帝】 北宋의 3대 임금. 趙桓. 998~1022년 재위함.

【御製】 임금이 직접 지은 글을 일컫는 말. 〈越南本〉에는 ‘眞宗皇帝御製’가
‘宋眞宗御製’로 되어 있음.

【自有安身之路】 〈越南本〉에는 ‘必有安身之路’라 함.

【施恩布德】〈抄略本〉에는 '施仁布德'으로 되어 있음.
【懷妬報寃】〈越南本〉에는 '嫉妬懷寃'으로 되어 있음.
【與子孫之爲患】〈越南本〉에는 '遺子孫之患難'으로, 〈抄略本〉에는 '與子孫之 危患'으로 되어 있음.
【雲仍】〈越南本〉에는 '雲程'으로 되어 있음. 靑雲之路를 말함. 좋은 벼슬길.
【盖是不仁之召】〈抄略本〉에는 '皆是不仁之召'로 되어 있음.

참고 및 관련 자료

1. 〈越南本〉
眞宗皇帝〈御製〉:「知危識險, 終無羅網之門. 擧善薦賢, 必有安身之路. 施恩布德, 乃世代之榮昌. 嫉妬懷寃, 遺子孫之患難. 損人利己, 終無顯達雲程. 害衆成家, 豈有久長富貴?」

525(11-153)
인종황제 〈어제〉

인종황제仁宗皇帝의 〈어제御製〉에 말하였다.
"하늘과 땅이 굉장히 크지만 해와 달은 이를 비춤이 분명하고,
우주가 너르고 홍대하나,
천지 어디에도 간악한 무리는 용납하지 않는다.
마음을 부리되 불평으로 하면 그 과보果報가 지금 생애에 나타난다.
선을 베풀고 요구는 적게 하되 복을 얻겠다고 말하지는 말라.
다음 세상을 위한다는 천 가지 교묘한 계책은,
도리어 지금의 본분을 지켜 사람답게 하느니만 못하니라.
만 가지 좋은 뜻도 인연을 따라가듯 다투어라.

마음을 검소히 하고 행동에 자선을 베푼다는 것이 무엇이겠는가?
모름지기 큰 활을 당기듯 힘을 다하라.
불경을 보면서 남을 해치고자 한다면,
이는 여래如來의 불경 한 장藏을 헛 읽은 것이 된다.”

仁宗皇帝〈御製〉:
　　「乾坤宏大, 日月照鑑分明.
　　宇宙寬洪, 天地不容姦黨.
　　使心用悻, 果報只在今生.
　　善布淺求, 獲福休言.
　後世千般巧計, 不如本分爲人.
　　萬種强圖, 爭似隨緣.
卽儉心行慈善何? 須努力.
　看經意欲損人, 空讀如來一藏.」

〈宋 仁宗皇帝〉《三才圖會》

【仁宗皇帝】北宋 제4대 임금. 趙禎. 1023~1063년 재위함.

참고 및 관련 자료

1. 〈越南本〉과 〈抄略本〉에는 본 장이 실려 있지 않음.

526(11-154)*
신종황제 〈어제〉

신종황제神宗皇帝의 〈어제御製〉에 말하였다.
"도가 아닌 재물을 멀리하고, 지나친 술을 경계하라.
삶에는 반드시 이웃을 택하여 정하고,
친구는 반드시 택하여 사귈지니라.
마음에는 질투가 일어나지 못하게 하고,
입에는 참언이 나오지 못하게 하라.
골육 중에 가난한 자라도 소원히 하지 말며,
다른 사람이 부자라고 후하게 하지도 말라.
자신을 이겨내되 근검을 우선으로 하며,
무리를 사랑하되 겸손과 화목을 우선으로 하라.
항상 자신의 지난날 잘못을 생각하여,
매번 앞으로 올지도 모를 허물을 생각하라.
나의 이 말에 의지하면,
집이나 나라를 다스림에 가히 장구할 수 있으리라."

神宗皇帝〈御製〉:
　　「遠非道之財, 戒過度之酒.
　　　居必擇隣, 交必擇友.
　　嫉妬勿起於心, 讒言勿宣於口.
　　骨肉貧者莫踈, 他人富者莫厚.
　　克己以勤儉爲先, 愛衆以謙和爲首.

常思已往之非, 每念未來之咎.
若依朕之斯言, 治家國而可久.」

【神宗皇帝】北宋 제6대 임금. 趙頊. 1068~1085년 재위함.
【讒言】〈越南本〉에는 '纔言'으로 잘못 표기되어 있음.
【他人富者莫厚】〈越南本〉에는 '他人富者勿厚'로 되어 있음.
【治家國】〈越南本〉에는 '治國家'로 되어 있음.

527(11-155)*
고종황제 〈어제〉

고종황제高宗皇帝의 〈어제御製〉에 말하였다.
"별똥별 하나 같은 불꽃도, 능히 만 이랑의 섶을 태울 수 있고,
반 마디의 그릇된 말이라도, 잘못하면 평소의 덕을 그르치고 만다.
몸에 두른 한 가닥 실도, 항상 실을 짠 여인의 노고를 생각하고,
하루 세끼 밥도, 매번 농부의 고통을 생각하라.
구차히 탐내고 시기하여 손해를 끼쳤다가는,
끝내 10년의 안녕과 평강平康도 사라지고 말 것이다.
선을 쌓고 어짊을 존속시키면, 틀림없이 후손에게 영화가 있으리라.
복은 선경善慶에 인연하여, 많이 쌓고 실행하기 때문에 생겨나는 것이요,
성인의 경지에 들고 범속함을 뛰어넘는 것은,
모두가 참되고 성실하게 하여 얻어지는 것이다."

高宗皇帝〈御製〉:

「一星之火, 能燒萬頃之薪.
　半句非言, 誤損平生之德.
　身披一縷, 常思織女之勞.
　日食三飧, 每念農夫之苦.
　苟貪妬損, 終無十載安康.
　積善存仁, 必有榮華後裔.
　福緣善慶, 多因積行而生.
　入聖超凡, 盡是眞實而得.」

〈宋 高宗皇帝〉《三才圖會》

【高宗皇帝】南宋의 첫 임금. 趙構. 1127~1162년 재위함.

【身披】〈抄略本〉에는 '身被'로 되어 있음.

【三飧】〈越南本〉에는 '三餐'으로 되어 있음.

【農夫之苦】〈越南本〉에는 '農夫之若'으로 잘못 표기되어 있음.

【福緣善慶】〈越南本〉에는 '福綠善慶'으로 잘못 표기되어 있음.

【眞實而得】〈越南本〉에는 '眞眞而得'으로 되어 있음.

참고 및 관련 자료

1. "身披一縷, 常思織女之勞; 日食三飧, 每念農夫之苦"는 625(11-253)에도
비슷한 구절이 있음.

528(11-156)
노자가 공자에게 준 말 한 마디

노자가 공자를 전송하면서 말하였다.
"내 듣기로, 부귀한 자는 남을 보낼 때 재물을 주어 보내고,
어진 자는 남을 전송할 때 말 한 마디를 해 준다고 하였소.
내 비록 남보다 부귀하지는 않지만,
그래도 남으로부터 어진 자라는 호는 듣고 있으니,
그대에게 말 한 마디를 주어 보내 드리리다."
그리고 이렇게 말하였다.
"총명을 다해 깊이 살피는 것이, 도리어 죽음에 가까운 것이요.
널리 알아 말솜씨에 뛰어나며 한가하여 원대하게 하는 것은,
그 몸을 위험하게 하는 것이라오."

老子送孔子曰:
「吾聞: 富貴者送人以財, 仁人者送人以言.
吾雖不能富貴, 於人切仁者號令,
送子以言也.」
曰:「聰明深察, 反近於死.
博辯閑遠, 而危其身.」

【聰明】 원래는 귀로 듣고 잘 알아차리는 똑똑함을 '聰'이라 하고, 눈으로 보아
민첩하게 깨닫는 것을 '明'이라 하였으나 이를 묶어 사리에 밝고 영민(靈敏)함을
뜻하는 말로 쓰임. 《尙書》 堯典에 "昔在帝堯, 聰明文思, 光宅天下"라 하였고

孔穎達의 疏에 "言聰明者, 據人近驗, 則聽遠爲聰, 見微爲明. ……以耳目之聞見, 喩聖人之智慧, 兼知天下之事"라 함.

【於人切仁者號令】남으로부터 몰래 仁者라는 칭호와 令名은 듣고 있음. '切'은 '竊'자와 같으며 자신의 생각을 겸손하게 하는 말. '號令'은 稱號와 令名. 〈越南本〉에는 '竊仁者之號'라 하여 《史記》와 《孔子家語》의 원문과 같으며 뜻이 훨씬 명확함.

【博辯閑遠】'博'은 '博'과 같음. 〈越南本〉에는 '博辦閎達'로 되어 있어 '辦'은 '辯'의 오기이며 《孔子家語》의 원문과 같음. 따라서 '閑遠'은 '閎達'의 오기로 보임.

참고 및 관련 자료

1. 《史記》孔子世家

魯南宮敬叔言魯君曰:「請與孔子適周.」魯君與之一乘車, 兩馬, 一豎子俱, 適周問禮, 蓋見老子云. 辭去, 而老子送之曰:「吾聞富貴者送人以財, 仁人者送人以言. 吾不能富貴, 竊仁人之號, 送子以言.」曰:「聰明深察而近於死者, 好議人者也. 博辯廣大危其身者, 發人之惡者也. 爲人子者毋以有己, 爲人臣者毋以有己.」孔子自周反于魯, 弟子稍益進焉.

2. 《孔子家語》觀周篇

及去周, 老子送之曰:「吾聞富貴者送人以財, 仁者送人以言. 言雖不能富貴, 而竊仁者之號, 請送子以言乎! 凡當今之士, 聰明深察而近於死者, 好譏議人者也; 博辯閎達而危其身, 好發人之惡者也. 無以有己, 爲人子者; 無以惡己, 爲人臣者.」孔子曰:「敬奉教.」

3. 〈越南本〉

老子送孔子曰:「吾聞: 富貴者送人以財; 仁人者送人以言. 吾雖不能富貴, 竊仁者之號, 送子以言也. 聰明深察, 反近於死. 博辦閎達, 而危其身.」

〈老子騎牛圖〉晁補之(畫)

529(11-157)*
그 임금을 알고자 하면

왕량王良이 말하였다.
"그 임금을 알고자 하면 먼저 그 신하를 보라.
그 사람됨을 알고자 하면 먼저 그 친구를 보라.
그 아버지를 알고자 하면 먼저 그 아들을 보라.
임금이 성스러우면 신하가 충성되고,
아비가 자애로우면 아들이 효성스러운 법이니라."

王良曰:「欲知其君, 先視其臣.

欲識其人, 先視其友.

欲知其父, 先視其子.

君聖臣忠, 父慈子孝.」

【王良】東漢 東海 蘭陵 사람으로 자는 仲子.《尙書》에 밝았으며, 王莽에게 벼슬
하지 아니하고 교육에 힘써 제자가 천여 명에 이르렀다 함. 光武帝 建武 3년
諫議大夫가 되어 자주 충간을 하여 조정에서 공경의 대상이 됨. 大司徒司直에
오르도록 아내는 베옷에 땔감을 이고 날랐으며 농사일에 매달려 사람들이
우러러보았다 함.《後漢書》(27)에 전이 있음.

참고 및 관련 자료

1. 본장의 구절은 《後漢書》 王良傳에는 전하지 아니함.

2.《說苑》奉使篇

欲知其子, 視其友; 欲知其君, 視其所使.

3.《韓詩外傳》(8)

欲知其子, 視其母; 欲知其人, 視其友; 欲知其君, 視其所使.

4.《孔子家語》六本篇

不知其子, 視其父; 不知其人, 視其友; 不知其君, 視其所使. 不知其地, 視其草木.

5.《說苑》雜言篇

孔子曰:「不知其子, 視其所友; 不知其君, 視其所使.」

530(11-158)
집안이 가난하면

"집이 가난해야 효자가 드러나고,
세상이 혼란해야 충신을 알아보게 된다."

「家貧顯孝子, 世亂識忠臣.」

참고 및 관련 자료

1.《元曲選》楚昭公(1), 淸 靑心才人《金雲翹傳》(5)

家貧顯孝子, 國難識忠臣.

2. 〈越南本〉에는 본장을 앞장 王良의 말에 붙여 놓았음.

531(11-159)*
물이 지나치게 맑으면

《가어》에 말하였다.
"물이 지나치게 맑으면 고기가 없고,
사람이 지나치게 살피면 따르는 무리가 없다."

《家語》云:「水至淸則無魚, 人至察則無徒.」

【家語】 王肅이 편찬한 《孔子家語》.
【至淸】 지극히 맑음. 지나칠 정도로 깨끗함.

참고 및 관련 자료

1. 《孔子家語》 入官篇
古者聖主, 冕而前旒, 所以蔽明也; 紘紞充耳, 所以掩聰也. 水至淸則無魚, 人至察則無徒.
2. 《大戴禮記》 子張問入官篇
故君子莅民, 不臨以高, 不道以遠, 不責民之所不能. ……水至察則無魚, 人至察則無徒.
3. 《昔時賢文》
水至淸則無魚, 人至察則無徒.

532(11-160)
필부의 뜻

공자가 말하였다.
"삼군三軍은 가히 그 장수를 빼앗을 수 있으나,
필부는 그 뜻을 빼앗을 수 없다."

子曰:「三軍可奪帥也, 匹夫不可奪志也.」

【三軍】 많은 軍士를 뜻함. 고대 중국에서는 天子는 六軍, 諸侯는 三軍을 거느
렸음.
【奪帥】 '많은 軍士로써 대적하면 결국 승리하여 그 장수를 빼앗을 수 있다'는
뜻. 혹은 '三軍의 강한 무력일지라도 결국 그들의 장수는 빼앗길 수 있다'의
뜻으로 보는 경우도 있음.

참고 및 관련 자료

1. 《論語》 子罕篇
子曰:「三軍可奪帥也, 匹夫不可奪志也.」
2. 〈集註〉
侯氏曰:「三軍之勇在人, 匹夫之志在己. 故帥可奪
而志不可奪, 如可奪, 則亦不足謂之志矣.」

"三軍可奪帥, 匹夫不可奪志也"
篆刻작품

533(11-161)
나면서 아는 자

공자가 말하였다.
"나면서 아는 자는, 최상이요.
배워서 아는 자는, 그 다음이다.
막혔으나 그래도 배우는 자는, 다시 그 다음이며,
막혔는 데도 배우지 아니하는 자는, 백성 중에 가장 아래가 된다."

子曰:「生而知之者, 上也.
　　　學而知之者, 次也.
　　　　困而學之, 又其次也.
　　　　困而不學, 民斯爲下矣.」

【生而知之者】聖人을 뜻함.《論語》述而篇에 "子曰:「我非生而知之者, 好古,
敏以求之者也.」"라 함.
【困而學之】바탕은 막혀 있으나 힘들여 배운다는 뜻. '困'은 不通으로 풀이함.

참고 및 관련 자료

1.《論語》季氏篇
孔子曰:「生而知之者上也, 學而知之者次也; 困而學之, 又其次也; 困而不學,
民斯爲下矣.」
2.〈集註〉
困, 謂有所不通. 言人之氣質不同, 大約有此四等. 楊氏曰:「生知學知以至困學,

雖其質不同, 然及其知之一也. 故君子惟學之爲貴, 困而不學, 然後爲下.」

3.《中庸》20장

或生而知之; 或學而知之; 或困而知之, 及其知之, 一也.

534(11-162)
군자의 세 가지 사려

공자가 말하였다.

"군자에게는 세 가지 사려함이 있어야 하니,

깊이 헤아리지 아니할 수 없다.

젊어서 공부하지 않으면, 장성하여 능력이 없게 되고,

늙어서 교육하지 않으면,

죽음에 이르러도 아무런 생각을 펴 보일 수 없게 된다.

가졌을 때 베풀지 않으면 궁했을 때 부탁할 수가 없게 된다.

이 까닭으로, 젊어서 그 장성할 때를 생각하면 배움에 힘써야 하고,

늙어서 죽음을 생각하면 교육에 힘써야 하며,

있을 때 궁할 때를 생각하면 베풂에 힘써야 한다."

子曰:「君子有三思, 而不可不思也.

　　少而不學, 長無能也.

　　老而不教, 死無思也.

　　有而無施, 窮無與也.

是故君子, 少思其長則務學.
　　　老思其死則務敎.
　　　有思其窮則務施.」

【不可不思也】〈越南本〉에는 '不可不知也'라 함.
【死無思也】〈越南本〉에는 '死無念也'로 되어 있음. 한편《荀子》集解에는 "無門
人思其德"이라 함.
【有而無施】〈越南本〉에는 '有而不施'로 되어 있으며《荀子》원문도 같음.
【窮無與】《荀子》集解에 "窮乏之時, 無所往託"이라 함.

참고 및 관련 자료

1.《荀子》法行篇
孔子曰:「君子有三思, 而不可不思也. 少而不學, 長無能也; 老而不敎, 死無思也.
有而不施, 窮無與也. 是故君子少思長, 則學; 老思死, 則敎; 有思窮, 則施也.」

535(11-163)
자신만을 사랑하는 자

《경행록》에 말하였다.
"능히 자신만을 사랑하는 자는,
　아직 사람으로 충분히 성공한 것이 아니며,
　스스로를 속이는 자는 틀림없이 남을 속이게 된다.
　능히 스스로 검약하게 구는 자는,

반드시 남에게 두루 잘해 주는 자는 아니며,
자신에게 잔인하게 구는 자는 반드시 남을 해치게 된다.
이 네 가지는 다른 이유에서가 아니라,
선을 실행하기는 어렵고, 악을 행하기는 쉽기 때문이다."

《景行錄》云:
「能自愛者, 未必能成人. 自欺者必罔人.
能自儉者, 未必能周人. 自忍者必害人.
此無他, 爲善難, 爲惡易.」

【愛】'사랑하다'. 혹은 '물건 따위를 아끼거나 아까워하다'의 뜻.
【忍】殘忍하게 구는 것. 무엇이든지 참아내는 것.

536(11-164)
부귀와 선악

《경행록》에 말하였다.
"부귀는 선을 실행하는 데에도 쉽지만,
악한 일을 저지르는 데에도, 역시 어렵지 않다."

《景行錄》云:「富貴易於爲善, 其爲惡也, 亦不難.」

537(11-165)
채찍을 잡는 일이라도

공자가 말하였다.
"부유함이 가히 구한다고 될 일이라면,
비록 채찍을 잡는 사람의 일이라도, 내 할 수 있다.
만약 구한다고 될 일이 아니라면,
나는 내가 좋아하는 일이나 하련다."

子曰:「富而可求也, 雖執鞭之士, 吾亦爲之.
　　　　　如不可求, 從吾所好.」

【而】如·若과 같음. 假定形 文章에 쓰임.
【執鞭之士】《周禮》胥篇과 條狼氏篇에 의하면 채찍을 잡는 신분은 두 가지로서,
하나는 天子나 諸侯의 출입 때 2~8人이 먼저 나서서 行人들을 통제하는 직책
이고, 다른 하나는 市場의 守門者로서 역시 채찍으로 질서 유지를 담당하는
자였음. 여기서는 財物을 위해 낮은 일이라도 하겠다는 뜻임.《史記》晏子列傳
司馬遷의 "假令晏子而在, 余雖爲之執鞭, 所忻慕焉"은 여기에서 취한 말임.

> ### 참고 및 관련 자료

1.《論語》述而篇
子曰:「富而可求也, 雖執鞭之士, 吾亦爲之. 如不可求, 從吾所好.」
2.〈集註〉
執鞭, 賤者之事. 設言富若可求, 則雖身爲賤役以求之, 亦所不辭. 然有命焉,
非求之可得也, 則安於義理而已矣, 何必徒取辱哉? 蘇氏曰:「聖人未嘗有意於

求富也, 豈問其可不可哉? 爲此語者, 特以明其決不可求爾.」楊氏曰:「君子非惡富貴而不求, 以其在天, 無可求之道也.」

538(11-166)
책을 보지 않은 채

"천 권의 시서詩書는 얻기는 어렵지만 보지 않은 채 방치하기는 쉽고, 일반 의복과 음식은 쉽게 얻을 수 있지만 물리치기는 어렵다."

「千卷詩書難却易, 一般衣飯易却難.」

【一般】 '보통의, 일상적인' 등의 뜻.

539(11-167)
사람의 녹

"하늘은 사람의 녹祿을 끊지 않는다."

「天無絶人之祿.」

【祿】먹고 살기 위한 방편으로서의 직업이나 지위.

540(11-168)
한 사람의 몸

"한 사람의 몸에는 그 한 사람의 근심이 있다."

「一身還有一身愁.」

541(11-169)
가까운 근심

공자가 말하였다.
"사람에게 원대한 사려가 없으면,
반드시 가까운 근심이 있게 마련이다."

子曰:「人無遠慮, 必有近憂.」

参고 및 관련 자료

1.《論語》衛靈公篇

子曰:「人無遠慮, 必有近憂.」
2.〈集註〉
蘇氏曰:「人之所履者, 容足之外, 皆爲無用之地, 而不可廢也. 故慮不在千里之外,
則患在几席之下矣.」
3.《近思錄》政事篇
「人無遠慮, 必有近憂.」思慮當在事外.
4.《昔時賢文》과《增廣賢文》에도 전재되어 있음.

542(11-170)
가벼운 허락

"가볍게 허락하는 자는 틀림없이 믿음이 적고,
　면전에서 칭찬하는 자는 틀림없이 등 뒤에서 비난하는 자이다."

「輕諾者信必寡, 面譽者背必非.」

543(11-171)*
봄비와 가을 달

허경종許敬宗이 말하였다.
"봄비는 기름과 같건만,
　길 걷는 자는 그 진흙탕을 싫어하고,

가을 달은 휘영청 밝혀 주건만,
도적은 그 비춤이 거울 같음을 증오한다."

許敬宗曰:「春雨如膏, 行人惡其泥濘;
　　　　　秋月揚輝, 盜者憎其照鑑」

【許敬宗】唐나라 때의 杭州 新城 사람. 자는 延族(592~672). 許善心의 아들로
隋 煬帝 때 급제하여 李密의 記室이 되었다가 唐初 秦王府(李世民)의 十八
學士 중 하나가 됨. 高宗 때 禮部尙書가 되어 則天武后를 옹립하기도 함.
문집이 있으며 《唐詩紀事》(4)에도 그에 관한 전기가 있음. 《舊唐書》(82) 및
《新唐書》(223)에 전이 있음.
【膏】기름처럼 만물에게 혜택을 줌.
【盜者憎其照鑑】〈越南本〉에는 '盜賊惡其照鑑'으로 되어 있음.

544(11-172)*
대장부

《경행록》에 말하였다.
"대장부는 훌륭한 것을 명확하게 보기 때문에,
　명분과 절개를 태산보다 중히 여기며,
　마음 씀이 강직하기 때문에,
　죽고 사는 것을 기러기 털처럼 가볍게 여긴다."

《景行錄》云:
「大丈夫, 見善明, 故重名節於泰山;
用心剛, 故輕死生如鴻毛.」

【大丈夫】의를 행하여 떳떳함을 근본으로 삼는 사나이.《孟子》滕文公(下)에
"居天下之廣居; 立天下之正位; 行天下之大道. 得志, 與民由之; 不得志, 獨行
其道, 富貴不能淫; 貧賤不能移, 威武不能屈. 此之謂大丈夫"라 함.
【用心剛】〈抄略本〉에는 '用心精'으로 되어 있음.
【如鴻毛】〈越南本〉과 〈抄略本〉에는 '於鴻毛'라 하여 比較格으로 되어 있음.
鴻毛는 기러기가 털갈이 할 때의 아주 가벼운 털. 천하에 지극히 가벼움을 대신
하는 말.

545(11-173)
끊으면 살아남고

《경행록》에 말하였다.
"바깥일은 크고 작음에 관계없이,
안에서 일어나는 욕심은 얕고 깊음에 구분없이,
끊어 버리면 살아나고, 끊지 않으면 죽게 된다.
대장부는 끊는 것을 먼저 할 일로 여긴다."

《景行錄》云:「外事無小大, 中慾無淺深.

有斷則生, 無斷則死.

大丈夫以斷爲先.」

【大丈夫】의를 행하여 떳떳함을 근본으로 삼는 사나이.《孟子》滕文公(下)에
"居天下之廣居; 立天下之正位; 行天下之大道. 得志, 與民由之; 不得志, 獨行
其道, 富貴不能淫; 貧賤不能移, 威武不能屈. 此之謂大丈夫"라 함.
【中慾無淺深】〈越南本〉에는 '中慾有淺深'으로 되어 있으며, '景行錄云' 네 글자가
없음.

546(11-174)
알면서 실행하지 않는 것은

공자가 말하였다.
"알면서 실행하지 않는 것은, 알지 못하도록 함만 같지 못하고,
친하면서 믿음을 주지 못하는 것은, 친하지 않느니만 못하다.
즐거움이 바야흐로 이르러 오면, 즐거워하되 교만히 굴지는 말도록 하라.
환난이 장차 이르면, 깊이 생각할 뿐 근심하지 말도록 하라."

子曰:「知而不爲, 莫如勿知.

親而弗信, 莫如勿親.

樂之方至, 樂而勿驕.

患之將至, 思而勿憂.」

참고 및 관련 자료

1. 《孔子家語》子路初見篇

孔蔑問行己之道, 子曰:「知而不爲, 莫如勿知; 親而不信, 莫如勿親. 樂之方至, 樂而勿驕; 患之將至, 思而勿憂.」孔蔑曰:「行己乎?」子曰:「攻其所不能, 補其所不備, 毋以其所不能疑人, 毋以其所能驕人, 終日言, 毋遺己之憂; 終日行, 不遺己患, 唯智者有之.」

2. 〈越南本〉에는 "子曰:「知而不爲, 不如勿知. 親而不信, 不如勿親.」"으로만 되어 있으며 순서도 559 다음에 들어 있음.

547(11-175)
농기구가 있다 해도

《맹자》에 말하였다.

"비록 지혜가 있다 해도, 세勢를 타느니만 못하고,
 비록 좋은 호미가 있다 해도, 제때를 기다려 농사짓느니만 못하다."

《孟子》云:「雖有智慧, 不如乘勢;
　　　　雖有鎡基, 不如待時.」

【鎡】호미. 음은 '자.'

참고 및 관련 자료

1. 《孟子》 公孫丑(上)

齊人有言曰:「雖有智慧, 不如乘勢; 雖有鎡基, 不如待時.」今時則易然也.

2. 《史記》 佞幸列傳

諺曰:「力田不如逢年, 善仕不如遇合.」

3. 이 구절은 〈越南本〉에는 559 다음에 들어 있음.

548(11-176)
〈여씨향약〉

〈여씨향약呂氏鄕約〉에 말하였다.

"덕업德業은 서로 권하고, 과실은 서로 바로잡아 주며,
예속禮俗은 서로 성취시켜 주고, 환난에는 서로 구제해 준다."

〈呂氏鄕約〉云:「德業相勸, 過失相規,
禮俗相成, 患難相恤.」

【呂氏】藍田呂氏. 藍田은 지명으로 지금의 陝西 西安의 서쪽에 있음. 이곳 출신의 呂大忠(자는 進伯), 呂大防(微仲: 1027~1097), 呂大約(和叔: 1031~1082), 呂大臨(與叔: 1040~1092) 등 네 형제가 모두 伊川과 橫渠에게 수학하였으며, 뒤에 고향으로 돌아가 이 향약을 지어 文風과 敎化를 진작시켰음. 뒤에 우리나라에도 영향을 주어 李栗谷의 〈海州鄕約〉이 이루어지게 된 것임.

【鄕約】鄕은 고을. 鄕은 원래 1만 2천5백 집을 하나의 행정단위로 삼은 것이나 여기서는 고을 단위를 뜻함. 그 고을 사람들이 함께 살아가면서 지켜야 할 규약.

【德業相勸】德과 業에 대한 규약.

【過失相規】지나침과 실수에 대한 규약. 〈小學本註〉에 "犯義之過六: 一曰酗博鬪訟, 二曰行止踰違, 三曰行不恭遜, 四曰言不忠信, 五曰造言誣毀, 六曰營私太甚. 不修之過五: 一曰交非其人, 二曰遊戲怠惰, 三曰動止無儀, 四曰臨事不恪, 五曰用度不節"이라 함.

【禮俗相交】예의와 풍속에 대한 규약. 〈小學本註〉에 "婚姻喪葬祭祀之類, 有往還書問慶弔之節"이라 함.

【患難相恤】질환과 어려움에 대한 규약. 〈小學本註〉에 "一曰水火, 二曰盜賊, 三曰疾病, 四曰死喪, 五曰孤弱, 六曰誣枉, 七曰貧乏"이라 함.

참고 및 관련 자료

1. 〈越南本〉

呂氏〈鄕約〉云:「凡同約者, 德業相勸, 過失相規, 禮俗相成, 患難相恤. 憫人之凶, 樂人之善, 濟人之急, 救人之危.」

2. 《宋史》(340) 呂大防傳

呂大防字微仲, 其先汲郡人. 祖通, 太常博士. 父賁, 比部郎中. ……與大忠及弟大臨同居, 相切磋論道考禮, 冠昏喪祭一本於古, 關中言禮學者推呂氏. 嘗爲〈鄕約〉曰:「凡同約者, 德業相勸, 過失相規, 禮俗相交, 患難相恤. 有善則書于籍, 有過若違約者亦書之, 三犯而行罰, 不悛者絶之.」

3. 《小學》善行篇 實立教

藍田呂氏〈鄕約〉曰:「凡同約者: 『德業相勸, 過失相規, 禮俗相交, 患難相恤.』有善則書于籍, 有過若違約者, 亦書之, 三犯而行罰, 不悛者絶之.」

4. 〈小學集註〉

德: 謂見善必行, 聞過必改, 能治其身, 能治其家, 能事父兄, 能教子弟, 能御童僕, 能事長上, 能睦親故, 能擇交游, 能守廉介, 能廣施惠, 能受寄託, 能救患難, 能導人爲善, 能規人過失, 能爲人謀事, 能爲衆集事, 能解鬪爭, 能決是非, 能興利除害, 能居官舉職. 業: 謂居家則事父兄·教子弟·待妻妾; 在外則事長上·接朋友·教後生·御童僕.

5. 〈小學集註〉

至於讀書治田·營家濟物, 如禮樂射御書數之類, 皆可爲之, 非此之類皆爲無益.

549(11-177)*
남의 흉사

"남의 흉사凶事는 불쌍히 여기고, 남의 선함은 즐거워하며,
남의 급함을 구제해 주고, 남의 위험은 구원해 주어라."

「憫人之凶, 樂人之善;
　濟人之急, 救人之危.」

【憫人之凶】〈抄略本〉에는 '憫'자가 '悶'자로 되어 있음.

───[참고 및 관련 자료]───

1. 〈越南本〉에는 본 장의 구절을 앞 장 呂氏〈鄕約〉에 붙여 놓았음.

550(11-178)*
눈으로 직접 본 것도

"눈으로 직접 본 것도, 진짜가 아닐 수 있어 두렵거늘,
등 뒤에서 한 말을, 어찌 족히 깊이 믿을 수 있겠는가?"

「經目之事, 猶恐未眞,
　背後之言, 豈足深信?」

【經目】 내 눈을 경유하여 직접 본 것.
【猶恐未眞】 〈抄略本〉과 〈通俗本〉에는 '恐未皆眞'으로 되어 있음.

참고 및 관련 자료

1. 《金瓶梅詞話》(9)
經目之事, 猶恐未眞, 背後之言, 豈能全信?

551(11-179)
자신의 과실

"사람은 자신의 과실을 알지 못하고,
소는 제 힘 센 것을 알지 못한다."

「人不知己過, 牛不知力大.」

552(11-180)*
짧은 두레박줄

"자기 집의 두레박줄이 짧은 것을 한탄하지 않고,
　다만 남의 집 우물 깊은 것만 괴롭다고 한탄한다."

「不恨自家蒲繩短,
　只恨他家苦井深」

【蒲繩】부들 풀로 꼬아 만든 두레박의 줄. 끈.〈抄略本〉에는 '汲繩'으로 되어
있음.〈通俗本〉에는 '滿繩'으로, 다음 구절의 '只恨' 역시 '只限'으로 잘못 표기
되어 있음.《昔時賢文》에는 '桶索'으로 되어 있음.

참고 및 관련 자료

1.《昔時賢文》에는 "不說自己桶索短, 但怨人家籬井深"이라 하여 표현이 다름.

553(11-181)
요행으로 벗어나면

"요행으로 벗어나면,
　그만큼 무고한 응보가 있다."

「僥倖脫, 無辜報.」

【無辜】 아무런 죄가 없음.

554(11-182)*
뇌물

"뇌물이 넘쳐 천하에 가득한데도,
박복한 자만이 그 죄에 걸려든다."

「賍濫滿天下, 罪拘薄福人.」

【賍】 장물, 뇌물.

555(11-183)
관청의 법

"사람의 마음이 철鐵과 같다면,
관청의 법은 용광로와 같다."

「人心似鐵, 官法如爐.」

참고 및 관련 자료

1. 《宣宗頌古聯珠通集》(10)
人心似鐵, 官法如爐.
2. 元曲《神奴兒》(3), 《救孝子》(3)
人心非爲鐵, 官法却是爐.
3. 《昔時賢文》
人心似鐵, 官法如爐.

〈吊人銅矛〉(西漢, 1956 雲南 출토)

556(11-184)
골짜기의 물

태공이 말하였다.
"사람의 마음은 가득 채워 주기 어렵지만,
빈 골짜기에 물 가득 채우기는 쉽다."

太公曰 : 「人心難滿, 谿壑易盈.」

【谿壑易滿】 아무리 깊은 계곡이나 골짜기라도 물을 가득 채울 수 있으나, 사람의
작은 몸체의 욕망은 채울 수 없음을 뜻함. 〈越南本〉에는 '溪壑易盈'으로 되어
있음.

참고 및 관련 자료

1.《菜根譚》(286)

眼看西晉之荊榛, 猶矜白刃; 身屬北邙之狐兎, 尙惜黃金. 語云:「猛獸易伏, 人心難降; 谿壑易滿, 人心難滿.」信哉!」라 하였으며,《菜根譚》일부 판본에는 '溪壑易塡'으로 되어 있음.

2.《北齊書》幼主紀 論

虐人害物, 搏噬無厭, 賣獄鬻官, 溪壑難塡.

3.《幼學瓊林》人事篇

欲心難厭如溪壑, 才物易盡若漏卮.

4.《昔時賢文》

"溪壑易塡, 人心難滿"이라 하여 문장이 도치되어 있음.

557(11-185)*
하늘이 만약 상리를 바꾼다면

"하늘이 만약 상리常理를 바꾼다면,
바람이 불지 않아도 비가 올 것이요.
사람이 만약 도리를 바꾼다면,
병이 없이도 죽게 될 것이다."

「天若改常, 不風卽雨.
　人若改常, 不病卽死.」

【常】常理. 변함이 없어야 할 萬古不變의 因果應報.
【卽雨.卽死】〈抄略本〉에는 '則雨.則死'로 되어 있음.

참고 및 관련 자료

1. 〈越南本〉에는 본장과 앞장을 하나로 묶어 놓았음.

558(11-186)*
아내가 현명하면

〈장원시壯元詩〉에 말하였다.
"나라가 바르니 천심이 순하고,
관청이 맑으니 백성이 저절로 편안하네.
아내가 현명하면 지아비의 재앙이 적고,
자식이 효도하면 아비 마음이 넓어지네."

〈壯元詩〉云:「國正天心順, 官清民自安.
　　　　　妻賢夫禍少, 子孝父心寬.」

【壯元詩】宋나라 때 壯元한 이들의 시를 모은 책으로 구체적인 것은 알 수 없음.
원본과 〈越南本〉에는 '狀元詩'로 잘못 표기되어 있음.

1. 元 李直夫 雜劇 《虎頭牌》(제2절)
你甚的「官淸民自安」, 我可什麼「妻賢夫禍少」

2. 《古今小說》(10)
子孝父心寬.

3. 《昔時賢文》
妻賢夫禍少, 子孝父心寬.

4. 《殺狗勸夫》(2) 元曲
妻賢夫省事.

559(11-187)
오취강주

《맹자》에 말하였다.

"삼대가 천하를 얻은 것은, 어짊을 가지고 했기 때문이다.
 천하를 잃은 것은, 어질지 못함을 가지고 했기 때문이다.
 나라의 폐흥존망廢興存亡도 역시 이와 같다.
 천자가 어질지 못하면, 사해를 보전할 수 없고,
 제후가 어질지 못하면, 사직을 보전할 수 없으며,
 경 대부가 어질지 못하면, 종묘를 보전할 수 없고,
 서인이 어질지 못하면, 제 몸 하나 보전할 수 없다.
 지금 죽고 망하는 것을 싫어하면서 어질지 못한 짓을 즐겨하니,
 이는 취하는 것을 싫어하면서 억지로 술을 마시는 것과 같다."

《孟子》曰:「三代之得天下也, 以仁.

其失天下也, 以不仁.

國之所以廢興存亡者亦然.

天子不仁, 不保四海.

諸侯不仁, 不保社稷.

卿大夫不仁, 不保宗廟.

庶人不仁, 不保四體.

今惡死亡而樂不仁, 是猶惡醉而強酒.」

【三代】 夏·殷·周의 禹·湯·文王·武王이 仁으로써 천하를 얻었다고 보아 儒家에서 늘 거론하는 시대.

【廢興存亡】 〈越南本〉에는 '興廢存亡'이라 함.

【諸侯不仁】 〈越南本〉에는 '諸候不仁'으로 잘못 표기되어 있음.

【宗廟】 卿·大夫·諸侯들의 종묘를 가리킴.

【庶人不仁】 〈越南本〉에는 '士庶人不仁'이라 하여 '士'자가 더 들어 있음.

【惡醉而強酒】 '惡醉強酒'. '오취강주'로 읽음. 취하는 것을 싫어하면서 억지로 술을 마심. 〈越南本〉에는 '惡醉而疆酒'로 '強'자가 잘못 표기되어 있음.

참고 및 관련 자료

1. 《孟子》 離婁章(上)

孟子曰:「三代之得天下也以仁, 其失天下也以不仁. 國之所以廢興存亡者亦然. 天子不仁, 不保四海; 諸侯不仁, 不保社稷; 卿大夫不仁, 不保宗廟; 士庶人不仁, 不保四體. 今惡死亡而樂不仁, 是猶惡醉而強酒.」

〈孟子〉

560(11-188)
처음 순장 허수아비 만든 자

공자가 말하였다.
"순장에 쓰는 허수아비를 처음 만든 자는,
그 후손이 없을진저!"

子曰:「始作俑者, 其無後乎!」

【俑】殉葬에 쓰이는 木偶·土偶의 허수아비. 고대에 처음에는 살아 있는 사람을
순장하였으나, 뒤에 허수아비로 대신함. 그러나 여기서 맹자가 인용한 뜻은
도리어 처음 허수아비로 하던 제도가 바뀌어, 뒤에 살아 있는 사람을 순장시킨
것으로 여겼음. 한편 孔子가 한 말은 다른 곳에서는 그 인용을 찾아볼 수 없음.
俑은 '용'으로 읽음.

참고 및 관련 자료

1.《孟子》梁惠王(上)

庖有肥肉, 廐有肥馬, 民有飢色, 野有餓莩, 此率獸而食人也. 獸相食, 且人惡之;
爲民父母, 行政, 不免於率獸而食人, 惡在其爲民父母也? 仲尼曰:『始作俑者,
其無後乎!』爲其象人而用之也. 如之何其使斯民飢而死也?」

2.〈集註〉

俑, 從葬木偶人也. 古之葬者, 束草爲人以爲從衛, 謂之芻靈, 略似人形而已. 中古
易之以俑, 則有面目機發, 而大似人矣. 故孔子惡其不仁, 而言其必無後也. 孟子
言此作俑者, 但用象人以葬, 孔子猶惡之, 況實使民飢而死乎? 李氏曰:「爲人
君者, 固未嘗有率獸食人之心. 然殉一己之欲, 而不恤其民, 則其流必至於此.

故以爲民父母告之. 夫父母之於子, 爲之就利避害, 未嘗頃刻而忘於懷, 何至
視之不如犬馬乎?」

561(11-189)*
먹줄과 간언

공자가 말하였다.
"나무는 먹줄을 받으면 바르게 켤 수 있고,
사람은 간언을 수용하면 성스러워질 수 있다."

子曰:「木受繩則直, 人受諫則聖.」

【木受繩則直】〈越南本〉과 〈通俗本〉에는 '木從繩則直'으로 되어 있음.
【人受諫則聖】〈越南本〉에는 '君從諫則聖'으로 되어 있음.

참고 및 관련 자료

1.《尙書》說命篇(上)
說復于王曰:「惟木從繩則正, 后從諫則聖, 后克聖, 臣不命其承, 疇敢不祗若王
之休命」
2.《荀子》勸學篇
木直中繩; 輮以爲輪, 其曲中規, 雖有槁暴, 不復挺者, 輮使之然也. 故木受繩
則直, 金就礪則利, 君子博學而日參省乎己, 則知明而行無過矣.

3. 《大戴禮記》勸學篇

木從繩則直, 金就礪則利, 君子博學如日參己焉, 故知明則行無過. 詩云: 『嗟爾
君子, 無恒安息. 靖恭爾位, 好是正直. 神之聽之, 介爾景福.』神莫大於化道,
福莫長於无咎.

4. 《藝文類聚》(88), 《北史》(23), 《周書》(15) 등에도 실려 있음.

5. 《昔時賢文》

木受繩則直, 人受諫則聖.

6. 〈越南本〉에는 "子曰:「木受繩則直, 君從諫則聖.」"이라 함.

7. 666번과 내용이 같음.

562(11·190)
불교의 가르침

《불경佛經》에 말하였다.
"일체가 법에 따라 되는 것이니,
　마치 꿈속 환상이나 거품 그림자와 같으며,
　마치 이슬과도 같고 마치 번개와도 같으니,
　응당 세상을 이와 같이 보아야 한다."

《佛經》云:「一切有爲法,
　　　如夢幻泡影,
　　　如露亦如電,
　　　應作如是觀.」

〈般若多羅尊者〉洪應明
《仙佛奇蹤》

【一切】세상 만물의 모든 것.《摩訶般若波羅密多心經》에 "觀自在菩薩, 行深〈般若波羅密多〉時, 照見五蘊皆空, 度一切苦厄. 舍利子! 「色不異空, 空不異色. 色卽是空, 空卽是色. 受想行識, 亦復如是」 舍利子! 「是諸法空相, 不生不滅, 不垢不淨, 不增不減.」"이라 함.

563(11-191)*
청산의 경개

"한 줄기 청산의 경개가 말없이 그윽하도다.
앞사람이 지은 땅에 뒷사람이 거둔다.
뒷사람은 거두었다고 해서 기뻐하지 말라.
다시 거두는 자가 그 뒤에 있으리라."

「一派青山景色幽,
　前人田土後人收.
　後人收得莫歡喜,
　更有收人在後頭.」

【田土】〈越南本〉에는 '田地'로 되어 있음.
【更有收人在後頭】〈越南本〉에는 '還有收人在後頭'라 하였으며, '還'은 '更'과 같음. 부사로 '다시, 또한, 그래도, 또다시' 등의 뜻.

참고 및 관련 자료

1.《宣政雜錄》(26)

前人田土後人收.

2. 淸 無名氏《八洞天》

前人種樹後人收.

3.〈越南本〉에는 이 구절 앞에 '佛經云'으로 되어 있음.

564(11-192)*
이유 없는 천금

소동파蘇東坡가 말하였다.

"연고 없이 천금을 얻은 것은,

큰 복이 있는 것이 아니라,

반드시 큰 재앙이 있는 것이다."

蘇東坡云:「無故而得千金,

　　　　不有大福,

　　　　必有大禍.」

〈蘇軾〉(자 子瞻)《三才圖會》

【蘇東坡】蘇軾(1037~1101). 송나라 때의 대문호. 眉州 眉山 사람으로 자는 子瞻
혹은 和仲. 호는 東坡居士. 蘇洵의 아들이며 아우 蘇轍과 함께 '三蘇'로 불리며
모두 唐宋八大家로 칭해짐. 仁宗 때 진사에 올라 여러 관직을 거쳐 많은 정치적
혼란을 겪기도 하였음. 學術·詩文·詞·그림·글씨·음악 등에 모두 뛰어나 당시

최고의 문호로 널리 알려짐.《東坡七集》·《東坡志林》·《東坡樂府》·《仇池筆記》·《論語說》 등을 남겼으며,《宋史》(338)에 전이 있음.

565(11-193)
큰 잔치

《경행록》에 말하였다.
"큰 잔치에는 자주 모임이 좋은 것이 아니요,
금석문자는 경홀히 다루지 말라.
모두가 화를 불러오는 발단이다."

《景行錄》云:「大筵宴不可屢集,
　　　　金石文字不可輕爲.
　　　　　　皆禍之端.」

【金石文字】鐘鼎에 새긴 문자를 金文이라 하며 돌에 새기 碑石문자와 합하여 金石文字라 함. 이는 모두가 옛 사람의 공적을 기록한 것으로 경건히 다루어야 함을 말한 것임.

566(11-194)
공인과 도구

공자가 말하였다.

"공인工人이 그 맡은 일을 잘 하고자 하면,
반드시 먼저 그 도구를 잘 갈아놓는 법이다."

子曰:「工欲善其事, 必先利其器.」

【工人】匠人. 목공·석공 따위. 도구로써 일을 하는 사람.
【利】'날카롭게 하다. 연장이나 도구가 잘 쓰이도록 수선하고 갈아놓다'의 뜻.

참고 및 관련 자료

1.《論語》衛靈公篇
子貢問爲仁. 子曰:「工欲善其事, 必先利其器. 居是邦也, 事其大夫之賢者, 友其
士之仁者.」
2.〈集註〉
賢以事言, 仁以德言. 夫子嘗謂子貢悅不若己者, 故以是告之. 欲其有所嚴憚切磋
以成其德也. 程子曰:「子貢問爲仁, 非問仁也, 故孔子告之以爲仁之資而已.」

567(11-195)
다툼이란

"다툼이란 마치 오도가도 못하는 길과 같다.
즐거워할 것도 없고, 근심할 것도 없이 하라."

「爭似不來還不徃也. 無歡樂也無愁.」

568(11-196)*
점치는 일

강절 소선생이 말하였다.
"어떤 사람이 와서 점을 묻되 '어찌하는 것이 화와 복입니까?' 하기에,
'내가 남을 무너뜨리는 것이 화요, 남이 나를 무너뜨리는 것이 복'이라
하였노라."

康節邵先生曰:「有人來問卜, 如何是禍福?
　　　　　　　我虧人是禍, 人虧我是福.」

【康節邵先生】邵雍(1011~1077). 자는 堯夫, 호는 安樂先生, 시호는 康節. 北宋
理學 百源學派의 대표적 인물이며, 지금의
河南 輝縣 蘇門山 百源에 살아 百源先生
이라 불렸음. 당시 李三才가 鞏城令을 돕고
있다가 穆修에게 전해 오던 〈先天象數圖〉를
소옹에게 주어 이를 통해 체득하였다 하며,
저술로는 《先天圖》·《皇極經世》·《觀物篇》
등이 있음. 《宋史》(427) 道學傳에 전이 있음.

〈邵康節〉(邵雍, 자 堯夫)《三才圖會》

한편 본장은 〈越南本〉에는 '邵康節曰'로 시작하고 있음.

【我虧人是禍】〈通俗本〉에는 '我虧人是福'으로 잘못되어 있음.

569(11-197)*
천 칸의 큰 집이라도

"큰 건물이 천 칸이나 될지라도,
밤에 누워 잘 때는 8척이면 되는 것이요,
좋은 농토가 만 이랑이나 될지라도,
하루 두 되 먹으면 되느니라."

「大厦千間, 夜臥八尺;
　良田萬頃, 日食二升.」

【頃】농지의 넓이를 재는 단위. 1頃은 약 2백평이라 함.

참고 및 관련 자료

1. 《菜根譚》(544)

夜眠八尺, 日啖二升, 何須百般計較? 書讀五車, 才分八斗, 未聞一日淸閑.

2. 《十二樓》〈三與樓〉(제1회)

終日坐其中, 正合著命名之方, 方曉得捨少務多, 反不如棄名就實. 俗語四句果然說得不差:「良田萬頃, 一食一升; 廣厦千間, 夜眠八尺.」前那些物力, 都是虛費了的.

3. 《昔時賢文》

良田萬頃, 一食三餐; 大厦千間, 夜眠八尺.

4. 《增廣賢文》

良田萬頃, 一食三升. 大厦千間, 夜眠八尺.

5. 《儒家龜鑑》(休靜)

大厦千間, 夜臥八尺; 良田萬頃, 日食二升.

570(11-198)
종이돈 노잣돈

"불효한 자는 거짓으로 천 묶음의 종이돈을 태우고,
이지러진 마음을 가진 자는 거짓으로 만 개 향로에 향불을 피운다.
신은 본래 정직한 일을 한 것을 밝히는 것인데,
어찌 사람 세상의 거짓법의 뇌물을 좋아하랴?"

「不孝謾燒千束紙, 虧心枉爇萬爐香.
　神明本是正直做, 豈愛人間枉法贓?」

【束紙】 중국 풍속에 盂蘭盆節이나 百中節, 혹은 조상의 제삿날에 종이로 돈의 모양을 만든 묶음을 태워 조상의 명복을 빌며 극락 가는 길의 노자돈으로 삼아줌.《盂蘭盆經》에 "目蓮見其亡母生餓鬼中, 卽缽盛飯, 往餉其母, 食未入口, 化成火炭, 遂不得食. 目蓮大叫, 馳還白佛. 佛言:『汝母罪重, 非汝一人所奈何, 當須十方衆僧威神之力, 至七月十五日, 當爲七代父母厄難中者, 具百味五果, 以著盆中, 供養十方大德』佛勅衆僧, 皆爲施主, 祝願七代父母, 行禪定意, 然後 受食. 是時, 目蓮白佛:『未來世佛弟子行孝順者, 亦應奉盂蘭盆供養』佛言:『大善』" 이라 하였고,《歲時廣記》(30)에 韓琦의 〈家祭式〉을 인용하여 "近俗七月十五日 有盂蘭齋者, 蓋出釋 氏之敎, 孝子之心不忍違衆而忘親, 今定爲齋享"이라 함.
【枉爇】 〈越南本〉에는 '枉焚'으로 되어 있음.
【豈愛】 〈越南本〉에는 '豈受'로 되어 있어 '받으랴, 흠향하랴'의 뜻으로 보았음.

참고 및 관련 자료

1. 〈越南本〉에는 568, 569, 570 세 절을 하나로 묶어 놓았음.

571(11-199)*
오래 머물면

"오래 머물면 사람을 천하게 하고,
자주 찾아오면 친하던 사이도 멀어진다.
다만 사흘 닷새에 한번 정도 만나도
서로 만남이 처음과 같지는 않게 된다."

「久住令人賤, 頻來親也疎.
但看三五日, 相見不如初.」

【但見三五日, 相見不如初】단지 사흘 닷새에 한 번씩 본다 해도 처음 볼 때와 같은 공경심이 사라짐. 그러나 '다만 사흘이나 닷새에 한번 정도씩 만나 서로 처음 만날 때의 서먹함이 없도록 하다'의 의미로 새길 수도 있음. 〈通俗本〉에는 "다만 사흘이나 닷새에도 서로 봄이 처음과 같지 않음을 보겠더라"로 풀이하였음.

참고 및 관련 자료

1.《敦煌變文匯錄》捉季布變文
僕且常聞諺語云: 古來久住令人賤.

2.《昔時賢文》
久住令人賤, 頻來親也疎. 但看三五日, 相見不如初.

572(11-200)*
취한 뒤의 술 한 잔

"목마를 때 물 한 모금은 마치 감로甘露와 같지만,
취한 뒤의 술 한 잔은 없느니만 못하다."

「渴時一滴如甘露, 醉後添盃不如無.」

참고 및 관련 자료

1. 南宋 普濟《五燈會元》과《淸平山堂話本》(楊溫攔路虎傳)에는 "渴時一點如甘露"로 되어 있으며,《西遊記》(81)에는 '點'이 '滴'으로 되어 있음.

2.《昔時賢文》
渴時一滴如甘露, 醉後添杯不如無.

573(11-201)*
술이 사람을 취하게 하는 것이 아니라

"술이 사람을 취하게 하는 것이 아니라
사람이 스스로 취하는 것이요,
색이 사람을 미혹하게 하는 것이 아니라
사람이 스스로 미혹해지는 것이다."

「酒不醉人人自醉, 色不迷人人自迷.」

참고 및 관련 자료

1.《金甁梅詞話》(81).《初刻拍案驚奇》(21),《水滸全傳》(21)
酒不醉人人自醉, 花不迷人人自迷.
2. 흔히 이에 對句로 "花不送春春自去, 人非迎月月將來"라 함.

574(11-202)
부유함을 위하면

《맹자》에 말하였다.
"부유함을 위하면 인仁을 이룰 수 없고,
인을 위하면 부자가 될 수 없다."

《孟子》云:「爲富不仁矣, 爲仁不富矣.」

참고 및 관련 자료

1.《孟子》公孫丑(上)
是故賢君必恭儉禮下, 取於民有制. 陽虎曰:「爲富不仁矣, 爲仁不富矣.」
2.〈集註〉
恐爲仁之害於富也; 孟子引之, 恐爲富之害於仁也. 君子小人, 每相反而已矣.
3.〈越南本〉에는 "孟子云:「爲仁不富矣, 爲富不仁矣.」"라 하여 구절을 도치
시켜놓았음.

575(11-203)
덕과 색

공자가 말하였다.
"나는 아직 덕德 좋아하기를 색色 좋아하는 것처럼
여기는 자를 보지 못하였다."

子曰:「已矣乎! 未見好德如好色者也.」

참고 및 관련 자료

1.《論語》子罕篇
子曰:「吾未見好德如好色者也.」

2. 〈集註〉

謝氏曰:「好好色, 惡惡臭, 誠也. 好德如好色, 斯誠好德矣, 然民鮮能之.」《史記》:
「孔子居衛, 靈公與夫人同車, 使孔子爲次乘, 招搖市過之.」孔子醜之, 故有是言.

576(11-204)*
성불

"공의公義의 마음을 사사로운 마음에 견주어 한다면,
무슨 일인들 처리하지 못하랴?
도를 위하는 마음을 정을 위하는 마음과 같이 여긴다면,
성불成佛한 지 오래 되었을 것이다."

「公心若比私心, 何事不辨?
 道念若同情念, 成佛多時.」

【不辨】 '辨'은 '처리하다'의 뜻. 〈通俗本〉에는 '不辦'으로 잘못 표기되어 있음.

(참고 및 관련 자료)

1. 〈越南本〉에는 본장과 다음의 578을 하나로 묶고 출전을 '佛經云'이라
하였음.

577(11-205)
집착하는 자

노자가 말하였다.
"집착하는 자는, 도덕으로 이름을 이룰 수 없다."

老子云:「執着之者, 不名道德.」

참고 및 관련 자료

1. 지금의 《老子》에는 이 구절이 실려 있지 않음.

578(11-206)
늙고 나서야

"일이 지나고 나서야 비로소 앞서 일이 그릇된 줄 알게 되고,
늙음이 와서야 바야흐로 젊은 시절에 시간이 많았음을 깨닫게 된다."

「過後方知前事錯, 老來方覺少時餘.」

【少時餘】〈越南本〉에는 '少時非'라 하여 젊을 때 그릇된 일이 있었음을 말하였음.

579(11-207)
도덕을 즐기고

양웅楊雄이 말하였다.
"군자는 몸을 수양하면서 그 도덕을 즐기고,
소인은 헤아림이 없으면서 그 칭찬 듣기를 즐거워한다.
덕을 닦기를 날로 더하고, 지혜로운 생각을 날로 원만하게 하라."

楊雄曰:「君子修身, 樂其道德.
　　　　小人無度, 樂聞其譽.
　　　　脩德日益, 智慮日滿.」

【楊雄】 자는 子雲(B.C.53~A.D.18). '揚雄'으로
도 표기하며 蜀郡 成都 사람. 西漢 때 賦家,
哲學家. 〈甘泉賦〉·〈羽獵賦〉 등과 《太玄
經》·《方言》·《法言(揚子法言)》 등의 저술이
있음. 《漢書》 揚雄傳 참조. 일부 판본에는
楊子로 되어 있음. '楊'과 '揚'은 흔히 混淆
하여 썼음.

〈揚雄〉(자 子雲) 《三才圖會》

> 참고 및 관련 자료

1. 〈越南本〉에는 "修德自益, 智慮日滿"의 구절만 실려 있으며, '日益'이 '自益'
으로 되어 있음.

580(11-208)
병풍이 찢어져도

공자가 말하였다.
"군자는 높아지면 도리어 자신을 낮추어 더욱 겸손히 하고,
소인은 총애를 받으면 세력을 믿고 교만과 사치를 부린다.
소인은 남의 단점을 보면 자신은 쉽게 채울 수 있다고 여기지만,
군자는 깊은 것을 보면 넘침이 어렵다고 여긴다.
그러므로 병풍이 찢어져도 골격은 남듯이,
군자는 가난해도 예와 의는 언제나 그대로 지킨다."

子曰:「君子高則卑而益謙, 小人寵則倚勢驕奢.
小人見短易盈, 君子見深難溢.
故屛風雖破, 骨格猶存; 君子雖貧, 禮義常在.」

참고 및 관련 자료

1. 〈越南本〉에는 "子曰:「小人見短易盈, 君子見深難溢. 屛風雖破, 骨格猶存; 君子雖貧, 禮義常在.」"로 되어 있음.

581(11-209)
나라가 장차 흥하려면

《가어家語》에 말하였다.
"나라가 장차 흥하려 함은,
 진실되게 간쟁하는 신하에게 있고,
 집안이 장차 번영하려면,
 다투어 나서는 아들이 틀림없이 있다."

《家語》云:「國之將興, 實在諫臣.
　　　　　家之將榮, 必有爭子」

【實在諫臣】〈越南本〉에는 '實有諫臣'으로 되어 있음.
【爭子】〈越南本〉에는 '諍子'로 되어 있음.

> **참고 및 관련 자료**

1. 지금의 《孔子家語》에는 이 구절이 실려 있지 않으며 다만 〈三恕篇〉에 "子貢問於孔子曰:「子從父命, 孝; 臣從君命, 貞乎? 奚疑焉?」孔子曰:「鄙哉! 賜, 汝不識也. 昔者, 明王萬乘之國, 有爭臣七人, 則主無過擧; 千乘之國有爭臣五人, 則社稷不危也; 百乘之家有爭臣三人, 則祿位不替; 父有爭子, 不陷無禮; 士有爭友, 不行不義. 故子從父命, 奚詎爲孝? 臣從君命, 奚詎爲貞? 夫能審其所從之謂孝之謂貞矣.」라 하여 같은 의미를 표현한 고사가 있음.
2. 〈越南本〉에는 "《家語》云:「國之將興, 實有諫臣; 家之將榮, 必有諍子.」라 하여 일부 글자가 다름.

582(11-210)
천명을 알지 못하면

공자가 말하였다.
"천명을 알지 못하면, 군자가 될 수 없다.
예를 알지 못하면, 설 수가 없다.
말을 알아듣지 못하면, 남을 알 수가 없게 된다."

子曰:「不知命, 無以爲君子也.
　　不知禮, 無以立也.
　　不知言, 無以知人也.」

참고 및 관련 자료

1.《論語》堯曰篇
子曰:「不知命, 無以爲君子也; 不知禮, 無以立也; 不知言, 無以知人也.」
2.〈集註〉
程子曰:「知命者, 知有命而信之也. 人不知命, 則見害必避, 見利必趨, 何以爲
君子?」不知禮, 則耳目無所加, 手足無所措. 言之得失, 可以知人之邪正. ○尹氏
曰:「知斯三者, 則君子之事備矣. 弟子記此以終篇, 得無意乎? 學者少而讀之,
老而不知一言爲可用, 不幾於侮聖言者乎? 夫子之罪人也, 可不念哉?」

583(11-211)
덕과 말

《논어》에 말하였다.
"덕德 있는 자는 반드시 그에 맞는 말이 있어야 하지만,
말이 있는 자라고 해서 반드시 덕이 있는 것은 아니다."

《論語》云:「有德者必有言, 有言者不必有德.」

참고 및 관련 자료

1.《論語》憲問篇
子曰:「有德者必有言, 有言者不必有德. 仁者必有勇, 勇者不必有仁.」
2.〈集註〉
有德者, 和順積中, 英華發外. 能言者, 或便佞口給而已. 仁者, 心無私累, 見義
必爲. 勇者, 或血氣之强而已. 尹氏曰:「有德者必有言, 徒能言者未必有德也.
仁者志必勇, 徒能勇者未必有仁也.」

584(11-212)*
교묘한 재주를 가진 자

염계濂溪 선생이 말하였다.
"교묘한 재주를 가진 자는 말을 잘하고, 재주 없는 자는 침묵을 지킨다.

교묘한 재주를 가진 자는 수고롭고, 재주 없는 자는 편안하다.
교묘한 재주를 가진 자는 남을 해치고, 재주 없는 자는 덕이 있다.
교묘한 재주를 가진 자는 흉하고, 재주 없는 자는 길하다.
아! 천하가 모두 재주 없으면, 형벌의 정치가 사라져,
윗사람은 편안하고 아랫사람은 순종하여,
풍속이 맑아져 잘못된 폐단은 끊어져 없어지리라."

濂溪先生曰:「巧者言, 拙者黙.
　　　　　巧者勞, 拙者逸.
　　　　　巧者賊, 拙者德.
　　　　　巧者凶, 拙者吉.
　　　嗚呼! 天下拙, 刑政徹, 上安下順, 風淸弊絶.」

【濂溪】周敦頤(1017~1073). 자는 茂叔. 宋나라 때
道州 사람. 시호는 元公. 북송의 이학가. 濂溪學
派의 영수. 道州의 營道 濂溪 근처에 살아 호를
濂溪先生이라 하였음. 〈太極圖說〉과 《通書》 등
이 있음. 〈越南本〉에는 '周濂溪曰'로 되어 있음.
【巧拙】《管子》 形勢篇에 "巧者有餘, 拙者不足"
이라 함.

〈周濂溪〉(周敦頤, 周惇頤,
濂溪선생)《三才圖會》

【賊】賊害함. 《孟子》 公孫丑(上)에 "無惻隱之心, 非人也; 無羞惡之心, 非人也;
無辭讓之心, 非人也; 無是非之心, 非人也. 惻隱之心, 仁之端也; 羞惡之心, 義之
端也; 辭讓之心, 禮之端也; 是非之心, 智之端也. 人之有是四端也, 猶其有四體也
有是四端而自謂不能者, 自賊者也; 謂其君不能者, 賊其君者也"라 하였으며
〈梁惠王〉(下)에는 "賊仁者謂之賊, 賊義者謂之殘"이라 함.
【嗚呼】감탄사. 〈越南本〉에는 '嗚乎'로 되어 있음.
【刑政徹】〈越南本〉과 〈抄略本〉에는 '刑政撤'로 되어 있음.

585(11-213)
높은 산

《설원說苑》에 말하였다.
"산은 그 높이를 이룸으로써, 안개와 비를 일으키고,
 물은 그 깊이를 이룸으로써, 교룡이 생기게 하며,
 군자는 그 도를 이룸으로써, 복록이 있도록 하는 것이다."

《說苑》云:「山致其高, 雲雨起焉;
　　　　水致其深, 蛟龍生焉;
　　　　君子致其道, 福祿存焉.」

참고 및 관련 자료

1.《說苑》貴德篇
聖王布德施惠, 非求報於百姓也; 郊望禘嘗, 非求報於鬼神也. 山致其高, 雲雨
起焉; 水致其深, 蛟龍生焉; 君子致其道德而福祿歸焉. 夫有陰德者必有陽報,
有隱行者必有昭名.

2.《說苑》〈建本篇〉
水積成川, 則蛟龍生焉; 土積成山, 則豫樟生焉; 學積成聖, 則富貴尊顯至焉.

3.《荀子》勸學篇
積土成山, 風雨興焉; 積水成淵, 蛟龍生焉; 積善成德, 而神明自得, 聖心循焉.
故不積蹞步, 無以至千里, 不積小流, 無以成江海. 騏驥一躍, 不能十步; 駑馬
十駕, 功在不舍. 鍥而舍之, 朽木不折, 鍥而不舍, 金石可鏤. 螾無瓜牙之利, 筋骨
之强, 上食埃土, 下飮黃泉, 用心一也; 蟹六跪而二螯, 非蛇·蟺之穴無可寄託者,
用心躁也. 是故無冥冥之志者, 無昭昭之明; 無昏昏之事者, 無赫赫之功. 行衢
道者不至, 事兩君者不容. 目不兩視而明, 耳不兩聽而聰. 螣蛇無足而飛, 梧鼠

五技而窮.《詩》曰:『尸鳩在桑, 其子七兮, 淑人君子, 其儀一兮; 其儀一兮, 心如結兮.』故君子結於一也.

4.《淮南子》人間訓

聖王布德施惠, 非求報於百姓也; 郊望禘嘗, 非求福於鬼神也. 山致其高而雲起焉, 水致其深而蛟龍生焉, 君子致其道而福祿歸焉. 夫有陰德者, 必有陽報; 有陰行者, 必有昭名.

5. 본《明心寶鑑》正己篇(147) 참조.

586(11-214)*
작은 힘에 무거운 짐

《역易》에 말하였다.
"덕이 박한데도 지위가 높거나,
지혜가 작은데도 모책을 크게 하거나,
능력이 모자란 데도 임무가 무거운 경우로서,
재앙에 미치지 않은 자는 드물다."

《易》曰:「德薄而位尊, 智小而謀大,
　　　力小而任重, 鮮不及禍矣.」

참고 및 관련 자료

1.《周易》繫辭傳(下)

子曰:「德薄而位尊, 知小而謀大, 力小而任重, 鮮不及矣. 易曰:『鼎折足, 覆公餗其形渥, 凶.』言不勝其任也.」

2. 〈抄略本〉에는 "《易》曰:「德微而位尊, 知小而謀大. 無禍者, 鮮矣」"라 하여 약간 다름.

3. 〈越南本〉에도 "《易》曰:「德而微位尊, 智小而謀大. 無禍者, 鮮矣」"라 하여 '德而微'는 '德微而'가 되어야 함.

587(11-215)
지위가 높으면

《순자》에 말하였다.
"지위가 높으면 위험을 방비해야 하고,
　임무가 무겁다면 피폐함을 방비해야 하며,
　총애를 독차지하였다면 욕됨을 방비해야 한다."

《荀子》云:「位尊則防危, 任重則防廢, 擅寵則防辱.」

【位尊則防位】이하 세 구절은 《荀子》원문에 "位尊則必危, 任重則必廢, 擅寵則必辱"이라 하여 상황을 설명한 것이며, 여기에서는 대비의 의미로 문의를 변형한 것임.

【任重】짐이 무거움. 《論語》泰伯篇에 "曾子曰:「士不可以不弘毅, 任重而道遠. 仁以爲己任, 不亦重乎? 死而後已, 不亦遠乎?」"라 함.

【擅寵】《老子》(13)에는 "寵辱若驚, 貴大患若身. 何謂寵辱若驚? 寵爲上, 辱爲下, 得之若驚, 失之若驚, 是謂寵辱若驚"이라 함.

참고 및 관련 자료

1.《荀子》仲尼篇
處重擅權, 則好專事而妬賢能, 抑有功而擠有罪, 志驕盈而輕舊怨, 以吝嗇而
不行施道乎上, 爲重招權於下以妨害人. 雖欲無危, 得乎哉? 是以位尊則必危,
任重則必廢, 擅寵則必辱, 可立而待也, 可炊而僙也. 是何也? 則墮之者衆而持
之者寡矣.

588(11-216)
자신을 모욕하고 나서

《맹자》에 말하였다.
"무릇 사람이란 반드시 스스로를 모욕한 연후에야 남이 이를 모욕하고,
　집안은 스스로 훼멸한 연후에야 남들이 그 집을 훼멸하며,
　나라는 스스로를 친 연후에야 남들이 그 나라를 치는 것이다."

子曰:「夫人必自侮, 然後人侮之;
　　　家必自悔, 然後人悔之;
　　　國必自伐, 然後人伐之.」

【子曰】 이는 '孟子曰'이어야 함.〈越南本〉에는 '孟子曰'로 되어 있음.
【家必自悔, 然後人悔之】《孟子》원문과〈越南本〉에는 모두 '家必自毁, 然後人
　毁之'라 하여 이에 따라 풀이하였음.

참고 및 관련 자료

1.《孟子》離婁(上)

孟子曰:「不仁者可與言哉? 安其危而利其菑, 樂其所以亡者. 不仁而可與言,
則何亡國敗家之有? 有孺子歌曰:『滄浪之水淸兮, 可以濯我纓; 滄浪之水濁兮,
可以濯我足.』孔子曰:『小子聽之! 淸斯濯纓, 濁斯濯足矣, 自取之也.』夫人
必自侮, 然後人侮之; 家必自毁, 而後人毁之; 國必自伐, 而後人伐之. 太甲曰:
『天作孽, 猶可違; 自作孽, 不可活.』此之謂也.」

2.《孟子》趙岐 注

人先自爲可侮慢之行, 故見侮慢也; 家先自爲可毁壞之道, 故見毁也; 國先自爲
可誅伐之政, 故見伐也.

589(11-217)*
병은 조금 낫는 데서 더욱 깊어진다

《설원說苑》에 말하였다.
"벼슬을 얻은 자는 원하던 벼슬자리를 얻었다는 데에서 태만해지고,
병은 조금 낫는 데서 더욱 깊어진다.
재앙은 게으른 데서 생겨나고,
효성은 처와 자식으로 인해 시들어진다.
이 네 가지를 잘 살펴, 그 끝을 삼가기를 처음처럼 하라."

《說苑》云:「官怠於宦成, 病加於少愈.

　　　　禍生於懈惰, 孝衰於妻子.

　　　　察此四者, 愼終如始.」

【官】 관직과 관리. 이 구절은 "관리로서 무엇인가 이루었다". 혹은 "관리로서 이미 기득권을 잡았으니 크게 힘쓰지 아니하고 누려도 된다"라는 뜻으로도 풀이함.

【懈惰】〈通俗本〉에는 '懈怠'로 되어 있음.

참고 및 관련 자료

1.《說苑》敬愼篇

曾子有疾, 曾元抱首, 曾華抱足, 曾子曰:「吾無顏氏之才, 何以告汝? 雖無能, 君子務益. 夫華多實少者, 天也; 言多行少者, 人也. 夫飛鳥以山爲卑, 而層巢其巓; 魚鼈以淵爲淺, 而穿穴其中; 然所以得者, 餌也. 君子苟能無以利害身, 則辱安從至乎? 官怠於宦成, 病加於少愈, 禍生於懈惰, 孝衰於妻子; 察此四者, 愼終如始.《詩》曰:『靡不有初, 鮮克有終.』」

2.《文子》符言篇

宦敗於官茂, 孝衰於妻子, 患生於憂解, 病甚於且瘳. 故愼終如始, 則無敗事.

3.《韓詩外傳》(8)

官怠於有成, 病加於少愈, 禍生於懈惰, 孝衰於妻子, 察此四者, 愼終如始.《易》曰:『小狐汔濟, 濡其尾..』《詩》曰:『靡不有初, 鮮克有終.』

4.《鄧析子》轉辭篇

患生於官成, 病始於少瘳, 禍生於懈慢, 孝衰於妻子. 察此四者, 愼終如始也. 富必給貧, 壯必給老. 快情恣欲, 必多侈侮. 故曰: 尊貴無以高人, 聰明無以寵人, 資給無以先人, 剛勇無以勝人. 能履行此, 可以爲天下君.

5.《小學》明倫篇 通論

官怠於宦成, 病加於小愈, 禍生於懈惰, 孝衰於妻子. 察此四者, 愼終如始.《詩》曰: 『靡不有初, 鮮克有終.』라 하였으며, 〈小學集註〉에는 "有始無終, 人之常情, 能察能愼, 斯免矣"라 함.

590(11-218)
윗자리에 있으면서

공자가 말하였다.
"윗자리에 있으면서 관용을 베풀지 못하고,
예를 행하면서 공경으로써 하지 않으며,
상喪에 임하여 슬픔을 다하지 않는다면
내 어찌 그런 사람을 사람으로 보아주랴!"

子曰:「居上不寬, 爲禮不敬,
　　　臨喪不哀, 吾何以觀之哉!」

【爲禮】禮를 실행함.
【臨喪】他人의 喪禮에 참여하는 경우를 뜻함.
【觀】'살펴보다, 기준삼아 관찰하여 잘잘못을 평가하다'의 뜻.

참고 및 관련 자료

1.《論語》八佾篇
子曰:「居上不寬, 爲禮不敬, 臨喪不哀, 吾何以觀之哉?」
2.〈集註〉
居上主於愛人, 故以寬爲本. 爲禮以敬爲本, 臨喪以哀爲本. 旣無其本, 則以何者
而觀其所行之得失哉?
3. 한편 鄭玄의 注에는 "居上不寬, 則下無所容; 禮主於敬·喪主於哀也"라 함.

591(11-219)
군자와 야인

《맹자》에 말하였다.
"군자가 없으면 야인野人을 다스릴 수 없고,
야인이 없으면 군자를 봉양할 수가 없다."

《孟子》曰:「無君子, 莫治野人;
　　　　　無野人, 莫養君子.」

【君子】 벼슬하거나 교육을 하여 직접 노동에 참여하지 않는 자.
【野人】 직접 노동에 참여하는 자. 농사를 짓는 자.

참고 및 관련 자료

1.《孟子》滕文公(上)
夫滕, 壤地褊小, 將爲君子焉, 將爲野人焉. 無君
子莫治野人; 無野人莫養君子.
2.《孟子》集註
○言「滕地雖小, 然其閒亦必有爲君子而仕者,
亦必有爲野人而耕者, 是以分田制祿之法, 不可
偏廢也.」

〈孟子〉

592(11-220)
충효와 영화

《직언결直言訣》에 말하였다.
"임금과 아버지를 섬기는 것은, 충과 효로써 하는 것이며,
임금과 아비 된 자는, 자상함과 사랑으로써 하는 것이다.
집안과 나라는 차이가 없으며, 임금과 아버지는 똑같다.
덕은 자신을 드러내고 이름을 드날리는 것이다.
오직 충과 효만이, 영화와 귀함을 부르지 않아도 저절로 찾아오게 하며,
욕됨은 쫓아버리지 않아도 저절로 사라지게 하는 것이다."

《直言訣》曰:
「事君父者, 以忠孝;
　爲君父者, 以慈愛.
家與國無異, 君與父相同.
　　　　德顯己揚名.
惟忠與孝, 榮貴不招而自來, 辱不逐而自去.」

【榮貴】〈越南本〉에는 '貴'로만 되어 대를 이루고 있음.

> **참고 및 관련 자료**

1. 〈越南本〉에는 "《說苑》云:「惟忠與孝, 榮不招而自來, 辱不逐而自去.」"만 실려
있으며 출전을 《說苑》이라 하였으나 지금의 《說苑》에는 같은 구절이 없음.

593(11-221)
육친이 불화하고 나서

노자가 말하였다.
"육친六親이 불화하고 나서, 효도와 자애라는 것이 있게 되었고,
국가가 혼란하고 나서야, 충신이라는 것이 있게 되었다."

老子曰: 「六親不和, 有慈孝;
　　　　國家昏亂, 有忠臣.」

참고 및 관련 자료

1.《老子》18장
大道廢, 有仁義; 智慧出, 有大僞; 六親不和有孝慈, 國家昏亂有忠臣.

594(11-222)
무익한 신하

《가어家語》에 말하였다.
"자애로운 아버지는 불효한 아들을 사랑해 주지 않고,
　명철한 임금은 무익한 신하를 받아주지 않는다."

《家語》云: 「慈父不愛不孝之子,
　　　　　　明君不納無益之臣.」

【家語】 王肅의《孔子家語》를 줄여서 칭한 것.

참고 및 관련 자료

1. 지금의《孔子家語》에는 이 구절이 실려 있지 않음.

595(11-223)
노비

"노비奴婢는 모름지기 돈으로 사야 하는 것이요,
　자식은 모름지기 배를 찢고 나와야 하는 것이다."

「奴須用錢買, 子須破腹生.」

596(11-224)
옷과 아내

"입어서 떨어지는 것은 그대의 옷이지만,
깁느라 죽어나는 것은 그대의 아내로다."

「着破是君衣, 死了是君妻.」

597(11-225)
수레바퀴처럼

"남의 집 가난하다고 비웃지 말라,
일이란 수레바퀴처럼 돌고 돌아 공평한 것이다.
남이 늙었다고 비웃지 말라,
끝내 그런 늙음이 나에게도 다가온다."

「莫笑他家貧, 輪回事公道.
莫笑他人老, 終須還到我.」

598(11-226)
줄어드는 물속 물고기와 같으니

"오늘이 지나는 만큼, 수명도 역시 그를 따라 줄어든다.
마치 줄어드는 물속 물고기 같으니,
어찌 즐거움을 누리느라 그대로 다 보낼 수 있겠는가?"

「是日以過, 命亦隨減
　如少水魚, 於斯何樂?」

599(11-227)*
그릇이 가득 차면

《경행록景行錄》에 말하였다.
"그릇이 가득 차면 넘치게 마련이요,
사람이 가득 차면 잃게 마련이다."

《景行錄》云:「器滿則溢, 人滿則喪」

【喪】'失'과 같음. '잃다'의 뜻. 〈通俗本〉에는 '器滿則溢, 人滿則虧'로 되어 있음.

600(11-228)*
양고기 국물

"양고기 국물이 비록 맛은 있다 해도,
모든 사람의 입에 맞추기는 어렵다."

「羊羹雖美, 衆口難調.」

참고 및 관련 자료

1. 《續傳燈錄》(2)
羊羹雖美, 衆口難調.

601(11-229)*
촌음

"한 자나 되는 구슬이라 해도 보배스러운 것이 아니요,
짧은 시간이 바로 다툴 일이다."

「尺璧非寶, 寸陰是競.」

참고 및 관련 자료

1. 본 《明心寶鑑》正己篇(157)에도 "始覺寸陰勝尺璧, 豈不去邪從正, 惜身重命?"
이라 함. 〈抄略本〉과 〈通俗本〉에는 601과 600이 순서가 바뀌어 있음.

2. 《宋書》范泰傳

古人重寸陰而賤尺璧, 其道然也.

3. 《宋書》袁淑傳

吝寸陰而敗尺璧.

4. 《梁書》王褒傳

昔大禹不吝尺璧而重寸陰.

5. 《南史》袁湛傳

吝寸陰而賤尺璧.

6. 《舊唐書》宇文融傳

尺璧賤於寸陰.

602(11-230)
금옥과 곡백

《한서漢書》에 말하였다.
"금과 옥이란, 아무리 배가 고파도 먹을 수 있는 것도 아니요,
추위에 입을 수 있는 것도 아니다.
그 때문에 예로부터 곡식과 비단을 귀하게 여긴 것이다."

《漢書》云:

「金玉者: 飢不可食, 寒不可衣.
　　　自古以穀帛爲貴也.」

參考 및 관련 자료

1. 《漢書》食貨志

夫珠玉金銀, 饑不可食, 寒不可衣, 然而衆貴之者, 以上用之故也. 其爲物輕微易臧,
在於把握, 可以周海內而亡饑寒之患. 此令臣輕背其主, 而民易去其鄕, 盜賊有
所勸, 亡逃者得輕資也. 粟米布帛生於地, 長於時, 聚於力, 非可一日成也; 數石
之重, 中人弗勝, 不爲奸邪所利, 一日弗得而饑寒至. 是故明君貴五穀而賤金玉.

603(11-231)*
백옥은 진흙에 던지더라도

《익지서益智書》에 말하였다.

"백옥은 진창에 던지더라도, 그 색을 더럽게 물들일 수 없다.

군자는 혼탁한 곳에 갈지라도, 그 마음을 혼란함에 물들일 수 없다.

그러므로 송백松栢은 눈과 서리를 견뎌낼 수 있는 것이요,

밝은 지혜는 곤란과 위험을 건널 수 있는 것이다."

《益智書》云:「白玉投於泥塗, 不能汚涅其色.

　　　　君子行於濁地, 不能染亂其心.

　　　故松栢可以耐雪霜, 明智可以涉艱危.」

【益智書】〈通俗本〉에는 '智益書'로 잘못 표기되어 있음.

【投於泥塗】원본에는 '塗'자가 없으나 아래의 '濁地'와 대를 이루어야 함. 〈抄略本〉과 〈通俗本〉에는 '投於泥塗'로 되어 있어 이를 따름. 〈越南本〉에는 '移於汚泥'로 되어 있음.

【汚涅其色】그 아름다운 옥의 색깔을 더럽히거나 다른 물이 들음. 그러나 〈越南本〉에는 '添濕其色'으로 되어 있음. 〈抄略本〉에는 '汚穢其色'으로 되어 있음.

【君子行於濁地】〈越南本〉에는 '君子處於濁地'로 되어 있음.

【松栢】'松柏'과 같음. 《論語》子罕篇에 "子曰:「歲寒, 然後知松柏之後彫也」"라 함.

참고 및 관련 자료

1. 《宗門統要續集》(6) 趙州從諗禪師 語錄

不得霜雪力, 焉知松柏操?

2. 《晉書》顧悅之傳

松柏之姿, 經霜猶茂.

3. 《荀子》大略篇

歲不寒無以知松柏, 事不難無以知君子.

4. 《五燈會元》(19)

雪後始知松柏操, 事難方見丈夫心.

5. 朝鮮시대 尹斗緖의 시조

"옥에 흙이 무더 길 가에 버려지니, 오느니 가느니 흙이라 ᄒᆞᆫ는고나, 두어라 알리 이실찌니 흙인 ᄃᆞ시 잇거라"

604(11-232)
어질지 못한 자는

공자가 말하였다.

"어질지 못한 자는 곤궁에 오래도록 처하지 못하고,
즐거움에도 오래 처하지 못한다."

子曰:「不仁者, 不可以久處約, 不可以長處樂.」

【約】貧約, 窮困의 뜻.
【利仁】仁을 이롭다 여겨 실행함. 혹은 仁을 탐냄.

참고 및 관련 자료

1. 〈越南本〉에는 "子曰:「不仁者不可以久處約, 不可以長處樂. 仁者安仁, 知者利仁.」"라 하여 《論語》全文이 실려 있음.

2. 《論語》里仁篇

子曰:「不仁者, 不可以久處約, 不可以長處樂. 仁者安仁, 知者利仁.」

3. 〈集註〉

約, 窮困也. 利, 猶貪也, 蓋深知篤好而必欲得之也. 不仁之人, 失其本心, 久約必濫, 久樂必淫. 惟仁者則安其仁而無適不然; 知者則利於仁而不易所守, 蓋雖深淺之不同, 然皆非外物所能奪矣. 謝氏曰:「仁者心無內外遠近精粗之間, 非有所存而自不亡, 非有所理而自不亂, 如目視而耳聽, 手持而足行也. 知者謂之有所見則可, 謂之有所得則未可. 有所存斯不亡, 有所理斯不亂, 未能無意也. 安仁則一, 利仁則二. 安仁者非顔閔以上, 去聖人爲不遠, 不知此味也. 諸子雖有卓越之才, 謂之見道不惑則可, 然未免於利之也.」

4. 《禮記》表記

仁者安仁, 知者利仁, 畏罪者强仁.

5. 《大戴禮記》曾子立事

仁者樂道, 智者利道.

605(11-233)
비싼 술

"가는 곳마다 요구함이 없다면 인정이 후해질 것이요,
술을 마시지 않는다면 그의 비싼 술값은 그의 일이니 관여할 것 없다."

「無求到處人情好, 不飮從他酒價高.」

【不飮從他】〈越南本〉에는 '不飮饒他'로 되어 있고, 〈昔時賢文〉에는 '不飮隨他'로,
〈增廣賢文〉에는 '不飮任他'로 되어 있음. '饒'는 '용서하다', '隨'는 '그의 뜻대로
하도록 두다', '任'은 '맡겨두다'의 뜻이므로 "비싼 술값은 그의 일이니 관여할
필요가 없다"의 뜻으로 풀이함.

> ### 참고 및 관련 자료

1. 〈越南本〉에는 본장을 다음 장(606)과 하나로 묶고 있음.
2. 《昔時賢文》
無求到處人情好, 不飮隨他酒價高,
3. 《增廣賢文》
無求到處人情好, 不飮任他酒價高.

606(11-234)*
호랑이는 쉽게 잡을 수 있어도

"산에 가서 호랑이 잡는 것은 쉬워도,
입을 열어 남에게 도움 청하기는 어렵다."

「入山擒虎易, 開口告人難.」

【告人難】 남에게 도움을 청하는 말은 하기 어려움. 혹 '나의 속뜻을 다 말하기는
어렵다', 또는 '남에게 사실을 그대로 말해줄 것을 청하기는 어렵다'는 뜻으로도
풀이함. 〈越南本〉에는 '靠人難'으로 되어 있음.

참고 및 관련 자료

1. 이는 元代 高則誠의 《琵琶記》 五娘剪髮賣髮에 처음 나오는 말임.
2. 元 無名氏 《奈何曲》
非奴苦要孝名傳, 只爲上山擒虎易, 開口告人難.
3. 《事林廣記》(37)·《警世通言》·《元曲選外編》(2)에는 '上山'이 '入山'으로
되어 있으며, 《京本通俗小說》(15)·《醒世恒言》(33)·《永樂大全》(18) 등에도 널
리 인용되어 있음.
4. 《存孝打虎》(2) 元曲
入山擒虎易, 叉手告人難.
5. 《昔時賢文》
上山擒虎易, 開口告人難.

607(11-235)
천시와 인화

《맹자》에 말하였다.

"천시天時는 지리地利만 못하고,
 지리는 인화人和만 못하다."

《孟子》云:「天時不如地利, 地利不如人和.」

【天時】 作戰에 유리한 계절·기후·기상 변화. 吉時. 혹은 명분의 합리성, 주위
　국가의 토벌 인정, 국제간의 분위기 등.《孟子》趙岐 注에 "天時, 謂時日干支·
　五行·王相·孤虛之屬也"라 하였음.
【地利】 작전에 유리한 지형·지세·자연환경의 險要 등. 趙岐 注에 "地利險阻·
　城池之固也"라 함.
【人和】 구성원의 화합과 전쟁의 명분에 대한 공동의식 혹은 사기.

참고 및 관련 지료

1.《孟子》公孫丑(下)
孟子曰:「天時不如地利, 地利不如人和. 三里之城, 七里之郭, 環而攻之而不勝;
夫環而攻之, 必有得天時者矣; 然而不勝者, 是天時不如地利也. 城非不高也,
池非不深也, 兵革非不堅利也, 米粟非不多也; 委而去之: 是地利不如人和也.
2.〈集註〉
天時, 謂時日支干·孤虛·王相之屬也. 地利, 險阻·城池之固也. 人和, 得民心之
和也.

608(11-236)*
이웃사촌

"멀리 있는 물은 가까운 불을 끌 수 없고,
먼 곳의 친척은 가까운 이웃만 못하다."

「遠水不救近火,
　遠親不如近隣.」

【不救近火】〈越南本〉에는 '難救近火'로 되어 있음.

참고 및 관련 자료

1. 《韓非子》說林(上)
失火而取水于海, 海水雖多, 火必不滅矣. 遠水不
救近火也.
2. 元 秦簡夫 《東堂老》(第4折)
豈不聞遠親呵? 不似我近隣.
3. 《續傳燈錄》(28), 《五燈會元》(19), 《水滸傳》
(24) 등에도 실려 있음.
4. 《凍蘇秦》(4) 元曲
遠親近隣, 不如對門.
5. 《昔時賢文》
遠水難救近火, 遠親不如近隣.

韓非子. "國無常彊常弱, 擧法
者强則國强, 擧法者弱則國弱"

609(11-237)*
엎어놓은 화분

태공이 말하였다.

"해와 달이 밝다고 하나,

엎어놓은 화분 아래는 비출 수 없다.

칼이 아무리 잘 든다 해도,

죄 없는 사람을 벨 수는 없다.

잘못된 재앙이나 엉뚱한 화라 해도,

삼가는 집안에는 들어오지 않는다."

太公曰:「日月雖明, 不照覆盆之下.

　　　　刀劒雖快, 不斬無罪之人.

　　　　非灾橫禍, 不入愼家之門.」

【覆盆】엎어놓은 동이나 화분 따위.

【刀劒】'刀劍'과 같음. 〈抄略本〉과 〈通俗本〉에는 '刀刃'으로 되어 있음.

【非灾橫禍】잘못 찾아드는 재앙과 엉뚱한 앙화. 橫은 從(縱)과 상대하여 정상적이

　아닌 경우를 뜻함. '灾'는 '災'와 같음. 〈抄略本〉과 〈越南本〉에는 '災'로 되어 있음.

【不入】〈通俗本〉에는 '不內'으로 되어 있음. 이 경우 '內'는 '納'과 같음.

（ 참고 및 관련 자료 ）

1.《文苑英華》王勃 〈規諷〉(9)

禍不入愼家之門.

610(11-238)
번뇌는 병을 낳고

"칭찬하고 탄복하면 복이 생기고,
잡된 생각을 하면 화가 생기며,
번뇌에 빠지면 병이 생긴다."

「讚嘆福生, 作念禍生, 煩惱病生.」

611(11-239)
나라가 맑으면

"나라가 맑으면 재주 있는 자가 귀함을 받고,
집이 부유하면 아이가 교만해진다."

「國淸才子貴, 家富小兒驕.」

【驕】 원뜻은 '교만스럽다, 거만해진다'이지만, 많은 판본에 '嬌'로 되어 있어 '아이가 교태스럽다'로 풀이되기도 함.

참고 및 관련 자료

1. 南宋 普濟《五燈會元》(19) 渤潭擇明禪師

師曰:「從來家富小兒驕, 偏向江頭弄畫撓. 引得老爺把持不住, 又來船上助歌謠」

2. 元 秦簡夫《東堂老》(제1절)

運窮君子拙, 家富小兒驕.

3.《昔時賢文》

國清才子貴, 家富小兒嬌.

612(11-240)
화가 닥침은 쉽게 알 수 있다

"복이 오는 것은 알 수 없지만,
화가 오는 것은 쉽게 알 수 있다."

「得福不知, 禍來便覺.」

【便】 '곧바로, 즉시'의 뜻. 백화어 '就'와 같음.

613(11-241)*
수신박기

태공이 말하였다.

"훌륭한 농토가 만 경頃이라도,

얕은 재주 하나 몸에 지니고 있느니만 못하다."

太公曰:「良田萬頃, 不如薄藝隨身.」

【頃】 토지나 농토의 넓이를 계산하는 단위.

【薄藝隨身】 작은 기예를 자신의 몸에 지니고 있음. 삶의 실질적인 도움이 되는 기능이나 생업의 도구를 뜻함. '隨身薄技', '薄伎在身'과 같음.

─────────
참고 및 관련 자료
─────────

1. 《顔氏家訓》 勉學篇

諺曰:「積財千萬, 不如薄伎在身.」

614(11-242)
청빈

《주례周禮》에 말하였다.

"맑은 가난에는 언제나 즐겁지만,
 더러운 부유함에는 근심이 많아진다."

《周禮》云:「淸貧常樂, 濁富多憂.」

【周禮】 周나라 관직의 品職을 기록한 책으로 十三經의 하나이며, 《禮記》·《儀
 禮》와 더불어 '三禮'라 부름.

(참고 및 관련 자료)

1. 이 구절은 《周禮》에 실려 있지 않으며, 〈越南本〉에는 다음 장과 묶어
놓았음.

615(11-243)
고대광실이 아니어도 좋다

"집이란 고대광실의 좋은 집이 아니어도 되나니,
 그저 비가 새지 않을 정도라면 된다.
 의복은 능라 같은 좋은 옷이 아니어도 되나니,
 그저 따뜻한 정도면 된다.
 음식은 진수성찬이 아니어도 되나니.
 그저 한번 배부르면 된다.
 아내는 고운 얼굴이 아니어도 되나니,

그저 어질고 덕이 있으면 된다.
아이는 아들 딸 묻지 말지니,
그저 효성스럽고 순하면 된다.
형제는 많고 적음에 있지 아니하나니,
그저 화목하고 순하면 된다.
친척과 권속은 오래 알던 자나 방금 알게 된 자를 가리지 말지니,
그저 왕래에 편하면 된다.
이웃은 지위의 높고 낮음에 있지 않나니,
그저 화목하면 된다.
친구는 음식과 술에 있지 않나니,
그저 서로 상부상조할 정도면 된다.
관직은 크고 작음에 있지 않나니,
청렴하고 공정함을 실행할 수 있을 정도면 된다."

「房室不在高堂, 不漏便好.

衣服不在綾羅, 和煖便好.

飮食不在珍羞, 一飽便好.

娶妻不在顔色, 賢德便好.

養兒不問男女, 孝順便好.

弟兄不在多少, 和順便好.

親眷不擇新舊, 來徃便好.

隣里不在高低, 和睦便好.

朋友不在酒食, 扶持便好.

官吏不在大小, 淸正便好.」

【房室不在高堂】〈越南本〉에는 '房屋不在堂高'로 되어 있음.
【珍羞】 진수성찬. 〈越南本〉에는 '珍饈'로 되어 있음.

> 참고 및 관련 자료

1. 〈越南本〉에는 "《周禮》云:「淸貧常樂, 濁富多憂. 房屋不在堂高, 不漏便好. 衣服不在綾羅, 和暖便好. 飮食不在珍饈, 一飽便好. 娶妻不在顔色, 賢德便好.」" 까지만 실려 있음.

616(11-244)
도청화상의 〈경세〉

도청화상道淸和尚의 〈경세警世〉에 말하였다.
"좋은 일은 비록 그렇게 하기를 좋아한다 해도,
마음에 두지 않으면 가까운 데서 늘 찾아 할 수 있는 것이 아니다.
네가 만약 좋은 일을 한다고 해도,
남에게까지 이를 나누어 줄 수 없다.
훌륭한 경전이 산저럼 많이 쌓여 있어도,
인연이 닿지 않으면 이를 읽어낼 수가 없다.
오역五逆에다가 효순도 없는 경우라면,
하늘과 땅은 이런 사람을 용납해 줄 수가 없다.
선왕의 법이 천지를 지키고 있으니,
법을 범하고는 피해 도망칠 곳이 없다.
좋은 농지가 천만 이랑이라 해도,
죽음이 다가오면 쓸 곳이 없다.
영전에 아무리 좋은 공양을 바쳐 올려도,

그 때는 일어나 먹을 수가 없다.
돈과 재물이 벽보다 높이 쌓여 있어도,
임종에는 장차 어찌할 수가 없다.
명과 운이 서로 돕지 않으면,
물러날 때는 억지로 해도 어쩌지 못하네.
아들 손자가 비록 집안에 가득하다 해도,
나의 죽음을 대신할 수는 없다."

道淸和尙〈警世〉:
　「善事雖好做, 無心近不得.
　　你若做好事, 別人分不得.
　　經典積如山, 無緣看不得,
　　五逆不孝順, 天地容不得.
　　王法鎭乾坤, 犯了休不得.
　　良田千萬頃, 死來用不得.
　　靈前好供養, 起來喫不得.
　　錢財過壁堆, 臨終將不得.
　　命運不相助, 却也强不得.
　　兒孫雖滿堂, 死來替不得.」

【道淸和尙】唐나라 때의 고승으로 속명은 馬玄素(709~788). 흔히 馬祖라
부름. 어릴 때 출가하여 經律을 익혔으며, 懷讓禪師를 따라 曹溪心法과 密受
心印을 배움. 代宗 시절 豫州 開元寺에서 설법을 할 때 많은 무리가 모였으며
禪宗이 이때부터 크게 성행하였음. 입적 후에는 大律禪師·大寂禪師라 불렸음
《宋高僧傳》(10)에 전기가 실려 있음.

【善事雖好做】〈越南本〉에는 '善事好做'로 '雖'자가 누락되었음.

【你若做好事】'你'는 백화어로 '너'의 인칭대명사. 〈越南本〉에는 '爾'로 되어 있음.

【五逆】〈越南本〉에는 '忤逆'으로 되어 있음.

【喫不得】〈越南本〉에는 '吃不得'으로 되어 있으며 '喫'의 간화자는 '吃'임.

【錢財過壁堆】〈越南本〉에는 '錢財遏壁堆'로 되어 있음. '遏(알)'은 '막다'의 뜻.

【臨終將不得】〈越南本〉에는 '臨行使不得'으로 되어 있음.

【却也强不得】〈越南本〉에는 '却也彊不得'으로 되어 있으며 '彊'은 '疆'의 오기임.

> ### 참고 및 관련 자료

1. 〈越南本〉에는 본장과 다음 장의 "欲修仙道, 先修人道. 人道不修, 仙道遠矣"를 붙여 놓았음.

617(11-245)
선도

"선도仙道를 닦고자 하거든 먼저 사람의 도리부터 닦아라.
 사람의 도리를 닦지 못하면, 선도는 먼 것이 되고 만다."

「欲脩仙道, 先修人道.
人道不能修, 仙道遠矣.」

【人道不能修】〈越南本〉에는 '人道不修'라 하여 4글자로 맞추었음.

618(11-246)
평생 길을 양보해도

효우孝友 주朱선생이 말하였다.
"종신토록 길을 양보한다 해도,
백 발자국 헛걸음 걷는 것이 아니다.
종신토록 밭두둑을 양보한다 해도,
농토 한 단段을 잃는 것은 아니다."

孝友朱先生曰:「終身讓路, 不枉百步.
　　　　　　　終身讓畔, 不失一段」

【孝友先生】朱仁軌. 자는 德容. 唐初 亳州 사람. 孝友先生은 그의 私諡. 은거하
며 양친을 모시자 붉은 새와 흰 까치가 집 근처에 날아와 둥지를 트는 등 기이
한 일이 있었다 함.《新唐書》(115) 朱敬則傳 참조.
【不枉】'枉'은 '굽히다'의 뜻으로 백 걸음이나 먼 길을 돌아가는 것이 아님을 말
함.
【畔】밭 두둑의 경계선. 이를 두고 서로 소유를 주장함.
【一段】밭의 한 구획.

> ### 참고 및 관련 자료

1. 宋, 章定《名賢氏族言行類稿》(5) 朱仁軌
終身讓路, 不枉百步. 終身讓畔, 不失一段.
2.《小學》嘉言篇 廣敬身
孝友先生朱仁軌, 隱居養親, 嘗誨子弟曰:「終身讓路, 不枉百步; 終身讓畔

不失一段.」

3.〈小學集註〉

終身讓路, 無枉百步之時; 終身讓畔, 無失一段之時, 何憚而不爲乎?

4.《菜根譚》

徑路窄處, 留一步與人行; 滋味濃的, 減三分讓人嗜. 此是涉世一極安樂法.

5.《新唐書》(115) 朱敬則傳(朱仁軌)

敬則兄仁軌, 字德容, 隱居養親. 常誨子弟曰:「終身讓路, 不枉百步; 終身讓畔, 不失一段.」有赤烏·白鵲棲所居樹, 按察使趙承恩表其異. 及卒, 郭山惲·員半千· 魏知古共謚爲孝友先生.

6. 張夢復〈訓子〉

古人有言:『終身讓路, 不失尺寸.』老氏以讓爲貴. 左氏曰:『讓, 德之本也.』處里 閭之間, 信世俗之言, 不過曰漸不可長, 不過曰後將更甚, 是大不然. 人孰無天理 良心?

619(11-247)
새가 궁하면

안자顔子가 말하였다.

"새가 궁하면 사람을 쪼고, 짐승이 궁하면 사람을 해친다.
사람이 궁하면 거짓을 꾸미고, 말이 궁하면 넘어지고 만다."

顔子曰:「鳥窮則啄, 獸窮則攫
　　　　人窮則詐, 馬窮則跋」

【跋】〈越南本〉에는 '跌'로 되어 있음.

참고 및 관련 자료

1. 〈越南本〉에는 이 구절 다음에 "自古及今,
未有窮其下而能無危者也"의 15자가 더 있음.

顔子(顔回)《三才圖會》

620(11-248)
정성 다해 꽃을 심었건만

"정성을 다하여 꽃을 심었건만 심은 것이 살아나지 않고,
생각 없이 버들을 꽂았으나 버들이 숲을 이루었네."

「着意栽花栽不活, 無心揷柳揷成林」

【着意】'著意'와 같으며 정성을 들여 꽃을 심음. 꽃가꾸기에 뜻을 붙임.
【栽不活】〈越南本〉에 '花不發'이라 하여 전체 뜻에 맞음.
【揷成林】〈越南本〉에는 '柳成陰'이라 하여 합리적인 상황에 맞음. '陰'은 '蔭'과 같음.

참고 및 관련 자료

1.《平妖傳》(19)
有意種花花不發, 無心揷柳柳成陰.

2. 《魯齋郎》(2) 元曲

有意種花花不開, 等閑挿柳柳成蔭.

3. 〈越南本〉에는 "性理詩云:「著意栽花花不發, 無心挿柳柳成陰.」"이라 하여
출전을 '性理詩'라 하였음.

4. 뒤 구절은 흔히 "無心挿柳柳成蔭"(생각 없이 버들가지를 꽂아도 버들은
그늘을 이룰 정도로 무성해진다)으로 널리 알려진 격언임.

5. 《昔時賢文》에는 "有意栽花花不發, 無心挿柳柳成蔭"(뜻을 들여 꽃을 심었
건만 꽃은 피지 않고, 무심코 꽂은 버드나무 그늘을 이루네)으로 되어 있으며,
이는 원래 包待制의 《智斬魯齋郎》第2折에 "着意栽花花不發, 等閑挿柳柳
成蔭"의 구절임.

6. 《警世通言》(13)과 《古今小說》(11)에는 "有意種花花不活, 等閑挿柳柳成陰"
으로 되어 있음.

621(11-249)
재물을 쌓는 것은

《경행록》에 말하였다.
"재물을 널리 쌓는 것은 자식 가르침만 못하고,
　화를 피함은 그릇됨을 줄이느니만 못하다."

《景行錄》云:「廣積不如敎子,
　　　　　避禍不如省非.」

622(11-250)
돈이 있어야 한다

"병을 고치려면 노력이 있어야 하고,
급한 일에 대비하려면 돈이 있어야 한다."

「病有工夫, 急有錢.」

【工夫】 '功夫'로도 표기하며 지금도 널리 쓰이는 白話語. '틈, 짬, 겨를, 여가'의 뜻.
혹 '어떤 일에 깊이 파고들다'의 뜻도 있음. 지금 우리말 공부는 여기서 비롯된
것임.

623(11-251)
얻기 쉬운 것은

"얻기 쉬운 것은, 잃기도 쉽다."

「得之易, 失之易.」

624(11-252)
눈썹 찌푸리는 양고기

"차라리 웃음지으며 멀건 국을 먹을지언정,
눈썹 찌푸리는 양고기는 먹지 말라."

「寧喫開眉湯, 莫喫皺眉羊.」

【開眉】눈썹이 들리도록 웃으며 즐거워함.
【皺眉】눈썹을 찡그리며 불편해함.

625(11-253)
농부의 고통

환범桓範이 말하였다.
"실오라기 하나 걸치더라도, 실을 자은 여인의 수고로움을 생각하고,
밥 한 톨 먹더라도, 농부의 노고를 생각하라.
배우면서 부지런히 하지 않으면, 도를 알 수 없고,
농사지으면서 부지런히 하지 않으면, 밥을 먹을 수 없다.
공경을 다하면 소원하던 자도 친밀한 관계를 이루게 된다."

桓範曰:「若服一縷, 憶織女之勞.

　　　　若食一粒, 思農夫之苦.

　　　　學而不勤, 不知道.

　　　　耕而不勤, 不得食.

　　　　敬則疎者, 成親矣.」

【桓範】 三國 魏나라 인물. 자는 元則(?~249). 魏 明帝 때 令軍尙書가 되었으며 征虜將軍에 오름. 司馬懿의 起兵에 맞섰다가 죽음을 당함. 《三國志》(9) 魏志 曹眞傳에 전이 함께 들어 있음.

　　　참고 및 관련 자료

1. 〈越南本〉에는 "桓範曰:「學而不勤, 不知道; 耕而不勤, 不得食」"의 두 구절만 실려 있음.

2. 본 《明心寶鑑》省心篇(527)에도 "身披一縷, 常思織女之勞; 日食三飧, 每念農夫之苦"라 하여 비슷한 구절이 있음.

626(11-254)*
자신에게서 원인을 찾아라

《성리서》에 말하였다.

"사물을 대하는 요체는,

　자신이 하고 싶지 않은 일을,

　남에게 강요하지 말 것이며,

실행하여도 얻지 못하는 것이 있으면,
자신에게서 그 원인을 찾아야 한다."

《性理書》云:「接物之要:

己所不欲, 勿施於人.

行有不得, 反求諸己.」

【性理書】〈越南本〉에는 '性理'로만 되어 있음.
【反求諸己】'諸'는 '저'로 읽으며 '之於', '之乎'의 合音字.

참고 및 관련 자료

1.《論語》顔淵篇과 衛靈公篇에 "己所不欲, 勿施於人"
이라 하였음.
2.〈中庸〉14장
子曰:「射有似乎君子; 失諸正鵠, 反求諸其身.」

"己所不欲, 勿施於人"
篆刻 작품

627(11-255)*
신선이 되어

"술과 색, 그리고 재물과 기운, 이 네 가지로 담을 쌓고,
얼마나 많은 현우賢愚가 그 안에 있는고?
만약 세상 사람으로 여기에서 도망쳐 나올 수 있다면
이가 곧 신선이 되어 죽지 않는 방법을 가진 자이리라."

「酒色財氣四堵墻, 多少賢愚在內廂?
若有世人跳得出, 便是神仙不死方.」

【多少賢愚】'多少'는 疑問文을 만드는 어휘. '얼마나 많은'의 뜻. 그러나 〈抄略本〉
에는 '많고 적은 어진 이와 어리석은 이가'로 풀이하고 있음.
【跳得出】'得'은 '할 수 있다'의 뜻을 표현하는 程度副詞.

628(11-256)
지혜가 생기고 나니

"사람이 날 때는 지혜가 아직 나지 않았고,
지혜가 생기고 나니 사람은 그만 늙어 버리는구나.
마음과 지혜가 모두 생기고 나니,
무상함이 다가오는 것조차도 느끼지 못하는구나."

「人生智未生, 智生人易老.
心智一切生, 不覺無常到.」

참고 및 관련 자료

1. 〈越南本〉에는 앞장과 본장을 하나로 연결하고 있음.

12. 입교편立教篇 第十二

"凡十七條"
모두 17장이다.

"가르침을 바르게 세워 이에 맞게 훈육을 베풀 것을 권고한 글들"

〈桂序昇平〉(淸, 年畫)

629(12-1)*
여섯 가지 근본

공자가 말하였다.

"몸을 세움에는 의가 있으니 효孝가 근본이요,
상례와 제사에는 예가 있으니 애哀가 근본이요,
전투 진영에는 대열이 있으니 용勇이 근본이요,
정치에는 다스림이 있으니 농農이 근본이요,
나라에 거함에는 도가 있으니 사嗣가 근본이요,
재물을 생산함에는 때가 있으니 힘이 근본이다."

子曰:「立身有義, 而孝爲本.
　　　喪祀有禮, 而哀爲本.
　　　戰陣有列, 而勇爲本.
　　　治政有理, 而農爲本.
　　　居國有道, 而嗣爲本.
　　　生財有時, 而力爲本.」

【戰陣有列】 원전에는 '戰陣有烈'로 되어 있으나 〈抄略本〉과 〈越南本〉 및 《孔子家語》 원문에 의해 수정함.

【喪祀】《孔子家語》에는 '喪紀'로 되어 있음.

【居國】 治國, 安國, 據國 등과 같음.

【嗣】 대를 이음. 정당한 계통이 아니면 난의 원인이 됨을 말함. 나라가 지속되기 위해서는 嗣子가 있어야 대가 끊어지지 않음을 말함.

참고 및 관련 자료

1.《孔子家語》六本篇

孔子曰:「行己有六本焉, 然後爲君子也. 立身有義矣, 而孝爲本; 喪紀有禮矣, 而哀爲本; 戰陣有列矣, 而勇爲本; 治政有理矣, 而農爲本; 居國有道矣, 而嗣爲本; 生財有時矣, 而力爲本. 置本不固, 無務農桑; 親戚不悅, 無務外交; 事不終始, 無務多業; 記聞而言, 無務多說; 比近不安, 無務求遠. 是故反本修邇, 君子之道也.」

630(12-2)*
정치의 요체

《경행록》에 말하였다.
"정치의 요체는
공정함과 청렴함이라 말할 수 있고,
집을 일으키는 도는
검소함과 부지런함이라 말할 수 있다."

《景行錄》云:「爲政之要, 曰公與淸;
　　　　　成家之道, 曰儉與勤.」

【成家之道】〈越南本〉에는 '成家之要'로 되어 있음.

631(12-3)*
네 가지 근본

"독서는, 집안을 일으키는 근본이요,
이치를 따름은, 집안을 보전하는 근본이며,
근면함과 검소함은, 집안을 다스리는 근본이요,
화목과 순종은 집안을 가지런히 하는 근본이다."

「讀書, 起家之本;
　循理, 保家之本;
　勤儉, 治家之本;
　和順, 齊家之本.」

【起家】집안을 일으킴.《史記》外戚世家에 "衛氏枝屬以軍功起家, 五人爲侯"라 함.
혹 평민의 신분에서 과거를 거쳐 관리의 신분이 됨.
【治家】집안을 다스림.
【和順】화목하고 순종함.《管子》形勢解에 "父母不失其常, 則子孫和順"이라 함.
【齊家】《大學》의 八條目에 "格物, 致知, 誠意, 正心, 修身, 齊家, 治國, 平天下"라
하였으며 같은 곳에 "欲齊其家者, 先修其身"이라 함.

<hr>

참고 및 관련 자료

1. 淸 金纓《格言聯璧》齊家類

勤儉, 治家之本; 和順, 齊家之本; 謹愼, 保家之本; 詩書, 起家之本; 忠孝
傳家之本.

632(12-4)
근검

《경행록》에 말하였다.
"부지런함이란 부유함의 근본이요, 검소함이란 부유함의 근원이다."

《景行錄》云:「勤者富之本, 儉者富之源.」

참고 및 관련 자료

1. 〈越南本〉에는 630, 631과 본 장을 묶어 하나의 장으로 하였으며 따라서 본장의 '景行錄云' 넉 자는 없음.

633(12-5)*
공자 〈삼계도〉

공자 〈삼계도三計圖〉에 말하였다.
"일생의 계획은, 부지런히 함에 있고,
일 년의 계획은, 봄에 세워야 하며,
하루의 계획은 인시寅時에 세워야 한다.
어려서 배우지 않으면 늙어 아는 것이 없게 되고,

봄에 밭을 갈지 않으면, 가을에 바랄 것이 없으며,
인시에 일어나지 않으면, 그날의 일을 처리하지 못한다."

孔子〈三計圖〉云:

「一生之計, 在於勤;

一年之計, 在於春;

一日之計, 在於寅.

幼而不學, 老無所知;

春若不耕, 秋無所望;

寅若不起, 日無所辦.」

【三計圖】세 가지 계획을 그림으로 그려 경계로 삼은 것.
【在於勤】〈抄略本〉과〈通俗本〉에는 '在於幼'로 되어 있음.
【寅】새벽 3~5시 사이. 이른 아침.
【辦】일을 처리함. 하루 일의 업적.〈通俗本〉과〈越南本〉에는 '辨'으로 되어 있음.

참고 및 관련 자료

1. 明 無名氏《白兎記》牧牛
一年之計在于春; 一生之計在于勤; 一日之計在于寅. 春若不耕, 秋無所望; 寅若不起, 日無所辦. 少若不勤, 老無少歸.
2. 邵雍의《伊川擊壤集》(16)
一世之事愼在春, 一日之事愼在晨.
3.《事林廣記》(9)
一日之計在于寅, 一年之計在于春.

4. 明 婁元禮《田家五行》등에 널리 인용되어 있음.

5. 《昔時賢文》

一年之計在於春, 一日之計在於寅; 一家之計在於和, 一生之計在於勤.

634(12-6)*

오륜

《성리서》에 말하였다.

"다섯 가지 가르칠 덕목이 있으니,

부자 사이의 친親과,

군신 사이의 의義와,

부부 사이의 별別과,

장유 사이의 서序와,

붕우 사이의 신信이니라."

《性理書》云:「五教之目:

父子有親,

君臣有義,

夫婦有別,

長幼有序,

朋友有信.」

1. 《孟子》滕文公(上)

人之有道也, 飽食煖衣, 逸居而無教, 則近於禽獸. 聖人有憂之; 使契爲司徒,
教以人倫: 父子有親, 君臣有義, 夫婦有別, 長幼有序, 朋友有信.

2. 〈抄略本〉에는 다음 구절이 더 있음.

○「三綱: 君爲臣綱, 父爲子綱, 夫爲婦綱.」
　　(삼강은, 임금은 신하의 벼리가 되고,
　　아비는 아들의 벼리가 되며,
　　지아비는 아내의 벼리가 됨이다.)

635(12-7)
선거 땅의 백성

고령古靈 진선생陳先生이 선거仙居 땅의 영令이 되어
그 백성을 이렇게 가르쳤다.
"우리 백성이 된 자는, 아버지는 의롭고 어머니는 자애로우며,
　형은 우애 있고 아우는 공손하며, 자식은 효도하고,
　부부 사이에는 은애가 있으며, 남녀 사이에는 구별이 있고,
　자제들은 배움이 있고, 마을마다 고을마다 예가 있으며,
　빈궁과 환난에는, 친척들이 나서서 구제하고,
　혼인과 사상死喪에는 이웃이 서로 도와주며,
　농사일에 게으름이 없으며, 도적질하지 말며,
　도박을 배우지 말며, 소송을 좋아하지 말 것이며,
　악으로써 선한 자를 능멸하지 말며,
　부유한 자로써 가난한 자의 것을 삼키지 말며,

길가는 자는 길을 양보하고, 밭가는 자는 밭두둑을 양보하며,
반백의 노인이 이고 지고 길을 걷는 일이 없도록 하라.
그렇게 하면 예禮와 의義의 풍속을 이루게 될 것이다."

古靈陳先生爲仙居令, 教其民曰:
　　「爲吾民者, 父義母慈,
　　　兄友弟恭, 子孝,
　　　夫婦有恩, 男女有別,
　　　子弟有學, 鄕閭有禮.
　　　貧窮患難, 親戚相救;
　　　婚姻死喪, 隣保相助;
　　　母惰農業, 母作盜賊,
　　　母學賭博, 無好爭訟,
　　　母以惡陵善, 母以富呑貧.
　　　行者讓路, 耕者讓畔,
　　　班白者不負戴於道路,
　　　　則爲禮義之俗矣.」

【古靈陳先生】陳襄(1017~1080). 자는 述古, 福州 古靈 사람. 陳烈·周希孟·
鄭穆友와 함께 '四先生'이라 불림. 宋 仁宗 때 進士에 올라 神宗 때 侍御史知
雜事를 역임하였으며, 陳州와 杭州의 知事를 역임함. 뒤에 判尙書都省이 되어
司馬光·消息 등 33명을 추천한 일로 유명함. 문집으로 《古靈集》이 있으며,
《宋史》(321)에 전이 있음.
【仙居令】'仙居'는 '僊居'로도 표기하며 지명. 台州의 屬邑. 陳襄이 그곳의 縣令을

지냄.〈越南本〉에는 '古靈陳先生敎其民曰'로 되어 있으며 '仙居令'이라는 말은
없음.

【子孝】〈越南本〉에는 이 말이 없음.

【鄕閭】고을. 鄕과 閭. 모두 마을 단위.《周禮》"五縣爲遂"의 注에 "鄰酇鄙縣遂,
猶郊內比閭族黨州鄕也"라 함.

【隣保】이웃. '保' 역시 다섯 가구의 구성 단위.《史記》商君傳 "令民爲什伍, 而相
牧司連坐. 不告姦者腰斬, 告姦者與斬敵首同賞, 匿姦者與降敵同罰"의 〈索隱〉에
"五家爲保, 十家相連. 一家有罪, 而九家連擧發. 若不糾擧, 則十家連坐"라 함.
〈越南本〉에는 '鄰堡'로 되어 있음.

【陵善】선한 자를 능멸함.〈越南本〉에는 '凌善'으로 되어 있음.

【班白】'頒白, 斑白, 半白'과 같음. 머리가 희끗희끗한 상태의 노인.〈小學集註〉
에는 '頒白'으로 되어 있으며, "頒, 老人頭半白黑也"라 함. 50대 늙은이를 뜻함.
〈越南本〉에는 '頒白'으로 되어 있음.

【負戴】남자는 등에 짊어지고 여자는 머리에 이고 다님. 힘든 짐을 의미함.《孟子》
梁惠王(上)에 "五畝之宅, 樹之以桑, 五十者可以衣帛矣. 雞豚狗彘之畜, 無失其時,
七十者可以食肉矣. 百畝之田, 勿奪其時, 數口之家可以無飢矣. 謹庠序之敎, 申之
以孝悌之義, 頒白者不負戴於道路矣"라 함.

참고 및 관련 자료

1.《小學》嘉言篇 廣立敎

古靈陳先生爲僊居令, 敎其民曰:「爲吾民者, 父義, 母慈, 兄友, 弟恭, 子孝, 夫婦
有恩, 男女有別, 子弟有學, 鄕閭有禮, 貧窮患難, 親戚相救, 婚姻死喪, 隣保相助,
無墮農業, 無作盜賊, 無學賭博, 無好爭訟, 無以惡陵善, 無以富呑貧, 行者讓路,
耕者讓畔, 班白者不負戴於道路, 則爲禮義之俗矣.」

2.〈小學集註〉

此皆孟子所謂善敎得民者.

636(12-8)
교인치민

《성리서》에 말하였다.
"사람을 가르침이란,
  그 선한 마음을 길러 악이 저절로 사라지게 하는 것이요,
  백성을 다스림이란,
  공경과 겸양으로 인도하여 다툼이 저절로 사라지게 하는 것이다."

《性理書》云:
  「教人者, 養其善心, 而惡自消;
    治民者, 導之敬讓, 而爭自息.」

【性理書】〈越南本〉에는 '性理'로만 되어 있음.
【養其善心】〈越南本〉에는 '養其善'이라 하여 '心'자가 누락되어 있음.
【消·息】'消息'(사그라지고 없어짐)을 雙聲連綿語로 나누어 구절의 끝을 맺은 것임.

637(12-9)
임금 노릇

《예禮》에 말하였다.
"임금 노릇함에는 공경에 이르러서야 다한 것이요,

아버지 노릇함에는 자애에 이르러서야 다한 것이며,
아들이 되어서는 효에까지 이르러서야 다한 것이며,
친구가 되어서는 믿음에 이르러서야 다한 것이다.
만약 이러한 이치를 실행한다면,
이로써 정치의 다스림도 실행할 수 있을 것이다!”

《禮》云:
「爲君止於敬, 爲父止於慈;
　爲子止於孝, 爲朋止於信.
　　若爲斯理, 可以爲政理乎!」

638(12-10)*
충신은 두 임금을 섬기지 아니하며

왕촉王蠋이 말하였다.
“충신은 두 임금을 섬기지 아니하며,
　열녀는 두 지아비를 바꾸어 섬기지 않는다.”

王蠋曰:「忠臣不事二君,
　　　　烈女不更二夫.」

【王蠋】戰國 시대 齊나라 畫邑 사람으로 고결한 절개를 가지고 있었음. 燕나라
   장수 樂毅의 유혹을 받고 나라 망함을 비통해하다가 자결함.
【忠臣·烈女】〈小學集註〉에 "忠義之臣, 始終一心; 貞烈之女, 始終一志. 不以利
   害易, 不以生死變"이라 함.《史記》원문에는 '烈女'가 '貞女'로 되어 있음.
【不更】〈越南本〉에는 '不嫁'로 되어 있음.

참고 및 관련 자료

1.《史記》田單列傳

燕之初入齊, 聞畫邑人王蠋賢, 令軍中曰「環畫邑三十里無入」, 以王蠋之故. 已而
使人謂蠋曰:「齊人多高子之義, 吾以子爲將, 封子萬家」蠋固謝. 燕人曰:「子不聽,
吾引三軍而屠畫邑.」王蠋曰:「忠臣不事二君, 貞女不更二夫. 齊王不聽吾諫,
故退而耕於野. 國旣破亡, 吾不能存; 今又劫之以兵爲君將, 是助桀爲暴也. 與其
生而無義, 固不如烹!」遂經其頸於樹枝, 自奮絶脰而死. 齊亡大夫聞之, 曰:
「王蠋, 布衣也, 義不北面於燕, 況在位食祿者乎!」
乃相聚如莒, 求諸子, 立爲襄王.

2. 司馬光《家範》(8) 妻上篇

忠臣不事二主, 貞女不事二夫.

3.《小學》明倫篇 明君臣之義

王蠋曰:「忠臣不事二君, 烈女不更二夫.」

〈司馬遷〉《三才圖會》

639(12-11)*
관직과 재물

충자忠子가 말하였다.

"관직을 다스림에 공평함만한 것이 없고,
재물에 임하여 청렴함만한 것이 없다."

忠子曰:「治官莫若平, 臨財莫若廉.」

【忠子】〈越南本〉에는 '莊子曰'이라 하였으며, 여기서의 '忠子'는 구체적으로는
알 수 없음. 지금의 《莊子》에는 같은 구절이 실려 있지 않음. 〈抄略本〉에도
'忠子曰'로 되어 있음.

640(12-12)
거문고와 말고삐

《설원》에 말하였다.
"나라 다스림은 거문고 연주하듯 하고,
집안 다스림은 고삐 잡은 듯이 하라."

《說苑》云:「治國若彈琴, 治家若執轡也.」

[참고 및 관련 자료]

1. 이 구절은 《說苑》에 실려 있지 아니하며, 宓子賤의 선보(單父) 다스림
(政理篇)과 《韓詩外傳》·《新序》 등에 실려 있는 東野畢의 말 모는 솜씨 등의
고사를 압축하여 표현한 것으로 보임.

641(12-13)
힘을 다해야 할 효성

"효에는 의당 힘을 다할 것이요,
충성에는 목숨을 다할 것이니라."

「孝當竭力, 忠則盡命.」

642(12-14)
여자의 정결

"여자는 정결을 사모해야 하고,
남자는 재량才良을 본받아야 한다."

「女慕貞潔, 男效才良.」

【貞潔】 정숙함과 순결함.
【才良】 재능과 우량함.

참고 및 관련 자료

1. 《千字文》
女慕貞潔, 男效才良..

2. 〈千字文釋文〉
雖男女有異, 而五常之修一也. 慕, 愛也. 貞潔, 正而靜也. 效, 法也. 才, 有能者.
良, 有德者.

643(12-15)*
장사숙의 〈좌우명〉

장사숙張思叔의 〈좌우명座右銘〉에 말하였다.
"무릇 말은 반드시 충성과 믿음이 있도록 하고,
행동은 반드시 독실하고 경견하게 한다.
음식은 필히 삼가고 절제할 것이며,
자획字畫은 반드시 해서楷書로 바르게 쓴다.
용모는 반드시 단아하고 장중하게 하며,
의관은 반드시 정숙하고 가지런히 한다.
걸음걸이는 안정되게 자상하게 하며,
거처는 반드시 바르고 조용하게 한다.
일에는 그 시작에 모책을 잘 세우며,
말을 낼 때는 실천할 행동을 돌아본다.
상덕常德은 반드시 고집스럽게 견지하며,
그렇게 하겠노라 허락한 것은 반드시 지키기를 중요히 여긴다.
남의 착한 일을 보면 마치 내가 한 듯이 즐거워해 주고,
악함을 보면 마치 내가 저지른 듯이 병폐로 여긴다.

이상 열네 가지는, 내가 모두 깊이 성찰하지 못한 것이다.
이를 앉은자리 구석에 써놓고, 아침저녁으로 보며 경계警戒로 삼노라."

張思叔〈座右銘〉曰:

「凡語必忠信, 凡行必篤敬.

飮食必愼節, 字畫必楷正.

容貌必端莊, 衣冠必肅整.

步履必安詳, 居處必正靜.

作事必謀始, 出言必顧行.

常德必固持, 然諾必重應.

見善如己出, 見惡如己病.

凡此十四者, 我皆未深省.

書此當座隅, 朝夕視爲警.」

【張思叔】張繹. 자는 思叔. 壽安(지금의 河南 宜陽) 사람으로 伊川 선생의 高弟子. 젊었을 때 시장에서 고용살이하다가 학문에 뜻을 두어 程頤에게 수업함. 정이가 그와 尹焞 두 사람을 두고 晩得二士라 할 정도로 아꼈다 함. 《宋史》(428) 道學傳에 전이 있음.《小學》〈御定本〉에는 '張鐸'으로 잘못 인쇄되어 있음. 〈越南本〉에는 '裴思叔'으로 잘못 기재되어 있음.

【座右銘】앉은자리 오른쪽에 새겨놓고 늘 다짐이나 경계로 삼는 글.《荀子》(宥坐篇)·《說苑》(敬愼篇)·《韓詩外傳》(3)·《淮南子》(道應訓)·《孔子家語》(三恕篇) 등에 널리 실려 있음. 참고란을 볼 것. 한편 이 글은 모두 敬·正·整·靜·行·應·病·省·警의 글자를 써서 운을 맞추고 있음.

【楷正】글씨를 楷書體로 바르게 씀.

【肅整】〈通俗本〉에는 '整肅'으로 되어 있음.

【安詳】〈越南本〉에는 '安祥'으로 되어 있음.

【顧行】자신의 행동을 잘 뒤돌아보아 신중히 함.

【諾然】 그렇다고 동의하거나 어떠한 일에 승낙을 함.
【爲警】 〈越南本〉에는 '爲儆'으로 되어 있음.

참고 및 관련 자료

1. 《小學》 嘉言篇 廣敬身

張思叔〈座右銘〉曰:「凡語必忠信, 凡行必篤敬. 飲食必愼節, 字畫必楷正. 容貌必端莊, 衣冠必肅整. 步履必安詳, 居處必正靜. 作事必謀始, 出言必顧行. 常德必固持, 然諾必重應. 見善如己出, 見惡如己病. 凡此十四者, 我皆未深省. 書此當座隅, 朝夕視爲警.」

2. 《荀子》 宥坐篇

孔子觀於魯桓公之廟, 有欹器焉., 孔子問於守廟者曰:「此爲何器?」 守廟者曰:「此蓋爲宥坐之器.」 孔子曰:「吾聞宥坐之器者, 虛則欹, 中則正, 滿則覆.」 孔子顧謂弟子曰:「注水焉!」 弟子挹水而注之. 中而正, 滿而覆, 虛而欹. 孔子喟然嘆曰:「吁! 惡有滿而不覆者哉!」 子路曰:「敢問持滿有道乎?」 孔子曰:「聰明聖知, 守之以愚; 功被天下, 守之以讓; 勇力撫世, 守之以怯; 富有四海, 守之以謙. 此所謂挹而損之之道也.」

3. 그 외 《說苑》(敬愼篇), 《韓詩外傳》(3), 《淮南子》(道應訓), 《孔子家語》(三恕篇) 등에도 널리 실려 있음. 본 《明心寶鑑》 247을 볼 것.

644(12-16)*
범익겸의 〈좌우명〉

범익겸范益謙의 〈좌우명座右銘〉에 말하였다.

"첫째, 조정 정책의 이해득실, 변방의 보고나 출사, 제수 등에 대하여
　　말하지 아니한다.
　둘째, 주현州縣 관원들의 장단점이나 행정 성과의 득실에 대하여 말하지
　　아니한다.
　셋째, 많은 사람들이 지은 과실이나 죄에 대하여 말하지 아니한다.
　넷째, 벼슬길이나 관직에 오르는 일, 시대 흐름과 세력에 아부하는 일
　　따위에 대하여 말하지 아니한다.
　다섯째, 재물의 많고 적다거나, 빈천을 싫어한다거나, 부귀를 구하겠
　　다는 등의 말을 하지 아니한다.
　여섯째, 음란하고 외설스러운 일, 농담이나 희학, 여색에 대한 평론
　　따위를 말하지 아니한다.
　일곱째, 남의 물건을 달라거나 술이나 먹을 것을 요구하는 말을 하지
　　아니한다."

또 이렇게 말하였다.
"남의 편지 전달을 부탁 받았을 때 이를 열어보거나 정체시키지 아니
한다
　남과 함께 앉았을 때 남의 사사로운 편지를 엿보지 아니한다.
　남의 집에 들어갔을 때 남이 글로 적어놓은 것들을 보지 아니한다.
　남으로부터 물건을 빌려왔을 때 손괴하거나 되돌려주지 아니한다.
　음식을 먹을 때는 가려먹거나 버리거나 취하지 아니한다.
　남과 함께 처하였을 때나의 편리함만을 선택하지 아니한다.
　무릇 남의 부귀를 두고 탄식하거나 헐뜯지 아니한다.
　대체로 이 몇 가지 사항에서 이를 범하는 것이 있으면 그 용의用意의
불초不肖함이 족히 드러나는 것이며 그렇게 했다가는 존심수양存心
修身에 크게 해가 되는 바가 있을 것이니 이 까닭으로 글로 써서 스스
로의 경계로 삼노라."

范益謙〈座右戒〉曰:

「一, 不言朝廷利害邊報差除.

二, 不言州縣官員長短得失.

三, 不言衆人所作過惡(之事).

四, 不言仕進官職趨時附勢.

五, 不言財利多少厭貧求富.

六, 不言淫媒戲慢評論女色.

七, 不言求覓人物干索酒食.」

又曰:「人附書信, 不可開坼沉滯.

與人並坐, 不可窺人私書.

凡入人家, 不可看人文字.

凡借人物, 不可損壞不還.

凡喫飮食, 不可揀擇去取.

與人同處, 不可自擇便利.

凡人富貴, 不可歎羨詆毁.

凡此數事, 有犯之者, 足以見用意之不肖,

於存心脩身, 大有所害.

因書以自警.」

【范益謙】范冲(范沖: 1067~1141). 成都 華陽 사람. 자는 元長. 宋 哲宗 때 翰林學士를 지냈던 范祖禹의 아들. 철종 때 進士에 올라 兩淮轉運副使, 宗正少卿兼直史官이 되어 神宗과 哲宗의 實錄을 편찬함. 司馬光의 家屬을 모두 보살피고 길렀던 인물.《宋史》(435) 儒林傳에 전이 있음.
【邊報差除】邊報는 변방의 보고. 差는 差使, 出使. 除는 관직의 除授 등.〈小學

集註〉에 "邊報, 邊境之報也. 遣使曰差, 授官曰除"라 함. 지금의 人事移動 등에 대해 관심을 보이지 않을 것임을 다짐한 것.

【所作過惡之事】 원본과 〈越南本〉에는 '之事' 두 글자가 없으나 〈抄略本〉에 의해 補入해 넣어 글자 수가 맞도록 하였음.

【財利多少】 〈越南本〉에는 '財利多寡'로 되어 있음.

【淫媟】 媟은 '설'로 읽음. 음탕하고 외설스러운 언어나 화제.

【求覓·干索】 모두 남에게 요구하거나 찾거나 강요함을 뜻함. '干'은 '求'와 같은 뜻. '干索'은 〈越南本〉에는 '需索'으로 되어 있음.

【窺人私書】 남의 사사로운 서신을 엿봄. 〈通俗本〉에는 '規人私書'로 되어 있음.

【又曰】 〈抄略本〉과 〈通俗本〉에는 '曰'자가 없으며 《小學》에는 이하 '一'부터 '七'의 순번이 표시되어 있음.

【開拆沉滯】 〈小學集註〉에 "開拆, 則干人之私; 沉滯, 則誤人之託"이라 함. 〈越南本〉에는 '開拆'이 '開折'로 잘못되어 있음.

【文字】 일체의 문자 기록. 〈小學集註〉에 "文字, 如書簡簿籍之類"라 함.

【便利】 나만 편하면 되는 자리나 위치. 〈小學集註〉에 "便利, 如夏擇淸涼, 冬擇 和暖之類"라 함. 〈越南本〉에는 '便宜'로 되어 있음.

【凡人富貴】 《小學》에는 '見人富貴'로 되어 있음.

【歆羨詆毀】 〈小學集註〉에 "慕之, 則歆羨; 惡之, 則詆毀"라 함.

【用意之不肖】 〈抄略本〉에는 '用心之不肖'로 되어 있음.

【存心脩身】 〈抄略本〉에는 '正心修身'으로 되어 있음.

> 참고 및 관련 자료

1. 이는 《東萊辨志錄》에 실려 있음.

2. 《小學》 嘉言篇 廣敬身

范益謙〈座右戒〉曰:「一, 不言朝廷利害, 邊報差除. 二, 不言州縣官員長短得失. 三, 不言衆人所作過惡. 四, 不言仕進官職, 趨時附勢. 五, 不言財利多少, 厭貧求富. 六, 不言淫媟戲慢, 評論女色. 七, 不言求覓人物, 干索酒食」又曰:「一, 人附書信, 不可開拆沉滯. 二, 與人竝坐, 不可窺人私書. 三, 凡入人家, 不可看人文字. 四, 凡借人物, 不可損壞不還. 五, 凡喫飲食, 不可揀擇去取. 六, 與人同處, 不可自擇便利. 七, 見人富貴, 不可歆羨詆毀. 凡此數事, 有犯之者, 足以見用意之不肖, 於存心修身, 大有所害, 因書以自警.」

645(12-17)*
무왕과 태공의 담론

무왕武王이 태공太公에게 물었다.

"사람이 세상에 살면서 어찌하여 부귀와 빈천이 동등하지 않습니까?
원컨대 그 설명을 듣고 이를 알고자 합니다."

태공이 말하였다.

"부귀는 성인의 덕과 같아 모두가 천명으로 말미암는 것입니다. 부자는
재물을 씀에 절약함이 있으나 부유하지 못한 자는 집안에 열 가지
도둑이 있습니다."

무왕이 말하였다.

"무엇이 열 가지 도둑입니까?"

태공이 말하였다.

"때가 되어 곡식이 익었는데도 거두지 아니하는 것이 첫 번째 도둑이요,
거두어도 이를 쌓아놓는 일을 완료하지 아니하는 것이 두 번째 도둑이며,
일없이 불을 켜 놓은 채 잠을 자는 것이 세 번째 도둑이며,
게을러 농사를 짓지 아니하는 것이 네 번째 도둑이며,
정성도 없고 힘도 베풀지 아니하는 것이 다섯 번째 도둑이며,
제멋대로 하여 절박한 해를 끼치는 것이 여섯 번째 도둑이며,
딸을 너무 많이 키우는 것이 일곱 번째 도둑이며,
낮에 잠을 자며 게을러 늦게 일어나는 것이 여덟 번째 도둑이며,
술을 탐내고 기호와 욕심에 빠져드는 것이 아홉 번째 도둑이며,
억지로 행하며 질투를 부리는 것이 열 번째 도둑입니다."

무왕이 물었다.

"집안에 이러한 열 가지 도둑이 없는 데도 부유하지 못하다면 어찌
그렇습니까?"

태공이 말하였다.

"그러한 집에는 틀림없이 세 가지 소모함이 있을 것입니다."

무왕이 물었다.

"무엇을 세 가지 소모라고 이름합니까?"

태공이 말하였다.

"창고가 새고 넘치는 데도 이를 덮지 아니하여
쥐와 참새가 이를 마구 먹어치우도록 하는 것을 첫 번째 소모라 하고,
거두고 심는 때를 제대로 맞추지 못하는 것을 두 번째 소모라 하며,
미곡의 낟알을 마구 뿌려 더럽고 천하게 다루는 것이
세 번째 소모라 합니다."

무왕이 물었다.

"집안에 이러한 세 가지 소모함이 없는데도 부유하지 못하다면 어찌
그렇습니까?"

태공이 말하였다.

"그러한 집에는 틀림없이 일착一錯, 이오二懊, 삼치三癡, 사실四失, 오역五逆,
육불상六不祥, 칠노七奴, 팔천八賤, 구우九愚, 십강十強이 있을 것입니다.
이는 스스로 그 화를 부르는 것이지, 하늘이 그에게 재앙을 내리는
것이 아닙니다."

무왕이 물었다.

"원컨대 모두 듣고 싶습니다."

태공이 말하였다.

"자식을 기르면서 가르치지 않는 것이 첫 번째 착이요,
어린 아이일 때 가르치지 않는 것이 두 번째 오요,
처음 새 며느리를 들여올 때 엄한 훈계를 실행하지 않는 것이 세 번째 치요,
말도 하기 전에 먼저 웃는 것이 네 번째 실이요,
부모를 봉양하지 않는 것이 다섯 번째 역이요,
밤에 알몸으로 벌거벗고 일어나는 것이 여섯 번째 불상이요,
남의 활을 당겨보기를 좋아하는 것이 일곱 번째 노요,
남의 말을 타보기를 좋아하는 것이 여덟 번째 천이요,
남의 술을 마시면서 남에게도 권하는 것이 아홉 번째 우요,

남의 밥을 먹으면서 친구에게 명하여 먹도록 하는 것이
열 번째 고입니다."
무왕이 말하였다.
"심히 훌륭하고 진실합니다! 이 말이여."

武王問太公曰:「人居世上, 何得貴賤貧富不登?
　　　　　願聞說之, 欲知是矣.」
太公曰:「富貴, 如聖人之德, 皆由天命.
　　　　富者, 用之有節; 不富者, 家有十盜.」
武王曰:「何爲十盜?」
太公曰:「時熟不收, 爲一盜.
　　　　收積不了, 爲二盜.
　　無事燃燈寢睡, 爲三盜.
　　　　慵懶不耕, (爲)四盜.
　　　　不施工力, (爲)五盜.
　　　　專行切害, (爲)六盜.
　　　　養女太多, (爲)七盜.
　　　　晝眠懶起, (爲)八盜.
　　　　貪酒嗜慾, (爲)九盜.
　　　　强行嫉妬, (爲)十盜.」
武王曰:「家無十盜, (而)不富者何如?」
太公曰:「人家必有三耗.」
武王曰:「何名三耗?」

太公曰:「倉庫漏濫不蓋, 鼠雀亂食, 爲一耗.

收種失時, (爲)二耗.

抛撒米穀穢賤, (爲)三耗」

武王曰:「家無三耗, (而)不富者何也?」

太公曰:「人家必有一錯, 二悞, 三癡, 四失, 五逆, 六不祥,

七奴, 八賤, 九愚, 十强. 自招其禍, 非天降殃」

武王曰:「願悉聞之.」

太公曰:「養男不教訓, 爲一錯.

嬰孩勿訓, 爲二悞.

初迎新婦不行嚴訓, 爲三癡.

未語先笑, 爲四失.

不養父母, 爲五逆.

夜起赤身, 爲六不祥.

好挽他弓, 爲七奴.

愛騎他馬, 爲八賤.

喫他酒勸他人, 爲九愚.

喫他飯命朋友, 爲十强」

武王曰:「甚美誠哉! 是言也.」

〈周公〉(姬旦)《三才圖會》

【武王】周나라 때의 왕이며 아버지 文王의 뜻을 이어 殷을 멸하고 주를 세웠다.
儒家의 성인으로 추앙받으며 周公, 太公 등과 함께 성스러운 정치를 편 것으로
높이 알려진 인물.

【太公】周나라 공신 太公望 呂尙. 자는 子牙. 渭水에서 낚시질 할 때 文王(姬昌)에게 발탁되어 주나라의 군사 책임자가 됨. 뒤에 周 武王을 도와 殷의 紂를 멸하고 천하를 안정시킴. 성은 姜, 先代가 呂 땅에 살아 呂를 성으로 삼기도 함. 이름은 尙. 자는 尙父. 齊나라에 봉을 받아 춘추시대 齊나라 시조가 됨.

【不登】'不等'과 같음. 〈抄略本〉과 〈通俗本〉에는 '不等'으로 되어 있음. 〈越南本〉에는 이 구절이 '何有富貴貧賤不同'으로 되어 있음.

【願聞說之, 欲知是矣】〈越南本〉에는 '願聞其說'로 되어 있음.

【慵懶不耕, (爲)四盜】원본에는 (爲)와 (而)가 누락되어 있으나 〈越南本〉과 〈抄略本〉, 〈通俗本〉 등에 의해 모두 補入해 넣음.

【不施工力】〈抄略本〉에는 '不施功力'으로 되어 있음.

【專行切害】〈越南本〉에는 '專行竊害'로 되어 있음.

【時熟不收】〈越南本〉에는 '將熟不收'로 되어 있음.

【專行切害】〈越南本〉에는 '專行竊害'로, 〈抄略本〉에는 '專行巧害'로, 〈通俗本〉에는 '專行功害'로 되어 있어 각기 다름.

【養女太多】〈越南本〉에는 '養畜太多'로 되어 있음.

【强行嫉妬】〈越南本〉에는 '彊行嫉妬'로 되어 있음.

【倉庫漏濫】〈越南本〉에는 '倉庫漏濕'이라 함.

【抛撒米穀】〈越南本〉에는 '抛撒米穀'으로 잘못 표기되어 있음.

【二惧】〈抄略本〉과 〈通俗本〉에는 '二誤'로 되어 있으며 그 아래도 같음.

【三癡】〈抄略本〉과 〈通俗本〉에는 '三痴'로 되어 있으며 그 아래도 같음.

【十强】〈越南本〉에는 두 곳 모두 '十彊'으로 되어 있음.

【嬰孩勿訓】〈越南本〉과 〈抄略本〉에는 '嬰孩不訓'으로 되어 있음.

【喫他飯命朋友】〈越南本〉에는 '喫他飮食朋友'로 되어 있음.

참고 및 관련 자료

1. 《太平御覽》(485)에 인용된 강태공의 《六韜》逸文

武王問太公曰:「貧富豈有命乎?」太公曰:「爲之不密. 密而不富者, 盜在其室.」武王曰:「何謂盜也?」太公曰:「計之不熱, 一盜也; 收種不時, 二盜也; 取婦無能, 三盜也; 養女太多, 四盜也; 棄事就酒, 五盜也; 衣服過度, 六盜也; 封藏不謹, 七盜也; 井竈不利, 八盜也; 擧息就禮, 九盜也; 無事然鐙. 十盜也取之安得富哉?」武王曰:「善!」

13. 치정편治政篇 第十三

"凡二十三條"
모두 23장이다.

"나라의 바른 정치를 위한 일들을 모은 글들"

〈通惠河漕運圖〉(淸, 沈喩)

646(13-1)*
일명의 선비

명도明道, 程顥선생이 말하였다.
"일명一命의 조사朝士라 할지라도,
진실로 물건을 아끼고 사랑하는 데에 마음을 두며,
남에게 있어서는 반드시 구제해 주는 바가 있어야 한다."

明道先生曰:「一命之士, 苟存心於愛物,

於人必有所濟.」

【明道先生】北宋 理學의 대가 程顥(1032~1085). 자는 伯淳이며 明道先生이라 부름. 저서로는 《識仁篇》과 《定性》 등이 있으며, 아우 伊川(程頤)과 구분하여 大程子라 하며 두 사람을 합해 二程이라 부름. 北宋 理學 四派 즉, 濂溪學派(周敦頤)·百源學派(邵雍)·關學派(張載)와 더불어 洛學派의 대표적인 인물. 이들의 저술과 어록을 묶은 《二程集》이 있음. 그 학통이 南宋 閩學派(朱熹)에게로 이어진 것임.

程顥(明道선생) 《三才圖會》

【一命之士】《周禮》에 朝廷의 관직 품계로 가장 낮은 朝士. 첫 벼슬에 오른 사람을 말하며 九品의 관리.

참고 및 관련 자료

1. 이는 《明道行狀》에 실려 있음.
2. 《近思錄》 政事篇
明道先生曰:「一命士, 苟存心於愛物, 於人必有所濟.」

3. 《小學》嘉言篇 廣明倫

明道先生曰:「一命之士, 苟存心於愛物, 於人必有所濟.」

4. 〈小學集註〉

一命猶然, 況居大位者乎?

5. 〈越南本〉은 본 장에 착간이 있음.

程明道曰:「一命之士, 之, 爾俸爾祿, 民膏民必有所濟.」

647(13-2)*
당태종의 〈어제〉

당태종唐太宗 〈어제御製〉에 말하였다.

"위에서는 지휘하는 자가 있고, 중간에서는 실행하는 자가 있으며,

아래에는 이에 의부依附하는 자가 있다.

옷감으로 옷을 해 입으며, 창고의 물건으로 먹고 살되,

네가 받는 봉급과 네가 받는 봉록은,

모두 백성의 고혈이며 백성의 기름이다.

아래 백성을 학대하기 쉬우나, 높은 하늘은 속이기 어렵다."

唐太宗〈御製〉:

「上有麾之, 中有乘之, 下有附之.

幣帛衣之, 倉廩食之.

爾俸爾祿, 民膏民脂.

下民易虐, 上蒼難欺.」

〈唐太宗〉

【唐太宗】唐나라 때의 영명한 군주. 高祖 李淵의 아들 李世民. 627~649년 재위. 貞觀之治로 널리 알려진 임금. 그가 신하들과 나눈 대화 등을 모은 《貞觀政要》가 유명함. 그러나 본 장의 唐 太宗은 宋 太宗이어야 함. 宋 太宗은 北宋 2대 군주로 趙匡義(趙光義). 宋 開國 군주 太祖 趙匡胤의 아우이며 976~997년까지 22년간 재위함.

참고 및 관련 자료

1. 본 장은 원래 後蜀 後主 孟昶(919~965 생존)이 한 말로 宋 太宗(趙光義)이 인용하여 각 고을 수령을 경계한 말로 唐 太宗과는 연관이 없음. 成百曉 《明心寶鑑》(傳統文化研究會, 1993. p76)에 "이 내용은 원래 五代 시대 後蜀의 군주 孟昶이 지은 것인데, 宋 太宗이 이 중에서 '爾俸爾祿, 民膏民脂, 下民易虐, 上天難欺'의 16자를 써서 각 지방의 청사 앞에 세워 수령들을 경계하였기 때문에 〈戒石〉, 또는 〈戒石銘〉이라 하였으며, 宋 太宗의 御製로 알려지게 되었다"라 함.

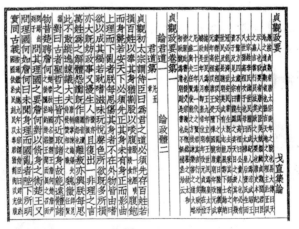

《貞觀政要》四部備要本

648(13-3)*
관직의 마땅한 법

《동몽훈童蒙訓》에 말하였다.
"관직에서 의당 지켜야 할 법이란 오직 세 가지 일뿐이다.
청렴, 삼감, 부지런함이다.
이 세 가지를 안다면 몸을 어떻게 처신해야 할지를 알게 될 것이다."

《童蒙訓》曰:
「當官之法, 唯有三事, 曰淸, 曰愼, 曰勤.
　　　知此三者, 則知所以持身矣.」

【童蒙訓】《呂氏童蒙訓》이라고도 함. 宋 呂本中이 찬술한 책으로 어린이를 훈계하기 위한 것임. 3권으로 되어 있으며, 南宋 紹定 연간에 이미 판각이 되었고 1925년 陶氏涉園飜刻本이 전함. 〈四庫全書〉에도 들어 있음. 呂本中 (1084~1145)은 자는 居仁. 東萊先生이라 불렸으며, 高宗 紹興 6년에 進士에 올라 起居舍人·中書使人兼侍講·權直學士院 등을 역임함. 시와 문장에도 뛰어나 陳思道·黃庭堅 등과 교유하였음. 시호는 文淸. 재상 正獻公 呂公著의 증손. 저술로는 《童蒙訓》·《江西詩社宗派圖》·《紫薇詩話》·《師友淵源錄》· 《東萊先生詩集》 등이 있음. 〈四庫全書提要〉에 "童蒙訓三卷, 宋呂本中撰. 是書 其家塾訓課之本也"라 함.

참고 및 관련 자료

1. 《小學》嘉言篇 廣明倫
《童蒙訓》曰:「當官之法, 唯有三事: 曰淸, 曰愼, 曰勤, 知此三者, 則知所以持身矣.」

2. 〈集註〉

吳氏曰: 淸謂廉潔不汚, 愼謂謹守禮法, 勤謂勤於職業. 能是三者, 則能持身而可以治人矣.」

3. 《昔時賢文》

仕宦芳規淸愼勤, 飮食要訣緩暖軟.

649(13-4)*
관직에 있는 자는

《동몽훈童蒙訓》에 말하였다.

"관직에 있는 자는 먼저 갑작스럽게 화를 내는 것을 경계해야 한다.
옳지 못한 일이 있을 경우, 마땅히 자상하게 이를 처리하면,
틀림없이 맞지 않을 수가 없게 된다.
그러나 만약 먼저 급하게 화부터 낸다면,
이는 단지 능히 자신을 해칠 뿐,
어찌 능히 남을 해칠 수 있는 것이겠는가?"

《童蒙訓》曰:

「當官者, 必以暴怒爲戒.
事有不可, 當詳處之, 必無不中.
若先暴怒, 只能自害, 豈能害人?」

【暴怒】 갑자기 노기를 폭발시킴. 暴은 '갑자기'의 뜻이 함께 들어 있음.

【必無不中】 맞지 않음이 없음. 〈越南本〉에는 '必無不當'으로 되어 있음.

【害人】 그에게 화풀이를 하는 것이 실제로는 자신만이 괴로울 뿐임을 말함.

참고 및 관련 자료

1. 《小學》嘉言篇 廣明倫

當官者, 先以暴怒爲戒. 事有不可, 當詳處之, 必無不中. 若先暴怒, 只能自害, 豈能害人?

2. 〈抄略本〉과 〈通俗本〉, 및 〈越南本〉에는 '《童蒙訓》曰'의 네 글자가 없음.

650(13-5)*
임금 섬기기를

《동몽훈》에 말하였다.

"임금 섬기기를 어버이 섬기듯 하고,
관청의 어른 섬기기를 형을 섬기듯이 하라.
동료와 함께 하기를 집안 식구들 대하듯 하고,
여러 관리들을 대하기를 자신의 노복 대하듯 하라.
백성을 사랑하기를 아내와 자식 사랑하듯이 하고,
관청의 일 처리하기를 자신의 집안일 처리하듯 하라.
그러한 연후에야 능히 내 마음에 미진함이 없이 다한 것이 된다.
만약 털끝만큼이라도 지극히 하지 못한 점이 있게 되면,
이는 모두가 내 마음에 미진함이 있는 것이 된다."

《童蒙訓》曰:

「事君如事親, 事官長如事兄,

與同僚如家人, 待羣吏如奴僕,

愛百姓如妻子, 處官事如家事, 然後能盡吾之心.

如有毫末不至, 皆吾心有所未盡也.」

【童蒙訓】 원전에는 '童蒙'으로만 되어 있어 '訓'자가 누락됨.
【羣吏】 자신이 거느리고 일하는 여러 관리나 아전들.

┌─────────────────┐
│ 참고 및 관련 자료 │
└─────────────────┘

1. 지금의 〈四庫全書〉本《童蒙訓》에는 이 구절이 들어 있지 않음.
2.《小學》嘉言篇 廣明倫
呂氏《童蒙訓》曰:「事君如事親, 事官長如事兄; 與同僚如家人, 待羣吏如奴僕;
愛百姓如妻子, 處官事如家事, 然後能盡吾之心. 如有毫末不至, 皆吾心有所未盡也」
3.〈小學集註〉
盡吾之心, 致其誠而已.
4.〈越南本〉에는 648, 659와 본장을 하나로 묶었음.
5.〈抄略本〉과 〈通俗本〉, 및 〈越南本〉에는 역시 '《童蒙訓》曰'의 네 글자가 없음.

651(13-6)*
주부와 현령

어떤 이가 물었다.

"주부主簿는 현령을 보좌하는 자입니다. 주부가 하고자 하는 행정을,
현령이 혹 허락하지 아니하면 어떻게 해야 합니까?"

이천伊川 선생이 말하였다.

"마땅히 성의誠意로써 감동시켜야 한다.

지금 현령과 주부가 불화를 겪고 있다면,

이는 단지 사사로운 뜻에 의해 다툼이 일어난 것일 뿐이다.

현령은 고을의 어른이니,

만약 능히 부형을 모시는 도리로써 이를 섬기되,

허물이 있으면 자신에게 돌리고,

잘하는 것이 있으면

오직 현령에게 그 칭찬이 돌아가지 않으면 어쩌나 여기면서,

이러한 성의를 쌓아나간다면

어찌 남을 감동시키지 못할 것이 있겠는가?"

或問:「簿, 佐令者也. 簿所欲爲, 令或不從, 奈何?」

伊川先生曰:

「當以誠意動之. 今令與簿不和, 只是爭私意.

令是邑之長, 若能以事父兄之道事之,

過則歸己, 善則唯恐不歸於令,

積此誠意, 豈有不動得人?」

【簿】主簿. 縣令을 보좌하여 실제의 행정을 처리하는 실무자.
【伊川】程頤(1033~1107). 자는 正叔, 廣平先生이라 불렀으나, 이천(伊川, 지금의
洛陽 남쪽)에 살아 흔히 伊川先生이라 불렀음. 그의 형 程顥(明道先生)와 더불어
北宋 理學 四派 즉, 濂溪學派(周敦頤)·百源學派(邵雍)·關學派(張載)와 더불어
洛學派의 대표적인 인물이며 小程子로 불림. 이들 학통이 南宋 閩學派(朱熹)에

게로 이어진 것임. 〈越南本〉에는 '伊川先生曰'이 '程伊川曰'로 되어 있음.
【只是爭私意】〈抄略本〉과 〈通俗本〉에는 '便是生私意'로 되어 있음.

참고 및 관련 자료

1. 이는《二程遺書》劉元承(手編)에 실려 있음.
2.《小學》嘉言篇 廣明倫
或問:「簿, 佐令者也, 簿所欲爲, 令或不從
奈何?」伊川先生曰:「當以誠意動之. 今令
與簿不和, 只是爭私意. 令是邑之長, 若能
以事父兄之道事之, 過則歸己, 善則惟恐不
歸於令, 積此誠意, 豈有不動得人?」
3.〈小學集註〉
孟子曰:「至誠而不動者, 未之有也.」

〈程頤〉(伊川선생, 자 正叔)

652(13-7)
무축과 이오

《동몽훈童蒙訓》에 말하였다.
"무릇 색다른 짓을 하는 사람과는,
　모두 의당 서로 접촉해서는 안 된다.
　무축巫祝이나 이오尼媼 같은 이들이라면,
　더욱 의당 멀리하고 끊어야 한다.
　그리하여 오로지 마음을 맑게 하고,
　일을 줄이는 것으로 근본을 삼아야 한다."

《童蒙訓》曰:

「凡異色人, 皆不宜與之相接.

　巫祝尼媼之類, 尤宜罷絶.

　　要以淸心省事爲本.」

【童蒙訓曰】〈越南本〉에는 "程伊川曰:「居官者, 凡異色人, 皆不宜與之相接, 巫祝, 尼媼之類, 尤宜罷絶. 要以淸心省事爲本.」"이라 하여 관직에 있는 자가 지켜야 할 주의 사항으로 程伊川의 말로 인용하였음.

【異色人】떳떳한 직업을 생업으로 삼지 아니하고 특이한 짓으로 사람을 현혹하는 일을 하는 자. 〈小學集註〉에 "異色人, 謂不務常業之人"이라 함.

【巫祝】巫堂과 祝師. 귀신 따위를 믿고 병을 고친다거나 복을 받는다고 현혹하며 이를 생업으로 삼는 자. 〈小學集註〉에 "巫祝, 皆事鬼神者"라 함. 《論語》子路篇 "子曰:「南人有言曰:『人而無恆, 不可以作巫醫.』善夫!」「不恆其德, 或承之羞.」子曰:「不占而已矣.」"의 註에 "巫, 所以交鬼神. 醫, 所以寄死生. 故雖賤役, 而尤不可以無常, 孔子稱其言而善之"라 함.

【尼媼】'尼'는 여승. 오(媼)는 남녀를 소개하는 뚜쟁이. 남녀관계를 중개하는 업을 일삼는 노파. '媼'는 '오'로 읽음. "媼音襖"라 함. 〈小學集註〉에 "尼, 女僧; 媼, 牙婆也. 此輩一接之, 內則伺意以納賄, 外則誑人以行私, 善敗死行政, 故當一切禁絶"이라 함.

【淸心省事】마음을 청렴하게 가지며 무익한 일을 줄임. '省'은 '생'으로 읽음. 그러나 '일을 살피다'의 뜻으로 보아 '성'으로 읽을 수도 있음.

参고 및 관련 자료

1.《小學》嘉言篇 廣明倫

當官者, 凡異色人, 皆不宜與之相接, 巫祝尼媼之類, 尤宜疎絶, 要以淸心省事爲本.

2.〈小學集註〉

淸心, 謂不以物欲累心; 省事, 謂不作無益之事.

653(13-8)*
자신부터 바르게 하고

유안례劉安禮가 '백성에게 임하는 법'을 여쭙자,
명도明道 선생이 말하였다.
"백성으로 하여금 각각 자신들의 사정을 다 말할 수 있도록 해 주어라."
다시 '관리 다스리는 법'을 여쭙자 이렇게 말하였다.
"자신을 바르게 하고 만물의 이치를 그에 맞추어라."

劉安禮問'臨民', 明道先生曰:「使民各得輸其情.」
問'御吏', 曰:「正己以格物.」

【劉安禮】宋代 河間 사람. 이름은 立之. 자는 安禮(宗禮). 어려서 고아가 되어
아버지의 친구였던 明道 程顥의 집에서 길러졌으며 程顥의 숙부 딸을 아내로
맞음. 議郞에 올랐으며 晉城令이 되어 관리로서의 업무를 잘 수행해 낸 것으로
유명함.《伊洛淵源錄》(14)에 그에 관한 기록이 있음.
【輸】'盡'과 같음. 혹은 '言'과 같은 뜻.《小學纂註》'陳述하다'의 의미.
【明道】北宋 理學의 대가 程顥(1032~1085). 자는 伯淳이며 明道先生이라 부름.
저서로는《識仁篇》과《定性》등이 있으며, 아우 伊川(程頤)과 구분하여 大程子
라 하며 두 사람을 합해 二程이라 부름. 北宋 理學 四派 즉, 濂溪學派(周敦頤)
百源學派(邵雍)·關學派(張載)와 더불어 洛學派의 대표적인 인물. 이들의 저술과
어록을 묶은《二程集》이 있음. 그 학통이 南宋 閩學派(朱熹)에게로 이어진 것임.
〈越南本〉에는 '明道先生曰'이 '程明道曰'로 되어 있음.
【御吏】'御'는 '馭'와 같음. '통솔하다, 어거하다, 조종하다'의 뜻. 吏는 아전 따위의
부하 직원이나 부하 관리. 〈越南本〉에는 '御史'로 되어 있음.
【正己】修己正心을 말함. 자신부터 수양하여 바르게 가짐.

【格物】格은 正과 같음.《大學》八條目의 하나. 格物·致知·誠意·正心·修身·齊家·治國·平天下의 단계 중 자신이 修己正心함으로써 그 아래 관리를 格物에 맞추어 통솔할 수 있음을 말함.

참고 및 관련 자료

1.《明道行狀》에 실려 있음.

2.《近思錄》政事篇

劉安禮問'臨民', 明道先生曰:「使民各得輸其情.」問'御吏', 曰:「正己以格物.」

3.《小學》嘉言篇 廣明倫

劉安禮問臨民, 明道先生曰:「使民各得輸其情.」問御吏, 曰:「正己以格物.」

4.〈小學集註〉

平易近民, 使下情各得其上達, 則所以處之者, 自無不當矣. 范氏曰:「未有己不能正, 而能正人者.」

654(13-9)
조정에서

한위공韓魏公이 명도明道선생에게 여쭙자, 명도 선생이 말하였다.
"조정에 서 있을 때면 앞에 펼쳐진 큰 일들에 대해
그대는 넓고 관대하게 하도록 하라.
만약 좁은 길에 있을 때라면 달리하라."

韓魏公問明道先生, 說:

「立朝大節前面路, 子放教寬.
若窄時異.」

【韓魏公】宋나라 때의 정치가 韓琦(1008~1075). 자는 稚圭이며 호는 贛叟. 英宗
때 僕射를 지냈으며 魏國公에 봉해졌고, 神宗 때 시중에 오름. 시호는 忠獻.
《安陽集》을 남겼으며 《宋史》(312)에 전이 있음.

【明道先生】北宋 理學의 대가 程顥(1032~1085). 자는 伯淳이며 明道先生이라
부름. 저서로는 《識仁篇》과 《定性》 등이 있으며, 아우 伊川(程頤)과 구분하여
大程子라 하며 두 사람을 합해 二程이라 부름. 北宋 理學 四派 즉, 濂溪學派
(周敦頤)·百源學派(邵雍)·關學派(張載)와 더불어 洛學派의 대표적인 인물.
이들의 저술과 어록을 묶은 《二程集》이 있음. 그 학통이 南宋 閩學派(朱熹)
에게로 이어진 것임.

655(13-10)
집안에 화목에 힘쓸 뿐

"자신의 집안을 화목하게 하기에 노력할 뿐,
그 곁에 좋은 곳으로 옮겨 다니려 하지 말라."

「□和自家, 無轉側處.」

참고 및 관련 자료

1. 원본에는 본 장이 앞 장과 연결되어 있어 분장하지 않았으며 □은 '作'자로
여겨짐. 〈월남본〉에는 이 구절이 없으며 전체의 뜻도 명확하지 않음.

656(13-11)
백성을 학대하는 일

공자가 말하였다.

"가르치지 아니하고 죽이는 것을 일러, 학虐이라 하고,

경계하도록 일러주지 아니하고 그 이룬 결과만 보고 따지는 것을 일러,

포暴라 하며,

법령은 느슨히 하면서 기한만을 지키라 하는 것을 일러 적賊이라 한다."

子曰:「不敎而殺, 謂之虐;

　　不戒視成, 謂之暴;

　　慢令致期, 謂之賊.」

【賊】賊害함.《孟子》公孫丑(上)에 "無惻隱之心, 非人也; 無羞惡之心, 非人也;
無辭讓之心, 非人也; 無是非之心, 非人也. 惻隱之心, 仁之端也; 羞惡之心, 義
之端也; 辭讓之心, 禮之端也; 是非之心, 智之端也. 人之有是四端也, 猶其有四
體也. 有是四端而自謂不能者, 自賊者也; 謂其君不能者, 賊其君者也"라 하였
으며, 〈梁惠王〉(下)에는 "賊仁者謂之賊, 賊義者謂之殘"이라 함.

참고 및 관련 자료

1.《論語》堯曰篇
子張問於孔子曰:「何如斯可以從政矣?」子曰:「尊五美, 屛四惡, 斯可以從政矣.」
子張曰:「何謂五美?」子曰:「君子惠而不費, 勞而不怨, 欲而不貪, 泰而不驕,
威而不猛.」子張曰:「何謂惠而不費?」子曰:「因民之所利而利之, 斯不亦惠
而不費乎? 擇可勞而勞之, 又誰怨? 欲仁而得仁, 又焉貪? 君子無衆寡, 無小大,

無敢慢, 斯不亦泰而不驕乎? 君子正其衣冠, 尊其瞻視, 儼然人望而畏之, 斯不亦威而不猛乎?」子張曰: 「何謂四惡?」子曰: 「不教而殺謂之虐; 不戒視成謂之暴; 慢令致期謂之賊: 猶之與人也, 出納之吝謂之有司.」

2.《荀子》宥坐篇

孔子曰: 「嫚令謹誅, 賊也; 今生也有時, 斂也無時, 暴也; 不教而責成功, 虐也.」

3.《韓詩外傳》(3)

孔子曰: 「不戒責成, 害也; 慢令致期, 暴也; 不教而誅, 責也. 君子爲政避此三者」

657(13-12)
곧은 이와 굽은 자

공자가 말하였다.

"곧은 이를 들어 써서 이를 굽은 이에게 놓아 모범을 보이도록 하면, 능히 굽은 것을 곧게 할 수 있다."

子曰: 「擧直錯諸枉, 能使枉者直.」

참고 및 관련 자료

1.《論語》顔淵篇

樊遲問仁. 子曰: 「愛人.」問知. 子曰: 「知人.」樊遲未達. 子曰: 「擧直錯諸枉 能使枉者直.」樊遲退, 見子夏曰: 「鄕也吾見於夫子而問知, 子曰, 『擧直錯諸枉 能使枉者直』, 何謂也?」子夏曰: 「富哉言乎! 舜有天下, 選於衆, 擧皐陶, 不仁者 遠矣. 湯有天下, 選於衆, 擧伊尹, 不仁者遠矣.」

2. 자세한 주석은 다음 절을 볼 것. 한편 〈越南本〉에는 본장이 없음.

658(13-13)
곧은 이를 들어 써서

공자가 말하였다.
"곧은 이를 들어 써서 굽은 이에게 놓아 모범을 보이면,
백성이 복종하지만,
굽은 이를 들어 써서 곧은 이에게 놓으면,
백성은 복종하지 않는다."

子曰:「擧直錯諸枉, 則民服;
　　　 擧枉錯諸直, 則民不服.」

"擧直錯諸枉則民服; 擧枉錯
諸直則民不服" 篆刻작품

【錯】置와 같음. 錯의 음은 反切로「倉故反」(초)임.
雙聲聲訓. 放置의 뜻. 그러나 '갖다 대어 대비시키다'
혹은 '安置하다'로 보아 '곧은 이를 擧用하여 굽은 자
에게 安置해 놓다'(毛子水)로 풀이하기도 함. 이 경우
諸(저)는 '之語·之乎'의 合音字.
【諸】衆으로 봄(朱子). 그러나 '之於·之乎'의 合成語로
볼 수도 있음. 이 경우 "擧直錯諸枉"은 '곧은 것을 들어
굽은 것에게 갖다 대어 대비시키다'의 뜻이 됨.

> **참고 및 관련 자료**

1. 《論語》顏淵篇
哀公問曰:「何爲則民服?」孔子對曰:「擧直錯諸枉, 則民服; 擧枉錯諸直, 則民
不服.」

2.〈集註〉

錯, 捨置也. 諸, 衆也. 程子曰:「擧錯得義, 則人心服.」謝氏曰:「好直而惡枉,
天下之至情也. 順之則服, 逆之則去, 必然之理也. 然或無道以照之, 則以直爲枉,
以枉爲直者, 多矣. 是以君子, 大居敬而貴窮理也.」

3.〈越南本〉에는 앞에 '子曰'이 없음.

659(13-14)
자신이 바르면

공자가 말하였다.
"자신이 바르면, 명령을 내리지 않아도 따라서 행하지만,
그 자신이 바르지 못하면, 명령을 내려도 따르지 않는다."

子曰:「其身正, 不令而行;

其身不正, 雖令不從」

【令】敎令. 敎化와 法令을 내림.

참고 및 관련 자료

1.《論語》子路篇
子曰:「其身正, 不令而行; 其身不正, 雖令不從」
2.〈越南本〉에는 앞에 '子曰'이 없음.

" 其身正, 不令而行; 其身
不正, 雖令不從" 篆刻작품

660(13-15)
만맥과 주리

공자가 말하였다.
"말이 충실하고 미더우며, 행동이 돈독하고 공경스러우면,
비록 만맥蠻貊의 나라에서도 뜻을 실행할 수 있다.
말이 충신하지 못하고, 행동에 독실함과 공경함이 없다면,
비록 주리州里 같은 큰 도시에서라도 자신의 뜻을 실행할 수 있겠는가?"

子曰:「言忠信, 行篤敬, 雖蠻貊之邦行矣.
　　　言不忠信, 行不篤敬, 雖州里行乎哉?」

【蠻貊】蠻은 남쪽의 異民族, 貊은 동북쪽 異民族, 여기서는 文明이 미개한
지역을 임의로 내세운 것.《論語》集註에 "蠻, 南蠻; 貊, 北狄"라 함.《周禮》
夏官 職方氏 "四夷, 八蠻, 七閩, 九貉, 五戎, 六狄"의 注에 "東方曰夷, 南方曰蠻,
西方曰戎, 北方曰貉狄"이라 함.
【州里】蠻貊에 대비되는 개념으로 사람이 모여 살아 文明·文化를 이룬 지역.
州는 큰 노시이며, 里 역시 큰 마을을 뜻함.《論語》集註에 "二丁五百家爲州"라 함.

참고 및 관련 자료

1.《論語》衛靈公篇
子張問行. 子曰:「言忠信, 行篤敬, 雖蠻貊之邦, 行矣.
言不忠信, 行不篤敬, 雖州里, 行乎哉? 立, 則見其
參於前也, 在輿, 則見其倚於衡也, 夫然後行」子張
書諸紳.

〈先聖孔子와 世系圖〉《三才圖會》

2. 集註

○其者, 指忠信篤敬而言. 參, 讀如『毋往參焉』之參, 言與我相參也. 衡, 軶也. 言其於忠信篤敬念念不忘, 隨其所在, 常若有見, 雖欲頃刻離之而不可得. 然後 一言一行, 自然不離於忠信篤敬, 而蠻貊可行也.

3. 〈越南本〉에는 앞에 '子曰'이 없음.

661(13-16)
속임이 있어서는 안 된다

자공子貢이 말하였다.
"지위가 높은 자는, 덕이 엷어서는 안 되고,
  관직이 큰 자는, 정치에 속임이 있어서는 안 된다."

子貢曰: 「位尊者, 德不可薄;

　　　　官大者, 政不可欺」

【子貢】 공자 제자 端木賜.

662(13-17)
군자의 네 가지 도리

공자가 자산을 두고 말하였다.

"그는 군자의 도리를 네 가지 가지고 있었다.

그는 자신의 뜻을 실행할 때 공恭을 다하였으며,

그 윗사람을 모실 때 경敬을 다하였고,

그 백성을 봉양할 때 혜惠를 다하였으며,

그 백성을 부릴 때에는 의義를 다하였다."

子謂子産:

「有君子之道四焉:

其行己也恭, 其事上也敬,

其養民也惠, 其使民也義.」

【子産】춘추시대 鄭나라 귀족 公孫僑. 子國(公孫成)의 아들. 뒤에 鄭나라의
훌륭한 宰相이 되어 孔子가 자주 칭찬한 인물.

【恭敬惠義】이 네 가지 덕목을 '君子四道'라 함. '義'는 '宜'로도 봄. '마땅하다'의 뜻.

참고 및 관련 자료

1.《論語》公冶長篇

子謂子産:「有君子之道四焉: 其行己也恭, 其事上也敬, 其養民也惠, 其使民
也義.」

2. 〈集註〉

恭, 謙遜也. 敬, 謹恪也. 惠, 愛利也. 使民義, 如都鄙有章·上下有服·田有封洫· 廬井有伍之類. 吳氏曰:「數其事而責之者, 其所善者多也, 臧文仲不仁者三·不知 者三是也. 數其事而稱之者, 猶有所未至也, 子産有君子之道四焉是也. 今或以 一言蓋一人·一事蓋一時, 皆非也.」

663(13-18)
자장의 인에 대한 질문

자장子張이 인仁에 대하여 공자에게 여쭙자, 공자가 말하였다.
"공손히 하면 모욕을 당하지 아니하고,
너그럽게 하면 무리를 얻을 수 있으며,
믿음직스럽게 하면 남이 일을 맡겨주며,
민첩하게 하면 공적이 있게 되고,
은혜롭게 하면 족히 남을 부릴 수 있느니라."

子張問仁於孔子.
孔子曰:「恭則不侮,
　　　寬則得衆,
　　　信則人任焉,
　　　敏則有功,
　　　惠則足以使人.」

【人任】남이 나를 신임함. 혹은 '남이 나를 믿고 의지하다'의 뜻으로도 봄.

> 참고 및 관련 자료

1. 《論語》陽貨篇
子張問仁於孔子. 孔子曰:「能行五者於天下爲仁矣.」「請問之.」曰:「恭, 寬, 信,
敏, 惠. 恭則不侮, 寬則得衆, 信則人任焉, 敏則有功, 惠則足以使人.」
2. 〈集註〉
行是五者, 則心存而理得矣. 『於天下』, 言無適而不然, 猶所謂『雖之夷狄, 不可棄』
者. 五者之目, 蓋因子張所不足而言耳. 任, 倚仗也, 又言其效如此. 張敬夫曰:
「能行此五者於天下, 則其心公平而周遍可知矣, 然恭其本與!」李氏曰:「此章
與六言·六蔽·五美·四惡之類, 皆與前後文體大不相似.」

664(13-19)
은혜를 베풀되

공자가 말하였다.
"군자는 은혜를 베풀되 낭비하지 않으며,
힘이 들어 수고로워도 원망을 하지 않으며,
가지고 싶어도 탐내지 않으며,
태연히 하되 교만하지 않으며,
위엄 있게 하되 사납게 하지는 않는다."

子曰:「君子惠而不費, 勞而不怨, 欲而不貪,
　　　　　　泰而不驕, 威而不猛.」

참고 및 관련 자료

1. 《論語》堯曰篇

子張問於孔子曰:「何如斯可以從政矣?」子曰:「尊五美, 屏四惡, 斯可以從政矣.」
子張曰:「何謂五美?」子曰:「君子惠而不費, 勞而不怨, 欲而不貪, 泰而不驕,

威而不猛.」子張曰:「何謂惠而不費?」子曰:「因民
之所利而利之, 斯不亦惠而不費乎? 擇可勞而勞之,
又誰怨? 欲仁而得仁, 又焉貪? 君子無衆寡, 無小大,
無敢慢, 斯不亦泰而不驕乎? 君子正其衣冠, 尊其
瞻視, 儼然人望而畏之, 斯不亦威而不猛乎?」子張

〈孔子別像〉《三才圖會》　曰:「何謂四惡?」子曰:「不教而殺謂之虐; 不戒
視成謂之暴; 慢令致期謂之賊: 猶之與人也, 出納之吝謂之有司.」

2. 《論語》子路篇

子曰:「君子泰而不驕, 小人驕而不泰.」

665(13-20)
임금 대하는 세 가지 유형

《맹자》에 말하였다.
"임금에게 책하기 어려운 것을 책하겠다고 나서는 것,
　이를 일러 공恭이라 하고,
　선善을 펴놓아 사악함을 막는 것, 이를 일러 경敬이라 하며,
　우리 임금은 능하지 못하다고 단정하는 것, 이를 일러 적賊이라 한다."

《孟子》曰:「責難於君, 謂之恭;

陳善閉邪, 謂之敬;
吾君不能, 謂之賊.」

【責難於君】《孟子》趙岐 注에「責難爲之事, 使君勉之, 謂行堯舜之仁, 是謂恭臣」이라 함.

【陳善閉邪】《孟子》趙岐 注에「陳善政, 以禁閉君之邪心, 是謂敬君」이라 하여, 陳을 '善政을 펴다'로 보았음.

【吾君不能】《孟子》趙岐 注에「言吾君不肖, 不能行善, 因不諫止, 此爲賊其君也」라 함.

【賊】자기 자신에게 賊害함.《孟子》公孫丑(上)에 "無惻隱之心, 非人也; 無羞惡之心, 非人也; 無辭讓之心, 非人也; 無是非之心, 非人也. 惻隱之心, 仁之端也; 羞惡之心, 義之端也; 辭讓之心, 禮之端也; 是非之心, 智之端也. 人之有是四端也, 猶其有四體也. 有是四端而自謂不能者, 自賊者也; 謂其君不能者, 賊其君者也"라 하였으며, 〈梁惠王〉(下)에는 "賊仁者謂之賊, 賊義者謂之殘"이라 함.

> 참고 및 관련 자료

1.《孟子》離婁章(上)

孟子曰:「離婁之明, 公輸子之巧, 不以規矩, 不能成方員; 師曠之聰, 不以六律, 不能正五音; 堯舜之道, 不以仁政, 不能平治天下. 今有仁心仁聞而民不被其澤, 不可法於後世者, 不行先王之道. 故曰:『徒善不足以爲政, 徒法不能以自行.』《詩》云:『不愆不忘, 率由舊章.』遵先王之法而過者, 未之有也. 聖人既竭目力焉, 繼之以規矩準繩, 以爲方員平直, 不可勝用也; 既竭耳力焉, 繼之以六律, 正五音, 不可勝用也; 既竭心思焉, 繼之以不忍人之政, 而仁覆

〈孟子〉《三才圖會》

天下矣. 故曰:『爲高必因丘陵, 爲下必因川澤.』爲政不因先王之道, 可謂智乎? 是以惟仁者宜在高位. 不仁而在高位, 是播其惡於衆也. 上無道揆也, 下無法守也, 朝不信道, 工不信度, 君子犯義, 小人犯刑, 國之所存者幸也. 故曰:『城郭不完, 兵甲不多, 非國之災也; 田野不辟, 貨財不聚, 非國之害也. 上無禮, 下無學,

賊民興, 喪無日矣.』《詩》曰:『天之方蹶, 無然泄泄.』泄泄, 猶沓沓也. 事君無義,
進退無禮, 言則非先王之道者, 猶沓沓也. 故曰:『責難於君謂之恭, 陳善閉邪
謂之敬, 吾君不能謂之賊.』」

2.《孟子》集註

范氏曰:「人臣以難事責於君, 使其君爲堯舜之君者, 尊君之大也; 開陳善道,
以禁閉君之邪心, 惟恐其君或陷於有過之地者, 敬君之至也; 謂其君不能行善道
而不以告者, 賊害其君之甚也.」鄒氏曰:「自詩云天之方蹶至此, 所以責其臣.」
○鄒氏曰:「此章言爲治者, 當有仁心仁聞以行先王之政, 而君臣又當各任其責也.」

666(13-21)
먹줄과 간언

《서書》에 말하였다.
"나무는 먹줄로 인해 곧게 켤 수 있고,
　임금은 간언으로 인해 바르게 될 수 있다."

《書》云:「木以繩直, 君以諫正.」

참고 및 관련 자료

1.《尙書》說命篇(上)
說復于王曰:「惟木從繩則正, 后從諫則聖, 后克聖, 臣不命其承, 疇敢不祇若
王之休命.」

2.《荀子》勸學篇
木直中繩; 輮以爲輪, 其曲中規, 雖有槁暴, 不復挺者, 輮使之然也. 故木受繩
則直, 金就礪則利, 君子博學而日參省乎己, 則知明而行無過矣.

3.《大戴禮記》勸學篇

木從繩則直, 金就礪則利, 君子博學如日參己焉, 故知明則行無過. 詩云:『嗟爾
君子, 無恒安息. 靖恭爾位, 好是正直. 神之聽之, 介爾景福.』神莫大於化道,
福莫長於无咎.

4.《昔時賢文》

木受繩則直, 人受諫則聖.

5. 본《明心寶鑑》省心篇(561)

子曰:「木受繩則直, 人受諫則聖.」

667(13-22)*
부월斧鉞과 정확鼎鑊

《포박자抱朴子》에 "부월斧鉞 같은 형구를 들이댄다 해도 바르게 간언을
하며, 정확鼎鑊 같은 형구를 붙들고라도 할 말을 다하여야 한다"라 하였
으니, 이를 일러 충신이라 한다.

《抱朴子》云:

　　「迎斧鉞而政諫, 據鼎鑊而盡言.」 此謂忠臣也.

【抱朴子】 책 이름. 晉나라 葛洪이 지은 책으로 神仙術에 대한 내용이 많음.
內外篇으로 되어 있음. 葛洪(283~363)은 東晉 때 道教學者로 자는 치천(稚川),
호는 抱朴子. 丹陽 句容 출신으로 晉 元帝(司馬睿)에 의해 關內侯에 봉해지기도
했으나 羅浮山에 은거하여 煉丹과 著述로 생을 마쳤음. 그리하여《抱朴子》
內篇(20권), 外篇(50권),《神仙傳》10권,《金匱藥方》100권,《肘後救卒方》3권,
《碑頌詩賦》10권 등 불후의 저작을 남겼음.《晉書》(72) 및《九家舊晉書》輯本에

傳이 있음. 〈越南本〉에는 '抱樸子'로 잘못 표기하였음.
【斧鉞, 鼎鑊】 목을 베는 도끼와 사람을 삶아 죽이는 솥. 모두 극형을 뜻함.
〈通俗本〉注에 "據鼎, 烹也"라 함.
【政諫】 正諫의 오류. 《抱朴子》원문 및 〈抄略本〉, 〈通俗本〉에는 '正諫'으로 되어
있고, 〈越南本〉에는 '敢諫'으로 되어 있음.

참고 및 관련 자료

1. 《抱朴子》(外篇) 節臣篇
先意承指者, 佞諂之徒也; 匡過弼違者, 社稷之鯁也. 必將伏斧金質而正諫, 據鼎
鑊而盡言. 忠而見疑, 諍而不得者, 待放可也; 必死無補, 將增主過者, 去之可也.

668(13-23)
충신과 죽음

"충신은 죽음을 겁내지 아니하니,
죽음을 두려워하면 충신이 될 수 없다."

「忠臣不怕死, 怕死不忠臣.」

참고 및 관련 자료

1. 《趙氏孤兒》(1), 《抱妝盒》(2) 元曲
忠臣不怕死, 怕死不忠臣.
2. 〈越南本〉에는 이 구절을 앞의 《抱朴子》말로 보았으나 지금의 《抱朴子》
에는 이 구절이 실려 있지 않음.

14. 치가편治家篇 第十四

"凡十六條"
모두 16장이다.

"집안을 바르게 이끌어 나가야 함을 강조한 글들"

〈淸人嫁娶圖〉(부분, 淸)

669(14-1)*
집안일 대소사

사마온공司馬溫公이 말하였다.
"무릇 집안의 낮은 이들은, 일의 대소를 막론하고,
제 맘대로 해서는 안 되니, 반드시 가장家長에게 품의를 받도록 하라."

司馬溫公曰:「凡諸卑幼, 事無大小,
　　　　　毋得專行, 必咨稟於家長.」

【司馬溫公】司馬光(1019~1086). 北宋의 사학가이며 문장가·사상가. 자는 君實.
만년의 호는 迂叟. 陝州 夏縣(지금의 山西 夏縣) 사람으로 涑水鄕(지금의 하현

서쪽)에 살아 涑水先生이라고도 부름. 북송 眞宗
天禧 3년에 태어나 哲宗 元祐 원년에 죽었음. 향년
68세. 인종 寶元 원년(1038)에 진사에 올라 仁宗·
英宗·神宗 3조를 섬겼음. 신종 때 왕안석의 신법에
반대하였으며, 判西京御史臺를 그만두고 洛陽에

司馬君實(司馬光)《三才圖會》 15년을 살았음. 철종이 즉위하자 조정으로 들어가

재상이 되어 신법을 파기하고 구제를 회복하였으나, 재위 8개월 만에 죽고
말았음. 시호는 文正. 溫國公에 봉해져 흔히 溫公이라 부름.《資治通鑑》을 편찬
하였으며,《涑水紀聞》·《溫國文正司馬文集》등이 있음.《宋史》에 전이 있음.
【卑幼】'卑'는 항렬이나 가족 위계의 순서가 낮은 자, '幼'는 어린아이.
【專行】자기 마음대로 판단하여 일을 처리함.
【咨稟】자문을 구하고 결재를 얻음. 일의 사전사후의 상황을 모두 稟告함.

참고 및 관련 자료

1. 《溫公家儀》에 실려 있음.

2. 《小學》嘉言篇 廣明倫

司馬溫公曰:「凡諸卑幼, 事無大小, 毋得專行, 必者咨稟於家長.」

3. 〈越南本〉에는 본장과 뒤의 670~674까지 6장을 하나로 묶고 있으나, 각기 출전이 달라 분리해야 함.

670(14-2)
늙어도 궁함이 없으려면

"부지런히 하고 검소하게 하면 언제나 풍족하여,
늙어서도 궁함이 없으리라."

「勤儉常豐, 至老不窮.」

671(14-3)*
손님 대접

"손님 대접에 풍성히 하지 않을 수 없으나,
집안을 다스림에 검소히 하지 않을 수 없다."

「待客不得不豐, 治家不得不儉.」

참고 및 관련 자료

1. 〈越南本〉에는 이 구절을 앞 구절 司馬溫公의 말에 이어놓았음.

672(14-4)
돈이 있을 때는

"돈이 있을 때는 항상 돈이 없을 날을 대비하고,
편안하고 즐거울 때는 모름지기 오관에 병이 있을 것을 방비하라."

「有錢常備無錢日, 安樂須防官病時.」

【官病】 '官'은 '五官'. 몸속의 모든 장기와 기능. 거기에 병이 나서 고생할 때가
있음을 말함. 〈越南本〉에는 '官病時'가 '患難時'로 되어 있음.

참고 및 관련 자료

1. 본 《明心寶鑑》 存心篇(263)에도 같은 내용이 실려 있음.
「有錢常記無錢日, 安樂常思官病時.」
2. 〈越南本〉에는 이 구절을 앞 구절 司馬溫公의 말에 이어놓았음.

673(14-5)
힘센 노비

"힘센 노비는 무례하고,
교태로운 아이는 효성이 없다."

「健奴無禮, 嬌兒無孝.」

【嬌兒無孝】〈越南本〉에는 '驕兒不孝'라 하여 '교만한 아이는 효성스럽지
못하다'로 되어 있음.

참고 및 관련 자료
---

1. 〈越南本〉에는 이 구절을 앞 구절 司馬溫公의 말에 이어놓았음.

674(14-6)
아내와 아이 가르침

"며느리는 처음 왔을 때 가르쳐야 하고,
아이는 어릴 때 가르쳐야 한다."

「敎婦初來, 敎子嬰孩.」

【婦】 남편의 입장에서는 아내를 가리키며, 집안 어른 시부모의 입장에서는
며느리를 가리킴.

참고 및 관련 자료

1. 顔之推《顔氏家訓》敎子篇
孔子云:「少成若天性, 習慣如自然.」 是也.
俗諺曰:「敎婦初來, 敎兒嬰孩.」 誠哉斯言!
2.《昔時賢文》
子敎嬰孩, 婦敎初來.
3.〈越南本〉에는 이 구절을 앞 구절 司馬
溫公의 말에 이어놓았으나 이는 오류임.

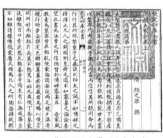
顔之推《顔氏家訓》四庫全書

675(14-7)*
어리석은 지아비

태공이 말하였다.
"어리석은 사람은 아내를 두려워하고,
어진 아내는 지아비를 공경한다."

太公曰:「癡人畏婦, 賢女敬夫.」

【癡人】어리석은 사람. 〈抄略本〉과 〈通俗本〉에는 '痴人'으로 되어 있음.

676(14-8)*
배고픔과 추위

"무릇 노비와 종을 부림에는,
 먼저 그의 배고픔과 추위를 염두에 두라."

「凡使奴僕, 先念飢寒.」

【先念飢寒】〈越南本〉에는 '先問饑寒'으로 되어 있음.

677(14-9)*
불조심 도적 방비

"언제나 언제나 불조심하고,
 밤마다 밤마다 도적을 방비하라."

「時時防火發, 夜夜備賊來.」

【備賊來】〈越南本〉에는 '防賊來'로 되어 있음.

┌─ 참고 및 관련 자료 ─┐

1.《醒世姻緣傳》(제94회)
常言道:「年年方險, 夜夜方賊.」這兩句話雖只是尋常俗話, 卻是居家要緊的
至言.
2.《事林廣記》(9)에는 "年年防饑, 夜夜防盜"로 실려 있음.
3.《昔時賢文》
年年防饑, 夜夜防盜.
4.《增廣賢文》에도 실려 있음.

678(14-10)*
가화만사성

"자식이 효성스러우면 어버이가 안락하고,
집안이 화목하면 만사가 이루어진다."

「子孝雙親樂, 家和萬事成.」

┌─ 참고 및 관련 자료 ─┐

1.《殺狗記》(19)에 "家和萬事成"이라 하였으며,《二十年目睹之怪現狀》(87)에는
"家和萬事興"이라 함.
2.〈越南本〉에는 675부터 이곳까지를 하나의 장으로 묶었으나, 분리하여야 함

"家和萬事成" 如初 金膺顯(현대)

679(14-11)*
집안의 흥망

《경행록》에 말하였다.
"아침저녁의 이르고 늦은 것을 보면,
 그 집안이 흥할지 망할지를 점칠 수 있다."

《景行錄》云:「觀朝夕之早晏,
          可以卜人家之興替.」

【早晏】 이르고 늦은 정도. 아침 일찍 일어나고 저녁 늦도록 근면을 다하는 지의
여부를 말함.
【卜人家之興替】 興替는 興衰와 같음. 집안의 흥성과 쇠퇴의 상황. 한편 〈越南本〉
에는 '識人家之興替'로 되어 있음.

680(14-12)
혼인의 원칙

사마온공司馬溫公이 말하였다.

"무릇 혼인을 의논함에는, 마땅히 우선 그 사위 될 사람이나
며느리 될 사람의 성품이나 행동과
그 집안의 가법家法이 어떠한가를 살펴야 한다.
구차스럽게 그 부귀를 사모해서는 안 된다.
사위 될 사람이 진실로 똑똑하다면, 지금은 비록 빈천하다 해도,
어찌 뒷날에도 그가 부귀할 수 없다고 미리 단정할 수 있겠는가!
만약 그가 불초하다면, 지금 비록 부유하고 풍성하다고 해도
어찌 뒷날 그가 빈천해지지 않는다고 미리 단정할 수 있겠는가!
며느리란 집안의 성쇠盛衰가 그로 말미암는 것이니,
일시의 부귀를 흠모하여 맞아들였다가는,
그는 자신 친정의 부귀를 끼고 그 지아비를 가볍게 보며,
그 시부모에게 오만하지 않은 자가 드물 것이다.
교만하고 질투하는 성품을 길러놓는다면,
뒷날 환난이 어찌 끝이 있겠는가!
가령 며느리 집의 재물로 인해 부유함을 이루거나
며느리 집안의 권세에 의해 귀한 신분을 얻는다고 한들
진실로 대장부大丈夫의 지기志氣를 가진 자로서
능히 부끄러움이 없겠는가?"

司馬溫公曰:

「凡議婚姻, 先當察其婿與婦之性行, 及家法如何.

勿苟慕其富貴.

婿苟賢矣, 今雖貧賤, 安知異時不富貴乎!

苟爲不肖, 今雖富盛, 安知異時不貧賤乎!

婦者, 家之所由盛衰也.

苟慕一時之富貴而娶之,

彼挾其富貴, 鮮有不輕其夫, 而傲其舅姑.

養成驕妬之性, 異日爲患, 庸有極乎!

借使因婦財以致富, 依婦勢以取貴,

苟有丈夫之志氣者, 能無愧乎?」

【司馬溫公】 司馬光(1019~1086). 北宋의 사학가이며 문장가·사상가. 자는 君實. 만년의 호는 迂叟. 陝州 夏縣(지금의 山西 夏縣) 사람으로 涑水鄕(지금의 하현 서쪽)에 살아 涑水先生이라고도 부름. 북송 眞宗 天禧 3년에 태어나 哲宗 元祐 원년에 죽었음. 향년 68세. 인종 寶元 원년(1038)에 진사에 올라 仁宗·英宗·神宗 3조를 섬겼음. 신종 때 왕안석의 신법에 반대하였으며, 判西京御史臺를 그만 두고 洛陽에 15년을 살았음. 철종이 즉위하자 조정으로 들어가 재상이 되어 신법을 파기 하고 구제를 회복하였으나, 재위 8개월 만에 주고 말았음. 시호는 文正, 溫國公에 봉해져 흔히 溫公이라 부름.《資治通鑑》을 편찬하 였으며,《涑水紀聞》·《溫國文正司馬文集》 등이 있음.《宋史》에 전이 있음.

司馬光《家範》四庫全書

【婿與婦】 사위를 맞을 때나 며느리를 맞을 때. '婿'는 〈越南本〉에는 '壻'로 되어 있음.

【家法】 집안의 전통과 가풍.

【慕其富貴】 〈越南本〉에는 '慕其當貴'로 되어 있으나 이는 오류임.

【舅姑】 시아버지와 시어머니.

【驕妬】 교만하고 질투하는 성격.

【庸有極乎】 '庸'은 '어찌'의 뜻. '어찌 그 끝이 있으리오'의 뜻.

【借使因婦財以致富, 依婦勢以取貴】〈越南本〉에는 '假不肖, 今雖富盛, 安知婦勢 以取貴'로 되어 있으며 이는 오류이거나 착간임.

【丈夫】 大丈夫.《孟子》滕文公(下)에 "居天下之廣居; 立天下之正位; 行天下之 大道. 得志, 與民由之; 不得志, 獨行其道, 富貴不能淫; 貧賤不能移, 威武不能屈. 此之謂大丈夫"라 함.

참고 및 관련 자료

1.《書儀》(司馬光)에 실려 있음.

2.《小學》嘉言篇 廣明倫

司馬溫公曰:「凡議婚姻, 當先察其壻與婦之性行, 及家法何如, 勿苟慕其富貴. 壻苟賢矣, 今雖貧賤, 安知異時不富貴乎? 苟爲不肖, 今雖富盛, 安知異時不貧 賤乎? 婦者家之所由盛衰也, 苟慕一時之富貴而娶之, 彼挾其富貴, 鮮有不輕 其夫而傲其舅姑. 養成驕妬之性, 異日爲患, 庸有極乎? 借使因婦財以致富, 依婦 勢以取貴, 苟有丈夫之志氣者, 能無愧乎?」

3.《近思錄》家道篇

世人多愼於擇壻, 而忽於擇婦. 其實壻易見, 婦難知. 所係甚重, 豈可忽哉!

681(14-13)
딸과 며느리

안정安定 호선생胡先生이 말하였다.

"딸을 시집보낼 때는 반드시 우리 집보다 나은 집에 보내야 한다.
 우리 집보다 나으면 딸이 시집 사람을 섬기면서,

틀림없이 시집을 흠모하고 경계하게 될 것이다.

며느리를 맞이할 때는 반드시 우리보다 못한 집안에서 구해야 한다.

우리보다 못한 집안이라면 며느리가 시부모를 섬기면서,

틀림없이 며느리로서의 도리를 잘 수행하게 될 것이다."

安定胡先生曰:

「嫁女必勝吾家者.

　　勝吾家, 則女之事人必欽必戒.

　　　娶婦必須不若吾家者.

　　不若吾家, 則婦之事舅姑必執婦道.」

【安定】 지명. 宋代에 泰州에 속했으며 지금의 陝西省에 있음. 胡瑗의 조상이 살던 곳이어서 그를 '安定先生'이라 부름. 〈越南本〉에는 '胡安定曰'로 되어 있음.

【胡先生】 胡瑗(993~1059)을 가리킴. 자는 翼之. 시호는 文昭. 范仲淹의 추천으로 벼슬길에 올라 鐘律을 정리하였으며 天章閣待制, 太常博士 등을 지냄. 뒤에 敎學에 힘써 제자가 수백 명에 이르렀음. 저술로 《周易口議》, 《洪範口議》, 《皇祐新樂圖記》 등이 있으며 《宋史》(432) 儒林傳에 전이 있음.

胡瑗(자 翼之) 《三才圖會》

【嫁女必勝吾家者】 〈越南本〉에는 '嫁女必須勝吾家者'로 되어 있음.

【欽戒】 존경하여 받들며 조심함.

【舅姑】 시아버지와 시어머니.

참고 및 관련 자료

1. 《名臣言行錄》에 실려 있음.

2. 《小學》嘉言篇 廣明倫

安定胡先生曰:「嫁女必須勝吾家者, 勝吾家, 則女之事人, 必欽必戒; 娶婦必須不若吾家者, 不若吾家, 則婦之事舅姑, 必執婦道.」

3. 〈小學集註〉

吳氏曰:「女婦之性, 大率. 畏慕富盛而厭薄貧賤.」

682(14-14)
장가들지 못한 사내

"사내로서 장성하였는데도 장가들지 못하였다면
우둔한 말에 고삐가 없는 것과 같고,
여자가 장성하였는데도 시집가지 못하였다면
몰래 소금을 만드는 범죄자의 우두머리처럼 된다."

「男大不婚, 如劣馬無韁.
女大不嫁, 如私鹽犯首.」

【劣馬無韁】〈越南本〉에는 '劣馬無彊'으로 잘못 표기되어 있음.
【私鹽犯】고대 소금은 국가 전매품이었으며 이를 몰래 만들어 파는 범죄를 뜻함.
그러나 본 구절의 비유는 그 뜻을 구체적으로 알 수 없음.

⟨ 참고 및 관련 자료 ⟩

1. 〈越南本〉에는 이 구절을 앞의 安定先生 말에 붙여 놓았음.

683(14-15)*
혼인과 재물

《문중자文中子》에 말하였다.
"혼인에 재물을 논하는 것은,
 오랑캐의 도이다."

《文忠子》曰:「婚娶而論財, 夷虜之道也.」

【文忠子】 '文中子'의 오류. 〈越南本〉에는 '文中子'로, 〈通俗本〉에는 '文仲子'로
되어 있음. 책 이름이며, 동시에 王通의 私諡. 책은《中說》이라고도 하며 隋
나라 때 王通(584~618)이 지은 것으로 알려짐.
왕통은 자는 仲淹. 龍門(지금의 山西 河津) 사람
으로 初唐四傑의 하나인 王勃의 조부. 시호는
文中子.《중설》은 2권 10편(〈王道〉·〈天地〉·〈事君〉·
〈周公〉·〈問易〉·〈禮樂〉·〈述史〉·〈魏相〉·〈立命〉·
〈關郞〉)으로 되어 있으며, 정치의 득실에 관한 것과
수신 치국 등에 대한 것임. 왕통이 문인들과 대화한
내용을 그 제자 薛收와 姚義 등이 편집한 것.

文中子(王通)《三才圖會》

【夷虜】夷狄과 胡虜. 禮가 없이 재물만 탐하는 오랑캐를 비유함.

참고 및 관련 자료

1.《文中子》事君篇
子曰:「婚娶而論財, 夷虜之道也, 君子不入其鄉. 古者, 男女之族, 各擇德焉,
不以財爲禮. 子之族, 婚嫁必具六禮.」曰:「斯道也, 今亡矣. 三綱之首不可廢,

吾從古」子曰:「惡衣薄食, 少思寡欲. 今人以爲詐, 我則好詐焉; 不爲誇衒, 若愚似鄙. 今人以爲恥, 我則不恥也.」

2. 《小學》嘉言篇 廣明倫

《文中子》曰:「婚娶而論財, 夷虜之道也, 君子不入其鄉. 古者, 男女之族, 各擇德焉, 不以財爲禮.」

3. 〈小學集註〉

德, 謂男女之性行; 財, 謂男之聘財·女之資裝.

4. 《顔氏家訓》治家篇

婚姻素對, 靖侯成規. 近世嫁娶, 遂有賣女納財, 買婦輸絹, 比量父祖, 許較錙銖, 責多還少, 市井無異. 或猥壻在門, 或傲婦擅室, 貪榮求利, 反招羞恥, 可不愼歟!

684(14-16)
가장의 의무

사마온공司馬溫公이 말하였다.

"무릇 가장家長이 된 자는, 반드시 부지런히 예법禮法을 지켜,
 여러 자제와 가속의 무리를 통솔한다.
 각기 그들에게 직분을 나누어 주고, 일거리를 주며,
 그 성취와 공적에 책임을 맡기고,
 재용財用을 조절하여 쓰도록 다스리고,
 수입을 헤아려 지출을 계획하며,
 집안의 유무有無에 맞추어, 위아래 사람들에게 옷과 먹을 것
 그리고 길흉사에 쓸 비용을 공급하되,
 모두가 품위와 절도 있게 하되, 균일하지 않음이 없도록 한다.
 쓸데없는 비용은 줄이고 재량하며, 사치와 화려함은 금지시키고,
 항상 모름지기 조금씩 여유를 남겨, 뜻밖의 일에 대비하여야 한다."

司馬溫公曰:

「凡爲家長, 必謹守禮法, 以御群子弟及家衆.

分之以職, 授之以事, 而責其成功,

制財用之節, 量入以爲出, 稱家之有無,

以給上下之衣食及吉凶之費,

皆有品節, 而莫不均一.

裁省冗費, 禁止奢華, 常須稍存贏餘, 以備不虞.」

【司馬溫公】司馬光(1019~1086). 北宋의 사학가이며 문장가·사상가. 자는 君實. 만년의 호는 迂叟. 陝州 夏縣(지금의 山西 夏縣) 사람으로 涑水鄉(지금의 하현 서쪽)에 살아 涑水先生이라고도 부름. 북송 眞宗 天禧 3년에 태어나 哲宗 元祐 원년에 죽었음. 향년 68세. 인종 寶元 원년(1038)에 진사에 올라 仁宗·英宗·神宗 3조를 섬겼음. 신종 때 왕안석의 신법에 반대하였으며, 判西京御史臺를 그만두고 洛陽에 15년을 살았음. 철종이 즉위하자 조정으로 들어가 재상이 되어 신법을 파기하고 구제를 회복하였으나, 재위 8개월 만에 죽고 말았음. 시호는 文正, 溫國公에 봉해져 흔히 溫公이라 부름.《資治通鑑》을 편찬하였으며,《涑水紀聞》·《溫國文正司馬文集》 등이 있음.《宋史》에 전이 있음.

【以御群子弟】〈越南本〉에는 '以御羣弟子'로 되어 있음.

【分之以職】〈越南本〉에는 '必分之以職'으로 되어 '必'자가 더 있음.

【品節】품위와 절도를 지켜야 함. 혹은 규정을 뜻함.

【家衆】집안의 모든 家屬들.《小學》〈集註〉에 "家衆, 婢僕輩也"라 함.

【職·事】각자의 직무와 사업.〈集註〉에 "職, 如主庖廩·掌田園之類; 事, 如治産業·給征役之類"라 함.

【稱】그에 맞게 함.〈集註〉에 "家以以給, 有則豐, 無則儉也"라 함.

【裁省冗費】'裁'는 制裁함. '省'은 줄임. 용비(冗費)는 쓸데없는 비용. 쓰지 않아도 될 비용.

【贏餘】'贏餘'의 오기. 剩餘分.〈越南本〉 및《小學》에는 '贏餘'로 되어 있음.

【不虞】 뜻밖의 생각지 않았던 일을 말함.〈集註〉에 "不虞, 謂不可虞度之事, 如水
火盜賊之類. 此皆制財用之節也"라 함.《左傳》定公 10년에 "且盡多舍甲於子之
門以備不虞"라 함.

참고 및 관련 자료

1. 司馬光《家儀》에 실려 있음.
2.《小學》嘉言篇 廣明倫
司馬溫公曰:「凡爲家長, 必勤守禮法, 以御群子弟及家衆, 分之以職, 授之以事,
而責其成功. 制財用之節, 量入以爲出. 稱家之有無, 以給上下之衣食. 及吉凶之費,
皆有品節, 而莫不均一. 裁省冗費, 禁止奢華. 當須稍存贏餘, 以備不虞.」

15. 안의편安義篇 第十五

"凡五條"
모두 5장이다.

"의로움을 실행하여 안녕을 얻을 것을 권고한 글들"

〈耕績圖〉(淸, 焦秉貞)

685(15-1)*
하늘이 내린 부부의 연

《안씨가훈》에 말하였다.
"무릇 사람이 있고 난 이후에야 부부가 있게 된 것이고,
부부가 있고 난 이후에야 부자가 있게 된 것이며,
부자가 있고 난 이후에야 형제가 있게 된 것이다.
한 집안의 친족은 이 세 가지가 있을 뿐이다.
이로부터 나아가 구족九族에 이르지만,
모두가 삼친三親에 근본을 두고 있는 것이다.
그러므로 인륜에서 가장 중요한 것이니,
돈독히 해야 한다."

《顔氏家訓》曰:

「夫有人民, 而後有夫婦;

有夫婦, 而後有父子;

有父子, 而後有兄弟.

一家之親, 此三者而已矣.

自茲以往, 至于九族, 皆本於三親焉.

故於人倫爲重者也, 不可不篤.」

【顔氏家訓】북조 때 顔之推(531~591?)가 지은 가훈으로 7권 20편으로 되어 있음.
【人民而後有夫婦】이 구절은《周易》序封傳의 내용과 같음.
【自茲】'自此'와 같음.

【九族】 여러 가지 설이 있음.《今文尙書》의 注에는 異姓 친족, 즉 父族四·母族三· 妻族二라 하였고,《古文尙書》에는 同姓 친족, 즉 高祖·曾祖·祖·父·본인·子· 孫·曾孫·玄孫을 가리킨다 하였음.

【爲重者也】〈抄略本〉과 〈通俗本〉에는 '爲重也'로 되어 있음.

> **참고 및 관련 자료**

1.《顏氏家訓》兄弟篇

夫有人民而後有夫婦, 有夫婦而後有父子, 有父子而後有兄弟: 一家之親, 此三 而已矣. 自茲以往, 至於九族, 皆本於三親焉, 故於人倫爲重者也, 不可不篤. 兄弟者, 分形連氣之人也, 方其幼也, 父母左提右挈, 前襟後裾, 食則同案, 衣則 傳服, 學則連業, 游則共方, 雖有悖亂之人, 不能不相愛也. 及其壯也, 各妻其妻, 各子其子, 雖有篤厚之人, 不能不少衰也. 娣姒之比兄弟, 則疏薄矣; 今使疏薄 之人, 而節量親厚之恩, 猶方底而圓蓋, 必不合矣. 惟友悌深至, 不爲旁人之所 移者, 免夫!

2.《周易》序卦傳

有天地然後有萬物, 有萬物然後有男女, 有男女然後有夫婦, 有夫婦然後有父子, 有父子然後有君臣, 有君臣然後有上下, 有上下然後禮義有所錯. 夫婦之道不可 以不久也, 故受之以恆. 恆者, 久也.

686(15-2)
조대고의 부부관

조대고曹大家가 말하였다.

"부부는, 의로써 맺어 친한 것이며, 은혜로써 합한 것이다.

그런데 부부싸움에 회초리로 매질을 하고자 한다면,

의라는 것이 무엇을 위한 의이겠는가?
그리고 공갈하고 욕하고 질타하며 소리친다면,
은혜는 무엇을 위한 은혜이겠는가?
은혜와 의가 끊어지고 나서도, 헤어지지 않는 경우는 드물다."

曹大家曰:

「夫婦者,

　　以義爲親, 以恩爲合.

　　欲行楚撻, 義欲何義?

　　喝罵叱喧, 恩欲何恩?

　　恩義旣絶, 鮮不離矣.」

【曹大家】東漢 때의 班昭를 가리킴. '大家'는 '대고'로 읽음. 班昭는 班彪의
딸이며 班固의 누이. 曹壽(世叔)의 아내이며 曹穀의 어머니. 궁중 후비와 비빈들
女師가 되어《女誡》七篇을 짓고 이를 교재로 后妃를 가르쳤으며 이로 말미암아
'大家(大姑)'라 칭호를 받았음. 아버지와 오빠가 하던《漢書》저술을 완성하기도
하였음.
【以恩爲合】〈越南本〉에는 '以思爲合'으로 되어 있음.
【欲行楚撻】〈越南本〉에는 '若行楚撻'로 되어 있음.
【喝罵叱喧】〈越南本〉에는 '詈罵吒咤'로 되어 있음.
【義欲何義】〈越南本〉에는 '義欲何爲'로 되어 있음.
【恩欲何恩】〈越南本〉에는 '恩欲何施'로 되어 있음.

⌈ 참고 및 관련 자료 ⌉

1. 班昭《女誡》敬順章
　陰陽殊性, 男女異行, 陽以剛爲德, 陰以柔爲用; 男以强爲貴, 女以弱爲美. 故鄙諺有云:「生男如狼, 猶恐其尫; 生女如鼠, 猶恐其虎.」然則修身莫如敬, 避強莫若順. 故曰敬順之道, 爲夫婦之大禮也. 夫敬非他, 持久之謂也; 夫順非他, 寬裕之謂也. 持久者, 知止足也; 寬裕者, 尙恭下也. 夫婦之好, 終身不離, 房室周旋, 遂生媟黷, 媟黷旣生, 語言過矣. 語言旣過, 縱恣必作, 縱恣旣作, 則侮夫之心生矣. 此由於不知止足者也. 夫事有曲直, 言有是非, 直者不能不爭, 曲者不能不訟, 訟爭旣施, 則有忿怒之事矣. 此由於不尙恭下者也. 侮夫不節, 譴呵從之, 忿怒不止, 楚撻從之. 夫爲夫婦者, 義以和親, 恩以好合, 楚撻旣行, 何義之存? 譴呵旣宣, 何恩之有? 恩義俱廢, 夫婦離行.

2. 〈越南本〉에는 "曹大家曰:「夫婦者, 以義爲親, 以思爲合. 若行楚撻, 義欲何爲? 詈罵吒咤, 恩欲何施? 恩義旣絶, 鮮有不離.」"라 하여 일부 글자들이 다름.

3. 《近思錄》家道篇

〈歸妹〉九二, 守其幽貞, 未失夫婦常正之道. 世人以媟狎爲常, 故以貞靜爲變常, 不知乃常久之道也.

687(15-3)*
형제는 수족

장자莊子가 말하였다.
"형제는 수족이며, 부부는 의복이다.
의복은 닳고 나면, 다시 새것으로 바꿀 수 있지만,
수족이 끊어지면, 이을 수가 없다."

莊子云:「兄弟爲手足, 夫婦爲衣服.

　　　衣服破時, 更得新;

　　　手足斷時, 難可續.」

【手足斷時】〈抄略本〉과 〈通俗本〉에는 '手足斷處'로 되어 있음.
【難可續】〈越南本〉에는 '難再續'으로 되어 있음.

참고 및 관련 자료

1. 羅貫中의 《三國演義》(제15회)
張飛拔劍要自刎, 玄德向前抱住, 奪劍擲地, 曰:
「古人云: 兄弟如手足, 妻子如衣服. 衣服破, 尙可
縫; 手足斷, 安可續? 吾三人桃園結義, 不求同生,
但求同死.」

2. 《昔時賢文》
兄弟如手足, 妻子如衣服.   〈莊子〉(莊周) 《三才圖會》

3. 〈越南本〉에는 "莊子曰:「兄弟如手足, 夫婦如衣服. 衣服破時, 更得新; 手足
斷時, 難再續.」"이라 하여 일부 글자가 다름.

688(15-4)*
대장부와 소인배

소동파蘇東坡가 말하였다.
"부유한 자라고 친히 여기지 않으며 가난하다고 멀리하지 않는 것,
　이는 인간 세상의 대장부大丈夫요,
　부유하면 달려가 붙고 가난하면 물리치는 것,
　이는 인간 세상의 진짜 소인배小人輩로다."

蘇東坡云:「富不親兮貧不踈, 此是人間大丈夫;
　　　　　富則進兮貧則退, 此是人間眞小輩.」

【蘇東坡】蘇軾(1037~1101). 송나라 때의 대문호. 眉州 眉山 사람으로 자는 子瞻 혹은 和仲. 호는 東坡居士. 蘇洵의 아들이며 아우 蘇轍과 함께 '三蘇'로 불리며 모두 唐宋八大家로 칭해짐. 仁宗 때 진사에 올라 여러 관직을 거쳐 많은 정치적 혼란을 겪기도 하였음. 學術·詩文·詞·그림·글씨·음악 등에 모두 뛰어나 당시 최고의 문호로 널리 알려짐. 《東坡七集》·《東坡志林》·《東坡樂府》·《仇池筆記》·《論語說》 등을 남겼으며, 《宋史》(338)에 전이 있음.

〈蘇軾〉(子瞻)

【人間】 인간 세상. 俗世. 塵世.

【大丈夫】 의를 행하여 떳떳함으로 근본을 삼는 사나이. 《孟子》 滕文公(下)에 "居天下之廣居; 立天下之正位; 行天下之大道. 得志, 與民由之; 不得志, 獨行其道, 富貴不能淫; 貧賤不能移, 威武不能屈. 此之謂大丈夫"라 함.

【眞小輩】 〈通俗本〉에는 '宵小輩'로 되어 있음.

> 참고 및 관련 자료

1. 蘇東坡 〈留侯論〉

古之所謂豪傑之士, 必有過人之節, 人情有所不能忍者, 匹夫見辱, 拔劍而起, 挺身而鬪, 此不足爲勇也. 天下有大勇者, 卒然臨之而不驚, 無故加之而不怒, 此其所挾持者甚大而其志甚遠也.

689(15-5)
은혜를 갚지 않는다면

태공이 말하였다.

"은혜를 알고 은혜를 갚는다면, 그 풍모와 광채가 아름답고,
은혜를 입고도 이를 갚지 않는다면, 사람이라 할 수 없다."

太公曰:「知恩報恩, 風光如雅.

有恩不報, 非爲人也.」

【風光如雅】〈越南本〉에는 '風光和雅'로 되어 있음.

16. 준례편遵禮篇 第十六

"凡二十一條"
모두 21장이다.

"예를 준수하여 세상을 바르게 살 것을 권고한 글들"

〈村童鬧學圖〉(宋)

690(16-1)*
천하에 예가 있음으로 해서

공자가 말하였다.
"집안에 예가 있어서 장유長幼의 구별이 있는 것이요,
안방에 예가 있어서 삼족三族이 화목한 것이며,
조정에 예가 있어서 관직에 차례가 있는 것이요,
사냥에 예가 있어서 전쟁이 없이 한가한 것이며,
군대에 예가 있어서 무공武功을 이룰 수 있는 것이다."

子曰:「居家有禮, 故長幼辨.
　　　閨門有禮, 故三族和.
　　　朝廷有禮, 故官爵序.
　　　田獵有禮, 故戎事閑.
　　　軍旅有禮, 故武功成.」

【長幼】 長幼有序. 어른과 아이 사이의 위계질서.
【三族】 本族·母族·妻族을 가리킴.
【田獵】 畋獵과 같음. 고대 춘추에 모두 사냥이 있었음.《司馬法》人本篇에 "故國
雖大, 好戰必亡; 天下雖安, 忘戰必危. 天下旣平, 天下大愷, 春蒐秋獮; 諸侯
春振旅, 秋治兵, 所以不忘戰也"라 하여 수(蒐)는 천자가 봄에 하는 사냥이며
선(獮)은 가을에 하는 사냥을 가리킴. 주나라 때는 춘추 사냥 때 흔히 열병을
하고 군대의 훈련 연습을 하였음.
【戎事】 전쟁의 일.

691(16-2)
윗사람으로서 예가 없으면

안자晏子가 말하였다.
"윗사람으로서 예가 없으면, 아랫사람을 부릴 수 없고,
아랫사람으로서 예가 없으면 윗사람을 모실 수 없다."

晏子曰:「上無禮, 無以使下;

　　　　下無禮, 無以侍上.」

〈晏子〉(晏嬰)

【晏子】春秋시대 齊나라의 管子(管仲)와 더불어
가장 이름난 재상으로 이름은 晏嬰(?~B.C.500),
자는 平仲. 재치와 덕으로 세 임금을 섬긴 것으로
유명함.《史記》管晏列傳 및《晏子春秋》참조.
【無以侍上】〈越南本〉에는 '無以待上'으로 잘못 표기
되어 있음.

참고 및 관련 자료

1.《晏子春秋》(1)
故自天子無禮, 則無以守社稷; 諸侯無禮, 則無以守其國; 爲人上無禮, 則無以使
其下; 爲人下無禮, 則無以事其上; 大夫無禮, 則無以治其家; 兄弟無禮, 則不
同居;『人而無禮, 不若遄死.』

2.《晏子春秋》(7)
上若無禮, 無以使其下; 下若無禮, 無以事其上. 夫麋鹿維無禮, 故父子同麀,
人之所以貴于禽獸者, 以有禮也.

3.《韓詩外傳》(9)

故自天子無禮, 則無以守社稷; 諸侯無禮, 則無以守其國; 爲人上無禮, 則無以使其下; 爲人下無禮, 則無以事其上; 大夫無禮, 則無以治其家; 兄弟無禮, 則不同居.

4.《新序》刺奢篇

晏子對曰:「君之言過矣. 齊國五尺之童子, 力盡勝嬰而又勝君, 所以不敢亂者, 畏禮也. 上若無禮, 無以使其下; 下若無禮, 無以事其上. 夫麋鹿唯無禮, 故父子同麀. 人之所以貴於禽獸者, 以有禮也.《詩》曰:『人而無禮, 胡不遄死?』故禮不可去也.」

692(16-3)
공경함만 있고 예가 없으면

공자가 말하였다.
"공경하기만 하고 예禮가 없으면 수고롭고,
삼가면서 예가 없으면 겁을 먹게 되고,
용감하면서 예가 없으면 혼란스럽고,
곧기만 하면서 예가 없으면 각박해진다."

子曰:「恭而無禮則勞, 愼而無禮則葸,
　　　勇而無禮則亂, 直而無禮則絞.」

【葸】두려워함. 겁을 먹음. 음은 '시.'
【絞】'남에게 각박하게 굴다'의 뜻.

참고 및 관련 자료

1.《論語》泰伯篇

子曰:「恭而無禮則勞, 愼而無禮則葸, 勇而無禮則亂, 直而無禮則絞. 君子篤
於親, 則民興於仁; 故舊不遺, 則民不偸.」

2.〈集註〉

葸, 畏懼貌. 絞, 急切也. 無禮則無節文, 故有四者之弊.

3.《禮記》仲尼燕居

敬而不中禮謂之野; 恭而不中禮謂之給; 勇而不中禮謂之逆.

693(16-4)*
용맹과 예의

공자가 말하였다.

"군자로서 용맹하기만 하고 예禮가 없으면, 난亂을 짓게 되고,
소인으로서 용맹하기만 하고 예가 없으면, 도둑질을 하게 된다."

子曰:「君子有勇而無禮, 爲亂;
　　　小人有勇而無禮, 爲盜.」

참고 및 관련 자료

1.《論語》陽貨篇

子路曰:「君子尙勇乎?」子曰:「君子義以爲上, 君子有勇而無義爲亂, 小人有勇
而無義爲盜.」

2. 〈集註〉

君子爲亂, 小人爲盜, 皆以位而言者也. 尹氏曰:「義以爲尙, 則其爲勇也大矣.
子路好勇, 故夫子以此救其失也.」胡氏曰:「疑此子路初見孔子時問答也.」

694(16-5)
예를 갖추고 나야

《맹자》에 말하였다.
"군자가 보통 사람과 다른 까닭은 그 존심存心이 있기 때문이다.
군자는 인仁으로써 마음에 이를 보존하고, 예로써 마음에 이를 보존한다.
어진 사람은 남을 사랑하고 예를 가진 자는 남을 공경한다.
남을 사랑하는 자는 남도 항상 그를 사랑할 것이요,
남을 공경하는 자는 남도 항상 그를 공경하게 될 것이다."

《孟子》曰:「君子所以異於人者, 以其存心也.
　　　君子以仁存心, 以禮存心.
　　　　仁者愛人, 有禮者敬人.
　　　　　愛人者, 人恒愛之;
　　　　　敬人者, 人恒敬之.」

【君子所以異於人者】〈越南本〉에는 '君子之所以異於人者'로 '之'자가 더 들어
있음.

1.《孟子》離婁章(下)

孟子曰:「君子所以異於人者, 以其存心也. 君子以仁存心, 以禮存心. 仁者愛人,
有禮者敬人. 愛人者人恆愛之; 敬人者人恆敬之. 有人於此, 其待我以橫逆, 則君子
必自反也:『我必不仁也, 必無禮也, 此物奚宜至哉?』其自反而仁矣, 自反而有
禮矣, 其橫逆由是也, 君子必自反也:『我必不忠.』自反而忠矣, 其橫逆由是也,
君子曰:『此亦妄人也已矣. 如此則與禽獸奚擇哉? 於禽獸又何難焉?』是故君子
有終身之憂, 無一朝之患也. 乃若所憂則有之:『舜人也, 我亦人也. 舜爲法於
天下, 可傳於後世, 我由未免爲鄕人也, 是則可憂也.』憂之如何? 如舜而已矣.
若夫君子所患則亡矣. 非仁無爲也, 非禮無行也. 如有一朝之患, 則君子不患矣.」

2.《孟子》集註

以仁禮存心, 言以是存於心而不忘也.

695(16-6)

예와 화목

유자有子가 말하였다.
"예禮의 쓰임에서는, 화목을 귀한 것으로 여긴다."

有子曰:「禮之用, 和爲貴.」

【有子】 공자의 제자인 有若. 자는 子有.
【和】 調和.《禮記》中庸에 "喜怒哀樂之未發謂之中, 發而皆中節謂之和"라 함.

1. 《論語》學而篇

有子曰:「禮之用, 和爲貴. 先王之道, 斯爲美; 小大由之. 有所不行, 知和而和, 不以禮節之, 亦不可行也.」

2. 《論語》集註

禮者, 天理之節文, 人事之儀則也. 和者, 從容不迫之意. 蓋禮之爲體雖嚴, 而皆出於自然之理, 故其爲用, 必從容而不迫, 乃爲可貴. 先王之道, 此其所以爲美, 而小事大事無不由之也.

696(16-7)
모습은 공경함을 보여야

"말이 화합하지 못할지라도,
모습은 공경함을 보여야 한다."

「言不和, 貌且恭.」

697(16-8)
공손함과 예

유자有子가 말하였다.

"공손함이 예禮에 가까우면,
치욕을 멀리할 수 있다."

有子曰:「恭近於禮, 遠恥辱也.」

참고 및 관련 자료

1.《論語》學而篇
有子曰:「信近於義, 言可復也. 恭近於禮, 遠恥辱也. 因不失其親, 亦可宗也.」
2.〈集註〉
恭, 致敬也. 禮, 節文也. 因, 猶依也. 宗, 猶主也. 言約信而合其宜, 則言必可踐矣;
致恭而中其節, 則能遠恥辱矣; 所依者不失其可親之人, 則亦可以宗而主之矣.
此, 言人之言行交際, 皆當謹之於始而慮其所終, 不然, 則因仍苟且之間, 將有
不勝其自失之悔者矣.

698(16-9)
경건히 하지 않을 것이 없다

정자程子가 말하였다.
"경건히 하지 않을 것이 없다."

程子曰:「無不敬.」

【程子】北宋 理學의 대가 程顥(1032~1085). 明道선생. 자는 伯淳이며 明道先生

〈程顥〉(明道선생)《三才圖會》

이라 부름. 저서로는《識仁篇》과《定性》등이 있으며, 아우 伊川(程頤)과 구분하여 大程子라 하며, 두 사람을 합해 二程이라 부름. 北宋 理學 四派 즉, 濂溪學派(周敦頤)·百源學派(邵雍)·關學派(張載)와 더불어 洛學派의 대표적인 인물. 이들의 저술과 어록을 묶은《二程集》이 있음. 그 학통이 南宋 閩學派(朱熹)에게로 이어진 것임.

【無不敬】경건(공경)하게 하지 않을 것이 없음. '毋不敬'과 같음.

참고 및 관련 자료

1. 〈越南本〉에는 "〈曲禮〉曰:「無不敬.」"이라 하였음.

2.《禮記》曲禮(上)

曲禮曰: 毋不敬, 儼若思, 安定辭. 安民哉!

3.《禮記》哀公篇

君子無不敬也, 敬身爲大. 身也者, 親之枝也, 敢不敬與? 不能敬其身, 是傷其親; 傷其親, 是傷其本; 傷其本, 枝從而亡. 三者, 百姓之象也.

4.《荀子》非十二子篇

無不愛也, 無不敬也, 無與人爭也, 恢然如天地之苞萬物. 如是則賢者貴之, 不肖者親之. 如是而不服者, 則可謂訞怪狡猾之人矣.

5.《小學》敬身篇 小序

孔子曰:「君子無不敬也, 敬身爲大. 身也者, 親之枝也, 敢不敬與? 不能敬其身, 是傷其親, 傷其親, 是傷其本. 傷其本, 枝從而亡.」

6.《近思錄》存養篇

明道先生曰:「思無邪」,「毋不敬」, 只此二句, 循而行之, 安得有差? 有差者, 皆由不敬不正也.

699(16-10)*
조정과 향당

증자曾子가 말하였다.
"조정朝廷에서는 작위보다 우선하는 것이 없고,
향당鄕黨에서는 나이 많은 어른보다 우선할 것이 없으며,
세상을 보필하고 백성을 길러줌에는 덕德보다 우선할 것이 없다."

曾子曰:「朝廷莫如爵,
　　　　　鄕黨莫如齒,
　　　　　輔世長民莫如德.」

【曾子】공자의 제자 曾參. 효성으로 이름이 났으며,《孝經》을 찬술한 것으로 알려짐.
【爵】고대의 작위. 公侯伯子男의 五等級이 있었음.
【鄕黨】고대 行政 단위의 명칭. 五家는 鄰, 二十五家는 里, 萬二千五百家는 鄕, 五百家는 黨이라 하였음.
【齒】나이. 鄕黨에서는 나이 많은 어른을 우선 공경함.
【輔世】세상을 이끌고 輔導해 나감.

〈曾子〉(曾參)《三才圖會》

참고 및 관련 자료

1.《孟子》公孫丑(下)

景子曰:「否. 非此之謂也. 禮曰:『父召無諾; 君命召, 不俟駕.』固將朝也, 聞王命而遂不果, 宜與夫禮若不相似然」曰:「豈謂是與? 曾子曰:『晉楚之富, 不可 及也. 彼以其富, 我以吾仁; 彼以其爵, 我以吾義. 吾何慊乎哉?』夫豈不義而曾子 言之? 是或一道也. 天下有達尊三: 爵一, 齒一, 德一. 朝廷莫如爵, 鄉黨莫如齒, 輔世長民莫如德. 惡得有其一, 以慢其二哉? 故將大有爲之君, 必有所不召之臣. 欲有謀焉, 則就之. 其尊德樂道, 不如是不足與有爲也. 故湯之於伊尹, 學焉而 後臣之, 故不勞而王; 桓公之於管仲, 學焉而後臣之, 故不勞而霸. 今天下地醜 德齊, 莫能相尙. 無他, 好臣其所敎, 而不好臣其所受敎. 湯之於伊尹, 桓公之 於管仲, 則不敢召. 管仲且猶不可召, 而況不爲管仲者乎?」

2. 〈越南本〉에는 "孟子曰:「朝廷莫如爵, 鄉黨莫如齒, 輔世長民莫如德」"이라 하여 '曾子'가 '孟子'로 되어 있음.

3. 본 문장에 이어 〈抄略本〉과 〈通俗本〉에는 다음 구절이 더 있음.

○「老少長幼, 天分秩序, 不可悖理而傷道也」

(노소장유는 하늘이 나눈 질서이니 이치를 어겨 도를 손상시켜서는 안 된다.)

700(16-11)
제와 부제

《맹자》에 말하였다.

"천천히 걸어 나이 많은 이의 뒤에 걷는 것, 이를 일러 제弟라 하고,
급히 걸어 나이 많은 이보다 앞서가는 것, 이를 일러 부제不弟라 한다."

《孟子》云:「徐行後長者, 謂之弟;
            疾行先長者, 謂之不弟」

【弟】'悌'와 같음. 아랫사람이 윗사람을 공경하는 것. 〈越南本〉에는 '悌'로 되어 있음. 그 아래의 '不弟'도 역시 '不悌'로 되어 있음.

참고 및 관련 자료

1.《孟子》告子章(下)

徐行後長者謂之弟, 疾行先長者謂之不弟. 夫徐行者, 豈人所不能哉? 所不爲也. 堯舜之道, 孝弟而已矣. 子服堯之服, 誦堯之言, 行堯之行, 是堯而已矣; 子服 桀之服, 誦桀之言, 行桀之行, 是桀而已矣.

701(16-12)*
귀빈을 만나 접견하듯

"밖에 나서서는 누구를 만나도 귀빈 접견하듯이 하고,
집 안에 들어서는 마치 누군가가 있는 듯이 행동하라."

「出門如見大賓, 入室如有人」

【大賓】公侯의 賓客. 外交上의 賓客. 예와 절차를 모두 갖추어 공경히 대해야 함.
【入室如有人】글자 수가 맞지 않으며《論語》원문과 다른 인용문에는 모두 '使民如承大祭'로 되어 있음.

참고 및 관련 자료

1. 《論語》 顔淵篇

仲弓問仁. 子曰「出門如見大賓, 使民如承大祭. 己所不欲, 勿施於人. 在邦無怨, 在家無怨.」 仲弓曰「雍雖不敏, 請事斯語矣.」

2. 〈潭陽本〉에는 "子曰:「出門如見大賓, 使民如承大祭」"라 하여 《論語》의 구절을 그대로 인용하고 있음.

3. 〈越南本〉에도 "子曰:「出門如見大賓, 使民如承大祭」"로 되어 있음.

4. 《近思錄》 存養篇

孔子言仁, 只說「出門如見大賓, 使民如承大祭」, 看其氣象, 更須「心廣體胖」, 「動容周旋」, 中禮自然. 惟愼獨便是守之之法.

702(16-13)
빈 곳에 들어갈 때는

〈소의少儀〉에 말하였다.

"빈 것 지키기를 가득 찬 것을 잡은 듯이 하고,
빈 곳에 들어갈 때는 마치 누군가가 이미 들어가 있는 듯이 하라."

〈少儀〉曰:「執虛如執盈, 入虛若有人」

【少儀】《禮記》의 편명.

참고 및 관련 자료

1.《禮記》少儀篇

執虛如執盈, 入虛如有人. 凡祭於室中堂上無跣, 燕則有之.

2.〈越南本〉에는 "《禮記》曰:「執虛如執盈, 入虛如有人.」"으로 되어 있음.

703(16-14)
마치 말을 하지 못하는 자처럼

"공자는 향당鄕黨에서, 공손을 다하는 태도였다.
마치 능히 말을 하지 못하는 사람처럼 행동하였다."

「孔子於鄕黨, 恂恂如也. 似不能言者.」

【鄕黨】고대 行政 단위의 명칭. 五家는 鄰, 二十五家는 里, 萬二千五百家는 鄕, 五百家는 黨이라 히였음. 孔子는 陬邑의 昌平鄕에서 태어났고, 뒤에 曲阜의 闕里로 옮겨 살았음.
【恂恂】信實한 모습. 恂恂如의 如는 然과 같음. 恂의 음은 '순.'

참고 및 관련 자료

1.《論語》鄕黨篇

孔子於鄕黨, 恂恂如也, 似不能言者. 其在宗廟朝廷, 便便言, 唯謹爾.

2. 〈集註〉

恂恂, 信實之貌. 似不能言者, 謙卑遜順, 不以賢知先人也. 鄕黨, 父兄宗族之
所在, 故孔子居之, 其容貌辭氣如此.

704(16-15)*
남과 나를 중히 여김

"만약 남이 나를 중히 여기도록 하고자 한다면
내가 남을 중히 여기는 것보다 더한 것은 없다."

「若要人重我, 無過我重人」

【無過】 '~보다 더한 것이 없다'의 뜻으로 '無如・不如・莫如・莫若' 등과 같음.

참고 및 관련 자료

1. 〈越南本〉에는 "「若要人重我, 無如我重人.」"이라 하여 표현이 다름.
2. 《儒家龜鑑》(休靜)
   若要人重我, 無過我重人.

705(16-16)
손님은 친소에 관계없이

태공이 말하였다.
"손님은 친소에 관계없이,
 오는 자는 반드시 맞이하여라."

太公曰:「客無親疎, 來者當受.」

【親疎】 가깝고 먼 정도의 구분.

706(16-17)*
아비의 허물

"아비는 아들의 덕을 말하는 법이 아니며,
 자식은 아비의 허물을 말하지 않는 법이다."

「父不言子之德, 子不談父之過.」

【子之德】〈越南本〉에는 '子之惡'으로 되어 있음.

1. 〈越南本〉에는 앞장과 묶어 "太公曰: 「客無親疎, 來者當受. 父不言子之惡, 子不言父之過.」"라 하여 표현과 문자가 다름.

707(16-18)
군사부일체

난공자欒共子가 말하였다.
"백성은 세 가지 도움에 의해 살아간다.
그러므로 이를 하나같이 모셔야 한다.
아버지는 낳아주셨고, 스승은 가르쳐주셨으며,
임금은 먹여주신다.
아버지가 아니면 태어나지 못했을 것이요,
먹여주지 않았으면 자라지 못했을 것이요,
가르쳐주지 않았다면 아는 것이 없었을 것이니,
이들은 삶에 있어서 한 가족이니라."

欒共子曰:「民生於三, 事之如一.
　　　　父生之, 師敎之, 君食之.
　　　　非父不生, 非食不長,
　　　　非敎不知, 生之族也.」

【欒共子】共叔成. 晉 哀侯의 대부. 당초 共叔成의 아버지 欒賓은 武共의 조부
桓叔이 曲沃伯이 될 때 도와준 공이 있었음. 무공이 곡옥을 정벌하고 그를
달래자 이때에 한 말임.

참고 및 관련 자료

1. '君師父一體'의 말은 여기에서 비롯된 것임.

2.《國語》晉語(1)

武公伐翼, 殺哀侯, 止欒共子曰:「苟無死, 吾以子見天子, 令子爲上卿, 制晉國
之政.」辭曰:「成聞之:『民生於三, 事之如
一.』父生之, 師敎之, 君食之. 非父不生, 非
食不長, 非敎不知生之族也, 故壹事之. 唯其
所在, 則致死焉. 報生以死, 報賜以力, 人之
道也. 臣敢以私利廢人之道, 君何以訓矣?
且君知成之從也, 未知其待於曲沃也. 從君
而貳, 君焉用之?」遂鬪而死.

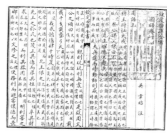

《國語》四庫全書

708(16-19)
남녀와 수숙

《예기禮記》에 말하였다.
"남녀는 서로 섞여 앉아서는 안 되며, 서로 직접 주어서도 안 된다.
형수와 시동생 사이에는 서로 안부를 묻는 것이 아니며,
아비와 자식 간에는 자리를 같이 해서도 안 된다."

《禮記》曰:「男女不雜坐, 不親授.
　　　　嫂叔不通問, 父子不同席.」

【嫂叔】 형수와 시동생 사이.

참고 및 관련 자료

1.《禮記》曲禮(上)
離坐離立, 毋往參焉. 離立者, 不出中間. 男女不雜坐. 不同椸枷, 不同巾櫛, 不親授. 嫂叔不通問, 諸母不漱裳.

2.《孟子》離婁(下)
淳于髡曰:「男女授受不親, 禮與?」孟子曰:「禮也.」曰:「嫂溺則援之以手乎?」曰:「嫂溺不援, 是豺狼也. 男女授受不親, 禮也; 嫂溺援之以手者, 權也.」曰:「今天下溺矣, 夫子之不援, 何也?」曰:「天下溺, 援之以道; 嫂溺, 援之以手. 子欲手援天下乎?」

3.《藝文類聚》(41)에 인용된 曹植의 〈君子行〉
嫂叔不親授, 長幼不比肩.

4.《昔時賢文》
叔嫂不親授, 老幼不比肩.

709(16-20)
공자의 제사

《논어》에 말하였다.
"(공자는) 제사지낼 때에는 조상이 와 계신 듯이 하며,
　신에게 제사지낼 때는 그 신이 와 계신 듯이 하였다."

《論語》云:「祭如在, 祭神如神在.」

【在】그 先祖가 親在하는 듯이 여기는 것.

참고 및 관련 자료

1.《論語》八佾篇
祭如在, 祭神如神在. 子曰:「吾不與祭, 如不祭.」
2.〈集註〉
程子曰:「祭, 祭先祖也. 祭神, 祭外神也. 祭先, 主於孝; 祭神, 主於敬.」愚謂:
「此, 門人記孔子祭祀之誠意.」

710(16-21)
살아 계실 때처럼

공자가 말하였다.
"죽은 이 섬기기를 살아 계실 때처럼 하며,
이미 돌아가신 분을 모심에는 살아 계신 듯이 한다.
이것이 효성의 지극함이다."

子曰:「事死如事生, 事亡如事存, 孝之至也.」

17. 존신편 存信篇 第十七

"凡七條"
모두 7장이다.

"모든 일에 믿음을 바탕에 두기를 권고한 글들"

국내본 청주판은 존신편 2쪽이 결락되어 있다. 이를 筑波大學 소장본과
〈월남판〉에 의해 정리하여 完整을 기하였다.

〈駱賓王詠鵝詩意圖〉(淸, 惲壽平)

※ 참고

　조선 초간본(청주판)은 20편 중에 '존신편存信篇'(7장)과 '부행편婦行篇'(8장)은 본문이 완전히 탈락되었으며, 뒤의 초략본(현재 유행본)은 20편으로 맞추되 '존신편'을 없애고 대신 '성심편省心篇'을 상하로 나누어 처리하였다.

　이에 '존신편'에 대하여 궁구할 수 없던 차에 마침 월남 현대 해석판을 구하게 되었다. 월남의 현대 판본《명심보감明心寶鑑》(Minh Tam Bao Giam, Khanh Hoi. 1988)은『월남한남문헌목록제요越南漢喃文獻目錄提要』에 "越南 今存 印本八種: 河內藏五本, 三本爲同慶三年(1888)印本, 150頁, 高25公分, 寬16公分; 另兩本分別爲廣盛堂成泰十九年(1907)印本·啓定九年1924印本. 巴黎藏三本, 一爲明命十七年(1836)印本, 163頁; 一本亦爲同慶三年印本, 150頁; 一本爲近文堂印本, 152頁, 中國作品明心寶鑑的譯註本 Paris MGFC30226(1836)"이라 하였다.

　이 책에는 '존신편' 7장 중에 5장이 실려 있어 일부나마 원모原貌를 살필 수 있게 되었다. 2장이 모자라는 것은 이 월남판 역시 초략본이어서 초략 과정에서 빠진 것으로 보인다. 이 책은 물론 현대 활자본이지만 전체 목록이 조선 초간본과 동일하게 20편이며 상하 구분은 없고 다만 '근학편勤學篇'이 '권학편勸學篇'으로 표기되어 있다. 현대어판의 월남본 越南本은 매 글자마다 아래 두 줄로 윗줄은 한월음漢越音을, 아랫줄은 월어음越語音을 로마자(특수부호 부가)로 표기하였으며 총 428장 328쪽의 분량이다. 이 책의 원전이 어떤 모습인지는 알 수 없으며 심지어 중국 에서 직접 건너간 것인지 아니면 조선(한국)을 거쳐 전입된 것인지도 확인할 길이 없다.

　이에 〈월남본越南本 존신편存信篇〉 5조와 축파대학筑波大學 소장본을 근거로 보완해 넣는다.

711(17-1)
수레의 끌채

공자가 말하였다.
"사람으로서 믿음이 없다면,
그 가可함이 무엇인지를 알아볼 수 없으며,
큰 수레에 끌채가 없고, 작은 수레에 끌채 끝이 없다면,
어찌 갈 수가 있겠는가!"

子曰:「人而無信, 不知其可也;

　　大車無輗, 小車無軏, 其何以行之哉!」

【輗】輗端의 橫木으로 輈에 붙들어 맨 부분. '끌채.' 음은 '예.'
【軏】작은 수레에서 끌채 끝의 멍에를 매는 테. 음은 '월.'

참고 및 관련 자료

1. 《論語》爲政篇
子曰:「人而無信, 不知其可也. 大車無輗, 小車無軏, 其何以行之哉?」
2. 〈集註〉
大車, 謂平地任載之車. 輗, 轅端橫木, 縛軛以駕牛者. 小車, 謂田車·兵車·乘車.
軏, 轅端上曲, 鉤衡以駕馬者. 車無此二者, 則不可以行, 人而無信, 亦猶是也.

712(17-2)
사람에게 믿음이 있음은

노자가 말하였다.
"사람에게 믿음이 있음은,
　마치 수레에 바퀴가 있음과 같다."

老子曰:「人之有信, 如車有輪.」

713(17-3)
달리는 말에 채찍

"군자의 말 한 마디는,
　말을 타고 채찍을 더하는 것과 같다."

「君子一言, 跨馬一鞭.」

【跨馬】〈越南本〉에는 '快馬'로 되어 있음.

〈老君〉洪應明《仙佛奇蹤》

714(17-4)

내뱉은 말 한 마디

"말이란 한 번 내뱉고 나면, 네 필 말로도 뒤쫓아가기 어렵다."

「一言旣出, 駟馬難追」

【駟馬難追】 '駟不及舌'과 같음.

참고 및 관련 자료

1. 〈越南本〉에는 이상 4구절을 하나의 장으로 묶었으나, 〈초간본〉에는 각 낱장으로 분리하였음.
2. 《論語》顔淵篇
棘子成曰:「君子質而已矣, 何以文爲?」子貢曰:「惜乎, 夫子之說君子也! 駟不及舌. 文猶質也, 質猶文也. 虎豹之鞟, 猶犬羊之鞟.」
3. 《論語》集註
言子成之言, 乃君子之意. 然言出於舌, 則駟馬不能追之, 又惜其失言也.

715(17-5)
응락한 일에 신속했던 자로

자로子路는 응락한 일을 미루어 보류하는 경우가 없었다.

「子路無宿諾.」

【子路】 공자의 제자인 仲由.
【宿諾】 허락한 말을 보류하거나 묵혀둠. '無宿諾'은 말한 즉시 처리함을 뜻함.

참고 및 관련 자료

1.《論語》顔淵篇
子曰:「片言可以折獄者, 其由也與!」子路無宿諾.
2.〈集註〉
宿, 留也, 猶宿怨之宿. 急於踐言, 不留其諾也. 記者因夫子之言而記此, 以見子路
之所以取信於人者, 由其養之有素也. 尹氏曰:「小邾射以句繹奔魯, 曰:『使季路
要我, 吾無盟矣』,『千乘之國, 不信其盟, 而信子路之一言』, 其見信於人可知矣.
一言而折獄者, 信在言前, 人自信之故也. 不留諾, 所以全其信也.」

716(17-6)
망령된 말

사마온공司馬溫公이 말하였다.

"정성스러운 도는 자신에게 들어오게 하기가 쉽지 않다.

그러니 스스로 망녕된 말을 하지 아니하는 것을 시작으로 삼아야 한다."

司馬溫公曰:「存誠之道固難入,

　　　　　然當自不妄言始.」

【司馬溫公】司馬光(1019~1086). 北宋의 사학가이며 문장가·사상가. 자는 君實. 만년의 호는 迂叟. 陝州 夏縣(지금의 山西 夏縣) 사람으로 涑水鄉(지금의 하현 서쪽)에 살아 涑水先生이라고도 부름. 북송 眞宗 天禧 3년에 태어나 哲宗 元祐 원년에 죽었음. 향년 68세. 인종 寶元 원년(1038)에 진사에 올라 仁宗· 英宗·神宗 3조를 섬겼음. 신종 때 왕안석의 신법에 반대하였으며, 判西京御 史臺를 그만두고 洛陽에 15년을 살았음. 철종이 즉위하자 조정으로 들어가 재상이 되어 신법을 파기하고 구제를 회복하였으나, 재위 8개월 만에 죽고 말았음. 시호는 文正, 溫國公에 봉해져 흔히 溫公이라 부름.《資治通鑑》을 편찬 하였으며,《涑水紀聞》·《溫國文正司馬文集》 등이 있음.《宋史》에 전이 있음.

참고 및 관련 자료

1. 〈월남본〉에는 '存誠之道, 固難入; 然當自不妄言始'로 되어 있음.

717(17-7)
불신의 후과

《익지서益智書》에 말하였다.
"임금과 신하가 믿지 못하면 나라가 불안하다.
 부자 사이에 믿음이 없으면, 집안이 화목하지 못한다.
 형제 사이에 믿음이 없으면, 정情이 친해지지 아니한다.
 친구 사이에 믿음이 없으면, 사귐이 쉽게 상실된다."

《益智書》云:
　「君臣不信, 國不安.
　 父子不信, 家不睦.
　 兄弟不信, 情不親.
　 朋友不信, 交易失.」

【交易失】〈越南本〉에는 '交易疏'로 되어 있음.

18. 언어편 言語篇 第十八

"凡二十五條"
모두 21장이다.

"언어를 조심하여 실수가 없도록 하기를 권고한 글들"

[참고 및 관련 자료]

1. 역시 동해안 발견 청주본은 이 장이 낙장되어 있음.
2. 筑波本에 "凡二十五條"라 하였음.
3. 〈抄略本〉에는 그 중 7조만이 채록되어 있음.

〈李白吟行圖〉(宋, 梁楷)

중간 사람

공자가 말하였다.
"중인中人 이상에게는 높은 도道를 말하여 줄 수 있다.
중인 이하는 높은 도를 말하여 줄 수 없다."

子曰:「中人以上可以語上也.

　　　中人以下不可以語上也.」

【中人】 古代에 사람의 능력과 품성을 세 단계로 나누어 上人·中人·下人으로
분류하여 말한 것. 그러나 앞의 '中人以上'의 '以上'은 뒷사람에 의해 追加된
것이라고 보는 견해도 있음(毛子水).
【語上】 '語'는 '告·誨'의 뜻. '上'은 고차원적인 내용이나 원리.

참고 및 관련 자료

1.《論語》雍也篇
子曰:「中人以上. 可以語上也; 中人以下, 不可以語上也.」
2.〈集註〉
言教人者, 當隨其高下而告語之, 則其言易入而無躐等之弊也. 張敬夫曰:「聖人
之道, 精粗雖無二致, 但其施教, 則必因其材而篤焉. 蓋中人以下之質, 驟而語
之太高, 非惟不能以入, 且將妄意躐等, 而有不切於身之弊, 亦終於下而已矣.
故就其所及而語之, 是乃所以使之切問近思, 而漸進於高遠也.」

719(18-2)
말도 사람도 잃지 않는 법

공자가 말하였다.
"가히 더불어 말할 수 있는 상대인데도 더불어 말을 하지 않으면,
그 사람을 잃게 된다.
가히 더불어 말할 상대가 아닌데도 더불어 말을 하면,
그 말을 잃게 된다.
슬기로운 자는 사람도 잃지 않고, 역시 말도 잃지 아니하느니라."

子曰:「可與言而不與之言, 失人.

　　不可與言而與之言, 失言.

　　知者不失人, 亦不失言.」

【知者】'智者'와 같음. 지혜로운 자. 말도 잃지 아니하고 사람도 잃지 않는 자.

> 참고 및 관련 자료

1. 《論語》衛靈公篇
子曰:「可與言而不與之言, 失人; 不可與言而與之言, 失言. 知者不失人, 亦不失言.」
2. 〈越南本〉에는 '子曰' 두 글자가 없음.

720(18-3)
상대에 따른 화제

〈사상견례土相見禮〉에 말하였다.

"임금과 대화를 나눌 때에는,

신하를 부리는 문제를 화제로 하며,

대인大人과 말을 나눌 때는,

임금 모시는 일을 화제로 삼으며,

연로한 분과 말을 나눌 때에는,

어린 제자들을 부리는 문제를 거론하며,

어린아이와 말을 나눌 때에는,

부모에 대한 효제를 주제로 하며,

일반 무리들과 말을 나눌 때에는,

충성과 믿음과 자상함에 대한 문제를 거론하며,

관직에 있는 자와 말을 나눌 때에는,

충성과 믿음에 대한 문제를 거론해야 한다."

〈士相見禮〉曰:

「與君言, 言使臣;

與大人言, 言事君;

與老者言, 言使弟子;

與幼者言, 言孝弟于父母,

與衆言, 言忠信慈祥,

與居官者言, 言忠信.」

【士相見禮】《儀禮》의 세 번째 편명. 士의 신분이 서로 만날 때 지켜야 할 예법을
 기술한 것.
【大人】학덕이 있는 어른. 혹은 이미 벼슬길에 나서서 임금을 모시고 있는
 경대부의 신분.
【言使弟子】어른의 입장에서 본 어린아이들. 가르치고 훈계할 대상. 〈越南本〉에는
 '言使子弟'로 되어 있음.
【孝弟于父母】부모에게 효도하고, 어른에게 공손히 하는 태도. 〈越南本〉에는
 '孝弟于父兄'으로 되어 있음.
【與衆言】〈越南本〉에는 '與衆人言'으로 되어 있음.
【居官者】벼슬을 하고 있는 자.

참고 및 관련 자료

1. 《儀禮》士相見禮

凡言非對也, 妥而後傳言. 與君言, 言使臣, 與大人言, 言事君, 與老者言, 言使
弟子, 與幼者言, 言孝弟於父兄, 與衆言, 言忠信慈祥, 與居官者言, 言忠信. 凡與
大人言, 始視面, 中視抱, 卒視面. 毋改, 衆皆若是. 若父則遊目, 毋上於面, 毋下
於帶. 若不言, 立則視足, 坐則視膝.

721(18-4)
말을 했다 하면

공자가 말하였다.
"무릇 그 자는 말을 하지 않을지언정
말을 했다하면 꼭 들어맞는구나!"

子曰: 「夫人不言, 言必有中!」

참고 및 관련 자료

1. 이는 閔子騫의 말을 공자가 칭찬한 구절임.

2.《論語》先進篇

魯人爲長府. 閔子騫曰: 「仍舊貫, 如之何? 何必改作?」子曰: 「夫人不言, 言必 有中!」

3.〈集註〉

言不妄發, 發必當理, 惟有德者能之.

722(18-5)*
말이 이치에 맞지 않으면

유회劉會가 말하였다.

"말이 이치에 맞지 않으면,

말하지 아니함만도 못하다."

劉會曰: 「言不中理, 不如不言.」

【劉會】인명. 구체적으로 알 수 없음. 혹 판각이 잘못되어 '到會'로도 표기 184 참조.

723(18-6)*
마디가 맞지 않으면

"말이란 한 마디가 맞지 않으면,
천 마디 말이 소용이 없다."

「一言不中, 千語無用.」

参고 및 관련 자료

1. 〈越南本〉에는 본장을 앞장과 묶어 劉會의 말로 여겼음.

724(18-7)
많은 사람 앞에서

《경행록》에 말하였다.
"빽빽하게 사람들이 모여 좌석에 널리 앉았을 때,
말 한 마디의 실수가 있게 되면,
안색이 부끄러워지고,
곧 후회스러운 얼굴이 되고 만다."

《景行錄》云:

「稠人廣坐, 一言之失,

顔色之差(羞), 便有悔吝(容).」

【稠人】 사람들이 빽빽하게 모여 있음.
【顔色之差】 그 분위기에 맞게 얼굴 표정을 제대로 가지지 못함. 그러나 〈越南本〉
에는 '顔色之羞'라 하여 '얼굴 표정에 부끄러움을 느끼다'로 되어 있어 이에 따라
"한 마디 실언으로 얼굴이 부끄러워짐"으로 풀이하였음.
【便】 '곧, 즉시'. 강조법 표현. 백화어 '就'와 같음.
【悔吝】 '吝'은 '한스럽게 여기다'의 뜻. 〈越南本〉에는 '悔容'으로 되어 있어 '후회
스러운 낯빛'으로 풀이하였음.

참고 및 관련 자료

1. 〈越南本〉에는 "《景行錄》云:「稠人廣坐之中, 一言有失, 顔色之羞, 便有悔容.
言不可不愼也.」"라 하여 표현이 다르며 '言不可不愼也'의 6글자가 더 있음.
그러나 표현이 훨씬 순통함.

725(18-8)
쓸데없는 변론

공자가 말하였다.
"작은 변론은 의를 해치고,
쓸데없이 자질구레한 말은 도를 깨뜨린다."

子曰:「小辯害義, 小言破道.」

【小辯】대의와 관련 없는 말재주. 〈越南本〉에는 '小辨'으로 되어 있음.

참고 및 관련 자료

1.《孔子家語》好生篇
孔子曰:「小辯害義, 小言破道.〈關雎〉興于鳥, 而君子美之, 取其雄雌之有別.
〈鹿鳴〉興於獸, 而君子大之, 取其得食而相呼. 若以鳥獸之名嫌之, 固不可行也.」

726(18-9)*
입과 혀

군평君平이 말하였다.
"입과 혀라는 것은, 재앙과 환난의 문이요, 몸을 망치는 도끼이다."

君平曰:「口舌者, 禍患之門, 滅身之斧也.」

【君平】漢나라 때 蜀 땅 사람 嚴遵. 자는 君平이며 道家에 관심이 깊었고, 占術에
뛰어났던 인물.《蒙求》에 "嚴遵字君平, 蜀郡人. 脩身自保, 非其服弗服, 非其食
弗食. 卜筮於成都市, 以爲卜筮者賤業, 而可以惠衆. 人有邪惡非正之問, 則依著
龜爲言利害, 與人子言依於孝, 與人弟言依於順, 與人臣言依於忠, 各因勢道之
以善. 裁日閱數人, 得百錢足自養, 則閉肆下廉而授老子. 博覽亡不通, 依〈老莊〉

之指著書十餘萬言. 揚雄少時從游學, 已而仕京師, 數爲朝廷在位賢者稱平德, 年九十餘終"이라 함.

참고 및 관련 자료

1. 〈越南本〉에는 본 장이 725장 앞에 있음.

727(18-10)
짐승에게 거문고를 연주해 주는 것은

사호四皓가 자방子房에게 말하였다.
"짐승에게 거문고를 연주해 주는 것은,
쓸데없이 그 음성(음악)을 다하는 것이로다!
말로써 사람을 상하게 하는 것은,
그 고통이 칼이나 창으로 찌르는 것과 같다."

四皓謂子房曰:
　「向獸彈琴, 徒盡其音聲也哉!
　　以言傷人, 痛如刀戟.」

【四皓】商山四皓(園公, 綺里季, 夏黃公, 甪里先生 등 당시 孤節한 노인 4명)를 가리킴.
漢나라 고조 劉邦이 태자를 바꾸려 하자 子房(張良, 留侯)이 이들을 데려와
고조의 마음을 되돌린 고사가 널리 알려져 있음.

【子房】張良. 漢興三傑의 하나. 자는 子房. 원래 韓나라 출신으로 韓나라가 秦始皇에게 망하자, 복수를 결심하고 始皇을 博浪沙에서 저격, 실패로 끝나자 下邳로 도망갔다가 黃石公을 만났고, 다시 劉邦에게 합류하여 項羽를 멸하였음. 留侯에 봉해짐.《史記》留侯世家 참조.

참고 및 관련 자료

1. 商山四皓의 고사는《新序》(10)와《史記》留侯世家,《漢書》張良傳,《十八史略》등에 자세히 실려 있음.

2.《史記》留侯世家

漢十二年, 上從擊破布軍歸, 疾益甚, 愈欲易太子. 留侯諫, 不聽, 因疾不視事. 叔孫太傅稱說引古今, 以死爭太子. 上詳許之, 猶欲易之. 及燕, 置酒, 太子侍. 四人從太子, 年皆八十有餘, 鬚眉皓白, 衣冠甚偉. 上怪之, 問曰:「彼何爲者?」 四人前對, 各言名姓, 曰東園公, 甪里先生, 綺里季, 夏黃公. 上乃大驚, 曰:「吾求公數歲, 公辟逃我, 今公何自從吾兒游乎?」 四人皆曰:「陛下輕士善罵, 臣等義不受辱, 故恐而亡匿. 竊聞太子爲人仁孝, 恭敬愛士, 天下莫不延頸欲爲太子死者, 故臣等來耳.」 上曰:「煩公幸卒調護太子.」四人爲壽已畢, 趨去. 上目送之, 召戚夫人指示四人者 曰:「我欲易之, 彼四人輔之, 羽翼已成,

〈商山四皓圖〉淸, 黃愼(그림)

難動矣. 呂后眞而主矣.」戚夫人泣, 上曰:「爲我楚舞, 吾爲若楚歌.」歌曰:「鴻鵠高飛, 一擧千里. 羽翮已就, 橫絶四海. 橫絶四海, 當可奈何! 雖有矰繳, 尙安所施!」歌數闋, 戚夫人噓唏流涕, 上起去, 罷酒. 竟不易太子者, 留侯本招此四人之力也.

3. 〈越南本〉에는 "四皓謂子房曰:「向獸彈琴, 徒盡其聲」"으로만 되어 있으며 따라서 뒤의 "以言傷人, 痛如刀戟"은 별개의 구절로 보아야 할 것임.

728(18-11)
사람에게 상처를 주는 말

《순자》에 말하였다.
"선한 사람과 말을 나누면 옷이나 비단처럼 따뜻하고,
사람에게 상처를 주는 말은 창끝보다 깊이 들어간다."

《荀子》云:「與善人言, 煖如布帛.
　　　　　傷人之言, 深於矛戟.」

【荀子】戰國시대 趙나라 출신의 사상가. 이름은
순황(荀況). 뒤에 漢나라 宣帝(劉詢)의 이름 '詢'자를
피하여 흔히 '孫卿'으로도 부름. 《荀子》를 남김.
《史記》孟荀列傳 참조.
【矛戟】창. 예리한 무기로 사람을 찌르는 것과 같은
고통.

〈荀子〉(荀況, 荀卿, 孫卿)

─────────────

[참고 및 관련 자료]

1.《荀子》榮辱篇
憍泄者, 人之殃也; 恭儉者, 偋五兵也, 雖有戈矛之刺, 不如恭儉之利也. 故與
人善言, 暖於布帛; 傷人之言, 深於矛戟. 故薄薄之地, 不得履之, 非地不安也
危足無所履者, 凡在言也. 巨涂則讓, 小涂則殆, 雖欲不謹, 若云不使.
2.《太平御覽》(820),《意林》(1)
與人善言, 暖於布帛; 與人惡言, 深于矛戟.

3. 〈越南本〉에는 "《荀子》曰:「與善人言, 暖如布帛. 傷人之言, 痛如刀刺; 人不
以多言爲益; 人不以善笑爲良. 刀瘡易好, 惡語難消. 口是傷人斧, 言爲割舌刀.
閉口深藏舌, 安身處處牢.」라 하여 뒤의 구절들을 함께 묶어 처리하고 있으며,
그 중 "人不以多言爲益; 人不以善笑爲良. 刀瘡易好, 惡語難消.(사람은 말을
많이 한다고 해서 이익될 것이 없고, 사람은 잘 웃는다고 해서 좋을 것도 없다.
칼에 베인 상처는 쉽게 아물지만, 악한 말은 소멸시키기 어렵다)의 구절은
원전과 표현이 다름.

729(18-12)
잘 짖는 개라고 훌륭한 개는 아니다

《이소경離騷經》에 말하였다.
"달콤한 말은 꿀과 같으나, 고통스런 말은 칼과 같다.
사람은 말이 많은 것이 이익이 된다고 여길 수 없으며,
개는 잘 짖는다고 훌륭한 개라고 할 수는 없다."

《離騷經》云:

「甛言如蜜, 苦語如刀.
　人不以多言爲益,
　犬不以善吠爲良.」

【離騷經】 楚辭 중의 한 작품으로, 戰國시대 屈原이 지음.

참고 및 관련 자료

1.《西廂記》三本二折

䀒言美如三冬暖, 惡語傷人六月寒.

〈屈原〉과《楚辭》

730(18-13)
칼에 베인 상처는

"칼에 베인 상처는 쉽게 치료할 수 있으나,
악한 말은 소멸시키기가 어렵다."

「刀瘡易可, 惡語難消.」

【刀瘡易可】〈越南本〉에는 '刀瘡易好'로 되어 있음.

731(18-14)*
솜같이 따뜻한 말

"남을 이롭게 하는 말은 솜실과 같이 따뜻하나
남을 상하게 하는 말은 날카롭기가 가시와 같다.
한 마디 반 구절이 중하기가 천금과 같으니,
남을 상하게 하는 한 마디 말은 통증이 칼로 벤 것과 같다."

「利人之言, 煖如綿絲.
　傷人之語, 利如荊棘.
　一言利人, 重直千金.
　一語傷人, 痛如刀割.」

【綿絲】〈抄略本〉과〈通俗本〉에는 '綿絮'로 되어 있음.
【一言半句】〈抄略本〉과〈通俗本〉에는 '一言之利'로 되어 있음.
【重值千金】〈通俗本〉에는 '重直千金'으로 되어 있음.

참고 및 관련 자료

1. 728《荀子》榮辱篇의 "與善人言, 煖如布帛. 傷人之言, 深於矛戟"와 표현이
같음.

732(18-15)*
입은 도끼와 같다

"입은 사람을 상하게 하는 도끼요,
말은 혀를 끊는 칼이다.
입을 닫고 혀를 깊이 감추어,
자신을 안전히 하여 어느 곳에서나 꼭꼭 지켜라."

「口是傷人斧, 言是割舌刀.
　閉口深藏舌, 安身處處牢.」

【言是割舌刀】〈越南本〉에는 '言爲割舌刀'로 되어 있음.
【牢】가두어 빠져나오지 못하게 함. 副詞로 '꼭꼭'과 같음.

733(18-16)
삼가지 않을 수 없는 것

자공子貢이 말하였다.
"말 한 마디로 지혜롭다고 여겨지기도 하고,
　말 한 마디로써 지혜롭지 못하다고 평가받을 수도 있다.
　말이란 가히 삼가지 않을 수 없는 것이다."

子貢曰:「一言以爲智,
　　一言以爲不智.
　　言不可不愼也.」

【子貢】공자 제자. 端木賜.
【一言以爲智】〈越南本〉에는 '君子一言以爲知'로 되어 있음.

참고 및 관련 자료

1.《論語》子張篇
陳子禽謂子貢曰:「子爲恭也, 仲尼豈賢於子乎?」子貢曰:「君子一言以爲知, 一言以爲不知, 言不可不愼也. 夫子之不可及也, 猶天之不可階而升也. 夫子之得邦家者, 所謂立之斯立, 道之斯行, 綏之斯來, 動之斯和. 其生也榮, 其死也哀, 如之何其可及也?」
2.〈越南本〉에는 "子貢曰:「一言以爲知, 一言以爲不知. 言不可不愼也.」"라 하여 '智'자를 '知'자로 바꾸어《論語》원문과 같음.

734(18-17)
　　말 한 마디로써

《논어》에 말하였다.
"말 한 마디로써 나라를 흥하게 할 수 있고,
　말 한 마디로써 나라를 잃게 할 수도 있다."

《論語》云:「一言而可以興邦,
　　　　　一言而可以喪邦.」

참고 및 관련 자료

1. 《論語》子路篇

定公問:「一言而可以興邦, 有諸?」孔子對曰:「言不可以若是其幾也. 人之言曰:『爲君難, 爲臣不易.』如知爲君之難也, 不幾乎一言而興邦乎?」曰:「一言而喪邦, 有諸?」孔子對曰:「言不可以若是其幾也. 人之言曰:『予無樂乎爲君, 唯其言而莫予違也..』如其善而莫之違也, 不亦善乎? 如不善而莫之違也, 不幾乎一言而喪邦乎?」

2. 集註

范氏曰:「如不善而莫之違, 則忠言不至於耳. 君日驕而臣日諂, 未有不喪邦者也.」
○謝氏曰:「知爲君之難, 則必敬謹以持之. 唯其言而莫予違, 則讒諂面諛之人至矣. 邦未必遽興喪也, 而興喪之源分於此. 然此非識微之君子, 何足以知之?」

735(18-18)
착한 말 한 마디면

《장경藏經》에 말하였다.
"사람이 갑작스러운 때나 엎어지고 넘어지는 급한 순간이라도,
착한 말 한 마디면, 위로는 조상의 도움을 받고,
아래로는 자손을 지켜낼 것이다."

《藏經》云:「人於倉卒顚沛之濟,
　　　　善用一言, 上資祖考, 下廕兒孫.」

【藏經】大藏經의 줄인 말. 佛經의 총칭.
【倉卒】아주 갑작스럽고 급한 순간. 雙聲連綿語.
【顚沛】顚仆沛地의 상황. 다른 것을 생각할 겨를이 없을 정도의 다급한 상황.
《論語》“子曰:「富與貴, 是人之所欲也; 不以其道得之, 不處也. 貧與賤, 是人之
所惡也; 不以其道得之, 不去也. 君子去仁, 惡乎成名? 君子無終食之間違仁, 造
次必於是, 顚沛必於是.」라 함.
【濟】'수습하다'의 뜻. 그러나 〈越南本〉에는 '際'로 되어 있음.
【祖考】할아버지와 아버지. 조상을 뜻함.
【廕】보호하여 감싸줌. 〈越南本〉에는 '蔭'으로 되어 있음.

┌─────────────────┐
│ 참고 및 관련 자료 │
└─────────────────┘

1. 〈越南本〉에는 “《藏經》云:「人於倉卒顚沛患難之際, 善用一言, 上資祖考,
下蔭兒孫.」이라 하여 일부 글자가 다름.

736(18-19)*
서 푼어치만 말하라

“사람을 만나면 그저 서 푼어치만 말하고,
　자신의 한 조각의 마음을 모두 던져 주지 말라.
　호랑이가 새끼 세 마리 낳는 것을 두려워할 것이 아니라,
　단지 사람의 인정이 두 가지 마음임을 두려워하라.”

「逢人且說三分話, 未可全抛一片心.
　不怕虎生三箇口, 只恐人情兩樣心.」

【三分】 삼할. 10분의 3 정도.
【三箇口】 호랑이가 새끼를 세 마리나 낳아 더욱 위협이 됨을 말함. 〈抄略本〉에는 '三個口'로 표기되어 있음.
【樣心】 '樣'은 量詞. 마음을 세는 단위.

참고 및 관련 자료

1. 《昔時賢文》
逢人且說三分話, 未可全抛一片心.

2. 南宋 普濟 《五燈會元》(15)
逢人祇可三分語, 未可全抛一片心.

3. 《朱子語錄》에는 "如今俗語云:「逢人只說三分話」, 只此便是不忠"이라 하여 반대 의견을 제시하기도 하였음.

4. 蘭陵笑笑生 《金甁梅詞話》와 《事林廣記》(9)에는 실려 있음.

5. 《淸平山堂話本》
人前只說三分話, 未可全抛一片心.

6. 《增廣賢文》
人前只說三分話, 未可全抛一片心.

737(18-20)
교묘한 말과 간사한 얼굴

공자가 말하였다.
"교묘한 말과 간사한 얼굴 꾸미는 자 치고, 어진 자는 적도다!"

子曰:「巧言令色, 鮮矣仁!」

【巧言】花言巧語. 교묘한 말솜씨.
【令色】'令'은 '아름답다, 훌륭하다'의 뜻. 위선적으로 좋은 얼굴 표정이나 꾸밈을
말함.
【鮮矣仁】'鮮'은 '드물다'의 뜻. '鮮仁矣'의 뜻을 강조한 표현임.

참고 및 관련 자료

1. 《論語》學而篇과 陽貨篇에 "子曰:「巧言令色, 鮮矣仁!」"이라 하였음.
2. 〈集註〉
巧, 好. 令, 善也. 好其言, 善其色, 致飾於外, 務以悅人, 則人欲肆而本心之德,
亡矣. 聖人辭不迫切, 專言鮮, 則絶無可知, 學者所當深戒也. 程子曰:「知巧言
令色之非仁, 則知仁矣.」

738(18-21)*
술친구

"술은 친한 친구를 만나면 천 종鍾도 적을 것이나,
말은 기회에 맞지 않으면 반 구절도 많은 것이 된다."

「酒逢知己千鍾少, 話不投機一句多.」

【鍾】'鍾'은 종지(鍾子)크기의 들이나 양을 재는 단위. '千鍾'은 아주 많은 양을
뜻함.
【投機】의기가 투합하여 서로 어울리며 정서가 맞음.
【一句】'半句'로 되어 있는 판본도 있음.

참고 및 관련 자료

1.《李開先集》,《西遊記》(9)
酒逢知己千杯少, 話不投機半句多

739(18-22)
말에 능한 사람은

"말에 능한 사람은 알아듣는 데도 능하고,
사람이 가슴이 넓으면 배도 큰 법이다."

「能言能語解, 人胸寬腹大.」

740(18-23)
주옥보다 중한 말

《순자》에 말하였다.
"남에게 좋은 말을 주는 것은 금석이나 주옥과 같고,
사람에게 말로써 나를 보여 주는 것은, 시부詩賦나 문장보다 아름다우며,
남에게 좋은 말 들려주는 것은, 종고鐘鼓나 금슬보다 즐겁다."

《荀子》云:「贈人以言, 重如金石珠玉;
　　　　　觀人以言, 美於詩賦文章;
　　　　　聽人以言, 樂於鐘鼓琴瑟.」

【金石珠玉】〈越南本〉에는 '金珠寶玉'으로 되어 있음.

【詩賦】아름다운 문장을 대표하는 말.

【觀人以言】'觀'은 '勸'의 오류로 여겨짐.《荀子》원문에 '勸人以言'이라 하여 이에 따라 풀이함. 그러나 〈越南本〉에는 '見人善言'으로 되어 있으며 아래의 '以言' 역시 모두 '善言'으로 되어 있음.

【鐘鼓】종과 북. 음악을 대표하는 말.

참고 및 관련 자료

1.《荀子》非相篇

凡言, 不合先王, 不順禮義, 謂之奸言, 雖辯, 君子不聽. 法先王, 順禮義, 黨學者, 然而不好言, 不樂言, 則必非誠士也. 故君子之於言也, 志好之, 行安之, 樂言之, 故君子必辯. 凡人莫不好言其所善, 而君子爲甚. 故贈人以言, 重於金石珠玉; 勸人以言, 美於黼黻文章, 聽人以言, 樂於鐘鼓琴瑟. 故君子之於言無厭. 鄙夫反是, 好其實不恤其文, 是以終身不免埤汚傭俗. 故《易》曰:『括囊, 無咎無譽.』腐儒之謂也.

2. 〈越南本〉에는 "《荀子》曰:「得人善言, 如獲金珠寶玉; 見人善言, 美於詩賦文章; 聽人善言, 樂於鐘鼓琴瑟.」"로 되어 있음.

741(18-24)
말을 나누기 어려운 상대

공자가 말하였다.

"악한 사람은 더불어 말을 나누기 어려우니,
겸손히 피하기에 스스로 힘쓰도록 하라."

子曰:「惡人難與言, 遜避以自勉.」

참고 및 관련 자료

1. 〈越南本〉에는 「「惡人難與言, 遠以自勉.」」이라 하여 '遜'이 '遠'으로 되어 있으며 '子曰' 두 글자가 없음.

742(18-25)
길에서 주워듣는 말

공자가 말하였다.
"길에서 주워듣고 길에서 말하는 것은,
덕을 버리는 짓이다."

子曰:「道聽而塗說, 德之棄也.」

【塗說】 혹 '말을 粉飾하여 덧칠하다'의 뜻으로도 볼 수 있음.

〈孔子〉(孔丘, 仲尼) "我非生而 知之者, 好古敏以求之者也"

참고 및 관련 자료

1. 《論語》陽貨篇
子曰:「道聽而塗說, 德之棄也.」

2. 〈集註〉

雖聞善言, 不爲己有, 是自棄其德也. 王氏曰:「君子多識前言往行, 以畜其德,
道聽塗說, 則棄之矣.」

3. 《漢書》藝文志 諸子略

小說家者流, 蓋出於稗官. 街談巷語, 道聽塗說者之所造也. 孔子曰:「雖小道,
必有可觀者焉, 致遠恐泥, 是以君子弗爲也.」然亦弗滅也. 閭里小知者之所及,
亦使綴而不忘. 如或一言可采, 此亦芻蕘狂夫之議也.

19. 교우편交友篇 第十九

"凡二十四條"
모두 24장이다.

"친구와의 사귐을 바르게 가지도록 권한 글들"

〈人物交談彩畫塼〉(漢)

743(19-1)*
지란지실

공자가 말하였다.
"착한 사람과 함께 하면 마치 지란芝蘭의 방에 들어가 있는 것과 같아,
오래 지나면 그 향내를 맡지 못하나 그 냄새에 배게 마련이다.
착하지 못한 사람과 함께 하면 마치 생선가게에 들어가 있는 것과 같아,
오래 지나면 그 냄새를 맡지 못하나 그 냄새에 배게 마련이다.
단丹을 간직한 자는 붉게 되고,
옻을 간직한 자는 검어진다.
이 까닭으로 군자는 모름지기 그 더불어 함께 처하는 바를 삼가는
것이다."

子曰:
「與善人居, 如入芝蘭之室,
       久而不聞其香, 卽與之化矣.
與不善人居, 如入鮑魚之肆,
       久而不聞其臭, 亦與之化矣.
       丹之所藏者赤; 漆之所藏者黑.
       是以君子必愼其所與處者焉」

【丹】丹砂, 朱砂, 丹靑에 쓰이는 붉은 색.
【漆】옻. 검은 색을 칠하기 위한 옻즙. 漆汁.
【必愼其所與處者焉】〈越南本〉에는 '必愼其所與處'로 되어 있음.

참고 및 관련 자료

1.《孔子家語》六本篇

子曰:「商也好與賢己者處, 賜也好說不若己者. 不知其子, 視其父; 不知其人, 視其友; 不知其君, 視其所使; 不知其地, 視其草木. 故曰: 與善人居, 如入芝蘭之室, 久而不聞其香, 卽與之化矣. 與不善人居, 如入鮑魚之肆, 久而不聞其臭, 亦與之化矣. 丹之所藏者赤, 漆之所藏者黑, 是以君子必愼其所與處者焉.」

2.《說苑》雜言篇

孔子曰:「不知其子, 視其所友; 不知其君, 視其所使.」又曰:「與善人居, 如入蘭芷之室, 久而不聞其香, 則與之化矣; 與惡人居, 如入鮑魚之肆, 久而不聞其臭, 亦與之化矣.」故曰:「丹之所藏者赤, 烏之所藏者黑.」君子愼所藏.

744(19-2)
난초 향기

공자가 말하였다.

"좋은 사람과 사귐은 마치 난초 향기와 같아,

한 집에만 심어도 두 집안에 모두 향내가 풍기게 된다.

악한 사람과 사귐은 마치 아이를 안고 담 위에 올라간 것과 같아,

한 사람만 발을 헛디뎌도 두 사람이 재앙을 만난다."

子曰:「與好人交者, 如蘭蕙之香,

　　　一家種之, 兩家皆香;

　　　與惡人交者, 如抱子上墻,

　　　一人失脚, 兩人遭殃.」

참고 및 관련 자료

1. 〈越南本〉에는 "與好人交, 如蘭蕙之香, 一人種之, 衆人皆香; 與惡人交, 如抱子 上牆, 一人失足, 兩人遭殃."이라 하여 '子曰'이 없으며 일부 글자도 다름.

745(19-3)*
비록 옷이 젖지는 않으나

《가어》에 말하였다.

"좋은 사람과 함께 하면 마치 안개나 이슬 속을 걷는 것과 같아,
비록 옷이 젖지는 않는다 해도 그 때마다 물기를 머금게 된다.
무식한 사람과 함께 하면 마치 변소에 앉아 있는 것과 같아,
비록 옷이 더럽혀지지는 않는다 해도 때때로 악취가 난다.
악한 사람과 함께 하면 마치 칼 속에 있는 것과 같아,
비록 사람이 다치지는 않는다 해도 때때로 놀람과 두려움을 준다."

《家語》云:

「與好人同行, 如霧露中行, 雖不濕衣, 時時有潤;

與無識人同行, 如廁中坐, 雖不惡衣, 時時聞臭;

與惡人同行, 如刀劍中, 雖不傷人, 時時驚恐.」

【家語】王肅의 《孔子家語》.
【雖不惡衣】〈越南本〉과 〈抄略本〉에는 '雖不汚衣'로 되어 있음.

1. 《孔子家語》에는 이 문장은 실려 있지 않으며 단지 〈六本篇〉에 앞에 이미
나온 "與善人居, 如入芝蘭之室, 久而不聞其香, 卽與之化矣. 與不善人居, 如入
鮑魚之肆, 久而不聞其臭, 亦與之化矣"라는 구절이 있음.

2. 〈越南本〉에는 "《家語》云:「與好人處, 如霧露中行, 雖不濕衣, 時時滋潤;
與無識者處, 如厠中坐, 雖不汚衣, 時時聞臭; 與惡人處, 如刀劍中立, 雖不傷人,
時時驚恐.」"이라 하여 표현이 생략되어 있음.

3. 〈抄略本〉과 〈通俗本〉에는 '與好人同行, 如霧露中行, 雖不濕衣, 時時有潤;
與無識人同行, 如厠中坐, 雖不惡衣, 時時聞臭'까지만 실려 있음.

746(19-4)
먹물을 가까이하는 자

태공이 말하였다.
"붉은 것을 가까이하는 자는 붉어지고,
먹물을 가까이하는 자는 검어진다.
어진 이를 가까이하는 자는 밝아지고,
재주 있는 자를 가까이하는 자는 지혜로워진다.
멍청한 자를 가까이하는 자는 어리석어지고,
선량한 자를 가까이하는 자는 덕이 있게 된다.
지혜로운 자를 가까이하는 자는 현명해지며,
우둔한 자를 가까이하는 자는 어두워진다.
아첨하는 자를 가까이하는 자는 아첨꾼이 되고,
훔치는 자를 가까이하는 자는 도적이 된다."

太公曰:「近朱者赤, 近墨者黑.

　　　近賢者明, 近才者智.

　　　近癡者愚, 近良者德.

　　　近智者賢, 近愚者暗.

　　　近佞者諂, 近偸者賊.」

【近智者賢】〈越南本〉에는 '近智者明'으로 되어 있음.

참고 및 관련 자료

1. "近朱者赤, 近墨者黑"은 晉 傅玄《傅鶉觚集》太子少傅箴에 실려 있음.

2. 《說苑》雜言篇

孔子曰:「不知其子, 視其所友; 不知其君, 視其所使.」又曰:「與善人居, 如
蘭芷之室, 久而不聞其香, 則與之化矣; 與惡人居, 如入鮑魚之肆, 久而不聞其臭,
亦與之化矣.」故曰: 丹之所藏者赤, 烏之所藏者黑. 君子愼所藏.

3. 《孔子家語》六本篇

不知其子, 視其父; 不知其人, 視其友; 不知其君, 視其所使. 不知其地, 視
草木. 故曰, 與善人居, 如入芝蘭之室, 久而不聞其香, 卽與之化矣; 與不善人居,
如入鮑魚之肆, 久而不聞其臭, 亦與之化矣. 丹之所藏者赤, 漆之所藏者黑, 是
君子必愼其所與處者焉.

747(19-5)
친구 사귐의 방법

횡거橫渠 선생이 말하였다.

"지금 친구를 사귀면서,
부드럽게 잘해오는 자를 택하여 서로 허여하여,
어깨를 토닥거려주고 소매를 잡아주는 것을,
마치 의기가 투합하는 것으로 여기고 있다.
그러다가 말 한 마디가 마음에 맞지 아니하면,
노기를 서로 더한다.
친구를 사귐에는,
서로 상대방 아래로 처하고자 하기를 게을리 하지 않아야 한다.
그러므로 이 친구 사이에 경敬을 위주로 하면,
날로 서로 친히 허여하게 되어, 그 효과가 가장 빠르리라."

橫渠先生曰:

「今之朋友, 擇其善柔以相與.
拍肩執袂, 以爲氣合.
一言不合, 怒氣相加.
朋友之際, 欲其相下不倦.
故於朋友之間, 至於敬者,
日相親與, 得效最速.」

〈張橫渠〉(張載)《三才圖會》

【橫渠先生】張載(1020~1077). 자는 子厚. 關中 鳳翔府의 郿縣 橫渠鎭에 살아
橫渠先生이라 부름. 저서로는 《正蒙》·《東銘》·《西銘》·《理窟》 등이 있으며,
北宋 理學 四派 즉, 濂溪學派(周敦頤)·百源學派(邵雍)·關學派(張載)·洛學派
(程顥, 程頤)의 하나를 이루었음. 〈越南本〉에는 '張橫渠曰'로 시작되어 있음.
【善柔】부드럽게 아첨하기를 잘함. 《論語》 季氏篇에 "孔子曰:「益者三友, 損者
三友. 友直, 友諒, 友多聞, 益矣. 友便辟, 友善柔, 友便佞, 損矣.」"라 함.

【相下】 서로 양보하여 겸손히 하고자 함. 〈小學集註〉에 "相下, 謂彼此相讓"이라 함.
【效】 서로 충고하고 격려하여 얻는 이득과 효과. 〈小學集註〉에 "效, 卽忠告善
　道之益也"라 함.

> ### 참고 및 관련 자료

1. 《橫渠語錄》에 실려 있음.
2. 《小學》嘉言篇 廣明倫
橫渠先生曰:「今之朋友, 擇其善柔以相與, 拍肩執袂以爲氣合. 一言不合, 怒氣
相加. 朋友之際, 欲其相下不倦. 故於朋友之間, 主其敬者, 日相親與, 得効最速.」
3. 〈越南本〉에는 "橫渠先生曰:「今之朋友, 擇其善柔以相與. 拍肩執袂, 以爲
氣合. 一言不合, 怒氣相加. 朋友之間, 無所砥礪, 何能有益?」"이라 하여 뒷
부분이 다름.

748(19-6)*
안자의 사람 사귐

공자가 말하였다.
"안평중은, 남과 사귀기를 잘하여,
오래 지나도록 그를 공경하게 된다."

子曰:「晏平仲, 善與人交. 久而敬之.」

【晏平仲】晏嬰(?~B.C.500). 孔子와 同時代의
齊나라 宰相. 管仲과 더불어 春秋時代를 대표
하는 名宰相.《晏子春秋》는 그의 言行을 기록한
傳記임.《史記》管晏列傳 참조.
【善】'잘하다'의 뜻.

晏嬰《晏子春秋》四庫全書

참고 및 관련 자료

1.《論語》公冶長篇
子曰:「晏平仲善與人交, 久而敬之.」
2.〈集註〉
晏平仲, 齊大夫, 名嬰. 程子曰:「人交久則敬衰, 久而能敬, 所以爲善.」

749(19-7)
원망을 멀리할 수 있는 길

혜강稧康이 말하였다.
"흉악하고 음험한 사람은, 공경하면서도 멀리하라.
현명하고 덕이 있는 사람은, 이를 친하여 가까이하라.
저 사람이 악으로써 다가오면, 나는 선으로써 응대하라.
저 사람이 굽은 것으로 다가오면, 나는 곧은 것으로 대응하라.
그리하면 어찌 원망함이 있겠는가?"

嵆康曰:「凶險之人, 敬而遠之.
　　　　賢德之人, 親而近之.
　　　　彼以惡來, 我以善應;
　　　　彼以曲來, 我以直應.
　　　　　豈有怨之哉?」

【嵆康】자는 叔夜(223~262). 어릴 때 고아였으며 奇才가 있었음. 老莊에 심취하였으며, 시문에 능하였고 '竹林七賢'의 하나임. 뒤에 鍾會의 모함을 입어司馬昭에게 죽임을 당함. 本姓은 奚氏였으나 뒤에 銍縣 嵆山 곁에 옮겨 살아성을 嵆氏로 바꾸었다 함. 〈廣陵散曲〉·〈琴賦〉·〈養生論〉·〈聲無哀樂論〉·〈與山巨源絶交書〉 등이 유명함.《晉書》(49)에 전이 있음.〈越南本〉에는 '稽廉'으로잘못 표기되어 있음.

　참고 및 관련 자료

1. 국내본 청주판 〈초간본〉은 '彼以' 이하가 낙장되어 6쪽이 없음. 그러나마지막 6쪽(전체 페이지 130)은 공란이므로 실제 5페이지가 없음. 따라서〈交友篇〉18장, 〈婦行篇〉9장 등 총 27장이 결락되었음. 한편 〈부행편〉은원본은 '凡八條'라 하였으나 실제로는 모두 9조임.
2. 다음 750이하는 〈筑波本〉과 〈越南本〉에 의하여 복원한 것임.

750(19-8)
　　자포자기

《맹자》에 말하였다.

"자포自暴하는 자에게는 가히 더불어 해줄 말이 없다.
자기自棄하는 자에게는 가히 더불어 해줄 일이 없다."

《孟子》曰:「自暴者, 不可與有言(也);
　　　　自棄者, 不可與有爲也.」

【自暴】스스로에게 포악하게 구는 자. 포(暴)는 賊害의 뜻.
【有言(也)】원본에는 '也'자가 누락되었으나 〈越南本〉에 의해 보입함.
【自棄】스스로를 抛棄함.

⌜ 참고 및 관련 자료 ⌝

1.《孟子》離婁篇(上)
孟子曰:「自暴者, 不可與有言也; 自棄者, 不可與有爲也. 言非禮義, 謂之自暴也;
吾身不能居仁由義, 謂之自棄也. 仁, 人之安宅也; 義, 人之正路也. 曠安宅而
弗居, 舍正路而不由, 哀哉!」
2.《孟子》集註
暴, 猶害也. 非, 猶毀也. 自害其身者, 不知禮義之爲美而非毀之, 雖與之言, 必不
見信也; 自棄其身者, 猶知仁義之爲美, 但溺於怠惰, 自謂必不能行, 與之有爲,
必不能勉也. 程子曰:「人苟以善自治, 則無不可移者, 雖昏愚之至, 皆可漸磨而
進也. 惟自暴者拒之以不信, 自棄者絶之以不爲, 雖聖人與居, 不能化而入也.
此所謂下愚之不移也.」
3.《近思錄》爲學篇
懈意一生, 便是自棄自暴

751(19-9)
여자로서 밝은 거울이 없으면

태공太公이 말하였다.
"여자로서 밝은 거울이 없으면,
얼굴이 잘 꾸며졌는지 거친지를 알 수 없고,
선비로서 훌륭한 벗이 없으면,
자신의 걸음이 허물어지고 넘어서는지를 알 수 없다."

太公曰:「女無明鏡, 不知面上精麤;
　　　　士無良友, 不知行步虧踰.」

【精麤】 '精'은 '麤'에 상대되는 뜻. '麤'는 '麁'와 같으며 '粗'의 뜻. '마구 흐트러
거침. 조악함'. 〈越南本〉에는 '精粗'로 되어 있음.

752(19-10)
책선

《맹자》에 말하였다.
"선으로 책하는 것은, 친구로서의 도리이다."

子曰:「責善, 朋友之道也.」

【子曰】'孟子曰'의 '孟'자가 누락된 것임. 〈越南本〉에는 '孟子曰'로 되어 있음.

참고 및 관련 자료

1.《孟子》離婁(下)

公都子曰:「匡章, 通國皆稱不孝焉. 夫子與之遊, 又從而禮貌之, 敢問何也?」

孟子曰:「世俗所謂不孝者五: 惰其四支, 不顧父母之養, 一不孝也; 博弈好飲酒, 不顧父母之養, 二不孝也; 好貨財, 私妻子, 不顧父母之養, 三不孝也; 從耳目之欲, 以爲父母戮, 四不孝也; 好勇鬪很, 以危父母, 五不孝也. 章子有一於是乎? 夫章子, 子父責善而不相遇也. 責善, 朋友之道也; 父子責善, 賊恩之大者. 夫章子, 豈不欲有夫妻子母之屬哉? 爲得罪於父, 不得近. 出妻屛子, 終身不養焉. 其設心以爲不若是, 是則罪之大者, 是則章子已矣.」

〈孟軻〉"老吾老以及人之老,
幼吾幼以及人之幼"

2. 〈越南本〉에는 "孟子曰:「責善, 朋友之道也.」"라 하였음.

753(19-11)
자신보다 나은 자를 친구로

"친구를 사귐에는 모름지기 자신보다 나은 자로 하라.
자기와 비슷한 자는 없느니만 못하다."

「結朋須勝己, 似己不如無.」

【結朋】〈越南本〉에는 '結友'로 되어 있음.

⎛ 참고 및 관련 자료 ⎞

1.《事林廣記》(前集 9)
結朋須勝己, 似我不如無.
2.《論語》學而篇
無友不如己者.
3.《儒家龜鑑》(休靜)
結朋須勝己, 似我不如無.

754(19-12)*
마음을 알아주는 자

"서로 알고 지내는 사람이 천하에 가득하다 해도,
마음을 알아주는 자가 그 몇이나 되겠는가?"

「相識滿天下, 知心能幾人?」

⎛ 참고 및 관련 자료 ⎞

1.《祖堂集》(10),《警世通言》(1),《事林廣記》(9)
相識滿天下, 知心能幾人?

755(19-13)
수양버들은 심지 말라

"나무를 심음에 수양버들 가지는 심지 말며,
친구를 사귀되 경박한 녀석은 사귀지 말라."

「種樹莫種垂楊枝,
  結交莫結輕薄兒.」

【垂楊枝】'風前楊柳'를 뜻함. 바람 앞에 쉽게 흔들려 줏대가 없음을 비유함.
【輕薄兒】경솔하고 천박한 아이.

756(19-14)
옛 사람들은 친구 사귐을

"옛 사람들은 친구 사귐을 오직 마음으로 하였건만,
 지금의 친구 사귐은 오직 뜻에 맞추어 하는구나."

「古人結交惟結心, 今人結交惟結意.」

【結意】〈越南本〉에는 '結面'이라 하여 뜻이 훨씬 명확함.

참고 및 관련 자료

1. 〈越南本〉은 753부터 이곳까지를 하나의 장으로 묶고 있음.

757(19-15)
조강지처

송굉宋宏이 말하였다.
"등겨나 술지게미를 먹으며 함께 고생한 아내는 버릴 수 없고,
가난할 때 사귀었던 친구는 잊어서는 안 된다."

宋宏曰:「糟糠之妻不下堂, 貧賤之交不可忘.」

【宋宏】宋弘. 淸 高宗 愛新覺羅 弘曆, 즉 康熙帝의 이름을 避諱하여 '弘'자를
'宏'자로 쓴 것임. 그러나 청 고종은 1736~1795년까지 재위하였으며 본《명심
보감》朝鮮板本은 端宗 2년(1454)에 각행된 것이므로 시기적으로 맞지 않음
따라서 그 이전 이미 '弘'을 '宏'으로 피하여 쓴 것일 수도 있음. 한편 宋弘은
東漢 光武帝 때의 인물. 자는 仲子. 大司空에 올랐음.《後漢書》에 전이 있음
〈越南本〉에는 '宋弘'으로 되어 있음.
【不下堂】〈越南本〉에는 '不可下堂'으로 잘못 표기되어 있음.

참고 및 관련 자료

1. 이는 東漢 光武帝의 누이 湖陽公主가 과부가 되어, 당시 대신이었던 송홍을 뜻에 두고 광무제에게 물어 보도록 한 고사에서 비롯되었음. 광무제가 불러 넌지시 "속담에 부해지면 친구를 바꾸고 귀해지면 아내를 바꾼다던데 이것이 인지상정이겠지요?"(諺言: 富易交, 貴易妻, 人情乎?)라고 넌지시 묻자 송홍이 위와 같이 대답하였던 것임.

東漢〈光武帝〉(劉秀)

2.《後漢書》宋弘傳

宋弘字仲子, 京兆長安人也. 父尙, 成帝時至少府; 哀帝立, 以不附董賢, 違忤抵罪. 弘少而溫順, 哀平閒作侍中, 王莽時爲共工. 赤眉入長安, 遣使徵弘, 逼迫不得已, 行至渭橋, 自投於水, 家人救得出, 因佯死獲免. 光武卽位, 徵拜太中大夫. 建武二年, 代王梁爲大司空, 封枸邑侯. 所得租奉分贍九族, 家無資産, 以淸行致稱. 徙封宣平侯. 帝嘗問弘通博之士, 弘乃薦沛國桓譚才學洽聞, 幾能及楊雄·劉向父子. 於是召譚拜議郞·給事中. 帝每讌, 輒令鼓琴, 好其繁聲. 弘聞之不悅, 悔於薦擧, 伺譚內出, 正朝服坐府上, 遣吏召之. 譚至, 不與席而讓之曰: 「吾所以薦子者, 欲令輔國家以道德也, 而今數進鄭聲以亂《雅頌》, 非忠正者也. 能自改邪? 將令相擧以法乎?」譚頓首辭謝, 良久乃遣之. 後大會羣臣, 帝使譚鼓琴, 譚見弘, 失其常度. 帝怪而問之. 弘乃離席免冠謝曰: 「臣所以薦桓譚者, 望能以忠正導主, 而令朝廷耽悅鄭聲, 臣之罪也.」帝改容謝, 使反服, 其後遂不復令譚給事中. 弘推進賢士馮翊·桓梁三十餘人, 或相及爲公卿者. 弘當讌見, 御坐新屏風, 圖畫列女, 帝數顧視之. 弘正容言曰: 「未見好德如好色者.」帝卽爲徹之. 笑謂弘曰: 「聞義則服, 可乎?」對曰: 「陛下進德, 臣不勝其喜.」時帝姊湖陽公主新寡, 帝與共論朝臣, 微觀其意. 主曰: 「宋公威容德器, 羣臣莫及.」帝曰: 「方且圖之.」後弘被引見, 帝令主坐屏風後, 因謂弘曰: 「諺言貴易交, 富易妻, 人情乎?」弘曰: 「臣聞貧賤之知不可忘, 糟糠之妻不下堂.」帝顧謂主曰: 「事不諧矣.」弘在位五年, 坐考上黨太守無所據, 免歸第. 數年卒, 無子, 國除.

3.《蒙求》〈宋弘不諧〉

後漢, 宋弘字仲子, 京兆長安人. 光武卽位爲大司空. 時帝姊湖陽公主新寡. 帝與共論朝臣, 微觀其意. 主曰: 「宋公威容德器, 群臣莫及.」帝曰: 「方且圖之.」後引見, 帝令主坐屏風後, 因謂弘曰: 「諺言: 『貴易交, 富易妻.』人情乎?」弘曰:

「臣聞: 貧賤之交不可忘, 糟糠之妻不下堂.」帝顧謂主曰:「事不諧矣.」弘所得
租奉, 分贍九族, 家無資產. 以淸行致稱. 所推進賢士桓梁三十餘人, 或相乃爲
公卿者.

4.《十八史略》(3)

所用羣臣, 如宋弘等, 皆重厚正直. 上姉湖陽公主, 嘗寡居, 意在弘. 弘入見, 主座
屛後, 上曰:「諺言: 富易交, 貴易妻, 人情乎?」弘曰:「貧賤之交不可忘, 糟糠
之妻不下堂.」上顧謂主曰:「事不諧矣.」

758(19-16)
가난할 때 도와주어야

"은혜 베풂에는 아직 만나지 않았을 때보다 앞서 하고,
친구를 사귐에는 가난하고 어려울 때 도움을 주어야 한다."

「施恩於未遇之先, 結交於貧寒之濟.」

【濟】〈越南本〉에는 '際'로 되어 있어 뜻이 훨씬 명확함.

759(19-17)
처음 만났을 때처럼

"사람의 정을 항상 처음 만났을 때처럼 하면,
　늙음에 이르도록 끝까지 원한의 마음이 없게 되리라."

「人情常似初相識, 到老終無怨恨心.」

【初相識】처음 알게 되었을 때의 조심하는 분위기와 정서.
【到老】〈越南本〉에는 '到底'로 되어 있음. '끝까지'의 뜻.

참고 및 관련 자료

1. 《增廣賢文》
相逢好似初相識, 到老終無怨恨心.

760(19-18)*
급할 때는 없는 친구

"술 마시고 밥 먹을 때는 형제 같은 이가 천만 이나 되더니
　급하고 어려울 때 친구는 한 사람도 없구나!"

「酒食弟兄千箇有,
　急難之朋一箇無!」

【酒食】다른 표현에는 대체로 '酒肉'으로 되어 있음.
【弟兄】다른 인용문에는 형제로 되어 있음.
【急難之朋】〈越南本〉에는 '急難之時'로 되어 있음.
【箇】'個'와 같으며 물건, 사람 따위를 세는 단위 양사. 〈越南本〉과 〈抄略本〉,
〈通俗本〉에는 '個'로 되어 있음.

참고 및 관련 자료

1. 이는 民間格言임.
2. 明 馮夢龍《古今小說》吳保安棄家贖友
平時酒杯往來若兄弟, 一遇虱大的事, 才有些利害習上官, 便爾我不相顧了. 眞是
個酒肉兄弟千個有, 落難之中無一人.
3.《濟公全傳》(126)
酒肉兄弟千個有, 急難之時一個無.
4.《增廣賢文》
有茶有酒多兄弟, 及難何曾見一人?
5.《昔時賢文》
有酒有肉多兄弟, 急難何曾見一人?

761(19-19)
의리 없는 친구

"씨앗을 맺지 않는 꽃나무는 심지 말며,
의리 없는 친구는 사귈 수 없다."

「不結子花休要種;
　無義之朋不可交」

【不可交】〈越南本〉에는 '切莫交'로 되어 있음.

> 참고 및 관련 자료

1. 〈通俗本〉에는 없으나 〈抄略本〉과 〈潭陽本〉에는 "不結子花休要種. 無義之朋不可交"라 하여 그대로 실려 있음.

762(19-20)*
물처럼 담담한 우정

"군자의 사귐은 담담하기가 물과 같으나,
소인의 사귐은 달기가 마치 단술과 같도다."

「君子之交淡如水, 小人之交甘若醴」

【甘若醴】〈越南本〉에는 '甛如蜜'로, 〈抄略本〉에는 '甘若蜜'로 되어 있음.

참고 및 관련 자료

1.《禮記》表記

故君子之接如水, 小人之接如醴, 君子淡以成, 小人甘以壞.

2.《莊子》山木篇

且君子之交淡若水, 小人之交甘若醴; 君子淡以親, 小人甘以絶".

3.《幼學瓊林》朋友賓主篇 續增

君子之交淡如水, 同心之言臭如蘭.

4.《昔時賢文》

君子之交淡以成, 小人之交甘以壞.

5. 〈通俗本〉에는 "君子之交, 淡如水; 小人之交, 甘若蜜"이라 하였으며 일부 본에는 '莊子云'의 세 글자가 앞에 덧붙여져 있음.

6. 〈越南本〉에는 758부터 이곳까지를 하나의 장으로 묶고 있음.

〈莊周〉 "昔者, 莊周夢爲胡蝶, 栩栩然蝶也. 及其覺也, 蘧蘧然周也"

763(19-21)
쇠붙이는 불로 시험당한다

"사람은 재물로 사귀고,
 쇠붙이는 불로 시험당한다."

「人用財交, 金用火試.」

764(19-22)
물은 지팡이로 짚어 보면

"물은 지팡이로 짚어 보면 깊고 얕음을 알 수 있고,
 사람은 재물로 사귀어 보면 바로 그 마음이 드러난다."

「水持杖探知深淺, 人與財交便見心.」

【水持杖探】〈越南本〉에는 '水將杖探'이라 하여 '持'자가 '將'으로 되어 있음.
【人與財交】〈越南本〉에는 '人用財交'라 하여 '與'가 '用'으로 되어 있음.
【便見心】 '便'은 '就'와 같으며 강조법. '見'은 '현'으로 읽음.

참고 및 관련 자료

1. 《金瓶梅詞話》(91)

世間海水知深淺, 惟有人心難寸量.

765(19-23)
재물로 사귀지 말라

"인의로 할 것이지 재물로 사귀지 말며,
재물로 사귀면 인의가 끊어진다."

「仁義莫交財, 交財仁義絶」

766(19-24)*
길이 멀어야 말의 힘을 안다

"길이 멀어야 말의 힘을 알 수 있고,
세월이 흘러야 사람의 마음이 드러난다."

「路遙知馬力, 日久見人心」

【路遙】다른 표현에는 '路遠'이라 함.

【日久】다른 표현에는 '時久', '事久', '歲久' 등 다양함.

【見人心】'見'은 '드러나다'의 뜻. 다른 표현에는 '知人心'으로도 되어 있음.

참고 및 관련 자료

1. 일부 본에는 "《通俗篇》云:「路遙知馬力, 日久見人心.」"이라 하여 출전을 《通俗篇》이라 하였음.

2. 이는 宋 陳元靚의 《事林廣記》前集 九(下)「結交警語」에는 "路遙知馬力, 事久見人心"으로 되어 있음.

3. 元 無名氏의 雜劇《爭報恩》第1折에도 인용되어 있음.

4. 《古尊宿語錄》(46)에는 뒤의 구절이 "歲久知人心"으로 되어 있음.

5. 《增廣賢文》

路遙知馬力, 事久見人心.

6. 그 외에 흔히 "路遠知馬力, 時久見人心"으로도 널리 알려져 있음.

7. 〈越南本〉에는 763부터 이곳까지를 하나의 장으로 묶고 있음.

20. 부행편 婦行篇 第二十

"凡四十七條"

모두 8조이다. 이는 오류이며 실제 모두 9장으로 되어 있음.

"아내로서 바른 행동과 품행을 권고한 글들"

※ 본 〈부행편〉 청주판 동해안 발견의 〈초간본〉은 缺落되어 있다.
이를 〈筑波本〉과 〈越南本〉을 근거로 완정하게 보완하였다.

〈女史箴圖〉(晉, 顧凱之)

767(20-1)
여자의 삼종

공자가 말하였다.
"부인이란 남에게 엎드려 살아가기 때문에,
자신의 뜻대로 하지 않아야 한다는 뜻으로 삼종三從의 도가 있다.
시집을 가기 전에는 아버지를 따르고,
시집을 가서는 지아비를 따르며,
남편이 죽은 뒤라면 아들을 따른다.
그리고 스스로 감히 수행하지 말아야 할 것이 있으니,
딸로 하여금 규문閨門 밖으로 나가지 못하게 하며,
오로지 음식을 만드는 것 등을 일로 삼도록 해야 한다."

이 까닭으로 여자는 그 날짜가 될 때까지
규문 안에서만 생활하며,
백 리가 안 되는 거리만이 분상奔喪을 하는 것이다.
일은 독단적으로 처리하지 않으며,
행동은 제 홀로 이루겠다고 해서는 안 되며,
남을 참여시켜 알도록 한 뒤에 행동하고,
가히 증험이 된 다음에야 입을 열며,
낮에는 뜰을 서성거리지 않으며,
밤에는 불을 켜서 들고 다녀야 한다.
이렇게 하는 것은 부덕을 바르게 갖게 하기 위함이다.

子曰:「婦人伏於人也,
　　是故無專制之義, 有三從之道:

在家從父,

適人從夫,

夫死從子.

無所敢自遂也:

教令不出閨門, 事在饋食之間而已矣.」

是故女及日乎閨門之內, 不百里而奔喪;

事無專爲, 行無獨成;

參知而後動, 可驗而後言;

晝不遊庭, 夜行以火.

所以正婦德也.

【伏於人】〈越南本〉에는 '仗於人'으로 되어 있어 다른 사람에게 의지하여 살다의
뜻으로 훨씬 명확함.

【專制】 자신만의 생각으로 일을 처리하거나
결정함.

【三從之道】 여자로서의 인생 따라야 할 세 가지
규범. 즉 "어려서는 아버지를, 시집을 가서는
남편을, 늙어서는 아들을 따름"을 뜻함. 그 외
흔히 三從之道와 七去之惡으로서 봉건시대
男尊女卑의 사상을 드러내었음.《列女傳》(2)에

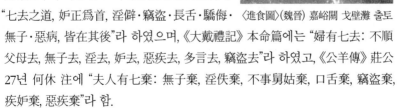

"七去之道, 妒正爲首, 淫僻·竊盜·長舌·驕侮· 〈進食圖〉(魏晉) 嘉峪關 戈壁灘 출토
無子·惡病, 皆在其後"라 하였으며,《大戴禮記》本命篇에는 "婦有七去: 不順
父母去, 無子去, 淫去, 妒去, 惡疾去, 多言去, 竊盜去"라 하였고,《公羊傳》莊公
27년 何休 注에 "夫人有七棄: 無子棄, 淫佚棄, 不事舅姑棄, 口舌棄, 竊盜棄,
疾妒棄, 惡疾棄"라 함.

【適人】 남에게 시집감. 아내의 신분이 됨.

【無所敢自遂也】〈越南本〉에는 '無敢自遂也'로 되어 있어 '所'자가 누락됨.

【饋食】부엌일. 밥 짓고 음식 만드는 일. 이를 여자의 본분이라 여겼음.《周易》家人卦에 "家人, 女正位乎內, 男正位乎外; 男女正, 天地之大義也. 家人有嚴君焉, 父母之謂也. 父父, 子子, 兄兄, 弟弟, 夫夫, 婦婦, 而家道正; 正家而天下定矣. 在中饋, 貞吉"이라 함.

【及日乎閨門之內】"날짜가 될 때까지 閨門 안에서"의 뜻. '乎'는 '於'와 같음. 處所格 前置詞. 이 표기는《大戴禮記》를 따른 것임. 그러나 〈越南本〉과《小學》에는 '及笄於閨門之內'라 하여 "笄禮를 치를 때까지 閨門 안에서"로 되어 있어 훨씬 구체적임. 한편 계(笄)는 笄禮. 즉 여자로서 15세에 이르러 치르는 성인식을 말하며 머리를 틀어 올려 비녀를 꽂는 의식을 가리킴. '笄'는 '簪'과 같음. 〈小學集註〉에 "夫人不冠而簪, 固髻而已"라 함.

【犇喪】〈越南本〉과《小學》에는 '奔喪'으로 되어 있음.

참고 및 관련 자료

1. 이는 고대 三從之禮를 말한 것임.

2.《大戴禮記》本命篇

女者, 如也, 子者, 孶也. 女子者, 言如男子之教而長其義理者也. 故謂之婦人. 婦人, 伏於人也. 是故無專制之義, 有三從之道. 在家從父, 適人從夫, 夫死從子, 無所敢自遂也. 教令不出閨門, 事在饋食之閒而正矣, 是故女及日乎閨門之內, 不百里而犇喪, 事無獨爲, 行無獨成之道. 參之而後動, 可驗而後言, 宵行以燭, 宮事必量, 六畜蕃於宮中, 謂之信也, 所以正婦德也.

3.《小學》明倫篇 明夫婦之別

孔子曰:「婦人伏於人也, 是故無專制之義. 有三從之道: 在家從父, 適人從夫, 夫死從子, 無所敢自遂也. 教令不出閨門, 事在饋食之間而已矣. 是故女及日乎閨門之內, 不百里而奔喪. 事無擅爲, 行無獨成; 參知而後動, 可驗而後言; 晝不遊庭, 夜行以火, 所以正婦德也. 女有五不取: 逆家子不取, 亂家子不取, 世有刑人不取, 世有惡疾不取, 喪父長者不取. 婦有七去: 不順父母去, 無子去, 淫去, 妬去, 有惡疾去, 多言去, 竊盜去. 有三不去: 有所取無所歸不去, 與更三年喪不去, 前貧賤後富貴不去. 凡此聖人所以順男女之際, 重婚姻之始也.」

3.《列女傳》(1) 母儀傳 鄒孟軻母

孟母曰:「夫婦人之禮: 精五飯, 冪酒漿, 養舅姑, 縫衣裳而已矣. 故有閨內之脩
而無境外之志.《易》曰:『在中饋, 无攸遂.』《詩》曰:『無非無儀, 惟酒食是議.』
以言婦人無擅制之義, 而有三從之道也. 故年少則從乎父母, 出嫁則從乎夫, 夫死
則從乎子, 禮也. 今子成人也, 而我老矣. 子行乎子義, 吾行乎吾禮.」

4.《列女傳》(1) 母儀傳 魯之母師

母師者, 魯九子之寡母也. 臘日, 休作者歲祀禮事畢, 悉召諸子謂曰:「婦人之義,
非有大故, 不出夫家; 然吾父母家多幼稚, 歲時禮不理, 吾從汝謁往監之.」諸子
皆頓首許諾. 又召諸婦曰:「婦人有三從之義, 而無專制之行: 少繫於父母, 長繫
於夫, 老繫於子. 今諸子許我歸視私家, 雖踰正禮, 願與少子俱, 以備婦人出入
之制. 諸婦其慎房戶之守, 吾夕而反.」

5.《藝文類聚》(5)

婦人有三從之義. 無專制之行, 少繫於父母. 長繫於夫, 老繫於子.

6.《列女傳》(2) 賢明傳 宋鮑女宗

女宗曰:「婦人一醮不改, 夫死不嫁. 執麻枲, 治絲繭, 織紝組紃, 以供衣服, 以事
夫室, 澈漠酒醴, 羞饋食以事舅姑. 以專一爲貞, 以善從爲順. 貞順, 婦人之至
行也, 豈以專夫室之愛爲善哉? 若以其淫意爲心, 而抂夫室之好, 吾未知其善也.
夫禮: 天子十二, 諸侯九, 卿大夫三, 士二, 今吾夫誠士也, 有二, 不亦宜乎?
且婦人有七見去, 夫無一去義. 七去之道, 妒正爲首, 淫僻·竊盜·長舌·驕侮·無子·
惡病, 皆在其後. 吾姒不教吾以居室之禮, 而反欲使吾爲見棄之行, 將安所用此?」

7. 〈越南本〉에는 '是故女及笄' 이하를 분장하였음.

768(20-2)*
부인의 사덕

《익지서益智書》에 이렇게 말하였다.

여자에게는 사덕四德의 아름다운 칭찬이 있으니,
첫째 부인의 덕이요,
둘째 부인의 용모요,
셋째 부인의 언어요,
넷째 부인의 솜씨이다.
부인의 덕이란 꼭 재명才明이 절이絶異할 것까지 요구하는 것이 아니요,
부인의 용모란 꼭 안색顏色이 미려할 것까지 요구하는 것이 아니요,
부인의 언어란 꼭 말솜씨가 뛰어나고 말이 날카로움을 요구하는 것이
아니요,
부인의 솜씨란 꼭 기능이 뛰어남이 남보다 나은 것을 요구하는 것이
아니다.

그 부덕이란, 정숙하고 맑고 절검하여 분수를 지켜 바르게 하며,
행동에는 부끄러워함이 있고 움직임에는 법도가 있는 것,
이것이 부인의 행동이다.
부언이란, 말은 가려서 하고 그릇된 말을 하지 않으며,
때가 된 연후에 말하여 남이 그 말에 싫증을 느끼지 않도록 하는 것,
이것이 부인의 언어이다.
부용이란, 먼지와 때를 깨끗이 씻어, 의복이 곱고 청결하며,
때맞추어 목욕하여 그 몸에 더러움이 없도록 하는 것,
이것이 부인의 용모이다.
부공이란, 오로지 길쌈에 힘쓰고,
술로 말미암아 정신이 어지럽고 혼미해지는 것을 좋아하지 않으며,
맛있는 음식을 공급하고 준비하여 손님을 모시는 것,
이것이 부인의 솜씨이다.

이 네 가지 덕은 바로 부인의 대덕大德이며,
이를 실행하기가 아주 쉬우니 바른 것에 힘쓰면 될 것이요,
이에 의해 행동하면 되는 것이니, 이것이 부절婦節이니라."

《益智書》云:

女有四德之譽:

一曰婦德, 二曰婦容, 三曰婦言, 四曰婦工也.

婦德者, 不必才明絶異;

婦容者, 不必顏色美麗;

婦言者, 不必辯口利詞;

婦工者, 不必伎巧過人也.

其婦德者:

清貞廉節, 守分整齊,

行止有恥, 動靜有法.

此爲婦德也.

婦言者:

擇辭而說, 不談非語,

時然後言, 人不厭其言.

此爲婦言也.

婦容者:

洗浣塵垢, 衣服鮮潔;

沐浴及時, 一身無穢.

此爲婦容也.

婦工者:

專勤紡織, 勿好暈酒,

供其甘旨, 以奉實容.

　　此爲婦工也.

此四德者, 是婦人之大德也.

爲之其易, 務在於正,

依此而行, 是爲婦節也.

【女有四德】 이는 東漢 班昭(曹大家)가 《周禮》를 근거로 내 세운 婦行(婦德), 婦言, 婦容, 婦工(婦功) 네 가지임. 班昭는 班彪의 딸이며 班固의 누이. 曹壽(世叔)의 아내이며 曹穀의 어머니. 궁중 후비와 비빈들 女師가 되어 《女誡》 七篇을 짓고 이를 교재로 后妃를 가르쳤으며 이로 인하여 '大家(大姑)'라 칭호를 받았음. 아버지와 오빠가 하던 《漢書》 저술을 완성하기도 하였음. 《女誡》에는 '女有四行'이라 하여 '四德'을 '四行'이라 하였음.

【一曰婦德】〈越南本〉에는 '一曰婦行'으로 되어 있음. 이하 '婦德者'도 마찬가지임.

【婦工】 여자로서의 일에 대한 능력. 길쌈, 바느질, 음식 등을 말함. '婦功'으로도 표기함.

【才明】 원문과 〈越南本〉, 《女誡》 등에는 모두 '才明'으로 되어 있으나 〈抄略本〉과 〈通俗本〉에는 '才名'으로 되어 있음.

【顔色美麗】〈越南本〉에는 '容色美麗'로 되어 있음.

【辯口利詞】〈越南本〉에는 '利口辯詞'로 되어 있음.

【伎巧過人】〈越南本〉과 〈抄略本〉에는 '技巧過人'으로 되어 있음.

【擇辭而說】〈抄略本〉과 〈通俗本〉에는 '擇師而說'로 되어 있음.

【不談非語】〈抄略本〉에는 '不談非禮'로 되어 있음.

【時然後言】《論語》 憲問篇에 "子問公叔文子於公明賈曰:「信乎, 夫子不言, 不笑不取乎?」 公明賈對曰:「以告者過也. 夫子時然後言, 人不厭其言; 樂然後笑, 人不厭其笑; 義然後取, 人不厭其取」子曰:「其然? 豈其然乎?」"라 한 일부를 인용한 것임.

【暈酒】 '暈'은 술로 말미암아 정신이 어지럽고 혼미해짐을 말함. 그러나 〈越南本〉과 〈抄略本〉에는 '葷酒'로 표기되어 있으며 이 경우, 葷은 葷菜, 즉 자극적

냄새가 나는 향신료 따위의 마늘, 생강, 고수(香菜) 등을 말함.

【淸貞】〈越南本〉에는 '貞淑'으로 되어 있음.

【擇辭】〈越南本〉에는 '擇詞'로 되어 있음.

【不談】〈越南本〉에는 '不說'로 되어 있음.

【供其甘旨】〈越南本〉에는 '供備甘旨'라 함.

【實容】'賓客'의 오기임. 〈越南本〉 및 《女誡》에는 '賓客'으로 되어 있음.

【是婦人之大德也】〈抄略本〉과 〈通俗本〉에는 '是婦人之所不可缺者'로 되어 있음.

【爲之其易】'爲之甚易'의 오기. '이를 행하기가 아주 쉽다'의 뜻. 〈抄略本〉과 〈通俗本〉 등에 모두 '爲之甚易'로 되어 있음.

> ### 참고 및 관련 자료

1.《周禮》

九嬪掌婦學之法, 以敎九御; 婦德, 婦言, 婦容, 婦功.

2. 鄭玄의 注

德謂貞順, 言謂辭令, 容謂婉娩, 功謂絲枲.

3. 班昭《女誡》婦行章

女有四行: 一曰婦德, 二曰婦言, 三曰婦容, 四曰婦功. 夫云婦德, 不必才明絶異也; 婦言, 不必辯口利辭也. 夫容, 不必顔色美麗也; 婦功, 不必伎巧過人也. 幽閒貞靜, 守節整齊, 行己有恥, 動靜有法, 是謂婦德. 擇辭而說, 不道惡語, 時然後言, 人不厭於人, 是謂婦言. 盥浣塵穢, 服飾鮮潔; 沐浴及時, 身不垢辱, 是謂婦容. 專心紡績, 不好戲笑, 潔齊酒食, 以供賓客, 是謂婦功. 此四者, 女人之大節而不可乏無者也. 然爲之甚易, 唯在存心耳. 古人有言:「我欲仁, 而仁斯至矣.」此之謂也.

4. 〈越南本〉에는 '技巧過人' 다음을 분장하였으며 문장의 일부 순서도 다름.

《益智書》云: 女有四德之譽: 一曰婦行, 二曰婦容, 三曰婦言, 四曰婦工. 婦行者, 不必才明絶異; 婦容者, 不必容色美麗; 婦言者, 不必利口辯詞; 婦工者, 不必技巧過人. 貞淑廉節, 守分整齊, 行止有恥, 動靜有法. 此爲婦行也. 洗浣塵垢, 衣服鮮潔; 沐浴及時, 一身無穢. 此爲婦容也. 擇詞而說, 不說非語, 時然後言, 人不厭其言. 此爲婦言也. 專勤紡織, 勿好葷酒, 供備甘旨, 以奉賓客. 此爲婦工也. 此四德者, 是婦人之大德也. 爲之甚易, 務在於正, 依此而行.

5. 〈抄略本〉과 〈通俗本〉에는 四德을 전제한 다음의 설명 차례를 婦德, 婦容, 婦言, 婦工의 순서로 하고 있어 차례에 맞으나 원전은 婦德, 婦言, 婦容, 婦工의 순서로 하고 있음.

769(20-3)
부인의 예

태공이 말하였다.
"부인의 예는,
　말이 반드시 자상해야 한다."

太公曰 : 「婦人之禮, 語必細.」

770(20-4)
여자로서 조심해야 할 행실

"다닐 때에는 반드시 느린 걸음이어야 하며,
　그치면 용모를 거두어 단정히 하고,
　움직일 때는 바른 걸음을 걸어야 한다.

귀로는 나머지도 더 듣겠다고 하지 않으며,
눈으로는 남은 것마저 보겠다고 하지 않아야 한다.
외출에는 아첨하는 용모를 꾸미지 않으며,
수식도 제거하고 덧치마를 껴입으며,
남의 담장이나 벽을 엿보지 않으며,
남의 문틈을 들여다보지 않는다.
일찍 일어나고 밤늦어 잠자리에 들되,
노고로움을 꺼려해서도 안 된다.
조심하고 조심하여
항상 때가 묻거나 욕됨을 걱정해야 한다."

「行必緩步, 止則斂容, 動則蹉跙.
　　耳無餘聽, 目無餘視.
　　出無諂容, 廢飾裙褶,
　　不規(牆壁), 不覤牖戶,
　　早起夜眠, 莫憚勞苦,
　　戰戰兢兢, 常憂玷辱.」

【斂容】 용모를 잘 거두어 단정하게 함.
【蹉跙】 단정한 발걸음으로 걸음. '차저'로 읽으며 雙聲連綿語로 여겨짐.
【裙褶】 치마에 덧치마를 입음.
【不規】 '規'는 '窺'와 같음. 엿봄. 글자 수로 보아 두 글자가 누락된 것으로 보임.
〈越南本〉에는 '不窺牆壁'으로 되어 있어 '牆壁' 두 글자를 補入하였음.
【戰戰兢兢】 조심하고 경계하는 모습.《詩經》小雅 小旻에 "不敢暴虎, 不敢馮
河. 人知其一, 莫知其它. 戰戰兢兢, 如臨深淵, 如履薄冰"라 함.
【玷辱】 흠이 생기거나 때가 묻어 치욕이 됨.

1. 〈越南本〉에는 錯簡이 심하며 다음과 같이 되어 있음.

太公曰:「婦人之禮: 語專勤紡織; 勿好葷酒. 端一容貌則莊敬, 耳無餘聽, 目無餘視, 出無誑容, 不窺牆壁, 不觀戶牖, 早起夜眠, 莫憚勞苦, 戰戰兢兢, 常憂玷辱.」

771(20-5)
어진 아내

"어진 아내는 지아비를 귀하게 하고,
악한 부인은 지아비를 천하게 한다."

「賢婦和六親, 佞婦破六親.」

【賢婦】〈通俗本〉에는 '聖婦'로 되어 있음.

참고 및 관련 자료

1.《昔時賢文》
賢婦令夫貴, 惡婦令夫賤.
2. 〈越南本〉에는 이 구절이 앞장에 포함되어 있음.
賢婦令夫貴, 惡婦令夫敗.

772(20-6)
어진 아내와 지아비

"집안에 어진 아내가 있으면
 지아비는 엉뚱한 재앙을 만나지 않는다."

「家有賢妻, 夫不遭橫禍.」

【橫禍】橫厄과 같음. 예상하지 못한 재앙.

참고 및 관련 자료

1.《元曲選》(盆兒鬼)
家有賢妻, 丈夫不遭橫事.
2.《元曲選》(伍員吹簫)
家有賢妻, 男兒不遭橫禍.
3.〈越南本〉에는 이 구절이 앞장에 포함되어 있음.
家有賢妻, 夫不遭橫禍.

〈木棉紅床圖〉(《農書》)

773(20-7)
아첨 많은 부인

"어진 아내는 육친을 화목하게 하고
아첨 많은 부인은 육친을 깨뜨린다."

「賢婦和六親, 佞婦破六親.」

【佞婦】阿諂과 計巧로써 사랑을 독차지하려는 부인.
【六親】본가의 三族과 처가, 혹 시댁의 三族. 모든 친인척을 말함.

───[참고 및 관련 자료]───

1. 〈越南本〉에는 역시 이 구절이 앞장에 포함되어 있음.
「賢婦令夫貴, 惡婦令夫賤.」

〈揚場圖〉와 〈燙鷄圖〉(魏晉) 1972 嘉峪關 戈壁灘 출토

774(20-8)
청상과부

어떤 이가 물었다.

"이치로 볼 때 과부를 아내로 맞을 수 없는 듯이 되어 있던데
어찌 그렇습니까?"

이천(伊川, 程頤)선생이 말하였다.

"무릇 장가드는 것은 자신의 배필을 구하는 것이다.
만약 그 배필을 구하면서 예절을 잃는다면
이는 자신이 그 예절을 잃은 것이 된다."

그가 다시 물었다.

"혹 과부로서 가난하고 궁하여 의탁할 곳이 없다면
개살이를 해도 됩니까?"

이천이 말하였다.

"단지 후세에 추위와 배고픔으로 죽는 자가 있을 것임을 두려워하여
그 때문에 그런 말이 있게 된 것이다.
그러나 굶어 죽는 것은 아주 작은 일이지만
절의를 잃는 것은 아주 큰일이다."

或問:「孀婦於理似不可取, 如何?」

伊川先生曰:「凡取以配身也, 若取失節者,

是己失節也.」

又問:「或有孀婦貧窮無托者, 可再嫁否?」

曰:「只是後世怕寒餓死, 故有是說,

然餓死事極小, 失節事極大.」

【孀婦】'霜婦'로도 표기하며 靑霜寡婦를 뜻함. 젊어서 과부가 된 여자. "無夫曰孀"이라 함.

【孀婦於理】〈越南本〉에는 '孀婦於禮'로 되어 있음.

【取】'娶'와 같음. '장가들다'의 뜻. 〈越南本〉에는 '娶'로 되어 있음.

【伊川】程頤(1033~1107). 자는 正叔, 廣平先生이라 불렸으나 이천(伊川, 지금의 洛陽 남쪽)에 살아 흔히 伊川先生이라 불렸음. 그의 형 程顥(明道先生)와 더불어 北宋 理學 四派 즉, 濂溪學派(周敦頤), 百源學派(邵雍), 關學派(張載)와 더불어 洛學派의 대표적인 인물이며 小程子로 불림. 이들 학통이 南宋 閩學派(朱熹)에게로 이어진 것임.

【配身】〈越南本〉에는 '配己'로 되어 있음.

참고 및 관련 자료

1. 《伊川語錄》唐彦思(錄)에 실려 있음.

2. 《近思錄》家道篇
   或問: 「孀婦於理似不可取, 如何?」伊川曰: 「然. 凡取以配身也, 若取失節者以配身, 是己失節也.」又問: 「或有孤孀貧窮無托者, 可再嫁否?」曰: 「只是後世怕寒餓死, 故有是說, 然餓死事極小, 失節事極大.」

3. 《小學》嘉言篇 廣明倫
   或問: 「孀婦於理似不可取, 如何?」伊川先生曰: 「然, 凡取以配身也, 若取失節者以配身, 是己失節也.」又問: 「或有孤孀貧窮無託者, 可再嫁否?」曰: 「只是後世怕寒餓死, 故有是說, 然餓死事極小, 失節事極大.」

4. 〈越南本〉에는 '只是後世怕寒餓死'의 구절이 누락되어 있으며 착간이 심함.

775(20-9)
옛날의 태교법

《열녀전列女傳》에 말하였다.

"옛날에는 부인이 임신하면 비스듬히 누워 자지 아니하고,
삐딱하게 앉지 아니하며 기울어진 자세로 서지 아니하고,
사악한 맛은 먹지 아니하며 바르게 썰지 않은 것은 먹지 아니하고,
자리가 바르지 않으면 앉지 아니하며,
눈으로는 사악한 색깔을 보지 아니하고,
귀로는 음란한 소리를 듣지 아니한다.
밤이 되면 장님으로 하여금
《시詩》를 암송하여 바른 일을 말하도록 한다.
이와 같이 하여 아이를 낳으면
그 아이는 모습이 단정하고 재주와 지혜가 남보다 낫게 된다."

《列女傳》曰:

「古者婦人姙子, 寢不側, 坐不邊,

立不蹕, 不食邪味, 割不正不食,

席不正不坐, 目不視邪色, 耳不聽淫聲.

夜則令瞽誦詩道正事.

如此則生子形容端正, 才過人矣.」

【列女傳】西漢 때 학자 劉向(B.C.77~6)이 편집한 책. 고대부터 漢代까지 여러
類型의 여인들을 모아 전기 형태로 펴낸 것임. 母儀傳, 賢明傳, 仁智傳, 貞順傳,

節義傳, 辯通傳, 孽嬖傳, 續篇 등으로 나뉘어져 있으며 총 124명의 여인을 기록하고 있음. 〈越南本〉에는 '烈女傳'으로 잘못 표기되어 있음.

【側】 몸을 곁으로 기대어 눕는 것.

【坐不邊】 한쪽 가에 불안한 자세로 앉는 것. 〈越南本〉에는 '坐不偏'으로 되어 있음.

【躋】 '躋'은 '跛'와 같음. 기울어진 자세로 서는 것. 〈越南本〉에는 '躍'으로 잘못 표기되어 있음.

【割不正不食】 《論語》 鄕黨篇에 "不時不食. 割不正不食. 不得其醬不食"이라 함.

【席不正】 《論語》 鄕黨篇에 "席不正, 不坐"라 함.

【淫聲】 바르지 않은 음악. 태교에 적합하지 않은 현란한 음악을 말함. 흔히 중국 춘추시대 鄭나라와 衛나라 음악을 지칭하는 말로 쓰였음.

【瞽】 장님. 고대에 이들은 《詩經》의 구절을 모두 외워 이를 임금이나 임부에게 들려주어 교훈을 삼도록 하는 일을 담당하기도 하였음.

【正事】 바르고 정의로우며 옳은 일을 한 故事들을 말함.

【才過人矣】 재능이 남보다 뛰어남. 〈越南本〉에는 '才智過人矣'로 되어 있으며, 《列女傳》에는 "才德必過人矣"라 하여 '德'을 함께 넣어 더욱 합리적으로 표현하고 있음.

참고 및 관련 자료

1. 《列女傳》 母儀傳 周室三母

古者婦人妊子, 寢不側, 坐不邊, 立不躋, 不食邪味. 割不正不食, 席不正不坐, 目不視於邪色, 耳不聽於淫聲. 夜則令瞽誦詩, 道正事, 如此則生子形容端正, 才德必過人矣. 故妊子之時, 必愼所感, 感於善則善, 感於惡則惡. 人生而肖萬物者, 皆其母感於物, 故形音肖之, 文王母可謂知肖化矣.

漢, 劉向 《列女傳》 四庫全書

2. 《大戴禮記》 保傅篇 胎敎

胎敎之道, 書之玉板, 藏之金匱, 置之宗廟, 以爲後世戒. 靑史氏之記曰:「古者胎敎, 王后腹之, 七月而就宴室, 太史持銅而御戶左, 太宰持斗而御戶右. 比三月者, 王后所求聲音非禮樂, 則太師縕瑟而稱不習, 所求滋味者非正味, 則太宰倚斗而言曰: 不敢以待王太子. 太子生而泣, 太師吹銅曰: 聲中其律. 太宰曰: 滋味上某.」然后卜名. 上無取於天, 下無取於墜, 中無取於名山通谷, 無拂於鄉俗, 是故君子名難知而易諱也. 此所以養恩之道. 周后妃任成王於身, 立而不跋, 坐而不差, 獨處而不倨, 雖怒而不罵, 胎教之謂也.

3. 《小學》立教篇

《列女傳》曰:「古者, 婦人妊子, 寢不側, 坐不邊, 立不蹕, 不食邪味, 割不正不食, 席不正不坐, 目不視邪色, 耳不聽淫聲, 夜則令瞽誦詩, 道正事, 如此則生子, 形容端正, 才過人矣.」

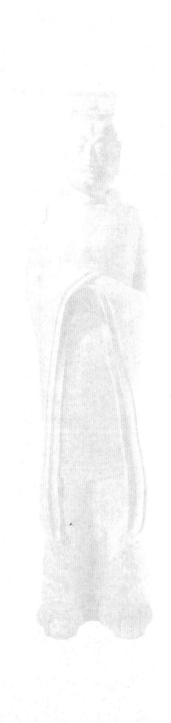

《明心寶鑑》補遺篇

補 1. 증보편增補篇 第一

補 2. 팔반가八反歌 第二

補 3. 효행편孝行篇 第三

補 4. 염의편廉義篇 第四

　본 보유편은 초간본에는 없다.

　이는 우리나라 조선시대에《명심보감》을 읽으면서 점차
연화演化하여 동몽 및 교양 교재로써의 취지에 맞추어 좋은
글귀를 덧붙이기도 하고 나아가 우리나라 고사의 내용을
추기하였다. 이는 필자가〈초략본(통행본)〉에 실려 있는 것을
모아 ⑴〈증보편增補篇〉, ⑵〈팔반가八反歌〉, ⑶〈효행편孝行篇〉,
⑷〈염의편廉義篇〉으로 나누어 정리한 것이다.

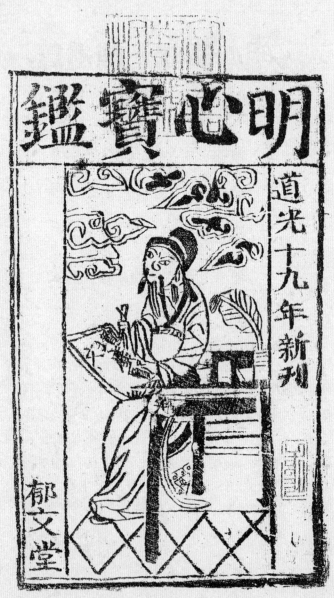

淸 道光本《명심보감》표지 그림

1. 증보편增補篇 第一

총 2장

〈長信宮鎏金宮女銅燈〉(西漢)

776(增-1)
적선과 적악

《주역周易》에 말하였다.
"선善을 쌓지 않으면, 이름을 이루기 어렵고,
악惡을 쌓지 않으면, 몸을 망칠 일이 없다.
소인小人은,
하찮은 선이므로 무슨 이익이 있으랴 여겨 이를 실행하지 않으며,
하찮은 악이므로 무슨 손상이 있으랴 여겨 이를 뿌리치지 못한다.
그 까닭으로 악이 쌓여 숨길 수 없게 되며,
죄가 커서 해결할 수 없는 지경에 이르게 된다."

《周易》曰:「善不積, 不足以成名;
　　　　惡不積, 不足以滅身.
　　　　　小人, 以小善爲無益而弗爲也,
　　　　　　　以小惡爲無傷而弗去也.
　　　　　故惡積而不可掩, 罪大而不可解.」

【無益】〈抄略本〉과 〈通俗本〉에는 '无益'으로 되어 있음.
【無傷】역시 〈抄略本〉과 〈通俗本〉에는 '无傷'으로 되어 있음.

1.《周易》繫辭傳(下)

善不積不足以成名, 惡不積不足以滅身. 小人以小善爲无益而弗爲也, 以小惡爲
无傷而弗去也, 故惡積而不可揜, 罪大而不可解.《易》曰:『何校滅耳, 凶.』」

777(增-2)
서리를 밟으면

"서리 밟을 시기이면 곧 굳은 얼음이 다가온다는 것이다.
 신하가 그 임금을 시해하고, 아들이 그 아비를 죽이는 일이란
 하루아침 하루저녁에 이루어진 일이 아니다.
 그 경유가 다가옴이, 점차 누적되어 나타난 것이로다!"

「履霜堅氷至.
  臣弑其君, 子弑其父, 非一旦一夕之事.
  其由來者, 漸矣!」

참고 및 관련 자료

1.《周易》坤卦

初六, 履霜, 堅氷至. 象曰:「履霜堅氷」, 陰始凝也; 馴致其道, 至堅氷也.

2.《周易》文言傳(下)

積善之家, 必有餘慶; 積不善之家, 必有餘殃. 臣弒其君, 子弒其父, 非一朝一夕
之故, 其所由來者漸矣! 由辯之不早辯也.《易》曰:「履霜, 堅冰至」, 蓋言順也.

3.《孟子》梁惠王(下)

齊宣王問曰:「湯放桀, 武王伐紂, 有諸?」孟子對曰:「於傳有之」曰:「臣弒其君,
可乎?」曰:「賊仁者謂之賊, 賊義者謂之殘; 殘賊之人謂之一夫. 聞誅一夫紂矣,
未聞弒君也.」

2. 팔반가八反歌 第二

총 8수

(《계궁지桂宮誌》에서 절록한 것임)

《계궁지》는 徐班(1672~1738)이 편찬한 책이며, 徐班은 淸나라 때 江蘇
無錫사람으로 자는 子常, 호는 南臺이며 詩와 古文에 능하였음.
康熙帝(聖祖)가 南巡할 때 詩賦를 바쳐 國子生이 되었으며 擁正帝(世宗)
때에는 浙江 德淸의 知縣에 오름. 뒤에 사건에 연루되어 옥에 갇히
기도 하였음. 저서로《南村詩文集》등이 있음.《國朝耆獻類征初編》
(143)에 그의 사적이 실려 있음.〈팔반가八反歌〉는 "되돌려 생각하고
반성해야 할 8가지 노래", 혹은 "세태를 거꾸로 생각하여 잘못을
저지르는 일에 대한 노래"로 부모와 늙은이를 보살피도록 敬老孝敬
사상을 권면하는 내용으로 아주 핍절한 표현으로 되어 있으며, 각 장
마다 47자씩 정형을 이루고 있음.

〈流民圖〉(明, 周臣)

778(八-1)
부모가 나를 꾸짖으면

"어린아이가 혹 나를 모욕할지라도 내 마음은 즐겁다고 여기면서,
부모가 나에게 화를 내고 꾸짖으면
내 마음은 도리어 달갑지 않게 여긴다.
하나는 즐겁고 하나는 달갑지 않으니
아이를 대함과 부모를 대하는 마음이 어찌 이리도 현격한가?
그대에게 권하노니 오늘 어버이의 노함을 만났거든
또한 응당 어버이의 노함을 어린아이의 나무람처럼 여겨야 하느니라."

「幼兒或詈我, 我心覺懽喜.
　父母嗔怒我, 我心反不甘.
　一喜懽一不甘, 待兒待父心何懸?
　勸君今日逢親怒, 也應將親作兒看.」

【詈】 '욕하다, 꾸짖다, 모욕을 주다'의 뜻. 음은 '리'. 자식이 자신에게 모욕을
주어도 이는 자기 자식이라는 이유로 도리어 즐겁게 여김.
【嗔怒】 부모가 자신에게 꾸짖고 화를 냄.
【懸】 懸隔함. 차이가 아주 심함.

779(八-2)
부모의 간섭

"아이들이 천 마디 말을 해도 그대는 언제나 싫지 않게 여기면서,
부모님 입 한 번 열면 문득 쓸데없는 간섭도 많다고 말한다.
쓸데없는 관여가 아니라 보기에 걱정이 되어 그런 것이다.
머리가 희어지도록 오래 산 사람은, 깨닫고 익힌 것도 많으니라.
그대에게 권하노니 노인의 말을 공경하고 받들어,
젖 냄새나는 입으로 하여금 장단을 다투지 않도록 하라."

「兒曹出千言, 君聽常不厭.
父母一開口, 便道多閑管.
非閑管覬掛牽, 皓首白頭多諳練.
勸君敬奉老人言, 莫敎乳口爭長短.」

【兒曹】 '曹'는 복수를 나타내는 語尾.
【便道】 즉시 대꾸를 함. '便'은 '즉시, 곧바로'의 뜻이며, '道'는 '말하다'의 뜻임.
【閑管】 한가한 일에 관여함. 쓸데없는 간섭.
【覬掛牽】 '覬'은 '親'의 오류. '掛牽'은 마음에 걸림. 안심을 하지 못함. 白話語.
【諳練】 많은 기억을 가지고 있고 시련과 단련을 겪어 그만큼 경험이 풍부함.
'암련'으로 읽음.

780(八-3)
어린아이 오줌똥

"어린아이 오줌똥은 그대 마음에 싫지도 꺼리지도 않게 여기면서,
늙은 어버이의 콧물과 가래는 조금만 흘려도 거꾸로 싫다고 생각한다.
육척 그대 몸이 어디서 났느냐?
아비의 정기와 어머니의 피가 너의 몸을 이루어 준 것이다.
그대에게 권하노니 늙음이 다가오는 사람을 공경하고 대접하라.
젊었을 때 너를 위하느라 근골筋骨이 닳았노라."

「幼兒屎糞穢, 君心無厭忌.
　老親涕唾零, 反有憎嫌意.
　六尺軀來何處? 父精母血成汝體.
　勸君敬待老來人, 壯時爲爾筋骨敝」

【屎糞穢】아이들의 똥오줌과 그 밖의 더러운 것들. '屎糞'은 '시분'으로 읽음.
【敝】'부서지다, 닳다'의 뜻. '弊'와 같음.
【爾】'너'. 백화어의 '你'와 같음.

781(八-4)
아이에게는 떡을 사주면서

"그대가 이른 아침 시장에 나가서
과자를 사고 떡을 사는 것을 보았더니,
부모님께 드리겠다고 말하는 자는 적고
모두가 아이들 주기 위해 사는 것이라 말하더라.
어버이는 아직 먹어보지도 못했는데 아이 먼저 배부르니,
자식 사랑하는 마음이 어버이 좋아하는 마음에 비하지 못하도다.
그대에게 권하노니, 떡 살 돈을 많이 내어
흰머리에 살 날 얼마 남지 않은 부모님을 공양하라."

「看君晨入市, 買餠又買餻.
少聞供父母, 多說供兒曹.
親未啖兒先飽, 子心不比親心好.
勸君多出買餠錢, 供養白頭光陰少.」

【白頭】머리가 하얀 늙음이.
【光陰】시간, 세월.

782(八-5)
아이는 살찌우면서

"시장 안에 약을 파는 가게에는 오직 아이 살찌우는 약만 있을 뿐,
어버이를 건장하게 하는 것은 없으니
무슨 이유로 이렇게 두 가지로 보는가?
아이도 병이 있을 수 있고 어버이도 병이 있을 수 있으니,
아이의 병을 고치는 것이 어버이의 병을 고치는 것에 비교되지 않는다.
허벅지 살을 베어도 이는 도리어 부모님의 살이니,
그대에게 권하노니 서둘러 양친의 목숨을 보전하라."

「市間賣藥肆, 惟有肥兒丸.
　未有壯親者, 何故兩般看?
　兒亦病親亦病, 醫兒不比醫親症.
　割股還是親的肉, 勸君亟保雙親命.」

【藥肆】 약방. 약을 파는 점포.
【兩般看】 두 가지 상황으로 나누어 구분하여 간주함.
【還是】 '그래도'의 뜻을 나타내는 백화어.
【親的肉】 어버이의 살. '的'은 所有格 조사. 古文 '之'와 같음.

783(八-6)
부유하지 못하다는 핑계

부귀하면 어버이 모시기 쉽다 하지만,
그래도 부모님은 평안치 못함이 항상 있다.
빈천하니 아이 기르기 어렵다 하지만,
그래도 아이는 배고픔이나 추위를 당하지 않는다.
하나의 마음에 두 가지 길이니,
아이를 위하는 것이 끝내 아비를 위하는 것만 못하구나.
그대에게 권하노니 어버이 모시기를 아이 기르듯 하여,
범사를 집안이 부유치 못해서라고 미루지 말라."

「富貴養親易, 親常有未安.
　貧賤養兒難, 兒不受饑寒.
　一條心兩條路, 爲兒終不如爲父.
　勸君養親如養兒, 凡事莫推家不富.」

一條】'條'는 기다란 물건 따위를 셈하는 量詞, 여기서는 마음과 길 두 가지를
표현하고 있음.
莫推】어버이 모시는 일을 뒤로 미룸. 핑계를 댐.

784(八-7)
부모의 춥고 배고픔은 묻지도 않고

"부모를 모신다고 해야 겨우 두 사람뿐인데 언제나 형제끼리 다투면서,
아이는 비록 열을 길러도 그대는 홀로 책임을 지고 있다.
아이가 배부른지 추운지는 친히 물으면서,
부모가 춥고 배고픈 것은 마음에 두지도 않는구나.
그대에게 권하노니 어버이 모심에 모름지기 힘을 다하여라.
애초 그 분들의 옷과 먹을 것을 그대에게 빼앗겼느니라."

「養親只二人, 常與兄弟爭.
養兒雖十人, 君皆獨自任.
兒飽煖親常問, 父母饑寒不在心.
勸君養親須竭力, 當初衣食被君侵.」

【兒飽煖親常問】 아이의 먹는 것, 입는 것에 대해서는 친절하게 항상 물어봄.
【當初】 그대가 어린 나이였을 때. 그 때 그대 어버이는 자신들이 입을 옷과
　음식을 그대들에게 빼앗긴 것임.
【被君侵】 '被'는 被動法. 그대에게 빼앗김을 당함.

785(八-8)
자식자랑 부모험담

"어버이는 그대를 십분 사랑하였건만,
그대는 그 은혜를 생각지도 않고 있다.
아이가 한 푼 어치만 효도를 하여도,
그대는 밖에 나가 아이 이름을 자랑하고 다닌다.
어버이 모심은 어둡고 아이 대함은 밝으니,
그 누가 부모의 아들 기르는 마음을 알겠는가?
그대에게 권하노니 아이들 효성을 마구 믿을 터이면,
아이들이 그대를 친히 여김은 그대 자신이 하기에 달렸느니라."

「親有十分慈, 君不念其恩.
兒有一分孝, 君就揚其名.
待親暗待兒明, 誰識高堂養子心?
勸君漫信兒曹孝, 兒曹親子在君身.」

【誰識高堂養子心】 "누가 부모의 자식 기르는 마음을 알 수 있겠는가?"의 뜻.
'高堂'은 부모를 가리킴.
【漫信】 마구 믿음. 허투루 믿음. 그러나 '漫'은 '無·勿·毋·未·莫·亡·罔' 등과
雙聲互訓을 이루어 否定命令으로 볼 수 있음. 이 경우 "아이들의 효성을 믿지
말라"의 뜻이 됨.
【兒曹親子在君身】 '兒曹親子'는 아이들이 그대를 친히 여김. 혹 '아이들, 그리고
어버이의 아들인 그대'의 뜻으로 보아 '각기 순서에 따른 의무와 慈孝는 오직
그대 자신이 하기에 달려 있다'의 뜻이 됨.

3. 효행편 孝行篇 第三

총 3장

※ 이 역시 《명심보감》의 취지에 맞추어 우리나라 옛
고사를 실어 효행의 덕을 선양하고자 조선시대에 실어
보충한 것임.

〈孔門弟子守喪圖〉

786(孝-1)
아이를 묻으러 간 손순 부부

손순孫順은 집이 가난하여,
그 아내와 함께 남의 집 품을 팔아 어머니를 봉양하고 있었는데,
그에게는 아들이 있어 매번 어머니의 밥을 빼앗아 먹는 것이었다.
손순이 그 아내에게 말하였다.
"아이가 어머니의 밥을 빼앗아 먹고 있소.
아이는 다시 얻을 수 있으나,
어머니는 다시 구하기 어려운 것이오."
이에 그는 아이를 업고 귀취산歸醉山 북쪽 교외로 가서,
땅을 파고 아이를 묻으려 하였다.
그때 갑자기 심히 기이한 석종石鍾이 땅 속에 있어,
놀랍고 괴이히 여겨 시험삼아 쳐 보았다.
그 소리는 용용舂容하며 심히 아름다웠다.
그의 아내가 말하였다.
"이 괴이한 물건을 얻은 것은, 아마 아이의 복일 듯하오.
묻어서는 안 될 것입니다."
손순도 그렇다고 여겨, 아이와 종을 가지고 집으로 돌아와서,
그 종을 대들보에 걸어두고 두드려 보았다.
임금이 종소리가 맑고 멀리 퍼져,
이상함을 듣고 그 사실을 조사해 보도록 하였다.
그리고 이렇게 말하였다.
"옛날 곽거郭巨가 아들을 묻으려 하자, 하늘이 황금 솥을 내려 주었다.
지금 손순이 아들을 묻으려 하자, 땅이 석종을 보내 주었구나.
옛일과 지금이 서로 딱 맞아떨어지는구나."
그리고는 그 집 한 채를 내리며, 해마다 쌀 50섬씩을 주었다.

孫順家貧, 與其妻, 傭作人家以養母, 有兒每奪母食.

順謂妻曰:「兒奪母食. 兒可得, 母難再求.」

乃負兒往歸醉山北郊, 欲埋掘地. 忽有甚奇石鍾, 驚惟試撞之. 舂容可愛.

妻曰:「得此奇物, 殆兒之福. 埋之不可.」

順以爲然, 將兒與鍾還家, 懸於樑撞之. 王聞, 鍾聲淸遠異常, 而覈聞其實.

曰:「昔郭巨埋子, 天賜金釜.

今孫順埋兒, 地出石鍾. 前後符同.」

賜家一區, 歲給米五十石.

【孫順】新羅시대 牟梁里의 효자. 아버지는 鶴山이라 하였음.
【惟】'怪'와 같음.
【舂容】북소리를 音寫한 것. '용용'으로 읽음.
【覈】내용이나 상황을 考覈하여 알아봄. '覈'은 '핵'으로 읽음.
【郭巨】중국 晉나라 때의 효자로「埋兒得金」의 고사를 남겼음. 참고란을 볼 것.

〈孫順得鍾〉《東國三綱行實圖》

참고 및 관련 자료

1.《三國遺事》(一然) 卷5〈孫順得鍾〉
孫順者, 牟梁里人. 父鶴山, 父沒, 與妻同但傭人家. 得米穀, 養老孃. 孃名運烏, 順有小兒, 每奪孃食. 順難之, 謂其妻曰:「兒可得, 母難再求, 而奪其食. 母飢何甚? 且埋此兒, 以圖母腹之盈.」乃負兒, 歸醉山北郊. 堀地忽得石鍾, 甚奇. 夫婦驚怪. 乍懸林木上, 試擊之. 舂容可愛. 妻曰:「得異物, 殆兒之福, 不可埋也.」

夫亦以爲然. 乃負兒與鐘而還家. 懸鐘於梁扣之, 聲聞于闕. 興德王聞之, 謂左右曰:「西郊有異鐘聲, 清遠不類, 速檢之.」王人來檢其家. 具事奏王. 王曰:「昔郭巨瘞子, 天賜金釜; 今孫順埋兒, 地湧石鐘. 前孝後孝, 覆載同鑑」乃賜屋一區. 歲給粳五十碩, 以尙純孝焉. 順捨舊居爲寺, 號弘孝寺, 安置石鐘. 眞聖王代, 百濟橫賊入其里, 鐘亡寺存. 其得鐘之地, 名完乎坪. 今訛云枝良坪.

2.《東國三綱行實圖》孝行篇「孫順得鍾」

孫順新羅興德王時人, 居慶州, 養母至孝. 有小兒每奪母食, 順謂其妻曰:「兒奪母食, 兒可得, 母難再求.」負兒歸, 掘地欲埋. 忽得石鍾, 甚奇. 妻曰:「得物, 殆兒之福也. 不可埋也.」乃負兒與鐘而還家. 懸鐘於樑, 撞之, 聲聞王宮, 王使人審之, 具奏, 王賜米五十石.」

3. 郭巨의 효행고사는《搜神記》(11),《抱朴子》微旨篇,《法苑珠林》(62),《藝文類聚》(83),《蒙求》(中) 등에 널리 실려 있음.

4.《搜神記》(11)

郭巨, 隆慮人也, 一云河內溫人. 兄弟三人, 早喪父. 禮畢, 二弟求分. 以錢二千萬, 二弟各取千萬. 巨獨與母居客舍, 夫婦傭賃, 以給供養. 居有頃, 妻産男. 巨念與兒妨事親, 一也; 老人得食, 喜分兒孫, 減饌, 二也. 乃於野鑿地, 欲埋兒, 得石蓋, 下有黃金一釜, 中有丹書, 曰:「孝子郭巨, 黃金一釜, 以用賜汝.」於是名振天下.

5.《抱朴子》微旨篇

蔡順至孝, 感神應之. 郭巨殺子爲親, 而獲鐵券之重賜.

6.《法苑珠林》(62)

郭巨, 河內溫人, 甚富. 父沒分財, 二千萬, 爲兩分弟, 己獨取母供養, 住處比隣, 有凶宅, 無人居者, 共推與居, 無患, 妻生男. 慮養之則妨供養, 乃令妻抱兒, 己掘地, 欲埋之. 於土中得一釜黃金, 金上有鐵券曰:「賜孝子郭巨.」

7.《藝文類聚》(83) 金

《搜神記》曰: 郭巨兄弟三人, 早喪父. 禮畢, 二弟求分. 以錢二千萬, 二弟各取千萬. 巨獨與母出居客舍, 夫婦傭賃, 以給供養. 居有頃, 妻産男. 巨念與兒妨事親也; 老人得食, 熹分兒孫, 減饌二也. 乃於野鑿地, 欲埋兒, 得石蓋, 下有金一釜中有丹書:「孝子郭巨, 黃金一釜, 以用賜汝.」於是名振天下.

8.《二十四孝》爲母埋兒

漢, 郭巨, 家貧, 有子三歲, 母嘗減食與之. 巨謂妻曰:「貧乏不能供母, 子又分母之食, 盍埋此子?」及掘坑三尺, 得黃金一釜, 上有字云:「官不得取, 民不得奪有詩爲頌. 詩曰:『郭巨思供親, 埋兒爲母存. 黃金天所賜, 光彩照寒門.』

9.《蒙求》

舊注引《孝子傳》云: 後漢, 郭巨家貧養老母. 妻生一子, 三歲, 母常減食與之.
巨謂妻曰:「貧乏不能供給. 共汝埋子, 子可再有, 母不可再得」妻不敢違. 巨遂
掘坑二尺餘, 忽見黃金一釜. 釜上云:『天賜孝子郭巨. 官不得奪, 人不得取.』

787(孝-2)
향덕의 효성

"향덕向德이 흉년과 역질을 만나,
부모가 주림과 병으로 죽기에 이르렀다.
향덕은 낮이나 밤이나 옷도 벗지 못한 채,
정성을 다하여 편안히 병구완을 해드렸다.
그러고는 봉양할 것이 없으면,
넓적다리 살을 베어 이를 먹여 드렸으며,
어머니가 종기가 나자,
이를 빨아 드렸더니 즉시 나았다.
임금이 이를 가상히 여겨,
후히 물건을 내려주고,
그 집에 정문旌門을 세우고,
비석을 세워 그 일을 기록하게 하였다."

「向德值年荒癘疫, 父母飢病濱死.
　向德日夜不解衣, 盡誠安慰.
　　　無以爲養, 則刲髀肉食之,
　　　　母發癰, 吮之卽愈.

王嘉之, 賜賚甚厚,
命旌其門, 立石紀事.」

【向德】新羅시대 熊川州 板積鄉 사람으로 덕행이 있었으며, 그 아버지 이름이 向善이라 하였음. 向은 성씨일 경우 '상'으로 읽으나, 여기서는 《東三綱行實圖》의 諺解에 따라 '향'으로 읽음.

〈向德刲髀〉《東國三綱行實圖》

〈抄略本〉諺解에는 '행'으로 읽었으며, 注에 "其父名善, 有德行, 鄉里稱之. 新羅熊川州, 板積鄉人也"라 함.
【值】마침 ~한 때를 만남.
【濱死】죽음에 임박함. 죽을 고비에 이름.
【髀肉】넓적다리의 살.
【吮】고름을 입으로 빨아냄. '연'으로 읽음.
【賜賚】임금이 하사하는 재물.
【旌其門】마을 앞에 旌門을 세워 효성이나 의로운 일을 널리 선양함.

참고 및 관련 자료

1. 《三國史記》景德王 14년
十四年, 春, 穀貴民饑. 熊川州向德, 貧無以爲養, 割股肉, 飼其父. 王聞, 賜頗厚, 仍使旌表門閭.

2. 《三國史記》列傳(8) 向德傳
向德, 熊川州板積鄉人也. 父名善, 字潘吉, 天資溫良, 鄉里推其行. 母則失其名. 向德亦以孝順, 爲時所稱. 天寶十四年乙未, 年荒民饑, 加之以疫癘, 父母飢且病, 母又發癰, 皆濱於死. 向德日夜不解衣, 盡誠安慰, 而無以爲養, 乃刲髀肉以食之, 又吮母癰, 皆致之平安. 鄉司報之州, 州報於王. 王下教, 賜租三百斛·宅一區·口分田若干, 命有司立石紀事, 以標之. 至今, 人號其地云孝家里.

3. 《東國三綱行實圖》孝行篇「向德刲髀」
向德新羅時人, 居公州. 性孝順. 時年荒癘疫. 父母飢病濱死. 向德日夜不解衣, 盡誠安慰, 無以爲養. 乃刲髀肉以食之. 母患癰, 向德吮之, 卽愈. 事聞, 王賜租三百斛·宅一區, 命有司立石紀事. 後人號其地爲孝家里.

788(孝-3)
겨울에 홍시를 얻은 도씨의 효성

도씨都氏는 집은 가난하였지만 지극히 효성스러웠다.
그는 숯을 팔아 고기를 사서, 그 어머니의 반찬에 빠뜨린 적이 없었다.
어느 날 그가 시장에 갔다가 늦어 급히 돌아오게 되었다.
그런데 솔개가 갑자기 그의 고기를 낚아채어 가,
도씨가 슬픔에 겨워 울면서 집에 이르렀더니,
솔개가 이미 그 고기를 뜰에 던져놓았던 것이다.
그리고 어느 날에는 어머니가 병이 들어 때가 아닌데 홍시를 찾자,
도씨가 감나무 숲을 방황하다가, 날이 저문 줄도 몰랐는데,
어떤 호랑이가 자꾸 그 앞길을 가로막으며,
등에 타라는 시늉을 하는 것이었다.
도씨는 호랑이를 타고 백 여리의 산 속 마을로 가서
어느 집을 찾아 투숙하게 되었다.
그런데 갑자기 주인이 제사 음식을 내놓았는데,
그 가운데에 홍시가 있는 것이었다.
도씨는 기뻐 홍시의 내력을 물으며, 아울러 자신의 뜻을 설명하였다.
그 주인은 이렇게 말하였다.
"돌아가신 아버님은 감을 좋아하셨답니다.
그 때문에 매번 가을이면 2백 개의 감을 골라, 이를 굴속에 저장하지만,
이 5월이 되면 온전한 것이라고는 일고여덟에 지나지 않습니다.
그런데 이번에는 온전한 것이 50개나 되어, 이상하게 생각하였는데,
이는 하늘이 그대의 효성에 감동하여 그런 것이겠군요."
그러고는 20개를 주었다.
도씨가 감사의 말을 하고 문 밖에 나서자,
호랑이는 아직도 엎드려 기다리고 있었다.

호랑이를 타고 집에 이르자,
새벽이 되어 닭이 '꼬끼오' 하고 우는 것이었다.
그 뒤 어머니가 천수를 누리고 삶을 마치자,
도씨는 피눈물을 흘렸다.

都氏家貧至孝. 賣炭買肉, 無闕母饌. 一日於市晚而忙歸.
鳶忽攫肉, 都悲號至家, 鳶旣投肉於庭. 一日母病索非時之
紅柿, 都彷徨柿林, 不覺日昏, 有虎屢遮前路, 以示乘意.
都乘至百餘里山村, 訪人家投宿. 俄而主人, 祭飯而有紅柿.
都喜問柿之來歷, 且述己意.
　答曰:「亡父嗜柿, 故每秋擇柿二百個, 藏諸窟中,
　　　而至此五月, 則完者不過七八.
　　　今得五十個完者, 故心異之, 是天感君孝.」
　遺以二十顆. 都謝出門外, 虎尙俟伏. 乘至家, 曉鷄喔喔.
後母以天命終, 都有血淚.

【都氏】醴泉 사람으로 朝鮮 哲宗 때 사람.〈抄略本〉注에 "都氏, 醴泉人也, 李朝
　哲宗時也"라 함.
【鳶】솔개.
【柿】'柹'와 같음. 감.
【藏諸窟中】'諸'는 '저'로 읽음. '之於', '之乎'의 合音字.
【顆】작고 동그란 구슬이나 낟알, 과일 등을 세는 量詞.
【母以天命終】〈抄略本〉에는 '母以天年終'으로 되어있음.
【都有血淚】일부 판본에는 '都流血流'로 되어 있음.

4. 염의편 廉義篇 第四

총 3장

※ 이 역시 우리나라 옛 고사를 실어 청렴한 의를 선양
하고자 첨가하여 실은 것이다.

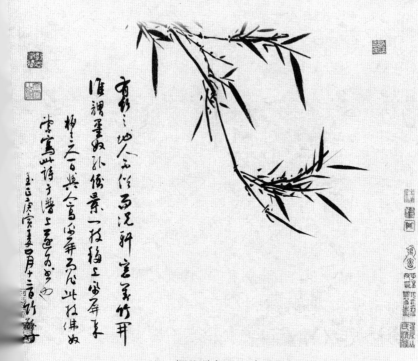

〈墨竹譜〉(元, 吳鎭)

789(廉-1)
정직한 인관과 서조

인관印觀이 시장에 나가 솜을 팔자, 서조署調라는 자가 곡식으로 이를 사 가지고 돌아올 때, 솔개가 그 솜을 낚아채어 날아가서는 인관의 집에 떨어뜨리는 것이었다. 인관은 이를 서조에게 되돌려주면서 이렇게 말하였다.

"솔개가 그대의 솜을 우리 집에 떨어뜨리고 갔소.
그래서 그대에게 되돌려주는 것이오."

그러자 서조가 말하였다.

"솔개가 솜을 채어 그대에게 준 것은 하늘의 뜻이오.
내가 어찌 받을 수 있겠소?"

인관이 말하였다.

"그렇다면 내가 받은 곡식을 그대에게 돌려주겠소."

서조가 말하였다.

"내가 그대에게 준 것은 장날이 두 번이나 지났소.
그 곡식은 그대에게 속한 것이오."

두 사람이 서로 양보하다가 두 가지를 함께 시장에 버리고 돌아와 버렸다. 시장을 관장하는 관리가 이를 임금에게 아뢰자 두 사람 모두에게 작위를 하사하였다.

印觀賣綿於市. 有署調者, 以穀買之而還. 有鳶攬其綿 墮印觀家.

印觀歸于署調曰:「鳶墮汝綿於吾家. 故還汝.」

署調曰:「鳶攬綿與汝, 天也. 吾何受爲?」

印觀曰:「然則還汝穀.」

署調曰:「吾與汝者, 市二日, 穀已屬汝矣.」

二人相讓, 幷棄於市而歸. 掌市官以聞王, 幷賜爵.

【印觀, 署調】모두 新羅 때 사람. 〈抄略本〉注에 "印觀·署調, 皆新羅人也"라 함.

【鳶攬其綿】일부 판본에는 '鳶攫其綿'이라 함. '攬'은 '攫'과 모두 '낚아채다'의 뜻임.

【幷棄於市而歸】〈抄略本〉에는 '幷棄於市'로만 되어 있음. '幷'은 '並'으로도 표기하며 곡식과 솜 두 가지를 가리킴.

> 참고 및 관련 자료

1.《三國史節要》新羅 儒禮王 十五年, 基臨王 元年. 戊午(298년)

新羅有印觀署調二人, 印觀賣縣於市, 署調以穀買之而歸. 忽有鳶攬縣墮印觀家, 印觀取歸市謂署調曰:「鳶墮汝縣於吾家, 今還汝縣.」署調曰:「鳶攬縣與汝, 天也. 吾何受爲?」印觀曰:「然則還汝穀.」署調曰:「吾與汝市已二日, 穀已屬汝.」固辭不受. 二人相讓, 幷棄於市而歸. 掌市官以聞王, 並賜爵.

2.《東史綱目》에도 실려 있음.

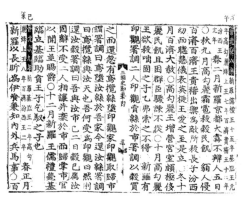

《三國史節要》인관과 서조

790(廉-2)
도둑도 감화시킨 홍기섭의 청빈함

홍기섭洪耆燮은 젊어서 심히 가난하여 어찌 해볼 수가 없었다. 어느 날 이른 아침 여종이 기뻐 뛰면서 돈 일곱 냥을 바치며 이렇게 말하는 것이었다.

"이것이 솥 안에 있었습니다.

몇 섬의 쌀을 살 수 있고 나무는 가히 몇 바리를 살 수 있습니다.

하늘이 내린 것입니다. 하늘이 내린 것입니다!"

공이 놀라서 말하였다.

"이것이 어찌된 금인가?"

그리고는 "금을 잃은 자는 잘 헤아려 찾아갈 것" 등의 글자를 써서 문 밖에 붙이고 기다리도록 하였다.

잠시 후 유씨劉氏 성을 가진 자가 나타나 그 글의 뜻을 묻자 공은 있는 대로 말해 주었다.

그러자 유씨는 이렇게 말하였다.

"이치로 보아 금을 남의 솥 속에 잃는 자가 있을 수 없으니,

과연 하늘이 내린 것입니다.

어찌 이를 취하지 않습니까?"

공은 이렇게 말하였다.

"나의 물건이 아닌데 어찌 그럴 수 있소?"

유씨는 엎드려 이렇게 말하였다.

"소인이 어젯밤에 이 집에 솥을 도둑질하러 왔다가 도리어 이 집이 이렇게 가난함을 안타깝게 여겨 이를 넣어준 것입니다. 지금 공의 염개廉价함에 감동하여 양심이 스스로 발동하오니 다시는 도적질을 하지 않을 것을 맹세합니다. 원컨대 항상 곁에서 모시고자 하오니 염려 마시고 취하소서."

그러자 홍기섭은 금을 돌려주며 이렇게 말하였다.
"그대가 선량한 사람이 되는 것이라면 그것으로 훌륭하오.
금은 취할 수 없소."
그리고는 끝내 받지 않았다.
뒤에 홍기섭은 판서判書가 되었으며, 그 아들 재룡在龍은 헌종憲宗 때
국구國舅가 되었다.
유씨도 신임을 얻어 그 자신과 집안이 크게 창성하였다.

洪公耆燮, 少貧甚無聊.
一日早婢兒踊躍獻七兩錢曰:
　　　「此在鼎中. 米可數石, 柴可數馱. 天賜天賜!」
公驚曰:「是何金?」
卽書「失金人推去」等字, 付之門楣而待.
俄而姓劉者, 來問書意, 公悉言之.
劉曰:「理無失金於人之鼎內, 果天賜也. 盍取之?」
公曰:「非吾物, 何?」
劉俯伏曰:「小的昨夜, 爲竊鼎來. 還憐家勢蕭條而施之.
　　　　今感公之廉价, 良心自發, 誓不更盜, 願欲
　　　　常侍. 勿慮取之.」
公卽還金曰:「汝之爲良則善矣. 金不可取.」
終不受. 後公爲判書, 其子在龍, 爲憲宗國舅. 劉亦見信,
身家大昌.

【洪耆燮】 자는 景天(1776~1831), 혹은 喜哉. 조선 후기의 문인이며 행정가. 본관은 南陽. 洪秉協의 아들이며 洪晚燮의 아우. 1802년 정시문과 兵科에 급제, 1810년에는 謝恩正使 李相璜을 따라 書狀官으로 淸나라에 다녀왔으며 漢城府尹, 工曹判書, 廣州府留守 등을 지냈음. 1818년 다시 冬至正使로 청에 다녀온 뒤 禮曹判書에 올랐으며 죽은 뒤 領議政에 추증됨. 시호는 翼憲. 아들 洪在龍의 딸이 憲宗의 明憲王后가 됨. 그 이름은 판본에 따라 '夔燮', '嗜燮', '耆燮', '起燮' 등으로 되어 있으나 '耆燮'이 옳은 것으로 보고 있음. 그러나 《純祖實錄》과 《國朝榜目》에는 '洪起燮'으로 되어 있음.

【洪公耆燮】 〈抄略本〉〈通俗本〉에는 '洪夔燮'(洪夔燮)으로 되어 있음.

【無聊】 무료함. 애오라지 할 어떤 일도 없음. 흔히 생계를 잇기 힘든 경우를 뜻함. 〈通俗本〉에는 '無料'로 되어 있음.

【踊躍】 놀라거나 신이 나서 펄쩍펄쩍 뜀. 雙聲連綿語. 〈通俗本〉에는 '雙躍'으로 되어 있으나 이는 오류로 여겨짐.

【石】 쌀이나 벼를 세는 단위. 우리말 '섬'에 해당함.

【駄】 소나 말의 짐을 세는 단위. 우리말 '바리'에 해당함.

【失金人推去等字】 '失金人推去'(금을 잃은 자는 추측해 보고 찾아갈 것)이라는 글자 등을 써서 붙임. '推去'는 '推尋해서 가라'의 뜻.

【門楣】 대문 앞 문지방.

【盍】 '何不'의 合音字.

【俯伏】 엎드림. 雙聲連綿語.

【小的】 '的'은 '것, 사람, 者'와 같음.

【蕭條】 '썰렁함. 쓸쓸함. 가난함'을 뜻하는 疊韻連綿語. 零落과 같음.

【廉价】 청렴하고 簡价함. 아주 염직하며 훌륭함.

【公卽還金】 〈通俗本〉에는 '公卽完金'으로 되어 있음.

【在龍】 洪在龍(1794~1863). 자는 景見. 홍기섭의 아들. 憲宗의 國舅. 1835 增廣文科에 급제하여 동부승지, 대사성, 병조참판, 이조참판, 금위대장 등을 역임함 1844년 자신의 딸이 헌종의 계비 明憲王后에 책봉되자 益豊府院君에 봉해졌으며 뒤에 《憲宗實錄》 편찬을 주관하기도 함. 시호는 翼獻. 《憲宗實錄》, 《哲宗實錄》, 《國朝榜目》, 《國朝人物考》, 《淸選考》 등을 참조할 것.

【憲宗】 조선 제 24대 임금. 李奐(1827~1849). 자는 文應, 호는 元軒. 純祖의 손자이며 元妃는 金祖根(1793~1844)의 딸 孝顯王后, 繼妃는 洪在龍의 딸 明憲王后였음. 1834~1849년 재위함.

【國舅】 임금의 장인. 洪在龍(1794-1863)의 딸이 헌종의 계비(明憲王后)가 됨.

791(廉-3)
바보온달과 평강공주

고구려 평원왕平原王의 딸은 어린 시절 울기를 잘하였다.
왕이 이를 놀려 이렇게 말하였다.
"장차 너를 바보 온달溫達에게 시집보내겠다!"
그가 자라 상부上部의 고씨高氏에게 시집보내고자 하자,
딸은 왕은 식언을 할 수 없다 하여 한사코 거절하여,
마침내 온달의 아내가 되었다.
온달은 집이 가난하여 구걸로 어머니를 봉양하고 있었다.
당시 사람들은 그를 지목하여 바보 온달이라 하였다.
어느 날 온달이 산 속에서 느릅나무 껍질을 짊어지고 돌아왔더니
공주가 찾아와 그를 보자 이렇게 말하는 것이었다.
"내가 바로 그대의 배필이라오!"
이에 가지고 온 패물을 팔아 농지와 기물을 사서
자못 부유하게 되었으며,
말을 많이 길러 온달의 밑천을 삼아 마침내 드러나 영달하게 되었다.

高句麗平原王之女, 幼時好啼.
王戲曰:「以汝將歸于愚溫達!」
及長欲下嫁于上部高氏, 女以王不可食言固辭, 終爲溫達
之妻. 蓋溫達家貧, 行乞養母. 時人目爲愚溫達也.
一日溫達自山中, 負楡皮而來.
王女訪見曰:「吾乃子之匹也!」

乃賣首飾, 而買田宅器物, 頗富. 多養馬以資溫達, 終爲
顯榮.

【平原王】 高句麗 25대 임금. 이름은 陽城, 또는 湯. 廟號는 平岡上好王, 平岡王,
平國王 등으로도 불림. 陽原王의 장자로 태자를 거쳐 왕위를 계승하여 28년
(586) 도읍을 輯安에서 平壤으로 옮김. 중국의 陳, 隋, 北齊, 後周 등과 대결
하였음. 559~590년 재위함.

【女】 平原王(平岡王)의 딸 平岡公主.

【溫達】 ?~590. 고구려 平原王 때의 명장으로 「바보온달」의 고사를 남긴 인물.
後周의 武帝(宇文邕)가 고구려 遼東를 침략
하자 이를 물리쳐 大兄에 올랐으며, 嬰陽王
원년(590)에 新羅에게 빼앗긴 漢水와 竹嶺
이북을 되찾고자 출전하여 阿旦城(阿旦城,
혹 忠北 丹陽 永春의 溫達城)에서 전사함. 혹
중앙아시아 소그디아人의 혈통으로 高句
麗에 귀화한 인물일 것이라고도 함.

〈溫達誓衆〉《東國三綱行實圖》

【目爲】 '~라 평가하다, ~로 여기다, ~로 지목하다'의 뜻.

※ 〈초략본〉의 협주夾註

「王嘗出獵, 溫達乘騰隨行, 馳聘於前. 王召問姓名, 驚異之. 乃大建戰功, 爵爲
大兄, 威權隆盛. 後與新羅戰, 臨行誓曰:『吾不勝戰, 不返.』中流矢而死, 欲葬
柩不肯動, 妻來撫之曰:『死生決矣. 嗚呼, 歸矣!』遂動而窆.」

(왕이 일찍이 사냥을 나갔는데 온달이 달리는 말을 타고 수행하여 그 앞을
내닫는 것이었다. 왕이 그 성명을 묻고는 놀라 기이하게 여겼으며 이에 ᄀ
전공을 세워 작위가 대형大兄이 되었다. 뒤에 신라와 전쟁이 벌어지자 그는
전장으로 떠나면서 이렇게 맹세하였다. "내 전쟁에 이기지 못하면 돌아오ᄌ
않으리라." 그런데 흐르는 화살에 맞아 죽고 말았다. 장례를 치르려 하ᄌ
관이 움직이려 하지 않는 것이었다. 그 아내가 와서 어루만지며 말하였ᄃ
"죽고 사는 것이 결판이 났다오. 아, 돌아갑시다!" 그리하여 드디어 관이 움직
하관하게 되었다.)

1.《三國史記》列傳(5) 溫達傳

溫達, 高句麗平岡王時人也. 容貌龍鐘可笑, 中心則晬(曉)睟曄然. 蒙(家)甚貧,
常乞食以養母, 破衫弊履, 往來於市井間, 時人目之爲愚溫達. 平岡王少女兒好啼,
王戱曰:「汝常啼聒我耳, 長必不得爲士大夫妻, 當歸之愚溫達!」王每言之. 及女
年二八, 欲下嫁於上部〈高〉氏, 公主對曰:「大王常語, 汝必爲溫達之婦, 今何
故改前言乎? 匹夫猶不欲食言, 況至尊乎? 故曰:『王者無戱言.』今大王之命,
謬矣. 妾不敢祇承.」王怒曰:「汝不從我教, 則固不得爲吾女也, 安用同居? 宜從
汝所適矣.」於是, 公主以實(寶)釧數十枚繫肘後, 出宮獨行. 路遇一人, 問溫達
之家, 乃行至其家, 見盲老母, 近前拜, 問其子所在. 老母對曰:「吾子貧具(且)陋,
非貴人之所可近. 今聞子之臭, 芬馥異常, 接子之手, 柔滑如綿, 必天下之貴人也.
因誰之侜, 以至於此乎? 惟我息, 不忍饑, 取楡皮於山林, 久而未還.」公主出行,
至山下, 見溫達負楡皮而來. 公主與之言懷, 溫達悖然曰:「此非幼女子所宜行,
必非人也, 狐鬼也, 勿迫我也!」遂行不顧. 公主獨歸, 宿柴門下, 明朝, 更入,
與母子備言之. 溫達依違未決, 其母曰:「吾息至陋, 不足爲貴人匹, 吾家至窶,
固不宜貴人居.」公主對曰:「古人言:『一斗粟猶可舂, 一尺布猶可縫』, 則苟爲
同心, 何必富貴然後, 可共乎?」乃賣金釧(釵), 買得田宅·奴婢·牛馬·器物, 資用
完具. 初, 買馬, 公主語溫達曰:「愼勿買市人馬, 須擇國馬病瘦而見放者, 而後
換之.」溫達如其言. 公主養飼甚勤, 馬日肥且壯. 高句麗常以春三月三日, 會獵
樂浪之丘, 以所獲猪鹿, 祭天及山川神. 至其日, 王出獵, 群臣及五部兵士皆從.
於是, 溫達以所養之馬隨行, 其馳騁, 常在前, 所獲亦多, 他無若者. 王召來,
問姓名, 驚且異之. 時, 後周武帝出師伐遼東, 王領軍逆戰於拜山(肆山)之野.
溫達爲先鋒, 疾鬪斬數十餘級, 諸軍乘勝奮擊大克. 及論功, 無不以溫達爲策
(第)一. 王嘉歎之曰:「是吾女婿也!」備禮迎之, 賜爵爲大兄. 由此, 寵榮尤渥,
威權日盛. 及陽岡王(嬰陽王)卽位, 溫達奏曰:「惟新羅, 割我漢北之地, 爲郡縣,
百姓痛恨, 未嘗忘父母之國. 願大王不以愚不肖, 授之以兵, 一往必還吾地.」
王許焉. 臨行誓曰:「鷄立峴·竹嶺已西, 不歸於我, 則不返也.」遂行, 與羅軍戰
於阿旦城之下, 爲流矢所中, 路(踣)而死. 欲葬, 柩不肯動, 公主來撫棺曰:「死生
決矣, 於乎! 歸矣.」遂擧而窆. 大王聞之悲慟.

2.《東國三綱行實圖》忠臣篇「溫達誓衆」

溫達, 平壤府人. 陽岡王少女, 自媒爲達妻. 後周武帝, 伐遼東, 爲先鋒奮擊大克.

王賜爵大兄. 及平岡王卽位, 達奏曰:「新羅割我漢北之地爲郡縣, 願大王不以臣不肖, 授兵, 往必復吾地」王許之. 達臨行誓曰:「鷄立峴·竹嶺以西不歸於我, 則不返也」遂與新羅戰於阿旦城下, 爲流矢所中而死.

5. 권학편勸學篇 第五

총 4장

※ 이는 1914년 판 〈초략본〉《명심보감》에 실려 있으며, 일부 다른 〈초략본〉에는 실려 있지 않다. 원간본의 〈근학편勤學篇〉과 같은 주제이다. 특히 첫 번째의 주자 〈권학문〉은 이미 원본에 실려 있으나 이를 모른 채 수록한 것이다.

〈墨竹譜〉(元, 吳鎭)

792(勸-1)
주희 〈권학문〉

주문공朱熹이 말하였다.
"오늘 배우지 않아도 내일이 있다고 말하지 말라,
올해에 배우지 않아도 내년이 있다고 말하지 말라.
날과 달은 가고 있어, 세월은 나를 위해 연기해 주지 않으니,
아, 늙고 나면, 이것이 누구의 허물이겠는가?

朱子曰:「勿謂今日不學而有來日.
　　　勿謂今年不學而有來年.
　　　日月逝矣, 歲不我延.
　　　嗚呼老矣, 是誰之愆?」

참고 및 관련 자료

1. 이는 청주판 원간 勤學篇 344(9-11)에 이미 실려 있음. 〈초략본〉으로 줄어
들면서 이 구절을 채록하지 않아, 원본에 있는 사실을 알지 못한 채 다시 증보
하여 실은 것임.

793(勸-2)
주희의 〈우성〉

"소년은 늙기 쉽고 학문은 이루기 어렵나니,
일촌광음을 가벼이 여길 수 없느니라.
연못가 푸른 잔디 봄꿈 깨지 않았는데,
섬돌 앞 오동잎에 이미 가을 소리 들리나니."

「少年易老學難成, 一寸光陰不可輕.
 未覺池塘春草夢, 階前梧葉已秋聲.」

【一寸光陰】 아주 짧으나 귀중한 시간.《全唐詩外編》에 "一寸光陰一寸金, 寸金難
 買寸光陰"이라 함.

참고 및 관련 자료

1. 이는 주희의 〈偶成〉이라는 칠언절구
의 시임. 송대 理學家의 性理詩로 널리
알려져 있으며, '학문은 이루기 어렵고
시간은 화살보다 더 빠름'을 지적하여
젊었을 때 부지런히 학문에 힘쓸 것을
권유하고 강조한 것임.

〈朱晦菴〉(朱子, 朱熹, 考亭선생)《三才圖會》

794(勸-3)
도연명의 시

도연명陶淵明의 시詩에 이렇게 읊었다.
"젊은 나이는 거듭 올 수 없고,
하루는 아침이 두 번일 수 없는 것.
때맞추어 의당 힘쓰고 노력해야 하나니,
세월은 사람을 기다리지 않는다."

陶淵明詩云:
「盛年不重來, 一日難再晨.
　及時當勉勵, 歲月不待人」

【陶淵明】陶潛(365~427). 晉·宋 시기의 詩人. 이름은 淵明으로 더 널리 알려져 있으며 일명 潛, 字는 元亮, 私諡는 靖節. 尋陽 柴桑(지금의 江西省 九江市) 출신. 그의 曾祖인 陶侃은 東晉의 開國功臣으로 大司馬 등을 지냈으며, 祖父는 太守를 지내기도 했음. 그러나 아버지는 일찍 죽었고, 어머니는 東晉 때 名家인 孟嘉의 딸이었음. 도연명은 한때 州의 祭酒,

〈陶淵明〉(陶潛)《三才圖會》

鎭軍, 建威參軍을 지냈으나 彭澤令이 되자 80여 일 만에 '五斗米'고사를 남긴 채 낙향하여 〈歸去來辭〉를 지음. 그 외에 〈歸田園詩〉·〈桃花源記〉·〈五柳先生傳〉 등을 남겨 중국 최고의 田園詩人으로 추앙됨. 단《詩品》에서는 그의 시를 中品에 넣어 당시 詩風과 차이에서 질박하다는 이유로 낮추고 있음을 알 수 있음. 韓國文學에도 至大한 영향을 미쳤음.《晉書》(94)·《宋書》(93

《南史》(75)에 전이 있으며,《陶淵明集》이 전함.

【盛年】 한창 젊은 나이.

【晨】 아침. 새벽.

참고 및 관련 자료

1. 이는 《陶淵明集》(4)에 실려 있는 〈雜詩〉 十二首의 첫 번째 시의 後尾 네 구절로서 전문은 "人生無根蔕, 飄如陌上塵. 分散逐風轉, 此已非常身. 流落 成兄弟, 何必骨肉親? 得歡當作樂, 斗酒聚比隣. 盛年不重來, 一日難再晨. 及時 當勉勵, 歲月不待人."이라 함.

795(勸-4)
작은 발걸음과 시냇물이 모여

《순자》에 말하였다.

"반 걸음씩 쌓지 않으면 천 리에 이를 수 없고,

작은 냇물이 모이지 않으면 강하를 이룰 수 없다."

《荀子》曰:

「不積蹞步, 無以至千里;

　不積小流, 無以成江河.」

【荀子】사람 이름이며 동시에 책 이름. 戰國시대 趙나라 출신의 사상가 荀況. 뒤에 漢나라 宣帝(劉詢)의 이름 '詢'자를 피하여 흔히 '孫卿'으로도 부름. 《荀子》를 남김.《史記》孟荀列傳 참조.

【蹞】반 걸음. 한 발짝. '규'로 읽음. 혹 '跬'로도 표기함.

【江河】《荀子》원전에는 '江海'로 되어 있음.

참고 및 관련 자료

1.《荀子》勸學篇

積土成山, 風雨興焉; 積水成淵, 蛟龍生焉; 積善成德, 而神明自得, 聖心循焉. 故不積蹞步, 無以至千里; 不積小流, 無以成江海. 騏驥一躍, 不能十步; 駑馬 十駕, 功在不舍. 鍥而舍之, 朽木不折, 鍥而不舍, 金石可鏤.

2.《大戴禮記》勸學篇

積土成山, 風雨興焉. 積水成川, 蛟龍生焉. 積善成德, 神明自傳, 聖心備矣. 是故 不積跬步, 無以致千里. 不積小流, 無以成江海. 騏驥一踐, 不能千里. 駑馬無極, 功在不舍. 楔而舍之, 朽木不折. 楔而不舍, 金石可鏤.

3.《戰國策》秦策(5)에 "《詩》云: 『行百里者, 半於九十.』此言末路之難"라 하였으며,《史記》李斯列傳의 〈上秦皇逐客書〉에는 "地廣者粟多, 國大者人衆, 兵彊則士勇. 是以太山不讓土壤, 故能成其大; 河海不擇細流, 故能就其深; 王者不卻衆庶, 故能明其德."이라 하여 이 뜻과 같음.

임동석중국사상100

명심보감

明心寶鑑

부 록

范立本 編 / 林東錫 譯註

(淸州版 初刊本)

마음을 밝혀주는 보배로운 거울

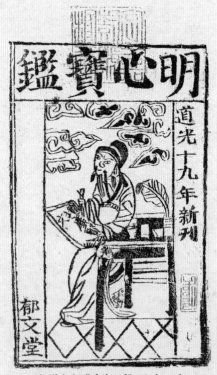

淸 道光本《명심보감》표지 그림

임동석(茁浦 林東錫)

慶北 榮州 上茁에서 출생. 忠北 丹陽 德尙골에서 성장. 丹陽初中 졸업. 京東高 서울
敎大 國際大 建國大 대학원 졸업. 雨田 辛鎬烈 선생에게 漢學 배움. 臺灣 國立臺灣師範
大學 國文硏究所(大學院) 博士班 졸업. 中華民國 國家文學博士(1983). 建國大學校
敎授. 文科大學長 역임. 成均館大 延世大 高麗大 外國語大 서울대 등 大學院 강의.
韓國中國言語學會 中國語文學硏究會 韓國中語中文學會 會長 역임. 저서에《朝鮮
譯學考》(中文)《中國學術槪論》《中韓對比語文論》. 편역서에《수레를 밀기 위해 내린
사람들》《栗谷先生詩文選》. 역서에《漢語音韻學講義》《廣開土王碑硏究》《東北
民族源流》《龍鳳文化源流》《論語心得》〈漢語雙聲疊韻硏究〉 등 학술 논문 50여 편.

임동석중국사상100

명심보감 明心寶鑑

范立本 編 / 林東錫 譯註
1판 1쇄 발행/2010년 11월 11일
2쇄 발행/2013년 4월 1일
발행인 고정일
발행처 동서문화사
창업 1956. 12. 12. 등록 16-3799
서울강남구신사동563-10 ☎546-0331~6 (FAX)545-0331
www.dongsuhbook.com
잘못 만들어진 책은 바꾸어 드립니다.

*

이 책의 출판권은 동서문화사가 소유합니다.
의장권 제호권 편집권은 저작권 법에 의해 보호를 받는 출판물이므로 무단전재와 무단복제를 금합니다.
이 책의 일부 또는 전부 이용하려면 저자와 출판사의 서면허락을 받아야 합니다.

*

사업자등록번호 211-87-75330
ISBN 978-89-497-0632-0 04080
ISBN 978-89-497-0542-2 (세트)

新刊校正大字明心寶鑑

夫為人在世生居中國禀三才之德為萬物之
靈感天地覆載日月照臨
皇上永土父母生身理賢善善而後教尤違道
為死非博學無以廣知不明心無以見性雖有
生而知之者近世奇稀昔夏禹王聞善言猶然
下拜何況凡世人乎最古聖賢遺誌經書子曰
萬語只欲教人為善所以立仁義禮智信之

分君子小人之品別賢愚之階辨善惡之要盡
為經書嘉言善行甚多所以令人懶觀習行者
少況令學者不過學其文藝為先未有先學德
行為之本及近勸世勸惰物外之善因少勸為
當行之善事其昔賢文等書亦延於世流傳令
之好聽善言君子觀以為奇固知古今之要語
是以使人迷惑其心少欲聞聖賢日用常行夫
要道以致不肯存心守分強為亂作胡行夫為

善惡禍福報應昭然富貴貧窮成敗興衰似慶
時刻須防不測朝夕如履薄永常存一念中平
飛橫自然永息伏觀太上感應篇曰故吉人語
善視善行善一日有三善三年天必降之福凶
人語惡視惡行惡一日有三惡三年天必降之
禍節孝徐先生曰言其所善行其所善思其所
善如此而不為君子未之有也言其所不善行其
不善思其不善如此而不為小人未之有也所

謂言善者可以感發人之善心言惡者可以懲
創人之逸志是故志其先輩已知通俗諸書之
要語慈尊訓誨之善言以為一譜謂之明心寶
鑑賢者幸甚覽之亦可以訓其幼學之子弟有
補於風化敦厚諸惡莫作眾善奉行留於其意
存於其心自然言行相顧貫串無疑所為馬從
差誤矣洪武二十六年歲在癸酉二月既望武
林後學范立本序

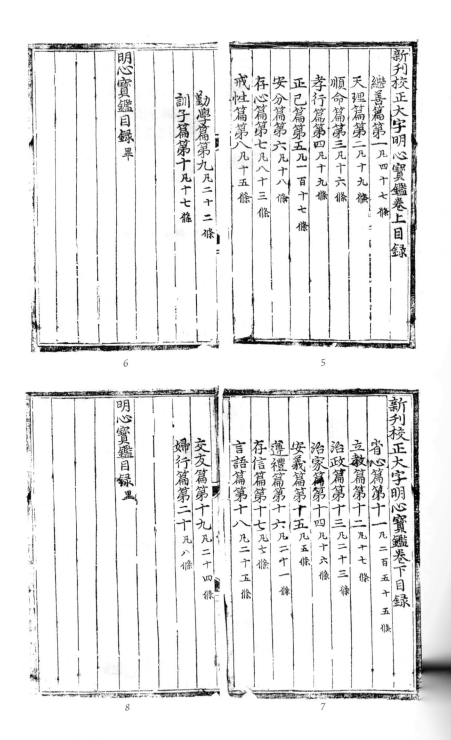

新刊大字明心寶鑑上

子曰繼善篇第一凡四十七條

子曰爲善者天報之以福爲不善者天報之以禍
○尚書云作善降之百祥作不善降之百殃○徐
神翁曰積善逢善積惡逢惡仔細思量天地不錯
○善有善報惡有惡報若還不報時辰未到○尚
書云作善自福生作惡自災生○福在積善禍在
積惡○平生作善天加福若是愚頑受禍殃○惡
到頭終有報高飛遠走也難藏○行藏虛實自家

知禍福因由更問誰善惡到頭終有報只曾來早
與來遲閑中點檢平生事靜裏思量日所爲常把
一心行正道自然天地不相虧○易云積善之家
必有餘慶積不善之家必有餘殃○漢昭烈將終
敕後主曰勿以惡小而爲之勿以善小而不爲○
莊子曰一日不念善諸惡皆自起○西山真先生
曰擇善固執惟日孜孜○耳聽善言不墮三惡○
人有善願天必從之○太公曰善事須貪惡事莫樂○顏子曰善
如崩○太公曰善事須貪惡事莫樂○顏子曰善

以自益惡以自損故君子務其益以防損非以求名
且以遠辱○太公曰見善如渴聞惡如聾○爲善
最樂道理寬大○馬援曰終身行善善猶不足一日
行惡惡自有餘○顏子曰君子見毫釐之善不可不爲
之惡之出言不善則千里外違○易曰出其言善則千里
應之出言不善則千里外違○但存心裏正不用
莫做虧程但依本分前程不用問○若要有前程
問前程司馬溫公家訓積金以遺子孫未必
必子孫能盡守積書以遺子孫未必子孫能盡讀

不如積陰德於冥冥之中以爲子孫之計也○心
好命又好發達榮華早心好命不好一生也溫飽
○命好心不好前程恐難保心好命又好不到
老○景行錄云以忠孝遺子孫者昌以智術遺子
孫者亡以謙接物者強以善自衛者良○恩義廣
施人生何處不相逢讐冤莫結路逢狹處難迴避
○莊子云於我善者我亦善之於我惡者我亦善
之我既於人無惡人能於我無惡矣○老子曰孫朕
人不善人之師不善人善人之資○老子曰孫朕

剛弱勝強故舌能存齒剛則折也○太公曰仁慈
者壽凶暴者亡○太公曰懦必壽老男必夭○
老子曰君子為善若水擁之可以止山汲之可以
馮穎能方能圓妻曲隨形故君子能柔而不弱能
強而不剛如水之性也天下柔弱莫過於水是以
柔弱勝剛強○書云為善不同同歸於治惡必須
遠善必須近○景行錄云為
子孫作富貴計者十敗其九為人作善方便者長
後受惠○與人方便者自己方便○日日行方便

14

時時發善心○力到處行方便○千經萬典孝義
為先天上人間方便第一○太上感應篇曰禍福
無門唯人自召善惡之報如影隨形所以人心起
於善善雖未為而吉神以隨之或心起於惡惡雖
未為而凶神以隨之其有曾行惡事後自改悔久
久必獲吉慶所謂轉禍為福也○東嶽聖帝垂訓
天地無私神明暗察不為享祭而降福不為失禮
而降禍九人有勢不可盡倚有福不可盡用貧困
不可盡欺此三者乃天地循環周而復始故一日

13

行善福雖未至禍自遠矣一日行惡禍雖未至福
自遠矣行善之人如春園之草不見其長日有所
增行惡之人如磨刀之石不見其損日有所虧損
人安己切宜戒之○一毫之善與人方便一毫之
惡勸人莫作衣食隨緣自然快樂算甚麼命問甚
麼卜欺人是禍饒人是福天網恢恢報應甚速諦
聽吾言神欽鬼伏○康節邵先生誡子孫曰上品
之人不教而善中品之人教而後善下品之人教
亦不善不教而善非聖而何教而後善非賢而何

16

教亦不善非愚而何是知善也者吉之謂也不善
也者凶之謂也吉也者目不觀非禮之色耳不聽
非禮之聲口不道非禮之言足不踐非禮之地人
非善不交物非義不取親賢如就芝蘭避惡如畏
蛇蝎或曰不謂之吉人則吾不信也凶也者語言
詭譎動止陰險好利飾非貪淫樂禍疾良善如讐
隙泛刑憲如歃食小則隕身滅性大則覆宗絕嗣
或曰不謂之凶人則吾不信也傳有之曰吉人為
善惟日不足凶人為不善亦惟日不足汝等欲為

15

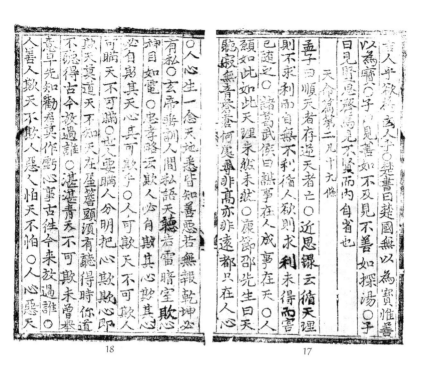

【17】

重人乎欲者○玄人乎○楚書曰楚國無以為寶惟善
以為寶○子○見善如不及見不善如探湯○子
曰見賢思齊焉見不賢而內自省也

天命篇第二凡十九條

孟子曰順天者存逆天者亡○　近思錄云循天理
則不求利而自無不利循事在人欲則求利未得而害
已隨之○諸葛武侯曰謀事在人成事在天○人
顏如此如此天理未然未然○康節邵先生曰天
聽寂無音聲善惡何處尋非高亦非遠都只在人心

【18】

○人生一念天地悉皆知善惡若無報乾坤必
有私○玄帝垂訓人間私語天聽若雷暗室欺
神目如電○忠孝略云欺人必自欺其心欺
必自欺其天心其可欺乎○人可欺天不可欺
何瞞天不可瞞○天要瞞人分明把心欺
欺天莫道天不知天在屋簷頭須有聽得時你道
不聽得古往今來放過誰○湛湛青天不可欺未曾舉
意早先知勸君莫作虧心事古往今來放過誰○人心惡天
人善人欺天不欺人惡人怕天不怕○人心惡天

【19】

不錯○皇天不負道心人皇天不負孝心人皇天
不負好心人皇天不負善心人○益智書云惡鑵
若滿天必誅之○莊子曰若人作不善得顯名者
人不害天必誅之○種瓜得瓜種豆得豆天網恢
恢疏而不漏○深耕淺種尚有天災流行
莫果報○子曰獲罪於天無所禱也

順命篇第三凡十六條

子夏曰死生有命富貴在天○孟子曰行或使之止
或尼之行止非人所能也○一飲一啄事皆前定

【20】

○萬事分已定浮生空自忙○萬事不由人計較
一生都是命安排○景行錄云不可著力處便
是命也○會不如命知不如命○景行錄云禍不
可以倖免福不可以再求○素書云福至不可
免見利而不動臨死不恂得○子曰知命
之人見利而不動臨難苟免○曲禮曰臨財毋苟得
過一時○緊行慢行前程只有許多路○時來風
送滕王閣運退雷轟薦福碑○列子曰痴聾瘖啞

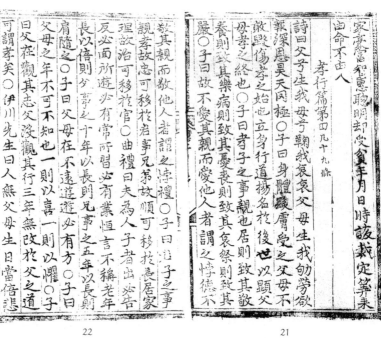

孝行篇第四九十九條

詩曰父子生我母兮鞠我哀哀父母生我劬勞欲報深恩昊天罔極○子曰身體髮膚受之父母不敢毀傷孝之始也立身行道揚名於後世以顯父母孝之終也○子曰孝子之事親也居則致其敬養則致其樂病則致其憂喪則致其哀祭則致其嚴○子曰故不愛其親而愛他人者謂之悖德不

敬其親而敬他人者謂之悖禮○子曰君子之事親孝故忠可移於君事兄弟故順可移於長居家理故治可移於官○曲禮曰夫為人子者出必告反必面所遊必有常所習必有業恒言不稱老年○子曰父母之年不可不知也一則以喜一則以懼○子曰父母在不遠遊遊必有方○子曰三年無改於父之道可謂孝矣○伊川先生曰人無父母生日當倍悲

肩隨之○子曰長者與之提攜則兩手奉長者之手負劍辟咡詔之則掩口而對

21

22

痛更安忍置酒張樂以為樂若具慶者可矣○太公曰孝於親子亦孝於親身既不孝子何為○孝順還生孝順子五逆還生五逆兒不信但看簷頭水點點滴滴不差移○孟子曰無不是底父母○養子方知父母恩○孟子曰不孝有三無後為大○養子防老積穀防饑○曾子曰孝慈者百行之先莫過於孝至

父母愛之喜而勿忘父母惡之懼而無怨○子曰五刑之屬三千而罪莫大於不孝○曾子曰孝慈者

23

至於天則風雨順時孝至於地則萬物化盛孝於人則眾福來臻

正己篇第五凡一百十七條

性理書云見人之善而尋己之善見人之惡而尋己之惡如此方是有益○景行錄云不自重者招禍不自畏者招辱不自滿者受益不自是者博聞○景行錄云大丈夫當容人無為人所容○子曰君子不重則不威學則不固主忠信○景行錄云大丈夫當容人無為人所容○素書云釋已以教人者

人資稟要剛剛則有立○素書云釋已以教人者

24

逆正己以化人者順○武蘇曰不可以己之所能而
責人之不能不可以己之所長而責人之所短○太公
曰勿以貴己而賤人勿以自大而篾小勿以恃勇
而輕敵○曾共王曰以德勝人則強以財勝人則
凶以力勝人則亡○荀子曰以善先人者謂之教
以善和人者謂之順以不善先人者謂之諂以不
善和人者謂之諛○孟子曰以力服人者非心服
也以德服人者中心悅而誠服也○太公曰見人
善事即須記之見人惡事即須掩之○孔子曰匡

人之善所謂蔽賢揚人之惡斯為小人言人之善
若己有之言人之惡若己受之○馬援曰聞人過
失如聞父母之名耳可得聞口不可得言也○
子曰言人之不善當如後患何○康節邵先生曰
聞人之謗未嘗怒聞人之譽未嘗喜聞人之
惡未嘗和聞人之善則就而和之又從而善
之故其詩曰樂見善人樂聞善事樂道善言樂行
善意聞人之惡如負芒刺聞人之善如佩蘭蕙文
詩曰心無妄思足無妄走人無妄交物無妄受○

近思錄云遷善當如風之速改過當如雷之決○
子貢曰君子之道也如日月之食焉過也人皆見
之更也人皆仰之知過必改得能莫忘○子曰
過而不改是謂過矣○直言訣曰聞過不改者
若駕馬也○人皆仰之受鞭策愚人終受毀而不聞
其駕馬也○道吾惡者是吾師道吾善者是吾賊○
子曰三人行必有我師焉擇其善者而從之其不善
者而改之○景行錄云擇言擇交可以無悔其不善
以免憂辱○太公曰勤為無價之寶慎是護身

不好了也○呂氏童蒙訓曰攻其惡無攻人之惡
要好苟得外物好時却不知道自家身與心已自先
物奉身者事事要好只有自家一箇身與心却不
淡薄方始不要有富貴相○李端伯師說人於外
傷神財多累身○胡文定公曰人須是一切世味
生者宴懲保身者避名無欲易無名難○景行錄云保
日多言不益其體百藝不忘其身○景行錄云
符○景行錄云寡言省謗寡慾則保身○太公

29

盡月改其惡曰遊且自點撿絲毫不盡則愧於心
靈寶商工夫點於邪○子曰若子有三戒少
之時血氣未定戒之在色及其壯也血氣方剛戒
之在鬪及其老也血氣既衰戒之在得○殘真人
云多大損神神滅則身死為行於身者使忿怒
一戒是嗔○性忿怒○脈訣云智者能調五臟和
食無求飽居無求安○脈訣云正氣為本○老若子
不節致疾之因念慮不正故戒身者能調五臟和

30

○喫食少添盐醋不是去處徒去要人知重董學
帕人知後莫做○若欲不知除非莫為○老子曰
飲人不知莫若無飲人不言莫若無言○景行錄
云精神要刻清慾安○老子曰人能常清
黄天地悉皆歸○道高龍虎服德重鬼神欽○蘇
猛獸定心寡欲可以脈鬼神荀子曰積土成山風
黄門曰衣冠佩玉可以化強暴豫居簡出可以却
雨樂為精水成渊蛟龍生焉積善以德而神明自
得聖心循焉○性理書云修身之要言忠信行篤

31

敬懲忿室懲遷善改過○景行錄云九修身為學
不在文字言語中只平日待人接物便是取非其
有謂之盗欲非其有謂之賊○太公曰修身莫若敬
避強莫若慎○景行錄云定心應物雖不讀書可
以為有德若子○禮記曰君子姦聲亂色不留聰
明淫樂匿禮不接心術惰慢邪僻之氣不設於身
體使耳目心知百體皆由順正以行其義○
景行錄云古人修身以避名今人飾己以
以古人臨大節而不奪今人見小利而易守君子

32

人則無古今無治無亂出則忠入則孝用則智舍
則愚○老子曰萬般求法不如修身千種多般不如
禁口○太公曰身須擇行口須擇言○直言訣曰
治家治身者猶如擇屋基者先圖基址立身者先要
其德行成家者先安其產業治家者須安其房屋
屋舍幼治國可以庇人物立身可以奉神命全家可以
安宅幼治身體危厚家必喪亡百姓離亂國必頻
心行若虚身體危厚家必喪亡百姓離亂國必頻
隆若臣何保家若喪亡長幼何托身若危辱神命

何安摧崩房舍人物何庇成敗如斯軌可察也〇
警身錄曰聖世獲生始覺寸陰勝尺璧宣不去邪
從正惜身重命如人未歷於事當明根葉之異
福之殊根葉者賢良篤行信為本正直剛毅枝葉
也父母已身性為本妻子財物為本枝葉也一家之內
靠力枝葉也病病欲蜜藥為本巧言粧餙枝葉也
萬事無過實為本枝葉也衣衾飽煖枝葉也恩親賢良敬
為本私好之人枝葉也

財枝葉也為官治訟法為本恣意疑斷枝葉也是
故有根無葉可以待時有葉無根甘兩所不能活
也若務本業勤謹儉用隨時知足孝養父母誠於
寒暑不必問命此真福也〇景行錄云禍莫大於
從已之欲惡莫甚於言人之非〇子曰君子欲訥
於言而敏於行〇武蘇曰一言之益重於千金一
行之虧毒如蛇蝎〇近思錄云懲忿如故人窒慾
如防水〇夷堅志云避色如避讎避風如避箭莫

喫空心茶少食中夜飯〇剁不苟貪終禍少事能
〇太公曰貪心害已利口傷身〇景行錄云聲色
者敗德之興思慮者殘生之本〇荀子曰無用之
辨不急之察棄而勿治若夫君臣之義父子之恩
夫婦之別則日切磋而不舍也〇太甲曰天作孽猶可違
索焉衆惡之必察焉〇子曰衆好之必
作慝不可活此之謂也〇景行錄云
告有過則喜有聖賢氣象〇子路聞過則喜禹聞

善言則拜〇節孝徐先生訓學者曰諸君欲為君
子而使勞已之力費已之財如此而不為君子猶
可也不勞已之力不費已之財諸君何不為君子
鄉人賤之父母惡之如此而不為君子何不為君子
母欲其鄉人榮之諸君何不為君子〇論語云夫
子時然後言人不厭其言樂然後笑人不厭其笑
義然後取人不厭其取〇酒中不語真君子財上
分明大丈夫〇大學云富潤屋德潤身〇景行錄云為人要忠厚
而不足不可邪而有餘

若刻悛大甚則不肖之子應之矣○德勝財為君子財勝德為小人○子曰良藥苦口而利於病忠言逆耳而利於行○作福不如避罪避禍不如省罪○萬事從寬其福自厚○成人不自在自在不成人○子貢曰君子有三恕有君不能事有親而求其事非恕也有親不能報有子而求其孝非恕也有兄不能敬有弟而求其聽令非恕也士明於此三恕則可以端身矣○君子有不明于足者不彰自伐者無功自務者不長○曾曰

穀帛者不憂飢寒把道德者不畏凶邪○太公曰欺量他人先須自量傷人之語還是自傷含血噴人先汚其口○老子曰大辯若訥大功若拙燈心清淳可以安神謗口多言自亡其身○太公曰貧而雜懶富而離力○孔子食不語寢不言○論語云寢不尸居不容○荀子云良農不為水旱不耕良賈不為折閱不市士君子不謂貧窮怠乎道體○孟子曰飮食之人則人賎之矣○太公曰爪田勿餌大也○九戲無益惟勤有功○太公曰爪田勿餌

履李下不整冠○孟子曰愛人不親反其仁治人不治反其智禮人不答反其敬○景行錄云食滿者敗自飮者愚自賊者忍○太公曰家中有惡外已知閉身有德行人自稱傳○人非賢莫交物非義莫取忿非善莫舉事非是莫說○謹則無憂忍則無辱靜則常安儉則常足○曲禮曰敖不可長慾不可從志不可滿樂不可極○李書云行足以儀表智足以決嫌疑信可以守約廉可以分財○景行錄云心可逸形不可勞道可樂身不可不

憂形不勞則怠惰易戲身不憂則荒淫不定故逸生於勞而常休樂生於憂而無厭逸樂者憂其可忘乎○心無諂曲與霹靂同居○景行錄云耳不聞人之非目不視人之短口不言人之過庶幾君子○門內有君子門外君子至門內有小人門外小人至○太公曰一行有失百行俱傾○素書云短莫短於菩德孤莫孤於自恃○老子曰鑑明者塵埃不能污神清者嗜慾豈能膠矣○書云不矜細行終累大德○子曰君子泰而不驕小人驕

而大泰〇荀子云聰明聖智君以窮人齊給速通
不生先人剛毅勇敢不以傷人不知則問不能則
學雖能必讓然後為德〇賢士傳曰荒不染無所
穢財不貪無所觸酒不輕他自厚不出
他自安心平則無怨惡〇老子曰聖人積德不積
財軌道全身執利於害〇蒸伯曰喜怒在心言
出於口不可不慎也〇子曰身居富貴身之
基勤學者立身之本也〇子曰身居人上而能下人
者故何人以而不與富貴身而能愛敬者何

人而不敢愛敬身居權職所行嚴蕭者何人而不
敢畏懼也發言而動止合規何人敢違命者也
〇顏氏家訓曰借人典籍皆須愛護先有缺壞就
為補治此亦士大夫百行之一也〇宰予晝寢子
曰朽木不可雕也糞土之牆不可污也〇紫虛元
君誡諭心文福生於清儉德生於早退道生於安
靜命生於和暢惠生於多恕禍生於多貪過生於
輕慢罪生於不仁戒眼莫看他非戒口莫談他短
戒心莫自貪嗔戒身莫隨惡伴無益之言莫妄說

不干己事莫妄為黙黙無限神仙從此得饒
饒饒千災萬禍一齊消忍忍債主寬家從此盡
休休蓋世功名不自由尊君王孝父母敬尊長
奉有德別賢愚恕無識物順來而勿拒物既去而
勿追身未遇而勿望事已過而勿思聰明多暗昧
算計失便宜損人終自失依勢禍相隨戒之在心
守之在氣為不節而亡家因不廉而失位勸君自
警於平生可嘆可驚而可畏上臨之以天鑑下察
之以地祇明有王法相繼暗有鬼神相隨惟正可

守心不可欺戒之〇孟子曰世俗所謂不孝
者五惰其四肢不顧父母之養一不孝也博奕好
飲酒不顧父母之養二不孝也好貨財私妻子不
顧父母之養三不孝也從耳目之欲以為父母戮
四不孝也好勇鬪狠以危父母五不孝也
安分篇第六凡八十二條
景行錄云知足可樂務貪則憂〇知足者貧賤亦
樂不知足者富貴亦憂〇知足常足終身不辱知
止常止終身無恥〇將上不足比下有餘〇若比

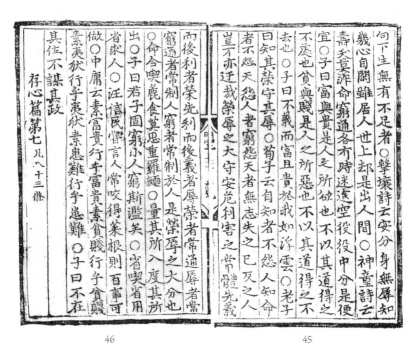

向下生無有不足者〇擊壤詩云安分身無辱知
幾心自閑雖居人世上却是出人間〇神童詩云
壽夭莫非命窮通各有時迷途空役役中分是便
宜〇子曰富與貴是人之所欲也不以其道得之
不處也貧與賤是人之所惡也不以其道得之
去也〇子曰榮守其辱〇荀子云自知者不怨人知
者不怨天怨人者窮怨天者無志失之已反之人
豈不亦迂哉我榮辱之大守安危利害之常體先義

而後利者榮先列而後義者辱榮者常通辱者常
窮通者常制人窮者常制於人是榮辱之大分也
〇命令奧麁食莫思重羅綿〇量其所入度其所
出〇子曰若子固窮小人窮斯濫矣〇省喫省用
省求人〇汪信民嘗言人常咬得菜根則百事可
做〇中庸云素富貴行乎富貴素貧賤行乎貧賤
素夷狄行乎夷狄素患難行乎患難〇子曰不在
其位不謀其政

存心篇第七凡八十三條

景行錄云坐密室如通衢馭寸心如六馬可免過
〇游大夫錄心要在腔子裏〇素書云務善策者
無惡事無遠慮者有近憂〇有客來相訪如何是
治生恒存方寸地留與子孫耕〇擊壤詩云富貴
如將智力求仲尼年少合封侯〇范忠宣公誡子
空使身心半夜愁〇如將智力求仲尼年少至
愚貴人則明雖有聰明怨已則昏曹但當以責
人之心責已恕已之心恕人不患不到聖賢地位
也〇將心比心便是佛心〇汲已之心度人之心

〇素書云博學切問所以廣知高行做言所以修
身〇子曰篤信好學守死善道〇子曰聰明思智
守之以愚功被天下守之以讓勇力振世守之以
怯富有四海守之以謙〇子貢曰貧而無諂富而
無驕〇子曰貧而無怨難富而無驕易〇邵康節
問陳希夷求將身之術希夷曰快意事不可做得
便宜處不可再往〇得意處早廻頭〇聰明本是
陰隲助陰隲引入聰明路不行陰隲使聰明聰明
返被聰明悞〇風水人間不可無全憑陰隲兩相扶

[49]

富貴若憑風水得　在生郭朴也難圖　○古人形似
獸心有大聖德　令人表似人獸心安可側　○有心
無相相逐心生有相無心相隨心減　○三點如星
象橫鉤似月斜披毛從此得作佛也由他　○大學
道經云用誠以愚用默似訥用柔似拙有口不會說休自
我拙我亦自道以有黙跡教君思逺不如我拙
遲豪傑堅橫堅有一跌喫跌望過去莫思量
百巧百成不如一拙　○未來休指望過去莫思量

[50]

常將有日思無日莫待無時思有時　○有錢常
記無錢日安樂常思官病時　○素書云薄施厚望
者不報貴而忘賤者不久　○求人須求大丈夫濟
人須濟急用無　○施恩勿求報與人勿追悔　○
心不昧萬法皆明　○孫勉言膽欲大而心欲小
智欲圓而行欲方　○念念有如臨敵日心心常似
過橋時　○景行錄云誠無悔怨無怒和無讎忍無
辱　○懹法朝二樂欺公日日憂　○小心天下去得
大膽寸步難移　○子曰思無那朱文公曰守口如瓶

[51]

防意如城　○是非只為多開口煩惱皆自強出頭
○素書云有過不知者蔽以言取怨者禍　○景行
錄云貪是逐物於外欲是情動於中　○若子愛財
取之有道　○若子坦蕩蕩小人長戚戚　○若子謀道不謀食
○子曰若子憂道不憂貧若子謀道不謀食
機深禍亦深　○莫為禮畜爲禍先　○量大福亦大
門頭雪莫管他家屋上霜　○早知今日悔不當初
心不負人面無慚色　○莊子云求財恨不多各人自掃
多害人己　○但存夫子三分禮不犯簫何六律條

[52]

○說苑云推賢能舉能揚善抑惡　○景行錄云休
恨眼前田地窄退一步自然寬　○人無百歲人枉
作千年計　○兒孫自有兒孫福莫與兒孫作遠憂
○世上無難事都未心不專　○寧結千人意莫結
一人緣　○景行錄云語人之短不曰且濟人之惡
不曰義　○忍難耐事怨小不明人　○景行錄云規小
節者不能成榮名惡小耻者不能立大功　○無求
勝布施謹守勝持齊　○守輕莫勸開無錢莫請人
○冦萊公六悔銘官行私曲失時悔富不儉用貧

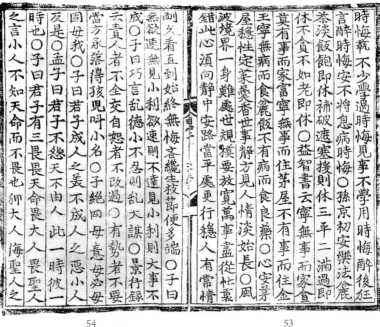

53

……時悔，官行私曲失時悔，富不儉用貧時悔，藝不少學過時悔，見事不學用時悔，醉發狂言醒時悔，安不將息病時悔。○孫真人安樂法云：粗茶淡飯飽即休，補破遮寒暖即休，三平二滿過即休，不貪不妒老即休。○益智書云：寧無事而家貧，莫有事而家富；寧無事而住茅屋，不有事而住金屋；寧無病而食麁飯，不有病而服良藥。心安茅屋穩，性定菜羹香。世規模要放寬，萬事盡從忙裏錯。……心源向靜中安，路當平處更行穩，人有常情……

54

……直到始終無悔……○子曰：無欲速，無見小利。欲速則不達，見小利則大事不成。○子曰：巧言亂德，小不忍則亂大謀。○景行錄云：責人者不全交，自恕者不改過。○有勢者……得孩見叫小名。○子絕四：毋意、毋必、毋固、毋我。○子曰：君子成人之美，不成人之惡；小人反是。○孟子曰：君子不怨天，不尤人，此一時彼一時也。○子曰：君子有三畏：畏天命，畏大人，畏聖人之言。小人不知天命而不畏也，狎大人，侮聖人之言。

55

言。○景行錄云：……疫癘所思忠孝者，人不知天必知之。飽食煖衣怡然自衛者，身雖安，其如子孫何。○景行錄云：……以保富貴之策，奉君則忠，事親則孝……已則寒……過，以恕己之心恕人則全交。……荷謀不減，悔之何及，見人不長，教之……○會做快活人，大事化小事，小事會做快活人，小事化沒事。○孔子觀周，入后

56

稷之廟，有金人焉，三緘其口，而銘其背曰：古之慎言人也，戒之哉！無多言，多言多敗；無多事，多事多患。安樂必戒，無所行悔。勿謂何傷，其禍將長；勿謂何害，其禍將大；勿謂不聞，神將伺人。焰焰不滅，炎炎若何；涓涓不壅，終為江河；綿綿不絕，或成網羅；毫末不札，將尋斧柯。誠能慎之，福之根也。口是何傷，禍之門也。強梁者不得其死，好勝者必遇其敵。……君子知天下之不可上也，故下之；……先也，故後之。溫恭慎德，使人慕之；……江海雖左，長於

戒性篇第八 凡十五條

景行錄云人性如水水一傾則不可復性一縱則不可反制水者必以隄防制性者必以禮法○忍一時之氣免百日之憂○得忍且忍得戒且戒不忍不戒小事成大○一切諸煩惱皆從不忍生臨機與對境妙在先見明佛語在無諍孺書貴無爭好條快活路世上少人行○忍是心之實不忍身之

殊舌柔常在口齒所只為剛恩量這忍字好簡快活方片時不能忍煩惱日月長○愚濁生嗔怒皆因理不通休添心上焰只作耳邊風長短家家有炎凉處處同是非無實相究竟總成空○子張欲行辭於夫子願賜一言為修身之美夫子曰百行之本忍之為上子張曰何為忍之夫子曰天子忍之國無害諸侯忍之成其大官吏忍之進其位兄弟忍之家富貴夫妻忍之終其世朋友忍之名不廢自身忍之無患禍子張曰不忍何口子○天

子不忍國空虛諸侯不忍喪其軀官吏不忍刑法誅兄弟不忍各分居夫妻不忍令子孤朋友不忍情意疎自身不忍患不除子張曰善哉善哉難忍忍難忍非人不忍不忍非人○忍則在己者能處憂好勝者必遇敵○張敬夫曰小勇者血氣之怒也大勇者禮義之怒也血氣之怒不可有禮義之怒不可無識天理人欲之分矣○惡人罵善人善人總不對不對心清凉罵者口熱

沸正如人唾天還從己身墮○我若被人罵佯聾不分說譬如火燒空不救自然滅嗔火亦如是有物遭他熱我心等虛空聽你翻唇舌○老子曰上士無爭下士好爭○凡事留人情後來好相見○性格不通不近人情者薄命之士也

或問晦庵曰如何是命先生曰性是也凡

勤學篇第九 二十二條

子曰博學而篤志切問而近思仁在其中矣○礼記曰博聞強識而讓敦善行而不怠謂之君子○

子曰敏而好學不恥下問○性理書云爲學之序
博學之審問之謹思之明辨之篤行之○莊子云
人之不學若登天而無術學而智遠若披祥雲而
觀青天如登高山而望四海○莊子云
不知天高不覆深不知地厚人不遊於聖道焉
可謂賢○禮記云玉不琢不成器人不學不知義
○太公曰人生不學冥冥如夜行○韓文公曰人
不通古今馬牛而襟裾○人不知學譬如牛羊○
朱文公曰勿謂今日不學而有來日勿謂今年不

學而有來年日月逝矣歲不我延嗚呼老矣是誰
之愆○朱文公曰家若貧不可因貧而廢學家若
富不可恃富而怠學貧若勤學可以立身富若勤
學名乃光榮惟見學者顯達不見學者無成學者
乃身之寶學者乃世之珍是故學乃爲君子不
學則爲小人後之學者各宜勉之○徽宗皇帝勸
學之也好不學也後之學者如禾如稻不學者
如草如禾如稻芽國之精糧世之大寶如萬如高
芳耕者滑瀳鋤者繁愾他日面牆悔之已差○直

言訣曰造獨求明讀書求理明以照暗室理以照
人心○劉通曰蠚貿合絲待繰方出人情懷知頂
學乃才成○禮曰獨學無友則孤陋寡聞○書曰
身本才是國家珍○論語云學如不及猶恐失之
○論語云學到老不會到老○論語云學其蔽
也賦好直不好學其蔽也絞好信不好學其蔽也
蕩好勇不好學其蔽也亂好剛不好學其蔽也狂
○子曰弟子入則孝出則信汎愛衆而親
仁行有餘力則以學文○諸葛武侯戒子書曰君

子之行靜以修身儉以養德非澹泊無以明志非
寧靜無以致遠夫學湏靜也才湏學也非學無以
廣才非靜無以成學慆慢則不能研險躁則不
能理性年與時馳意與歲去遂成枯落悲歎窮廬
將復何及也

訓子篇第十九十七條

司馬溫公曰養子不教父之過訓導不嚴師之惰
師嚴父教兩無外學問不成子之罪暖衣飽食居
人倫視我笑談如土塊擧高不及下品流稍遇賢

〔65〕

材無興對勉後生力求誨授明師莫自昧一朝雲
路果然登姓名亞等呼先輩室中若未結親姻自
有佳人求匹配勉旃莘等各早修莫待老來空自
悔○柳屯田勸學父母養其子而不教是不愛其
子也雖教而不嚴是亦不愛其子也養其身而不
教是不愛其身也雖學而不勤是亦不愛其身
也是故子必教教則必嚴嚴則必勤勤則必成
學則庶人之子為公卿不學則公卿之子為庶人
○白侍郎勉子有田不耕倉廩虛有書不

〔66〕

則是父子相夷也父子相夷則惡矣古者易子而
以怒則反夷矣夫子教我以正夫子未出於正也
也孟子曰勢不行也教者必以正以正不行繼之
書至要真如教子○公孫丑曰君子之不教子何
子一經賜子千金不如教子一藝○至樂莫如讀
不成子雖賢不教不明○漢書云黃金滿籝不如
門戶俗詩書無教子孫愚○莊子曰事雖小不作
興不教是乃父兄之過歟○景行錄云賓客不來
孫愚倉廩虛歲月之子孫愚芳礼戴疎若惟不新

〔67〕

教之父子之間不責善責善則離離則不祥莫大
焉○呂榮公曰內無賢父兄外無嚴師友而能有
成者鮮矣○太公曰男子失教長必頑愚女子失
教長必麤疎○太公曰養男之法莫聽誰言育女
之法莫教離母男年長大莫習樂酒女年長大莫
令遊走○嚴父出孝子嚴母出巧女○憐兒多與
棒憎兒多與食○人皆愛珠玉我愛子孫賢○
孫憎兒大僧不屈○憐兒無功○桑條從
小鬱長大鬱不屈○憐兒無功○桑條從
內則曰九生子擇於諸母可者必求其寬裕慈

〔68〕

惠溫良恭敬慎而寡言者使為子師子能食食教
以右手能言男唯女俞男鞶革女鞶絲六年教之
數與方名七年男女不同席不共食八年出入門
戶及即席飲食必後長者始教之讓九年教之數
日十年出就外傅居宿於外

新刊大字明心寶鑑上

新刊明心寶鑑卷下

省心篇第十一

資世通訓陰隲法邇而不漏陽憲速而有逃○陽綱
疎而易漏陰綱密以難逃○景行錄云
可以為國稅養弟之子可以為家實○景行錄云
實貨用之有盡忠孝享之無窮○家和貧也好不識
子孝夫無煩惱是要賢言多語尖皆困酒味新親
富如何但存一子孝何用子孫多○父不憂心因
疎只為錢○景行錄云既取非常樂湏防不測憂

樂極悲生○得寵辱居安慮危○景行錄云
榮輕辱淺利重害深○景行錄云盛名必有重責
大巧必有奇窮○景行錄云甚愛必甚費甚譽必
甚毀甚喜必甚憂甚賍必甚亡○恩覺注煩惱追
隨大丈夫高前生瑞草好事不如無○子曰不觀
患不觀巨海何以知風波之患○
高崖何以知顛隊之患○荀子云不登高
山不知天之高也不臨深谿不知地之厚也不聞
先王之遺言不知學問之大也○素書云推古驗

今所以不惑○欲知未來先察已往○子曰明鏡
所以察形往古所以知今○過去事明如鏡未來
事暗似漆○景行錄云明旦之事薄暮不可必薄
暮之事晡時不可必○天有不測風雲人有旦夕
禍福○未歸三尺土難保百年身已歸三尺土難
保百年墳○巧勞拙閒善嫌懦弱惡嫌頑
富遭嫉妬貧遭辱勤曰貪圖儉曰慳觸目不分皆
做做人難○寫得紙盡筆頭乾更寫幾箇為人難
笑蠹見機而作又疑奸恩量那件當敎做為人難

老子曰上士聞道大笑而行之中士聞道若存若
亡下士聞道大笑之不笑○子曰朝聞道夕死可矣
○景行錄云木有所養則根本固而枝葉茂棟梁
之材成水有所養則泉源壯而流派長灌溉之利
博人有所養則志氣大而識見明忠義之士出可
不養哉○直言訣曰鏡以照面智以照心鏡明則
塵埃不住智明則邪惡不生人之無道也如車無
輪不可駕也人而無道不可行也○景行錄云自
信者人亦信之吳越皆兄弟自疑者人亦疑之身

73

骨肉爲讎敵○左傳曰意合則吳越相親意不合則

○疑人莫用用人莫疑○素書云自疑不信人自信不疑人

憂六合必離勢盛必衰○語云物極則反極泰來○

家語云安不可忘危治不可忘乱○書云制治於

未乱保邦於未危預防其患也○諷諫云水底魚

天邊鴈高可射弓依可釣惟有人心咫尺間咫尺

心不可料○天可度而地可量惟有人心不可

防○畫虎畫皮難畫骨知人知面不知心○對面共

語心隔千山○海枯終見底人死不知心○太公

曰凡人不可逆相海水不可斗量○勸君莫結寃

寃深難解結一日結成寃千日解不徹若將恩報

寃如湯去潑雪若將寃報寃如狼見蝎我見結寃

人盡被寃磨折○景行錄云結怨於人謂之種禍捨

善心莫爲謂之自賊○君聽一面說便見相離別○禮義生於

賊心莫起於饑寒○貧窮不與下賤下賤而自生富

貴不與驕奢驕奢而自至○飽煖思淫慾飢寒發道

心○長思貧難危困自然不驕每想官病熱前並

無愁悶○太公曰法不加於君子禮不責於小人

礼防君子律防小人○景行錄云好食色貨利者

義必喪好功名事業者氣必驕○子曰君子喻於

小人之所長○老子曰財多傷人志愚人多

財益其過○蘇武曰賢人多財損其志愚人多

間○人非堯舜焉能每事盡善○子貢曰自生民

以象未有盛於孔子也○人貧智短福至心靈

不經一事不長一智○滅則妙用敗則便是非

○撃壞詩云平生不作皺眉事世上應無切齒

人○你害別人儅自有別人害你卻如何○嫩草

怕霜霜怕日惡人自有惡人磨○有名豈在鐫頑

○自意得其勢無風可動搖○得道誇經紀時熟

石路上行人口勝碑○有射自然香何必當風立

好種田○孟子云得道者多助失道者寡助○張

無盡○天不可使盡勢不可倚盡言不可道盡福
不可享盡○有福莫享盡福盡身貧窮有勢莫使
盡勢盡冤相逢○福兮常自惜勢兮常自恭人生驕
與侈有始多無終○太公曰貪不如勢不可使
陰陽相推周而後始○王參政四留銘留有餘不盡
之巧以還造化留有餘不盡之祿以還朝廷留
有餘不盡之財以還百姓留有餘不盡之福以還
子孫○漢書云勢交者近勢竭而亡財交者家財
盡而踈色交者親色衰而義絕○子游曰事君數

辱矣朋友數踈矣○黃金千兩未為貴得人一
語勝千金○千金易得好語難求○好言難得惡
語易施○求人不如求己能管不如能推○用心
關管是非多○能者拙之奴○知事少時煩惱少
識人多處是非多○小船不堪重載深逕不宜獨
行○踏實地無煩惱○黃金未是貴安樂直錢多
○是病皆苦死是安樂○非財害已惡語傷人○
人為財死鳥為食亡○景行錄云利可共而不可
獨謀可寡而不可衆獨利則敗衆謀則泄○機不

密禍先發○不孝怨父母貧苦恨財主○貪多嚼不
細家貧怨隣有○在家不會邀賓客出外方知少主
人○但頌有錢留客住深山有遠親○世情看冷暖
面逐高低○人義盡從貧處斷世情偏向有錢家
喫盡千般無人知衣衫襤褸被人欺○寧塞無
底坑難塞鼻下橫○馬行步慢皆因瘦人不聰明
只為窮○人情皆為窘中踈○樂記曰豢豕為酒
非以為禍也而獄訟益繁則酒之流生禍也是故

先王因為酒禮一獻之禮賓主百拜終日飲酒而
不得醉焉此先王之所以備酒禍也○論語云惟
酒無量不及乱○史記曰郊天禮廟非酒不享君
臣朋友非酒不義闘爭相和非酒不勸故酒有成
敗而不可泛飲之○子曰敬鬼神而遠之可謂智
矣○子曰非其鬼而祭之諂也見義不為無勇也
○禮佛者敬佛之德念佛者感佛之恩看經者明
佛之理坐禪者踏佛之境得悟者正佛之道○看
經未為善作福未為頒莫若當權時與人行方便

〇濟顚和尚警世看盡彌陀経念徹大悲呪種瓜
還得瓜種豆還得豆経呪本慈悲寬結如何煞照
見本来心做者還他受〇自作還自受〇子曰志
士仁人無求生以害仁有殺身以成仁〇荀子曰士
志於道而耻惡衣惡食者未足與議也〇荀子云
公生明偏生闇端熬生通作偽生寒誠信生神諍
誕生惑〇書云侮慢人賢反道敗徳其小人之為
也〇荀子云士有妬友則賢交不親君有妬臣則
賢人不至〇太公曰治國不用佞臣治家不用佞

天小冨由勤〇詩云大冨則驕大貧則憂憂則
般祥端不如無〇天有萬物於人人無一物於天
無常萬事休〇萬物有無常〇萬物莫逃乎數〇万
未乾堂前不見癡心客〇三寸氣在千般用一日
額為上客〇整日梳粧合面睡〇畫梁拱斗猶
敗花善人〇漢書云曲突徙薪無恩澤燋頭爛
亂國妬婦亂家〇太公曰斜耕敗於良田讒言
婦好臣是一國之寶好婦是一家之珍〇讒臣

為盜驕則為暴〇莫道家未成成家子未生莫道
家未破破家子未大〇成家之兒惜糞如金敗家
之兒用金如糞〇胡文定公曰大抵人家須常教
有不足處若十分快意便有不恰好事出〇康
節邵先生曰閑居慎勿說無妨便有妨
藥口物多終作疾快心之事必為殃爭先径路機
關悪近後語言滋味長端其病後能服藥不若病
前能自防〇饒人不是癡過後得便宜〇趕人不
要趕上捉賊不如趕賊〇梓潼帝君垂訓妙藥難

吸西風〇花落花開開又落錦衣布衣更換着
奸狡原来天不容富貴君從奸狡得世間呆漢
惺惺都使盡兒孫不如人〇越奸越狡越教窮
在身〇十分惺惺使五分留取五分與兒孫十分
莫生巧計弄精神得便宜處休歡喜遠在兒孫近
死病佛度有緣人〇呉真人曰幸短禍心只是貧
塡天地自然皆有報遠在兒孫近在身〇藥醫不
短天教一世貧生事事君莫悪害人人害休
醫寃債病横財不富命窮人斷心折盡平生福幸

豪家未必常富貴貧家未必常寂寞扶人未必上
青霄推人未必填溝壑勸君凡事莫怨天天意於
人無厚薄○莫入州縣衙門縣衙勤耕君勤謹作生涯
池塘積水須防旱日地勤耕○懶歎心毒轉如章去
教藝栽桑拓少栽花閉非閉是俱休管渴飮敧淸
泉悶來田地水推沙若將狹謟為生計恰似朝雲暮雪
年妄取東隣物今日○歸此舍家無義錢財湯潑雪
偶來○○者茶○懶歎心誰知天眼轉如章去
花○得失榮枯總是天機開用盡也徒然人心不足

86

蛇吞象世事到頭螳捕蟬無藥可醫卿相壽有錢
難買子孫賢家常守分隨緣過便是逍遙自在仙
○寬性忍依過幾年人死人生在眼前隨高隨下
隨緣過或長或短莫埋冤自有自無休嘆息家貧
家富總由天平生衣祿隨緣度一日淸閑一日仙○
花開不擇貧家地月照山河到處明世間只有人心
惡尼事須還天養人○真宗皇帝御製知危識險終
無羅網之門擧善薦賢自有安身之路施恩布德乃
世代之榮昌懷妒報寃與子孫之為患損人利己終

無顯達雲仍害衆成家豈有久長富貴改名異體皆
因巧語而生禍起傷身盡是不仁之召○仁宗皇帝
御製乾坤宏大日月照鑑分明宇宙寬洪天不容
姦黨使心用倖果報只在今生善布淺求遲福休
言後世千般巧計不如本分為人萬種強圖爭似
隨緣即儉行慈善何須多為看経意欲損人空
讀如來一藏○神宗皇帝御製遠非道之財戒過
度之酒屋必擇隣交必擇友嫉妒勿起於心讒言
勿宣於口骨肉貧者莫踈他人富者莫厚克己以

勤儉為先愛衆以謙和為首常思已往之非每
念未來之咎若依朕之斯言治國而可久○
高宗皇帝御製一星之火能燒萬頃之薪半句
非言誤損平生之德身披一縷常思織女之勞
日食三飧每念農夫之苦苟貪妒損終無十載
安康積善存仁必有榮華後裔福緣善慶多因
積行而生入聖超凡盡是真實而得○老子送
孔子曰吾聞富貴者送人以財仁人者送人以言
吾雖不能富貴於人切仁者號令送子以言也曰

聰明深察反近於死博辯閎遠而危其身○王良
曰欲知其君先視其臣欲識其人先視其友欲知
其父先視其子君聖臣忠父慈子孝○家貧顯孝
子世亂識忠臣○家語云水至清則無魚人至察
則無徒○子曰三軍可奪帥也匹夫不可奪志也
學之又其也知之者上也學而知之者次也困而
子有三恩而不可不思也少而不學長無能也老
而不教死無思也有而無施窮無與也是故君子

者信必寡面譽者背必非○許敬宗曰春雨如膏
還有一身愁○子曰人無遠慮必有近憂○軒語
却易一般衣飯易却難○天無絕人之祿○一身
士吾亦為之如不可求從吾所好○千卷詩書難
其為惡也亦不難○子曰富而可求也雖執鞭之
無他為善難為惡易○景行錄云冨貴易為善
必剛人態自儉者未必能周人自恕者必害人此
務施○景行錄云能自愛者未必能成人自欺者
少思其長則務學老思其死則務教有思其窮則

行人惡其泥濘秋月揚輝盜者憎其照鑑○景行
錄云大丈夫見善明故重名節於泰山用心剛故
死生如鴻毛○景行錄云外事無小大中慾無淺深有
斷則生無斷則死大丈夫以斷為先○子曰知而不為莫如勿
知親而弗信莫如勿親樂而方至樂而勿驕慧之
阿至思而勿憂○盖子云雖有智慧不如乘勢雖
有鎡基不如待時○呂氏鄉約云德業相勸過失相
視禮俗相成患難相恤○憫人之凶樂人之善濟人
之急救人之危○經目之事猶恐未真背後之言豈

是深信○人不知已過牛不知力大○不恨自家
蒲繩短只恨他家苦井深○儉僅脫無辜報○䏠澄○太
滿天下罪拘福薄人心似鐵官法如爐○太
公曰人心難滿谿壑易盈○天君改常不風即雨
人君改常不病即死○狀元詩云國正天心順官
清民自安妻賢夫禍少子孝父心寬○孟子曰三
代之得天下也以仁其失天下也以不仁國之所
以廢興存亡者亦然天子不仁不保四海諸侯不
仁不保社稷卿大夫不仁不保宗廟庶人不仁不

保四體 今惡死亡而樂不仁 是猶惡醉而強酒 ○
子曰 始作俑者 其無後乎 ○子曰 水受繩則直 人
受諫則聖 ○佛經云 一切有為法 如夢幻泡影 如
露亦如電 應作如是觀 ○一派青山景色幽 前人
田土後人收 後人收得莫歡喜 更有收人在後頭
○景行錄云 大慈悲 不可屢集金玉 文字不可輕
○蘇東坡云 無故而得千金 不有大福 必有大禍
為皆禍之端 ○子曰 工欲善其事 必先利其器 ○
爭似不來還不往也 ○鷺樂也無愁 ○康節邵先

生曰 有人來問卜 如何是禍福 我虧人是禍 人虧
我是福 ○大廈千間 夜臥八尺 良田萬頃 日食二
升 ○不孝謾燒千束紙 枉費心 柾爇萬爐香 神明本
是正直做 豈受人間枉法賕 ○父住公人賤神衆
也 ○賕但看三五日 相見不如初 ○渴時一滴如
甘露 醉後添盃不如無 ○酒不醉人人自醉 色不
親也敕自迷 ○盞子云 好德如好色者也 ○公心若
迷人久自迷 ○子曰 已矣乎 吾未見好德如好色者也 ○公心若
比私心 何事不辨 道念若同情念 成佛多時 ○老

子云 執著之者 不名道德 ○過後方知前事錯 ○
衆方興覽少時餘 ○楊雄曰 君子修身 樂其道德 小
人無度 樂聞其譽 修德曰益 智慮曰滿 ○子曰 君
子高則早而益謙 謙則小人罷 則倚勢驕奢 小人見短
子盈君子見深 難滔故屏風雖破骨格猶存君子
雖貧 礼義常在 ○家語云 國之將興 實在諫臣 家
之將榮 必有爭子 ○子曰 不知命 無以為君子也
不知礼 無以立也 不知言 無以知人也 ○
德者必有言 有言者不必有德 ○濂溪先生曰 巧

者言拙者默 巧者勞拙者逸 巧者賊拙者德 巧者
凶拙者吉 嗚呼天下拙 刑政徹上安下順風清弊
絕 ○說苑云 山致其高 雲雨起焉 水致其深 蛟龍
生焉 君子致其道 福祿存焉 ○易曰 德微而位尊
智小而謀大 無禍者鮮矣 ○荀子云 位尊則
防危 任重則防廢 寵則防辱 ○子曰 夫人必自侮
然後人侮之 ○家必自毀而後人毀之 國必自伐
悔然後人伐之 ○說苑云 官怠於宦成 病加於少愈
禍生於懈惰 孝衰於妻子 察此四者 慎終如始 ○

子曰居上不寬為禮不敬臨喪不哀吾何以觀之
或○孟子曰無君子莫治野人無野人莫養君子
○真言訣曰事君父者以忠孝為君父者以慈愛
家與國無異君與父相同德顯已揚名惟忠與孝
榮貴不招而自來辱不逐而自去○老子曰六親
不和不慈孝國家昏乱無忠臣○家語云慈父不
愛不孝之子明君不納無盖之臣○奴須用錢買
子演破腹生○着破是君衣死了是君妻○莫笑
他家貧輪回事公道莫笑他人老終須還到我○

食塞不可衣自古以穀帛為貴也○漢書云金玉者飢不可
○壁非賢寸陰是競○益智書云白
錄云器漏則溢人滿則衰○羊羹雖美衆口難調○
是日以過命亦随减如少水魚於斯何樂○景行
王投於泥不飲污涅其色君子行於濁地不能染
乱其心故松栢可以柰雪霜明智可以渉艱危○
子曰不仁者不可以久處約不可以長處樂○無
求到處人情好不飲從他酒價高○入山擒虎易
開口告人難○孟子云天時不如地利地利不如

人和○遠水不救近火遠親不如近隣○太公
曰日月雖明不照覆盆之下刀劍雖快不斬無
罪之人非災橫禍不入慎家之門○讚嘆福生
作念禍生煩惱病生○國清才子貴家富小兒驕
○得福不知禍來便覺○太公曰良田萬頃不
如薄藝隨身○周禮云清貧常樂濁富多憂○
房屋不在高堂不漏便好衣服不在綾羅和煖
便好飲食不在珍羞一飽便好娶妻不在顏色
賢德便好養兒不問男女孝順便好弟兄不在

多少和順便好親眷不擇新旧來往便好降里
不在高低和睦便好朋友不在酒食扶持便好
官吏不在大小清正便好○道清和尚警世善
事雖好做無心近不得你若做好事別人分不
得經典積如山無緣看不得你若不得五逆不孝天地
容不得高堂乾坤犯了休不得良田千萬頃
死來用不得壁前好供養起來喫不得錢財過
壁堆臨終將不得命運不相助部也強不得兒
孫雖滿堂死来替不得○欲俻仙道先俻人道

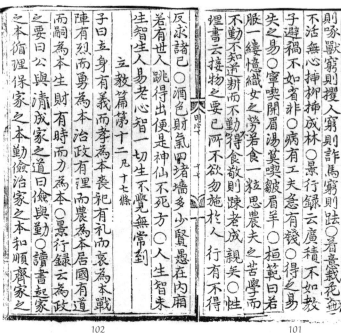

人道不能修仙道遠矣○孝友朱先生曰終身讓
路不枉百步終身讓畔不少一段○顏子曰鳥窮
則啄獸窮則攫人窮則詐馬窮則跌○着意栽花
不活無心插柳插成林○景行錄云廣積不如教
子避禍不如省非○病有工夫怠有錢○得之易失
之易○寧喫開眉湯莫喫皺眉羊○桓範曰若
服一縷織女之勞若食一粒農夫之苦學而
不勤不知逆耕而不勤得食敬則諫老成親矣○性
理書云接物之要○所不欲勿施於人行有不得

反求諸己○酒色財氣四堵墻多少賢愚在內廂
若有世人跳得出便是神仙不死方○人生智未
生智生人易老心智一切生不覺無常到

　　立教篇第十二九十七條

子曰立身有義而孝為本喪祀有禮而哀為本戰
陣有烈而勇為本治政有理而農為本居國有道
而嗣為本生財有時而力為本○景行錄云為政
之要曰公與清成家之道曰儉與勤○讀書起家
之本循理保家之本勤儉治家之本和順齊家之

101

102

本○景行錄云勤者富之本儉者富之源○孔子
三計圖云一生之計在於勤一年之計在於春一
日之計在於寅幼而不學老無所知春若不耕秋
無所望寅若不起日無所辦○性理書云五教之
目父子有親君臣有義夫婦有別長幼有序朋友
有信○古靈陳先生為仙居令教其民曰為吾民者
父義母慈兄友弟恭子孝夫婦有恩男女有別子
弟有學鄉閭有禮貧窮患難親戚相救婚姻死喪
隣保相助母惰農業母作盜賊母學賭博母好爭

訟母以惡陵善母以富吞貧行者讓路耕者讓畔
班白者不負戴於道路則為禮義之俗矣○性理書
云教人者養其善心而惡自消治民者道之敬讓
而爭自息○禮云君子敬則為政理學○
止於孝為人君止於信為人女不更二夫○忠子曰
王蠋曰忠臣不事二君烈女不更二夫○忠子曰
治官莫若平臨財莫若廉○孝當竭力忠則盡命○安岳真
治家若執轡也○孝當竭力忠則盡命○安岳真
潔男效才良○張思叔座右銘曰凡語必忠信凡

103

104

行必篤敬飲食必慎節字畫必楷正容貌必端莊
衣冠必肅整步履必安詳居處必正靜作事必謀
始出言必顧行常德必固持然諾必重應見必善如
當座隅朝夕視為警○范益謙座右銘曰一不言
朝廷利害邊報差除二不言州縣官員長短得失
三不言眾人所作過惡四不言仕進官職趨時附
勢五不言財利多少厭貪求富六不言滛媟戲慢
評論女色七不言人物干索酒食又曰人附

書信不可開坼沉滯與人並坐不可窺人私書凡
入人家不可看人文字凡借人物不可損壞
不還凡喫飲食不可揀擇去取與人同處不
可自擇便利凡人富貴不可歎羨詆毀凡此
數事有犯之者足以見用意之不肖於存心惰
身大有所害因書以自警○武王問太公曰人居世上何
得貴賤貧富不登頤聞說之欲知是矣太公曰
貴如聖人之德皆由天命富者用之有節不富者
家有十盜武王曰何為十盜太公曰時熟不收為

一盜收積不了為二盜無事燃燈寢睡為三盜
懶不耕四盜不施工力五盜專行巧害六盜養女
太多七盜晝眠懶起八盜貪酒嗜慾九盜強行嫉
妬十盜武王曰家無十盜不富者何如太公曰人
家必有三耗武王曰家無三耗不富者何也太公曰
不蓋鼠雀亂食為一耗收種失時二耗抛撒米穀
穢賤三耗武王曰家無三耗四失五逆六不祥七奴
八賤九愚十強自招其禍非天降殃武王曰悉願聞

之太公曰養男不教訓為一錯嬰孩勿訓二悞初
迎新婦不行嚴訓三癡未語先笑四失不養父母
為五逆夜起赤身六不祥好挽他弓為七奴愛騎
他馬為八賤喫他酒勸他人為九愚喫他飯命用
友為十強武王曰甚美誠哉是言也
治政篇第十三凡二十三條
明道先生曰一命之士苟存心於愛物於人必有
河濱○唐太宗御製上有麾之中有乘之下有附
之弊帛衣之倉廩食之爾俸爾祿民膏民脂下民

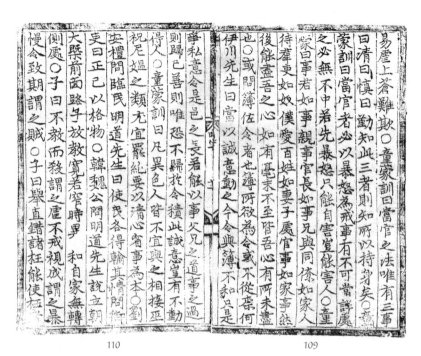

易曰履上蒼難欺○童蒙訓曰當官之法唯有三事
曰清曰慎曰勤知此三者則知所以持身矣○童
蒙訓曰當官者必以暴怒為戒事有不可當詳處
之必無不中若先暴怒只能自害豈能害人○童
蒙曰事君如事親事官長如事兄弟與同僚如家人
待群吏如奴僕愛百姓如妻子處官事如家事然
後能盡吾之心如有毫末不至皆吾心有所未盡
也○或問簿佐令者也簿所欲為令或不從奈何
伊川先生曰當以誠意動之今令與簿不和只是

爭私意令是邑之長君以事父兄之道事之過
則歸己善則唯恐不歸於令積此誠意豈有不動
得人○童蒙訓曰凡異色人皆不宜與之相接近
祝尼媼之類尤宜罷絕要以清心省事為本○劉
安禮問臨民明道先生曰使民各得輸其情問御
吏曰正己以格物○韓魏公問明道先生說立朝
大槩前面路子放教寬若窄時旣不容自家無轉
側處○子曰不教而殺謂之虐不戒視成謂之暴
慢令致期謂之賊○子曰舉直錯諸枉能使枉能

直○子曰舉直錯諸枉則民服舉枉錯諸直則民不
服○子曰其身正不令而行其身不正雖令不從
○子曰言忠信行篤敬雖蠻貊之邦行矣言不
信行不篤敬雖州里行乎哉○子謂子產有君子之
道四焉其行己也恭其事上也敬其養民也惠其
使民也義○子張問仁於孔子曰恭則不侮寬
則得眾信則人任焉敏則有功惠則足以使人○
子曰君子惠而不費勞而不怨欲而不貪泰而不

驕威而不猛○孟子曰責難於君謂之恭陳善閉
邪謂之敬吾君不能謂之賊○書云木以繩直君
以諫正抱朴子云迎斧鉞而政諫據鼎鑊而盡
言此謂忠臣也○忠臣不怕死怕死不忠臣

治家篇第十四凡十六條

司馬溫公曰凡諸幼事無大小母得專行必咨
稟於家長○勤儉常豐至老不窮○待客不得不
豐治家不得不儉○有錢常備無錢日安樂須防
官病時○健奴無禮驕兒無孝○敎婦初來敎子
嬰孩

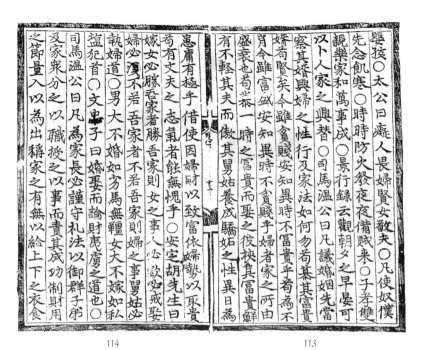

題接○太公曰癡人畏婦賢女敬夫○凡使奴僕
先念飢寒○時時防火發夜備賊來○子孝雙
親樂家和萬事成○景行錄云夜觀朝夕之早晏可
以卜人家之興替○司馬溫公曰凡議婚姻先當
察其婚與婦之性行及家法如何勿苟慕其富貴
婚苟賢矣今雖貧賤安知異時不富貴乎苟慕其富貴
肖今雖富盛安知異時不貧賤乎婦者家之所由
盛衰也苟慕一時之富貴而娶之彼挾其富貴鮮
有不輕其夫而傲其舅姑養成驕妬之性異日為

愚庸有極乎借使因婦財以致富依婦勢以取貴
苟有文夫之志氣者能無愧乎○安定胡先生曰
嫁女必須勝吾家者勝吾家則女之事人必欽戒
婦必須不若吾家者不若吾家則婦之事舅姑必
執婦道○男大不婚如劣馬無韁女大不嫁如私
鹽犯首○文中子曰婚娶而論財夷虜之道也○
司馬溫公曰凡為家長謹守礼法以御群子弟
及家衆分之以職授之以事而責其成功制財用
之節量入以為出稱家之有無以給上下之衣食

114　　113

及吉凶之費皆有品節而莫不均一載省冗費禁
止奢華常須稍存嬴餘以備不虞
安義篇第十五　九五條
顏氏家訓曰夫有人民而後有夫婦有夫婦而後
有父子有父子而後有兄弟一家之親此三者而
已矣自茲以往至于九族皆本於三親焉故人
倫為重者也不可不篤○曹大家曰夫婦者以義
為親以恩為合行楚撻義鴻罵叱恩
欲何恩恩義既絕鮮不離矣○莊子云兄弟為手

足夫婦為衣服衣服破時更得新手足斷時難
可續○蘇東坡云富不親兮貧不疎此是人間
大丈夫富則進兮貧則退此是人間真小輩○
太公曰知恩報恩風光如雅有恩不報非為人也
遵禮篇第十六　九二十一條
子曰居家有禮故長幼辨閨門有禮故三族和
朝廷有禮故官爵序田獵有禮故戎事閑軍旅
有禮故武功成○晏子曰上無禮無以使下下
無禮無以侍上○子曰恭而無礼則勞慎而無

116　　115

禮則葸勇而無禮則亂直而無禮則絞○子曰君
子有勇而無禮為亂小人有勇而無禮為盜○孟
子曰君子所以異於人者以其存心也君子以仁
存心以禮存心仁者愛人有禮者敬人愛人者人
恒愛之敬人者人恒敬之○有子曰禮之用和為
貴○言不和貌且恭○曾子曰朝廷莫如爵鄉黨莫如齒
輔世長民莫如德○孟子云徐行後長者為之弟
疾行先長者為之不弟○出門如見大賓入室如

有人○少儀曰執虛如執盈入虛如有人○子於
鄉黨恂恂如也似不能言者○若要人重我無過
我重人○太公曰客無親踈來者當受○父不言
子之德子不談父之過○孌其子曰民生於三事
之如一父生之師教之君食之非父不生非食不
長非教不知生之族也○禮記曰男女不雜坐不
親授嫂叔不通問父子不同席○論語云祭如在
祭神如神在○子曰事死如事生事亡如事存孝
之至也

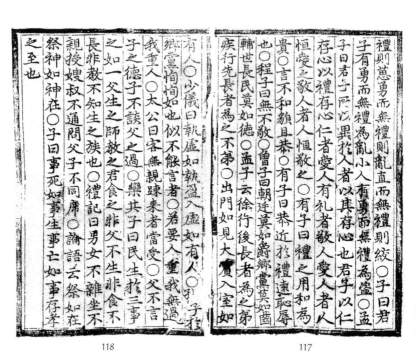

存信篇第十七凡七條
子曰人而無信不知其可也大車無輗小車無
輗其何以行之哉○老子曰人之有信如車有
輪○君子一言跨馬一鞭○一言既出駟馬難
追○子路無宿諾○司馬溫公曰誠之道固難
入然當自不妄語始○益智書云君臣不信國
不安父子不信家不睦兄弟不信情不親朋友
不信交易失

言語篇第十八凡二十五條
子曰中人以上可以語上也中人以下不可以
語上也○子曰可與言而不與之言失人不可
與言而與之言失言知者不失人亦不失言○
士相見禮曰與君言言使臣與大人言言事君
奧老者言言使弟子與幼官者言言忠信與居
官者言言忠信慈祥與眾言言忠信慈祥與居
日夫人不言○一言不中千語無用○景行錄云
如不言○一言之失顏色之差便有悔吝○子曰
人廣坐一言之失顏色之差便有悔吝○子曰

121

小辯害義小言破道○君平曰口舌者禍患之門
滅身之斧也○四猱謂子房曰向獸彈琴徒費其
音聲也哉以言傷人痛於矛戟○荀子云與善人言
煖如布帛傷人之言深於矛戟○離騷經云甜言為
如蜜晉語如刀入人不以多言為益大不以善吠為
良○刀瘡易可惡語難消○利人之言煖如綿絮傷
傷人之語利如荊棘一言半句重直千金一語傷
人痛如刀割○口是傷人斧言是割舌刀閉口深
藏舌安身處處牢○子貢曰一言以為智一言以

為不智言不可不慎也○論語云一言可以興邦
一言可以喪邦○藏經云入於倉卒顚沛之際善
用一言上資祖考下庇兒孫○逢人且說三分話
未可全抛一片心不怕虎生三箇口只恐人情兩
樣心○子曰巧言令色鮮矣仁○酒逢知己千鍾
少話不投機一句多○餙言觧語解人肎寬腹大
○荀子云贈人以言重如金石珠玉觀人以言美
於詩賦文章聽人之言樂於鍾鼓琴瑟○子曰惡
人難與言遜避以自勉○子曰道聽而塗說德之

蔡也

交友篇第十九 九二十四條

子曰與善人居如入芝蘭之室久而不聞其香則
與之化矣與不善人居如入鮑魚之肆久而不聞
其臭亦與之化矣丹之所藏者赤漆之所藏者黑
是以君子必慎其所與處者焉○子曰與好人交
者如蘭蕙之香一家種之兩家皆香○家語云與好
如抱子上墻一人失脚兩人遭殃
人同行如霧露中行雖不濕衣時時有潤與無識

124

人同行如廁中坐雖不污衣時時聞臭與惡人同
行如刀劍中雖不傷人時時驚恐○太公曰近朱
者赤近墨者黑近賢者明近才者智近癡者愚近
良者德近智者哲近愚者暗近佞者諂近偷者賊○
橫渠先生曰今之朋友擇其善柔以相與拍肩執
袂以為氣合一言不合怒氣相加朋友之際欲其
相下不倦故於朋友之間至於敬者日相親與得效
最速○子曰晏平仲善與人交久而敬之○柳康
曰匹儉之人敬而遠之賢德之人親而近之彼以

惡來我以善應彼以曲
來我以直應豈有怨之我
○孟子曰自暴者不可與言自棄者不可與有
為也○太公曰女無明鏡不知面上精麤士無良
友不知行步虧踰○子曰責善朋友之道也○結
用謨勝已似我不如無○相識滿天下知心能幾
人○種樹莫種垂楊枝結交莫結輕薄兒○古人
結交惟結心令人結交惟結意○宋弘曰糟糠之
妻不下堂貧賤之
結交在貧賤之濟○人情常似初相識到老終無

八交友篇

怨恨心○酒食弟兄千箇有急難之用一箇無○
不結子花休要種無義之朋不可交○君子之交
淡如水小人之交甘若醴○人用財交金用火試
○水持杖探知深淺人與財交便見心○仁義莫
交財交親仁義絕○路遙知馬力日久見人心

婦行篇第二十九八傱

子曰婦人伏於人也是故無專制之義有三從之
道在家從父適人從夫夫死從子無所敢自遂也
教令不出閨門事在饋食之間而已矣是故女及

日子閨門之內不百里而犬喪事無專為行無獨
成參知而後動可驗而後言晝不遊庭夜行以火
所以正婦德也○孟智書云女有四德之譽一曰
婦德二曰婦容三曰婦言四曰婦工○婦德者不
必才明絕異婦容者不必顏色美麗婦言者不
必口利詞辯婦工者不必伎巧過人也
貞廉節守分整齊行止有耻動靜有法此為婦德
也婦言者擇辭而說不談非語時然後言人不厭
其言此為婦言也婦容著洗浣塵垢衣服鮮潔沐浴

八婦行篇

及時一身無穢此為婦容也婦工者專勤紡織勿
好葷酒供其甘旨以奉賓客此為婦工也此四德
者是婦人之大德也為之其易務在於正依此而
行是為婦節也○太公曰婦人之禮語必細○行
綾步止則斂容動則蹕耳無餘聽目無餘視出
無誨容廢飾裙襽不規不規戶早起夜眠莫憚
勞苦戰戰競競常憂玷辱○賢婦令夫貴惡婦令
夫賤○家有賢妻夫不遭橫禍○賢婦和六親後
婦破六親○或問媚婦於理似不可取如何伊川

129

先生曰几取以配身也若取失節者是已失節也
又問或有孀婦貧窮無托者可再嫁否曰只是後
世怕寒餓死故有是說然餓死事極小失節事極
大○列女傳曰古者婦人姓子寢不側坐不邊立
不躍不食邪味割不正不食席不正不坐目不視
邪色耳不聽滛聲夜則令瞽誦詩道正事如此則
生子形容端正才過人矣

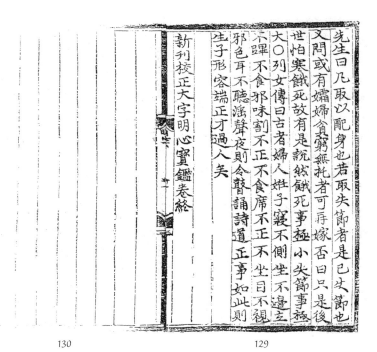

新刊校正大字明心寶鑑卷終

寶鑑之為書傳芳經傳采摭要語分為二十
篇是皆切於人倫日用而其要不過先明諸
心而已若將此鑑常接乎目每警言于心善可法
惡可戒則天之所佑矣可鑑紀此善但有唐本
監司閔損國思欲廣布鳩工鋟梓不月而功記
人人易印無人不學善教興民風淳傳之後世
而無窮矣豈曰小補之哉景泰五年甲戌
十一月初吉奉直郎清州儒學教授官虜

得和誌跋

牧判官宣直郎貝文

通政大夫清州牧使兼勸農兵馬團練使皇甫泰

都事奉直郎金齊紛

嘉善大夫忠清道都觀察使兼監司清州城等官

辛卯夏林間公甚而贈

133